中國古代史學叢書

【宋】李心傳　撰　辛更儒　點校

建炎以来繫年要録

柒

建炎以來繫年要録卷一百五十九

1 紹興十有九年歲次己巳。金熙宗亶皇統九年，海陵煬王亮天德元年。春正月甲申朔，上以皇太后年登七十，即宫中行慶壽之禮。日曆不書，此據會要。

2 丁亥，詔信陽軍撥隸淮西。詔紹興府第四第五等户去年未納租税，並權與倚閣。以旱傷最甚，用提舉常平官秦昌時請也。

3 己丑，北使召守忠等辭行，置酒垂拱殿。時在上辛祈穀祠官致齋之内，禮官援治平故事請用樂，從之。自是以爲例。

4 甲午，上諭大臣曰：「國信所回易北貨恐生事，可降旨令罷。」將作監丞黄敏行面對，乞：「戒州縣謹務限之制，毋得夤緣追呼，以妨東作。」詔申嚴行下。

5 乙未，置撫州樂安縣，割崇仁、吉水四鄉隸之。

6 庚子，直龍圖閣、新兩浙東路提點刑獄公事張絢卒。

7 丁未，直敷文閣、主管台州崇道觀張宗元爲籍田令，以其祖俊有請也。

8 己酉，辛執進呈春教使效踏射克敵弓，乞依格推賞。上曰：「此弓最爲强勁，雖被重甲亦須洞徹，若得萬人習熟，何可當也？」

宣政使、和州防禦使、帶御器械康諝爲内侍省押班。

9 癸丑，右迪功郎吴伸爲大理司直。伸初以上書得官，既而久不用，至是稍録之。

1 二月己未，端明殿學士、提舉江州太平興國宫楊愿知宣州。

2 庚申，顯謨閣學士、知建康府鄭滋卒。

3 甲子，復置雷州遂溪縣。

4 丁卯，詔諸路總領官樂禁如監司例。以左朝請大夫監尚書六部門張頡面對有請也。

左奉議郎楊偰知大宗正丞。

左奉議郎范如珪添差權通判邵州。如珪爲校書郎，以論講和事去國，閑居凡十年。

5 乙亥，詔自今監司守臣代還入見，並令以民事奏陳。先是，上諭大臣曰：「監司郡守得替上殿，本欲知民間利病。近來所奏，姑應文書，多不及民事，宜行告諭。」故有是旨。上諭大臣在丁卯。

徽猷閣待制、知瀘州馮檝陞敷文閣直學士，令被授指揮日別理爲任。

6 丙子，上曰：「今四境寧息，沿邊守臣，務在安静。若任滿不生事，可量緊慢，取旨推賞。」

復置太社令，以左奉議郎、直敷文閣韓彦直爲之，以世忠有請故也。

7 丁丑，左朝請大夫童邦直知峽州還，言：「湖北溪峒醞造蠱毒，以害往來之人。又夷人以人釁鬼，安、復、荆門、鼎、澧獨行之人，或罹此禍。望令巡尉覺察。」上諭大臣曰：「邦直二説皆可取，當行之。」

8 戊寅，左中奉大夫、知利州王賞充秘閣修撰，提舉江州太平興國宮，從所請也。

9 庚辰，上謂輔臣曰：「每歲所市馬，悉付鎮江王勝軍令養，而未見孳生之數。宜分送諸軍，仍立賞罰。」於是歲發川馬二百匹進御，而以四千匹付江上諸軍。鎮江、建康、荆鄂軍七百五十，江、池軍各五百。又以秦馬三千五百付三衙，殿前司千五百，馬、步司各千。自是歲爲定例。二十四年十二月庚辰所書可參考。

封尚儀袁氏爲宜春郡夫人。

10 辛巳，詔臨安府日下給米賑濟流民。時浙東大饑，其小民行乞都市，有餓死者，上聞閔焉，故有是命。

右宣教郎王秬幹辦行在諸軍審計司。秬，雲子也。先是，上諭大臣，以雲頃年奉使，忘身爲國，至於不免，忠義可嘉，宜録其後。乃賜秬銀帛五百匹兩而命之。上諭大臣在庚申，賜秬金帛在甲子，今聯書之。熊克小曆稱秬爲奉議郎，與日曆不同，恐誤。

1 三月癸未朔，日有食之，陰雲不見，上不視事，百官守職，過時乃罷。

2 甲申，詔皇太后慶壽親屬各進官一等，慈寧殿官推恩有差。

3 己丑，右武大夫、平海軍承宣使蔡德除名，廣州編管。德爲建康府駐劄御前破敵軍第三正將，冒請錢糧，法當死，特貸之。

4 庚寅，宰執進呈普安、恩平二王得旨令温習舊書。上曰：「春秋乃舊所習讀，朕嘗問以經中數事，欲其通解，蓋其義淵奥，須能識聖人之用心，方有自得處①。若泥諸儒之説，拘而不通，失經旨矣。」時普安郡王在藩邸，絶意聲色，常以經史自娱，凡六籍之文，悉加講論，夜則觀古人文集，暇則握筆賦詩，鼓琴習射而已。

5丙申，上語秦檜：「聞諸郡奏獄空，例皆以禁囚於縣獄，或廂界寄藏，此風不可滋長。自今有奏獄空者，當令監司驗實，如有妄誕，即行按治，仍命御史臺察之。若不懲戒，則奏甘露芝草之類，崇虚飾誕，無所不至矣。」

6戊戌，左朝奉大夫、知復州劉時代還，言：「湖北縣令，有七八年無正官，而以寄居待闕官攝之者，事多曠弛，民受其弊。望許諸司及本州，不以拘礙選辟能吏，庶幾縣有正官，官事修舉。」上謂大臣曰：「可令吏部趣已差人之任，未差者速出闕，無人就則下所屬辟差。」

7己亥，德慶軍承宣使、提舉萬壽觀韋謙爲建寧軍節度使，慶遠軍承宣使、提舉萬壽觀韋讜爲重慶軍節度使，用慶典也。

8庚子，上諭大臣曰：「淮甸久平，宜加經理。民復業者，令守令多方恤之，使盡力田畝，數年後方可起税。」

9甲辰，起居舍人王墨卿罷。以殿中侍御史曹筠論：「墨卿貪墨嗜利，與林待聘既黜，乃懷怏怏，動欲傾危朝廷。」故有是命。

詔責授濠州團練副使、復州安置鄭剛中許用議減，特免禁錮，移封州安置。初，秦檜怒剛中不已，捕其子右承務郎良嗣與將吏賓客，即江州同繫，遣大理寺丞湯允恭、允恭初見建炎三年二月。太府寺丞宋仲堪往鞫其事，掠治無全膚。獄成，剛中坐「任四川宣撫副使日，被旨收捉過界偷馬盜賊，全不遵奉，凡事干邊界，常是懷姦異議。陰與見在罪籍人符合交通，沮害國事。又輒違朝命，出賣度牒，收錢五十五萬餘緡。又專輒起置錢監鑄錢，擅便支使，及違法請過供給厨食等錢一萬三千餘緡入己。剛中欲併都轉運司入宣司，遂將錢物贈遺士人，令赴行在上書開陳。既併運司，違法私使過錢十二萬餘緡。及有詔置總領錢糧官，剛中不喜，預作緣故，收椿隱匿錢計四千餘萬緡。又欲歸怨朝廷，乃説諭統兵官：『今爲總領，盡數交併，錢物無可送遺。』及被旨令赴行在，乃忿怒遷延，收匿劄子，不即起發，多帶官物，在路妄用」，法當死，特有是命。良嗣貸死送柳州。右朝請郎張漢之嘗主管宣撫司機宜文字，坐依隨剛中，亦除名，送賓州並編管。右奉議郎趙士禡嘗通判荆南府，坐不即拘收剛中隨軍錢物，特除名。右武大夫、開州刺史、御前中部統領官張仲亦坐依隨剛中，追横行一官，勒停，送本軍自效。即日擢允恭尚書刑部員外郎，仲堪倉部員外郎。剛中至貶所，守臣左朝請郎趙成之希檜意，每窘辱之，剛中竟卒於貶所。中興聖政、講義曰：「秦檜之收三大將兵權也，剛中阿於檜曰：『前所共憂者，一旦便爲安平之道。』廟堂不動聲色，而三大將惟恐奉上兵籍之不先，彼曲士不通世務，挾口以議政者，亦皆言塞意順。』謂此非常之舉，因爲檜陳善後之策凡七事，非不忠於檜也。一旦積怒，貶死遐荒，將吏賓客無得免者。則人之附麗匪人，以媒進取者，亦可以爲殷鑒矣。」

將作監丞黄敏行權尚書兵部員外郎，往四川諸路措置遞角。敏行增鋪益兵，所費甚廣，紹興末卒罷之。

10 乙巳，上謂大臣曰：「牧馬孳生，爲利甚溥。朕令牧於近地，今已見效，歲進馬駒皆佳者。若得萬匹，分與諸軍，數年間便可濟用。既免綱馬道斃，且無賞給之費也。」

11 丙午，右武郎、添差兩浙西路馬步軍副都總管劉懋爲右武大夫、吉州刺史。懋以解帶恩，乃有是命。

12 丁未，右諫議大夫巫伋言：「近者監司帥臣與列郡守倅，有因失懽，遂相告論者。望申嚴戒諭，自今並先次罷黜，然後付有司理辨曲直。庶幾崇推遜之風，銷刻薄之俗。」從之。

13 戊申，左朝散大夫、知普州王輔代還，言：「仁政必自經界始，尚恐蜀遠，未閑措畫，或有謬誤，乞誡敕有司，刻意奉行。」上曰：「四川道遠，儻如輔所陳，則税愈不均矣，可令措置經界官覺察奏劾。」

14 己酉，進呈，上曰：「州縣官奉行如法，其推恩勿限員數，庶人人知勸。正經界，均税賦，極爲便民，推行之。」初，臣僚有肆異議，圖沮壞者，暨平江均税畢，紛紛之議始息。秦檜曰：「當時獻議，欲使逐户自陳，豈無失實？」上曰：「李椿年通曉次第，中間以憂去，他官領之，便有失當處。」尋以輔知合州。輔初見紹興十二年正月。時敕令所删定官鄭克經界四川，頗峻責州縣，其所謂省莊田者，雖蔬菜桑柘，莫不有征，而邛、蜀間民田有什税五者，由是迄今多逃田。克，開封人也。

15 庚戌，諸王宮大小學教授葉絣面對，言：「自祖宗以來，定公私贓三等之罪，其意未嘗不重於保護斯民而已。向緣官吏率多不定罪，而民被其害，是以又標立民事一罪，以戒懼之。然因公則多涉於民，因私則雖重，有與民事不相干者。故公罪雖輕，而麗民事，遂爲終身之累，反甚於得私罪之重者，吏因得舞文而出入之，不可不察也。欲望明敕有司，更加詳議，庶協於中。」詔敕令所看詳申省。事初在紹興七年十二月，今年八月辛亥敕令所看詳不行。

1 夏四月癸丑，詔：「四川制置司官屬將吏請給，令總領所歲撥錢萬緡，如軍中非泛激犒，並取旨。本司舊有抵當熟藥息錢，仍充經撫蠻夷之用。」從户部裁定也。

2 乙卯，權禮部侍郎陳誠之、權知閤門事孟思恭賀金主生辰還。秦檜白上曰：「大金書詞，丁寧盟好甚切。」上曰：「此番待奉使愈周至，館舍極宏壯，思恭等所得馬亦皆上駟，可知其永好之意也。」

3 丁巳，樞密院承旨司上孳生牧馬監賞罰格。

4 戊午，殿中侍御史曹筠言：「樞密院編修官何逢原頃在館中，公於奏對之間，謂沮抑用兵之議太過。司勳員外郎沈介爲禮部長貳腹心，乃相與陰謀傾朝廷。此二人者，若不斥逐，無以濟今日聖治。」詔並罷。介爲禮部長貳腹心，不知謂誰，當考。去年七月，禮部侍郎周執羔罷，八月沈該知潼川府，或即此事。

承信郎、閤門祗候劉允升幹辦御輦院。允升，懋子也。

5 己未，上曰：「治道民事爲急，數十年來，吏習苟簡，民受其弊。必令監司守臣，遵奉詔條，留意拊循，使民樂其生。」秦檜曰：「保正耆户長元立法，止令管煙火橋道，今承文書市物雇夫②，以至縣官之所私用，種種責辦。民之所病，莫大於此。革而去之，其利不減於經界。」上曰：「朕頃在河朔，親見其弊。若縣令不得人，民一充役即破産。能去此弊，極爲便民。」

6 庚申，詔諭御史監司守臣如前旨。熊克載此詔於六月己未，蓋差兩月。中興聖政：臣留正等曰：「民以役而破家，其爲吏者倚法之弊也歟?爲人上者,若難於知之,雖極糟糠憔悴之情,曾不足以動膏粱怡愉之色。非必皆忍人也,其事未嘗知之,故難於聽之也。太上皇帝在河朔時,親見弊事,端居九重,而每以百姓爲念,知艱難而問疾苦,中興之業成有自矣。」

7 壬戌,皇侄和州防禦使居廣爲瓊州觀察使。居廣,安時子也,娶皇后侄女,特遷之。

8 癸亥,宣州觀察使、兩浙西路馬步軍副都總管王安道爲武泰軍承宣使,以其父繼先該慶壽恩回授特轉行也。

9 丙寅,秘閣修撰、主管台州崇道觀張邵言:

恭惟陛下當宣和、靖康之間,爲國捍難,適丁大變,仗義而起。獨患曩時相臣,未能仰副陛下委任之意,或駸駸欲用兵,則已無才能,不度事勢之可否。或但持兩端,則自爲身謀,不恤宗社之阽危。唯師臣檜,蘊精深高世之識,灼見南北兩朝事體,別白利害,力贊陛下,兼愛赤子,敦講和好。用息兵靖難,再造太平。此非特臣能知之,九州四海遐陬異類亦能知之。非特史能書之,黨庠家塾、雜記小説亦能書之。顧有陰功隱德,世所未及知者,臣請得言之焉。

臣於建炎三年,被旨出使敵軍,適逢檜於路,策蹇衣褐,有顛頷色,蓋被執而訓讀童蒙,以給朝夕,亦猶蘇武食窖中之氊雪,賴以偶活其命,留爲今日中興之用。其後臣益北徙,至金所謂中京者。已而二聖稍東,有隨駕醫官七八輩,因留而居。一日,同過臣言:「聞秦中丞已間行南歸矣。」有滎州團練使李子厚言:「秦公曾爲徽宗皇帝撰長書抵金帥黏罕,引大義以譙責之,黏罕有慚色。」及臣南歸渡江,有爲臣言，曾有自金傳寫得其書稿觀之者，今士大夫間往往有之。臣親見子厚言其事如此，則知檜昔在金，固有陰功隱德及於天下社稷者多矣。特耻自衒，不欲言於人，是以世不得知之。臣常恐一旦先狗馬填溝壑，則我朝賢相道義忠節終莫聞於世，誠日夜以爲歉。伏望宣付史館，以彰陛下任用之當，所以能致中興之盛。

簽書樞密院事余堯弼曰：「書論秦檜忠節，天下所未及知。」上曰：「得此書，庶幾不致暧昧，可付史館。」堯弼曰：「邵書篇末，言檜嘗爲徽宗皇帝撰書抵金國元帥，其所開陳，與今日事無一不合者。聞勛家有録本，乞宣取同付史館。」上曰：「善。」

10 戊辰，秦檜奏：「昨日蒙御前降到曹勛所藏臣向在北庭代徽宗作書稿，書中開陳，與今日事無一不合，因知講和本出徽宗聖意③。」上曰：「自頃用兵，朕知其必至於講和而後止。在元帥府時，朕不知有身，但知有民，每惟和好是念。」檜曰：「此所以誕受天命。」上又曰：「用兵蓋不得已，豈可樂攻戰？中國之有夷狄，猶陽之有陰，自古無殄滅之理。使可殄滅，秦皇漢武爲之矣④。本朝真宗與契丹通和百餘年，民不知兵。神宗雖講武練兵，實未嘗用。朕自始至今，惟以和好爲念。蓋兼愛南北之民，以柔道御之也。」檜所草書，本具建炎二年六月末，此不别出。

右朝請郎孫世顯知沅州代還，言：「本州麻陽縣至今尚行差役，事體未便，乞改作募役。」詔本路常平司看詳申省。

是日，日左右生青赤黄珥，太史局言：「係是祥應。」乞付史館，從之。

11 庚午，尚書司封員外郎湯思退試秘書少監。

度支郎中徐宗説爲太府少卿。宗説在度支，會右曹金部皆闕官，因令兼領三曹金穀之地。而宗説素有心計，於天下經費出入盈縮之數，莫不通知，老吏爲之斂手。

12 癸酉，敷文閣待制、提舉佑神觀米友仁陞直學士。

太常丞胡寧守尚書祠部員外郎。

13 戊寅，秘閣修撰、主管台州崇道觀張邵充敷文閣待制，提舉江州太平興國宮。制詞略曰：「惟時秉節之臣，親見特書之事。誦説賢宰，彰明大功。」邵自北方還，即被逐閒居，凡七年乃上此奏焉。

建康府言甘露降。

是月，太白蝕月。此據苗耀神麓記。日曆：「四月九日庚申，是夜太陰行在太微垣內，不犯星。二十一日壬申，是夜太陰行在羽林軍内，不犯星。」乃不見月蝕事，不知何也。

金國太史言：「不利於君，大臣將作亂。」又風雷大作，有龍自寢殿而出，火焚壁幙及地衣。金主亶震懼，遂大赦。翰林學士承旨張鈞爲赦文，曰「乃者龍潛我宮」，亶大怒曰：「龍若我何？」遂杖鈞數百，截其手足而斬之。

1 五月壬午朔，詔：「汀、漳、泉三州且據見今耕種田土，紐計頃畝，收納二税。其未耕種田段，二税權行倚閣。」時初行經界法於諸路，而劇盜何白旗擾汀、漳諸郡，故有是旨。二十年七月己酉再降旨住罷⑤。

2 癸未，詔諸州招填闕額禁軍，守臣兵官同賞罰，仍月申樞密院。前一日，上以此事諭大臣，令留意，及是進呈。上因言：「頃程師回捕虔賊⑫，多用本處兵，若招填數足，練習武藝，緩急可用也。」

3 甲申，始創太廟齋殿。

4 乙酉，户部員外郎周莊仲面對，請復蜡祭之禮。其禮，東西方百神視感生帝，南北方視嶽瀆，皆以臘前一日祭之。

5 庚寅，秘閣修撰、都大提舉四川茶馬公事韓球與直秘閣、知夔州符行中兩易。

6 癸巳，慶遠軍節度使、知襄陽府張澄知洪州。

敷文閣直學士、提舉江州太平興國宮魏良臣知廬州。

7 甲午，建康諸軍都統制王權言揀汰兵數。上曰：「諸軍闕額，須令招填，不然，恐傷兵數。自今令具已招之數申樞密院。」

直龍圖閣、知婺州錢端禮罷。端禮與右奉議郎、通判州事呂忱中互訴，故皆黜之。

8 丙申，大理少卿許大英面對，論：「監司守令以私己之怒，囚無辜於獄中，名曰寄禁，乞令憲臣稽察。」詔申嚴行下。

9 丁酉，龍神衛四廂都指揮使、宣州觀察使、殿前司選鋒軍統制劉寶爲捧日天武四廂都指揮使、武泰軍承宣使，録平閩盜之功也。其將校、軍兵、義兵三千一百七十人各遷官，及減磨勘年有差。

10 己亥，秦檜奏以敷文閣直學士吴表臣知婺州。檜言：「比年外患已寧，惟郡守得人，則奉行德意，民被實惠。」上曰：「然。在謹擇之。」

11 庚子，金主使龍虎衛上將軍殿前左副都點檢唐括德温⑦、昭武大將軍四方館使高居安來賀天申節。

12 丁未，左承議郎王大寶知連州代還，言：「連、英、循、惠、新、恩六州居民才數百，非商販之地，月輸免行錢，望更審量裁減。」上謂大臣曰：「守臣上殿，令以民事奏陳，遂得知民間疾苦，所陳五六，得一可行，爲利不細。」乃命本路漕司具合減數申省。大寶，潮陽人也。

13 庚戌，左中大夫、提舉台州崇道觀樊賓卒。

1 六月辛亥朔，户部員外郎周莊仲面對，言：「浙西積水之患，平江爲甚。平江秋苗三十四萬石，以積水蠲放者歲三之一。積水之處，皆昔日膏腴之地。望委常平官督責令佐，多方勸誘修築成田。如民户不來，即官爲拘收，召人請佃，如此人當自勉。不惟官得十萬，而民間所得當數倍矣。」詔户部看詳申省。

故事：宗廟時祠，以宗室觀察使以上充初獻，刺史以上充亞、終獻。其後以宗室數少，乃請初獻以防禦使以上，亞、終獻以遥刺以上。十二年十二月戊寅。至是，宗室正任止三人。壬子，大宗正司請權以遥團以上充初獻，將軍以上充亞獻，許之。

2 甲寅，敷文閣直學士、知廣州王鈇卒。詔鈇帥司宣力，賜其家銀帛五百匹兩，令江西轉運司應副葬事。

集英殿修撰、知福州薛弼移知廣州。初，以廣東羣盜尚多，詔殿前司摧鋒軍統制官韓京戍梅、循以彈壓，因命爲廣東馬步軍副總管，提舉漳處吉州捉殺盜賊兼知循州，久而未代。秦檜慮其難制，諭弼使圖之。弼至南雄州，京迎見，弼即席諭之，京乞罷，遂遣人衛京出嶺，亟命武功大夫張寧馳入戍所，以統其軍。此以熊克小曆修入，克止云亟命別將，而無其名，以日曆考之，代韓京爲摧鋒軍統制者張寧，蓋寧自閩中從弼入嶺也。

3 丁巳，左迪功郎王庭珪特勒停，送辰州編管。庭珪，安福人。胡銓之貶也，庭珪爲衡州茶陵縣丞，以詩送之，有曰：「癡兒不了公家事，男子要爲天下奇。」銓鄉人歐陽安永告之，以爲謗訕朝政。事下虔、吉兩郡，而守臣曾慥、王珉、江西路提點刑獄公事李芝不切究之。會芝奉祠，直秘閣林大聲代芝提點刑獄，亦寢其事。敷文閣待制沈昭遠知洪州，白發之。時大聲已去，而昭遠與降授右朝議大夫、江西轉運副使勾光祖以他事交章俱罷，庭珪遂坐貶。久之，慥、珉、芝、大聲與兩郡倅左中大夫吳温彥、右承議郎杜師伋皆坐降一官。温彥，德州人也。大聲以十八年閏八月罷江西提刑，昭遠、光祖以今年五月己亥罷，師伋、曾慥等以二十一年八月癸酉降官⑧，今聯書之。胡銓自跋戒諭和議詔書序此事，乃云太守吳温彥、運使林大聲、贛守曾慥，皆小誤也。

4 戊午，太師、尚書左僕射、提舉詳定一司敕令秦檜上吏部續降七司通用法四百三十五卷。

5 辛酉，右朝奉郎朱同知南雄州代還，言：「嶺南無醫，凡有疾病，但求巫祝鬼，束手待斃。望取古今名方治瘴氣者，集爲一書，頒下本路。」從之。熊克小曆載此事於辛亥朔，蓋誤。

6 壬戌，徽猷閣直學士提舉江州太平興國宮沈晦、徽猷閣待制提舉江州太平興國宮林保卒。

7 癸亥，左朝請郎趙善瑛知封州代還，論：「廣東諸州田税，不足歲用，自祖宗以來，不問有無田産，常計丁歲納身米，以補常賦，每有收免丁者於見納米人均增均減，其法甚備。今來州縣奉行不虔，隱落白丁，不可勝計，使見納丁米之人，無從均減。望令專一置籍，記其丁口，每歲稽考，庶幾課役均一。」詔户部措置。

右宣教郎、直秘閣高百之提舉兩浙路市舶。

8 乙丑，和安大夫、高州防禦使、診御脉樊和彦令臨安府差人管押出門，於處州居住，坐用藥紕繆也。此項未知與紹興三十一年八月辛亥杜起莘論王繼先等十罪有無相關，當考。

9 己巳，龍神衛四廂都指揮使、定江軍承宣使、主管侍衛步軍司公事趙密爲崇信軍節度使。

10 辛未，刑部員外郎章燾面對，論州縣推鞫追逮干證之弊。詔申嚴行下。

11 壬申，殿中侍御史曹筠入對，論溧陽知縣馮迪德、長洲知縣尹機前任不法事。機，趙鼎客也。機已見紹興六年二月。癸酉進呈，上曰：「二人罪頗大，可令取勘，俟案上，當重責之。」

12 甲戌，兩浙轉運判官、提領營田曹泳言：「根括得鎮江府荒田二千二百餘頃，望悉以爲營田。」從之。

刑部員外郎湯允恭面對，乞：「戒有司，凡制獄具，並依成式，長吏親閱用印，方得行使。」詔申嚴行下。

13 丙子，上謂大臣曰：「閩中盜已漸弭，惟海道間有作過，可諭帥憲，察巡尉之不可仗者代之。」

左朝請大夫王普添差通判邵州，代范如珪也。二人嘗官館學，爲秦檜所怒，終其身以郡倅處之。

14 丁丑，龍神衛四廂都指揮使、建武軍承宣使、主管侍衛馬軍司公事田晟添差兩浙西路馬步軍副都總管，請給與免借減。捧日天武四廂都指揮使、武泰軍承宣使、殿前司選鋒軍統制劉寶主管侍衛馬軍司公事。右宣教郎、直敷文閣秦塤進職一等。塤妹孺人秦氏，特封令人，以檜進書恩回授也。

校勘記

① 方有自得處　「方」，原闕，據皇朝中興繫年要録節要卷一三補。

② 市物雇夫　「雇」，原作「顧」，據皇朝中興繫年要録節要改。

③ 因知講和本出徽宗聖意　「知」，原作「請」，據宋史全文卷二一下、資治通鑑後編卷一一六、宋宰輔編年録卷一六改。

④ 中國之有夷狄猶陽之有陰自古無殄滅之理使可殄滅秦皇漢武爲之矣　以上二十九字，原俱闕，據皇朝中興繫年要録節要補。

⑤ 二十年七月己丑再降旨住罷　「丑」，原作「酉」，閩中三州住罷停税事在紹興二十年七月己丑，見本書卷一六一，據改。

⑥ 頃程師回捕虔賊　「回」原誤作「因」，「虔賊」原作「賊處」，據皇朝中興紀事本末卷七三改。

⑦ 金主使龍虎衛上將軍殿前左副都點檢唐括德温　「括」，原作「古」，據金人地名考證改。

⑧ 師伋曾慥等以二十一年八月癸酉降官　「師伋曾」，原作「帥及漕」，據叢書本改。

建炎以來繫年要録卷一百六十

1 紹興十有九年秋七月辛巳，左中奉大夫楊惇知舒州代還，乞戒監司、守臣修水利，詔付户部。上曰：「平江隄堰不修，歲輸米比舊虧十萬斛。臨安西湖，民間灌溉所資，其利不細，歲久亦填淤，宜悉令修治。」

2 壬午，上諭大臣曰：「官不給賣度牒，已十餘年，間多有輒自披剃者，可令禁止，稍重其罪，仍許人告，庶知戢畏。」

左朝奉郎、提舉江州太平興國宫邊知白卒。癸未，詔復敷文閣待制致仕。

中衛大夫、忠州團練使、添差荆湖南路兵馬鈐轄馮賽卒於衡州。

3 辛卯，秦檜以甘雨應祈，乞拜表稱賀。上曰：「更五日不雨，則傷稼。如浙東田高，得此雨拯濟，秋成可必。」檜曰：「陛下至誠格天，尤爲可喜。」

左承議郎、主管台州崇道觀許忻知邵州。忻以論事忤秦檜意，屏居臨川，閉門少所賓接。舉人陸九齡年尚少，忻一見，亟折輩行與深語，至是，遂與之俱。九齡，金谿人。初入郡學時，場屋無道程氏學者，九齡從故編得其説，獨委心焉。因結茅舍旁，講習兼晨夜不怠，如此者十餘年。

4 戊戌，大理少卿李如岡面對，乞：「守令悉心奉行民事，顯有成績者，令監司保明來上，優加褒擢，其弛慢違戾者，亦從按劾，重寘典憲。」從之。

5 己亥，拱衛大夫、貴州防禦使、建康府駐劄御前選鋒軍正將劉超卒。

6 庚子，監察御史陳夔面對，論：「囚多瘐死，望令諸路憲臣嚴責治獄之吏，凡無家者，官給之食。」詔刑部措置。

敷文閣直學士、新知婺州吴表臣罷。先是，表臣自祠官中請郡，故以婺處之，既又抗章乞祠，以全晚節。殿中侍御史曹筠劾其敢爲欺罔，無所忌憚，故有是命。

7 壬寅，右諫議大夫巫伋論：「鎮江府見於民間科借苗米，追呼捶撻，不勝其擾。乞禁止其官吏，重賜黜責。」

8 癸卯，秦檜奏事畢，上曰：「巫伋言鎮江預借事，不知何故闕乏乃爾，可令監司經理。其守臣先罷。」時右朝請郎曾惇爲秦檜所厚，驟用知鎮江，至是纔數月也。

左朝奉大夫趙達之知漢陽軍代還，言：「湖北諸郡，人希土曠，間有請佃歸業之人，官司指爲夫丁，差科連併，緣此無人耕佃，平時沃壤，鞠爲荆棘。望寬免税役，庶有勸耕之漸。」詔本路帥臣監司措置。

9 甲辰，監察御史章厦面對，論州縣財賦出入之弊，乞立法禁止。從之。

直秘閣、江南東路轉運判官鄭僑年令再任，從帥臣俞俟請也。

左武大夫、忠州團練使、鄂州駐劄御前破敵軍統制李山添差福建路馬步軍副總管，罷從軍。

1 八月庚戌朔，昭信軍承宣使、鎮江府駐劄御前諸軍都統制王勝卒，謚毅武。

2 辛亥，敕令所言：「臣僚劄子，乞詳議民事一罪，庶協於中。今年三月庚戌，葉綝奏請。看詳民事被罪條法，謂擅行科率，及應因害民之事以被罪者，作自犯民事，不注知州軍、通判、知縣、縣令差遣。緣民事被罪，情實爲重，難以與其他公罪事體一同。欲乞並依見行條法施行。」從之。自張浚當國，始議州縣官緣民事致罪者，終身不許治民。行之數年，論者數以不便爲言，然終不能改。二十年十二月辛酉，湯允恭又請。

3 壬子，武泰軍承宣使、主管侍衛馬軍公事劉寶爲鎮江府駐劄御前諸軍都統制。宣州觀察使、殿前司遊奕軍統制成閔權主管侍衛馬軍司公事。二人皆楊存中所薦也。

祠部員外郎胡寧面對，論：「州縣受夏秋二税，遇輸絹之時，則不受絹，而使輸錢；遇輸米之時，則不受米，而使折色。望自今並輸正色，毋得折變見錢。」詔户部看詳。

4 癸丑，復泰州興化鎮爲縣。

5 乙卯，右承議郎、兩浙東路轉運司主管文字王守道直秘閣。守道，亦繼先子也。

6 辛酉，詔行在内外諸官司添差官今後不得過二員，令所屬遵守御史臺覺察彈奏。其已溢格處，聽滿任。

按此指揮止爲行在官司，無預外路。熊克小曆除去「行在」二字，第云内外諸司，則失其實矣。

宗正寺丞王葆面對，言：

國家役法，應女户、單丁與夫得解舉人、太學生並免丁役。蓋本先王仁先孤寡，貴肆多士之意。頃議者歷陳丁役之弊，遂有募人充役指揮。臣謂進納雜流之人，物力高彊，雖係單丁，自應顧募。至若前項三色，亦令顧募，似爲矯枉之過。且女户而無子孫，與雖有子孫而年在幼弱，皆窮民之無告者也。若遽使當力役之事，則公私所費必倍於豪强。故昨來指揮「寡婦有男爲僧道成丁者，並許募人充役」，正恐姦民旋行規避爾。

今州縣之間，欲舞文者以虐無告，則或指遠適之緇黄，爲某氏之子孫，初不以存亡爲別也。因使寡婦守志者，不免於執役困悴之患，其勢迫而改行者，家貲産業或破壞於後夫之手，是豈朝廷勤恤民隱之本心乎？得解舉人，名已登於天府，今乃同籍於役人。太學生身已隸於上庠，今乃心累於執役。是二者，其家或有兼丁，則力役自不妨於充募。若乃單孑一身，而能留意於科舉，奮身於庠序，遂不得自別於齊民，甚非陛下仁先孤寡，貴肆多士之意。欲望特詔有司，俾是三者，重加看定。庶幾孤寡得所，而士知愛重。

是日進呈。上曰：「單丁、女户，舊法免差役，以許免者多，有司遂有顧募之請，宜令户部詳其的確利害來上。」葆，崑山人也。既而本部乞：「女户無子及得解舉人、太學生單丁並免身役，即特旨及因恩免解人，聽募人充役，官司毋得追正身。」從之。户部奏上在十二月己未。

7 丙寅，太常少卿張杞充大金賀正旦使，武節大夫、和州團練使、知閤門事趙述副之。直秘閣、知臨安府湯鵬舉守司農卿，充賀生辰使，右武大夫、吉州刺史、帶御器械石清副之。通好後，以庶官出疆自此始。述，即瓌也。述改名，不知所以。紹興十六年五月乙巳充接伴，已改今名，恐是避二王所連偏旁也。

8 庚午，成州團練使潘長卿、貴州團練使潘粹卿、和州團練使潘端卿爲泉、利、閬三州觀察使。時吳國長公主入朝，故有是命。

9 辛未，詔浙東諸州强盜該配者並刺充沿江諸軍都統制下使喚，俟盜賊寧息如舊。以權本路提刑秦昌時有請也。

10 壬申，右朝散大夫、兩浙轉運判官曹泳直秘閣。

權尚書户部侍郎兼權樞密都承旨宋貺兼權知臨安府。

11 癸酉，大理正元龜年面對，乞：「自今諸州奏案内有不該留禁待報人，並先次責出。」詔刑部看詳。

12 甲戌，詔以景靈宮繪像功臣之副藏於天章及秘閣。復故事也。

13 乙亥，大理正周坣面對，論：「諸郡擅支借轉運司錢物充公事，及收支官物，別置私曆之弊，乞戒監司稽察舉劾。」丙子，詔申嚴行下。

14 戊寅，詔荆南府應劉錡舊管軍馬，並發還侍衛馬軍司。

1 九月庚辰朔，大理寺丞石邦哲面對，論：「天下之法宜總於大理，而一路、一司、一州、一縣與夫在京省臺寺監、有司局務，各有專法，大理不能通設。有論罪斷刑皆出臨時取會移文待報，關決淹延，或法有重輕，供報不盡，莫得稽考，則罪有出入之弊。欲望特詔三省，委之刑部，關會應干官司①，前後被受立到專法，各録兩本，付之法寺斷刑、治獄兩司，以憑遵用。」事下刑部看詳，如所請。明年正月己丑刑部奏下。

2 丙戌，左奉議郎、知大宗正丞楊偰面對，乞：「太學私試鎖院，考官不得輒歸私家，出入傳送之禁，並依補試法。」事下禮部，其後但令辰入昏出而已。明年二月辛亥施行。

3 辛卯，惠州刺史、知閤門事宋籛孫充大金賀正旦副使，以趙述病告也。

4 壬辰，左朝奉郎、提舉兩浙東路常平茶鹽公事秦昌時直秘閣，提點本路刑獄公事。本路帥臣趙不棄申昌時悉心賑濟，全活甚衆。檜進呈，乃有是命。昌時，檜兄子。已見。

5 癸巳，詔新通判汀州李璹特放罷。坐嘗與新州編置人胡銓交結，凌蔑州縣，爲守臣張棣所劾也。

6 乙未，大理寺丞孫敏修面對，論：「諸路被差鞫獄官多求避免，乞量增賞格。」詔送刑部。

7 庚子，大理寺丞郭唐卿面對，論：「四方案牘來上，本寺取會未圓情節，往往不以時報，乞申嚴行下。」從之。

大理寺丞石邦哲令再任。初，有詔法寺斷刑官願再任者聽，至是從其請也。

8 壬寅，左朝散郎陳璹知饒州代還，論：「諸縣保正副長科役煩多，尤爲民害。若令當役良民皆許顧人自代，則受顧之人習熟州縣，通曉法令，縣官非理相加，未必畏懼，官吏雖欲恣其谿壑之欲，有所不能。望特詔有司許凡當役保正副長，除情願應役之人，聽其從便外，並許顧人代役，官司不得追呼正身。」詔户部看詳申省。璹，建陽人也。

9甲辰，户部侍郎李椿年言：「諸路錢帛各有樁發條限，比年往往公然移易妄用，有誤歲計。欲將移改侵借去處，不以去官，並從本部申取朝廷指揮，重賜黜責。」從之。

10戊申，上命繪秦檜像，自爲贊曰：「惟師益公，識量淵沖。盡闢異議，決策和戎。長樂温清，寰宇阜豐。其永相予，凌煙元功。」尋出示羣臣，藏於秘閣。熊克小曆載此事在紹興二十一年十月，蓋誤。

1冬十月按是月己酉朔。庚戌，言者論：「監司州縣樂於知事，以厚利啗進奏官，遂致聽探事宜，漏泄機密。」詔進奏官收受計贓坐罪，官吏依擅支朝廷封樁錢物法，仍令監司互察。從户部請也。

2壬子，上諭大臣曰：「有司立法，不可太重，恐難必行，宜令敕令所檢會日前建明有不可行者，並須改正。」

3癸丑，觀文殿學士、提舉萬壽觀秦熺爲郊社禮儀使。渡江後，五使以祠官爲之，蓋自此始。

太府寺丞李燾面對，論②：「比年州郡監司多差未出官選人押綱，以覬賞典，緣未諳世務，公然盜用，望申嚴行下。」詔送户部。其後本部言：「初官亦有可以倚仗，因賞典太優，欲今後止依本等推賞。」從之。熊克小曆作太常寺丞眉山李燾。按：燾此時方自嘉州推官丁憂家居，克蓋誤也。户部乞依本等推賞在十一月丁未。

4丙辰，左朝請郎、主管台州崇道觀朱敦儒守本官致仕，從所請也。

5己未，右朝請郎、幹辦行在諸軍糧料院王珏提舉兩浙西路常平茶鹽公事。先是，秀州歲以錢給亭民煮鹽，至十五年，積十九萬七千餘緡不給，亭民無以煮鹽，訴於朝。上曰：「亭户宜恤，不則逋去，其害非細，可令户部究實。」於是用珏。珏至官踰年，盡償所負。又開華亭、海鹽河二百餘里，鹽滋得通流，其溢以溉田。經界之法行，甚害者三百六十九事，其七千二百二十七户尤爲病，珏奏除之。珏，安石曾孫也。上語在八月戊辰，併附此。日曆所載甚略，今以晁公遡所作珏墓誌增修。

右承議郎、知新州張棣提舉荆湖北路常平茶鹽公事，以其再劾胡銓也。至官一日卒。時責授濠州團練副使洪皓在英州，閩人右承務郎倪晉爲守。晉老矣，内無奥主，聞棣以巧中遷客取使節，欲劾之。即使兵馬都監伺其隙，捕皓家奴寘獄中，釀成其罪。未及發，而晉死，事乃解。胡銓跋戒論和議詔書云：「十九年春，新興守張棣覬望權勢，乞竄銓海外，棣即日持節湖北。」按：棣劾銓過海在去年之冬，去此已久。當是因再劾李燾，遂超遷之。銓蓋小誤。今略修潤，庶不牴牾。

降授文州刺史辛永宗特勒停③，送肇慶府編管。永宗爲湖南馬步軍副總管，居邵州。永宗以嘗立軍功，給真俸。守臣右朝散郎吕稽中知永宗爲秦檜所惡，劾其冒請全俸，當計以贓，乞下守臣閲實。稽中先以計取永宗所受御劄送檜矣，永宗由是不能自明。詔侵支過請給，令稽中依條追理。稽中選郡僚之苛刻者籍其家以償欠，一簪不得留。既而稽中語其僚曰：「前赴其家燕集，以某器酧壽，今乃不見，豈隱之耶？」其殘刻如此。

6 庚申，直龍圖閣、主管洪州玉隆觀梁棄卒。

7 辛酉，上諭大臣曰：「西溪摽撥馬軍寨地，可令守臣宋貺親往檢視，毋得侵掘冢墓，多占民田。」

昭宣使、高州刺史趙轍提舉佑神觀，免奉朝請。

宣政使、明州觀察使、提舉江州太平興國宮馮益令再任。

8 壬戌，德安府忠節卒蕭隆挾刃殺守臣右朝奉大夫王伯淮於廳事④，傷而不死。衆執隆，隆舉刃自殺。伯淮以聞，詔仍舊治事。

9 丙寅，敷文閣直學士、知紹興府趙不棄卒。

10 己巳，初復諸陵攢官薦新之禮，用太常博士晉陵丁婁明請也。

11 庚午，右奉直大夫、知平江府王晌直秘閣，知建康府，兼行宫留守司公事。建康自置留守後，以庶官爲之，蓋自晌始。

12 辛未，左朝散大夫趙令衿知泉州。

左承議郎、添差通判臨安府郭瑊知秀州。

13 乙亥，閤門祗候王允昌爲閤門宣贊舍人。允昌，勝子，特録之。

14 丁丑，詔右朝奉大夫、提舉江南東路常平茶鹽公事張昌依舊兼權提刑，仍許薦舉。以昌言一路選人改官，久無職司文字，乞除正官故也。

1 十有一月癸未，秘書省著作佐郎劉章面對，言：「禮莫重於祭，而郊廟爲尤重。神宗元豐間，嘗詔陸佃等以太常寺置局編類成書，凡三十卷郊廟奉祀禮文。今陛下以明聖之資，當述作之任，而縟儀未紀。乞命官爲紹興郊廟奉祀禮文，以續元豐之書。」上嘉納之。

初，太傅、咸安郡王韓世忠之爲淮東宣撫使也，張浚在都督行府，以世忠有功，用上所賜空名告授其子彦樸、彥質皆右承務郎。久之，除直秘閣，賜三品服。已而，吏部審驗言：「無立功實跡，當奪所授官。」甲申，世忠請以郊恩改奏，依舊帶行章服職名。詔先次作白身人改奏，俟補正日取旨。

2 乙酉，尚書工部員外郎楊遹卒。

3 丁亥，尚書省勘會：「昨降指揮，令諸路監司、郡守將寬剩錢物，每季開具申省，撥充月椿。今來逐路月椿錢撥填已見次第。」詔今後更不開具。

4 辛卯，上親饗太廟，至櫺星門降輦，步趨齋殿，虛小次，不入。

5 壬辰，合祀天地於南郊。太史局令胡平奏帝座及三台星體明耀。禮畢，還御麗正門，建金雞，赦天下。

6 辛丑，尚書户部侍郎兼權直學士院李椿年罷。椿年首陳經界之議，及是始畢。會民多訴經界不均者，殿中侍御史曹筠因劾：「椿年求薦劉大中，陰交趙鼎，皆竊其權柄，漏其昵談。今游舊將之門，傾危朝廷，尤爲可慮。兼經界已定，若不別委他官覆實，則椿年私結將帥，曲庇家鄉之罪，無以厭塞公議。」詔與外任。

右諫議大夫兼侍講巫伋兼權直學士院。以諫官攝詞臣，非故事也。

左修職郎周麟之行太學録。

7 甲辰，詔：「諸郡行鄉飲酒之禮以取士。」先是，司農卿湯鵬舉請對，論：「舉人多冒貫求試。乞於未下科詔前，令州縣長吏籍定來歲當應舉人名，州縣學職事覆實申教授，預先引保，委無僞冒，然後許赴鄉飲酒。若臨時投狀射保者，並不收試。」事下禮部，至是頒行焉。

8 乙巳，右諫議大夫巫伋試給事中，殿中侍御史曹筠守侍御史，監察御史章厦守右正言，監察御史陳夔爲中書門下省檢正諸房公事。伋仍兼侍講權直學士院，夔仍兼崇政殿説書。

9 丙午，上謂秦檜曰：「經界人户多訴不均，當與受理。若不受重，税將無以輸納。」檜曰：「臣嘗諭户部侍郎宋貺，宜體聖上均税本意，有未均處，亟與改正。」

10 丁未，户部上州縣墾田增虧賞罰格。初，議者謂：「淮南、湖北民稍復業，而曠土尚多，請立賞格。」至是，本部以其格上之。每州增墾田千頃，縣五百，其守宰各進一官。即州虧五百頃，縣虧五之一，皆展磨勘年。詔頒之諸路。二十年四月癸未所書可參考。

1 十有二月庚戌，秘閣修撰、提舉江州太平興國宫王賞卒，贈敷文閣待制。

2 壬子，軍器監王會權尚書兵部侍郎。

秘書省著作佐郎林機面對，言：「訪聞有異意之人，匿迹近地，窺伺朝廷，作爲私史，以售其邪謀僞説。臣若知而不言，則異日害正汩真之患，臣實任其咎。欲望密加搜索，嚴爲禁絶。」

3 甲寅，上謂秦檜曰：「此事不應有，宜行禁止。許人陳告，仍令州縣覺察，監司按劾，御史臺彈奏。並取旨，優加賞罰。」於是，李光之獄遂起。明年三月丙申行遣。

右朝請大夫、知婺州周三畏復敷文閣待制，知平江府。

4 丁巳，金人弑其主亶。亶立十五年，平日嗜殺，晚年尤甚。左右近侍，少不如意，即手刃之。兵部尚書賓居常⑤，護衛將軍八斤⑥，廣威宿直將軍特塞定遠皆以罪族⑦，又殺其后裴磨申氏。於是，宗族、大臣皆懼不免，相與結約，以伺其間。至是，駙馬都尉同古辨與尚書右丞相岐王亮⑧、太常卿烏帶⑨、宿直將軍斡諸⑩、尚厩局使高景山、寢殿小底興國奴謀⑪，因亶醉卧，收其兵械，夜入宵儀殿弒之。有護衛將軍忽突⑫，初不與謀，亮等入殿門，亶驚起，求弓刀不獲，忽突遽以所持鎗刺亶於殿壁，衆争前斫殺之。遂閉殿門，興國奴傳旨斂取護衛弓刀，然後屏出敷德殿門，詐召大臣。左丞相沂王宗賢夜半入宫，爲所害。都元帥、曹國王宗敏繼至，亦縊殺之。遂立亮。亶時年三十一。宗賢，金太宗晟子。宗敏，太祖旻子也。此苗耀神麓記修入。耀稱亮爲平章，宗賢左相，宗敏右相。按亮十八年九月已拜相，而大定赦書稱宗敏爲元帥曹國王，今從之。耀又稱同古辨爲唐古卞，與金人誅宗本等詔書所云差不同，今從金詔。

5 戊午，直龍圖閣、知潭州劉昉言：「姓名偶與前代不令之臣相犯，請更名旦。」從之。

是日，金主亮即位，時年二十八。

6 己未，大赦文武官，皆進一秩，賜民租稅一年。追廢亶爲東昏王，以謂刑餘之人，故不得入廟。追尊父宋王宗幹爲德宗，改元天德。亶追謚見三十一年十一月。熊克小曆載亶死在己未，誤也。蓋丁巳殺亶，戊午立亮，己未肆赦爾。金國赦書：「朕惟太祖武元皇帝，神武應期，奄有四海。以天下大器，授於太宗。文烈厭世，不忘先遜。憑几宣命，屬之前君。以繼洪業，十有五年。而昏虐失道，人不堪命。宗族大臣，協心正救，久而弗悛。仰奉九廟之靈，已從廢黜，亦既殞滅。宗族大臣，咸以太祖經營締建，所繇垂統。推戴眇躬，嗣臨天下。朕以宗祖之重，義不獲已。爰受命之初，兢兢若涉淵冰，未知攸濟。尚賴股肱三事，文武百僚，同心附翼，以底於治。宜布維新之令，以宏在宥之恩。可從皇統九年十二月十一日，改爲天德元年。」

7 壬戌，上恭謝景靈宫，退御西齋殿進膳，召近臣對御茶酒。

8 癸亥，亦如之。

9 甲子，復詣太一宮。至是遂如故事。

10 丁卯，封紅霞帔劉氏爲宜春郡夫人，吴氏爲新興郡夫人。吴氏名玉奴，中宫近屬也。吴氏紹興二十二年五月進封才人。制詞云「乃椒房之懿屬」。

11 己巳，宰執進呈四川管押扈衛人乞推賞。上曰：「發來扈衛人已滿千人，可下制置司，自今歲募三百人赴闕。」

12 丁丑，金國賀正旦使龍虎衛上將軍殿前右副都點檢完顔究、副使昭武大將軍西上閤門使劉箴入見。究，亮弟也，以病故改用。

是日，尚書祠部員外郎胡寧、秘書省著作佐郎劉章並罷。章有士望，太師秦檜疑其不附己。而寧本因其父兄與檜厚，故召用之。至是，檜知寧兄徽猷閣直學士致仕寅之貧，因其往劍州省覲世母，遺以白金。寅報書曰：「願公修政任賢，勿替初志；安内攘外，以開後功。」檜以爲譏己，始怒之。寅嘗游嶽麓寺，大書壁間云：「是何南海之鰐魚，來作長沙之鵩鳥。」於是帥臣劉旦方欲捃摭張浚諸人之罪，而旦潮陽人也，亦大怒，復訟寅於檜。侍御史曹筠即奏：「寧兄阿附趙鼎。章居衢州，與鼎賓客交通，故二人私相朋比，衆所指目。不知每懷異意，欲以何爲？若不罷斥，無以安衆心。」乃以章通判均州，而寧充夔州路安撫司參議。熊克小曆二人之罷在今年九月，蓋誤。

13戊寅，太常丞林大鼐、尚書刑部員外郎湯允恭並爲監察御史。

是月，資政殿學士致仕王次翁薨於明州。次翁既引年，秦檜憐之，饋問不絶。及薨，贈恤甚厚。

責授濠州團練副使解潛居南安軍，至是疾劇。有朝散郎張九成往省之，謂曰：「太尉平日所懷，亦有不足者否？」潛泣曰：「平生惟仗忠義，誓與虜死⑬，以雪國耻，而不肯議和，遂爲秦公所斥，此心惟天知之。」九成曰：「無愧此心足矣，何必令人知？」潛曰：「聞此言，心中豁然矣。」即逝，九成壯之。時秦檜猶怒潛，故喪不得歸，逮檜薨乃聽。二十六年正月癸亥歸葬。

是歲，宗室子賜名授官者十有七人。

諸路斷大辟三十一人。

校勘記

① 關會應干官司 「干」，原作「千」，據叢書本改。

② 太府寺丞李燾面對 「太」，原作「大」，據叢書本改。

③ 降授文州刺史辛永宗特勒停 「授」，原作「受」，據叢書本改。

④ 德安府忠節卒蕭隆挾刃殺守臣右朝奉大夫王伯淮於廳事 「隆」，原作「龍」，據下文及叢書本改。

⑤ 兵部尚書賽居常 「賽居常」，原作「賽音奇辰」，據金人地名考證改。

⑥ 護衛將軍八斤　「八斤」，原作「巴克沁」，據金人地名考證改。

⑦ 廣威宿直將軍特塞定遠皆以罪族　「特塞」，原作「塔斯」，據金人地名考證改。金史作「特思」。

⑧ 駙馬都尉同古辨與尚書右丞相岐王亮　「同」，原作「唐」，據金人地名考證改。「同古」，金史作「唐括」。

⑨ 太常卿烏帶　「帶」，原作「達」，據金人地名考證改。

⑩ 宿直將軍斡諸　「斡諸」，原作「額爾楚克」，據金人地名考證改。金史作「阿里出虎」。

⑪ 寢殿小底興國奴謀　「奴」，原作「努」，據金人地名考證改。

⑫ 有護衛將軍忽突　「忽突」，原作「瑚圖克」，據金人地名考證改。金史作「忽土」。

⑬ 誓與虜死　「虜」，原作「敵」，據皇朝中興繫年要録節要改。

建炎以來繫年要録卷一百六十一

1 紹興二十年歲次庚午，金海陵煬王亮天德二年①。春正月甲申，金國賀正旦國信副使、西上閤門使劉筬辭行。國信使殿前右副都點檢完顔兖以病不能入見，命醫官趙琦送至境上，金主亮亦遣天使趣之。兖歸，至北廷而卒。此據苗耀神麓記。

2 丁亥，太師、尚書左僕射秦檜趨朝，有挾刃於道者，遮檜肩輿，欲害之，傷行程官數人。一軍校奮而前，與之敵，衆奪其刃，遂擒送大理寺。驗治，則殿前司後軍使臣施全也。自罷兵後，凡武臣陳乞差除恩賞，檜皆格之，積百千員無一得者，客行朝餓且死者，歲不下數十。至是，全以所給微而累衆，每牧馬及招軍，勞而有費，以此怨忿，遂潛携刃，伺檜出，乞用兵，因而鼓衆作過，若不從，則害檜。壬辰，磔全於市。至是每出，則列五十兵，持長梃以自衛。此以熊克小曆及林泉野記參修。野記又云：「檜以此激軍中，使無鬭志，人人思亂。」

3 甲午，以普安郡王第三子惇爲右内率府副率。

正侍大夫、華州觀察使、提舉台州崇道觀段恩卒。恩初見建炎三年。是時不知爲何官，於此始見於日曆，故表出之。

4 己亥，承信郎、閤門祇候、幹辦御輦院劉允升爲修武郎、閤門宣贊舍人。

5 庚子，敦武郎、光州光山縣尉兼主簿都飛虎除名，廣州編管。坐受商人貨物，縱令渡淮，及被差捕賊，不即迎敵，致令出界故也。

6 癸卯，諸路經界文字令户部措置結絶，未經界處，委轉運司并守臣，仍限一季。

少傅、寧遠軍節度使、領殿前都指揮使職事楊存中封恭國公。

監察御史湯允恭面對，言：「古有金作罰刑，蓋先王不忍之心，民知有誤，俾出金以當其罪。後世著在律文，有罰銅之條，自一斤至百有二十斤而止。陛下仁覆四海，視民如傷，前後欽恤之詔，深切著明。比來州縣或有杖罪與徒，勒令納錢乃得免，少數十百緡，多一二千緡。格之律文，則罰溢於罪。又收在別曆，吏得爲姦。望敕州縣，凡罪人當罰，毋多令納錢，以濟妄用。」及是進呈，上曰：「自有常法。」於是申嚴行下。

7 丙午，兩浙轉運判官曹泳言：「右承務郎李孟堅省記父光所作小史，語涉譏謗。」詔送大理寺。初，光在貶所，常作私史，孟堅問爲所親左奉議郎、新諸王宮大小學教授陸升之言之。升之訐其事，遂命泳究實申省，及是進呈。上曰：「光初進用時，以和議爲是，朕意其氣直，甚喜之。及得執政，遂以和議爲非，朕面質其反覆，固知光傾險小人，平生蹤跡，於此掃地矣。」升之，山陰人也。日曆紹興十九年十月壬戌，左奉議郎、新淮西提點刑獄司幹辦公事陸升之充諸王宮大小學教授，恐即緣訐此事得遷，當考。

右承議郎、利州西路安撫司書寫機宜文字吴援爲右朝散郎、直秘閣，通判利州，賜三品服。援自興州入對，故有是命。

1 二月戊申朔，將作監丞李嚴老面對，乞：「戒諸縣令佐，毋得分鄉自至村落催科。」詔申嚴行下。嚴老，邦彦子也。少傅、領殿前都指揮使職事楊存中乞以大禮所得親屬封號，爲故女孺人换一道號，許之。後贈沖妙鍊師。

2己酉，顯謨閣直學士常同卒於海鹽縣。

3庚戌，軍器監丞齊旦面對，乞春月禁民採捕。秦檜曰：「正爲孳育之時。」上曰：「此係利害。」乃下之刑部。既而本部言：「春月在法不許採捕，若止科違令之罪，恐難禁止，今欲犯者杖八十。」從之。旦，壽光人也。

初，右朝請大夫路彬提點廣西刑獄公事代還，言：「静江府昭州夏税折布錢最重於諸州，蓋自都督行府一時措置，折納價錢比舊增及一倍以上。廣西地瘠民貧，百姓艱於輸納，道遠不能赴愬。今寇盜寧息，海内晏清，自宜蠲減。」是日，秦檜奏事畢，上諭曰：「路彬言折布錢因張浚增及兩倍，可令户部看詳裁減。」户部言：「二郡歲撥上供布九萬二百八十一匹，欲於見納價上三分減一每匹折納錢一千。」從之。上又曰：「昨令監司、守臣任滿，並以民事奏陳。彬可除職名，與見闕監司，以示激勸。」彬奏疏以正月丙午降出，上諭大臣除彬職名在二月戊午，今併書之。

4壬子，權户部侍郎宋貺言：「契勘經界本意，務要革去侵耕冒佃、詭名挾户、逃亡死絶、虚供抵當、差科不均、鄉司走弄二税之弊，使民有定産，産有定税，税有定籍。後來緣以畫圖供帳，分立土色等則，均任苗税，轉生姦弊，遂致久不能結絶。今欲乞令轉運并守臣恪意措置，須管革去逐件情弊，使田産税賦，着實依限，一切了辦。如州縣尚敢遷延，出違日限，從本部申奏朝廷，乞賜放罷。若轉運不切督責，亦乞黜責。所有每路差本所幹辦官一員，前去説諭，催督措置，及諸路所差覆實官，限指揮到日並罷②。」從之。

5 庚申，詔海外四州軍昨令與免經界，緣土産瘠薄，應税租仰並依舊額施行。時瀘南沿邊安撫使馮檝亦抗疏，論其不便於朝。於是，瀘、叙州、長寧軍皆得免。瀘南免經界事，日曆不見，降旨年月當考。按：江陽志三邑税賦額祥符年雜色二千九百石，慶元年雜色九千五百石，不知何時所增也。

右朝請大夫路彬直秘閣、利州路提點刑獄公事。

6 辛酉，右武大夫、合州刺史兼閤門宣贊舍人、侍衛馬軍司統領官黄宣等二十四人並添差諸路鈐轄兼都監至將副，罷從軍，用主帥成閔請也。

7 丙寅，初作玉牒所。

8 辛未，集英殿修撰、知廣州薛弼陞敷文閣待制。

9 乙亥，直徽猷閣、廣西路提點刑獄公事方庭實卒。

10 丁丑，閤門請：「自今北使在廷，非侍從而嘗借官出使，免起居。如見充接伴即依所借官叙位。」從之。

是月，安南進馴象十。

1 三月庚辰，金主使龍虎衛上將軍侍衛親軍馬步軍都指揮使完顔思恭、翰林直學士通議大夫知制誥翟永固來報登位。遣上金注椀二、綾羅三百、良馬六。永固，檀州人，宣和六年進士也。

2 癸未，端明殿學士、簽書樞密院余堯弼參知政事。

給事中兼侍講權直學士院巫伋爲端明殿學士，簽書樞密院事。

3 乙酉，尚書禮部員外郎兼玉牒所檢討官王曮守起居舍人，兼權直學士院。日曆不書曮權直，此據本院題名。

4 丙戌，參知政事余堯弼爲賀大金登位使，鎮東軍承宣使、知閤門事鄭藻假保信軍節度使副之。合行事并支賜推恩，並依未裁減已前正旦生辰使例，以堯弼有請也。

敕令所奏定：「諸州公使庫月支供給，令帥臣毋過二百緡，下至外縣監當十緡，凡八等。仍先支外縣，該載不盡者，比附定數。」舊例，數少者不在增添之限。從之。

5 戊子，觀文殿學士、左通奉大夫、提舉萬壽觀、秘書省兼侍讀秦熺爲特進，加大學士，充觀使。制曰：「上宰特高百執，既有舊班；真儒並出一門，豈非亨會？」故事，前宰相官至使相已上，始降麻。至是，以熺視見任宰臣，特令鎖院。

6 庚寅，北使辭行。

權尚書禮部侍郎陳誠之兼侍講。

太常少卿兼權吏部侍郎張杞罷，以侍御史曹筠劾其附會李椿年也。

右正言章夏論：「太常寺主簿、權吏部員外郎葉綝頃爲李光所私，及光抵罪，常懷怏怏。又嘗私親舊將，受其賄賂。望賜罷斥，以清華轍。」從之。

7 丙申，詔：「責授建寧軍節度副使、昌化軍安置李光永不檢舉。右承務郎李孟堅特除名，峽州編管。」先是，孟堅以小史事繫獄，至是獄成。光坐主和議反覆，後在貶所常出怨言，妄著私史，譏謗朝廷，意在播揚，僥倖復用。及與趙士㒟，於罷政後往來交結。孟堅亦爲父兄被罪責降，怨望朝廷，記念所撰小史，對人揚説，故有是命。於是前從官及朝士連坐者八人。

徽猷閣直學士致仕胡寅坐與光通書，朋附交結，譏訕朝政。龍圖閣學士、提舉江州太平興國宫程瑀坐初除兵部侍郎日，以縑帛遺光，且貽書云：「比來無知，愚皆以視前爲戒，可爲歎息。」徽猷閣待制、提舉江州太平興國宫潘良貴坐嘗以團茶寄光，光貽良貴書，其别紙云：「仲暉不敢作書，患難至，能出一隻手乎？」仲暉，樓炤字也。良貴答書曰：「參政患難至此極矣，更以道自處。仲暉别紙已付之，但恐時未可耳。」直秘閣宗穎坐嘗寄光書云：「孤寒寡援，方賴鈞庇，忽聞遠適，豈勝惶駭？本欲追路一見，失於探伺，不果如願。」寶文閣學士提舉江州太平興國宫張燾、左承議郎新知邵州許忻、左朝奉大夫新福建路安撫司參議官賀允中③，左奉議郎、福建路安撫司主管機宜文字吴元美④，坐各與光相知密熟，書札往來，委曲存問，意光再用，更相薦引。詔寅特落職，瑀、良貴、穎並降三官，燾、忻、允中、元美並降二官。

8 戊戌，上謂大臣曰：「近有人上書陳農田利害。農者，天下之大本，可即施行。」

是日，内降詔曰：「昨李椿年乞行經略，初欲去民十害，遂從其請。今聞寖失本意，可令户部逐路選委監司一員，逐一看詳。應便於民者，依已經界施行；其乖謬反爲民害事目，並日下改正，具申省部。日後以當否取旨黜陟，間遣御史前去訪察。」

9 庚子，余堯弼辭行。

詔巫伋兼權參知政事。

徽猷閣直學士、知平江府周三畏落職，與宫觀差遣。初，常同既卒，三畏遣通判府事蘇師德越境往祭，且賻錢二千緡。祭文有云：「姦人在位，公棄而死。」師德，同女婿。祭文其子新遂安尉玭所草也。侍御史曹筠因奏：「三畏頃爲大理卿，鞫勘岳飛公事，猶豫半年不決，朝廷特加拔拭，終不懷安，乃與師德陰相交結。若不亟去，有害治道。」於是，師德送汀州編管，而玭勒停。玭勒停在四月癸亥。

10 壬寅，右正言章厦奏：「右承議郎致仕胡寅天資兇悖，敢爲不義。寅非胡安國之子，不肯爲親母持服，士論沸騰，此其不孝之大罪也。寅初傅會李綱，後又從趙鼎建明不通鄰國之問，其視兩宫播遷，如越人視秦人之肥瘠。後來梓宫既還，皇太后獲就孝養，寅自知前言狂率，乃陰結異意之人，相與睥睨，作爲記文，以爲今日仕進之人，將赤族而不悟，此其不忠之大罪也。伏望陛下爲宗廟社稷長慮，特賜威斷。」詔寅責授果州團練副使，新州安置。寅建明使事已見紹興六年五月寅申，明追服事已見紹興十年七月。

右承事郎劉堯勛直秘閣。堯勛，光世少子也。

11 甲辰，户部侍郎宋貺言：「訪聞州縣近因經界，將額管苗税均於未開墾荒閑田土上，一例起催，致人户無從輸送，往往逃移失業。望委諸路轉運司，將見虛增苗税日下住催。」從之。

12 乙巳，上書秦檜父故玉山縣令敏學墓碑首曰「清德啓慶之碑」，命詞臣王曮撰文以賜。

上謂檜曰：「近日邊境絶無事，行移簡少，民得休息，殊爲可喜。」

户部言：「常平職在興農田水利，今州縣圩岸多損，田畝多荒，欲委諸路常平官措置興修，不得因而擾民，將來取旨陞除。」從之。

是月，金主亮詔：「中外臣庶，皆令直言朝政闕失與軍民利害，如有可採，自應得用。其或不當，弗加之罪。苟能裨補公私，别議旌賞。」初，東昏王亶之被弑也，亮身預其謀。及是事定，當時同謀者，亮皆以弑逆之罪加之。曹國王宗敏者屬最尊，亮忌之，既爲所殺，納其妃於宫中。梁國王宗弼開國有勳，惟一子韓王亨，亦以無罪死。左副元帥撒離喝有戰功，亮詐爲書，俾人誣告，并其子御史大夫沙只殺之⑤，夷其家。

1 夏四月丁未朔，司農卿湯鵬舉直顯謨閣，知婺州。

直秘閣、兩浙轉運判官曹泳陞直徽猷閣，知明州。時鵬舉送北客未還也。

2 庚戌，右朝散大夫、知揚州榮嶷爲兩浙路轉運判官。既而侍御史曹筠言：「嶷本與趙鼎從游甚密，緣嶷在僞楚時，有所污染，被謫甚重，鼎猶未敢援引。今朝廷俾守維揚，已爲闊略，又引至行朝，豈不惑四方之觀聽？望賜罷黜，以慰公議。」詔嶷還舊任。王明清揮麈録稱：「高宗與嶷有霸府之舊，秦檜屢欲加害而不從。」或可修潤入此。詳見紹興十一年九月，王俊首張憲謀叛注。

3 壬子，詔自今没官田土，更不許人承佃，並撥歸常平司，與見興修水利田一就措置。用户部請也。既而本部又請在城市空閑官田，及户絶房廊白地亦令常平司拘收。從之。後旨在是月戊午。

4 乙卯，安德軍節度使、開府儀同三司、知大宗正事士夽充萬壽觀使，任便居住，以老病自請也。擢其子右奉議郎不微直秘閣。

5 己未，起居舍人兼玉牒所檢校官王曮言：「本所見修玉牒，切見靖康二年，太師秦檜入狀軍前，乞存趙氏社稷。兼在軍前與莫儔争辨，以全家保天族。并在中京代上皇作書，與國相建明和議等大節，並已修入玉牒外，所有元降下推戴事跡，乞備録全文，關送國史日曆所，照應施行。」從之。

6 辛酉，封普安郡王女爲碩人，用宗室緦麻親任節度使封女例也。

7 己巳，上謂大臣曰：「久雨不致妨農否？民田須常瀦水。宜令州縣修陂湖之利，以備缺雨灌溉。」既又命每季具施行次第申省。

8 庚午，宣政使、明州觀察使、提舉洪州玉隆觀馮益卒。

9 癸酉，左朝奉大夫、新知廬州吴逵言：「兩淮之間，平原沃壤，土皆膏腴，宜穀易墾，稍施夫力，歲則有收，而莫加工，茅葦蓊塞。望置力田之科，募民就耕淮甸，賞以官資，闢田以廣官莊，自今歲始。今欲江、浙、福建委監司守臣勸誘土豪大姓赴淮南，從便開墾。田地歸官莊者，歲收穀五百石，免本户差役一次。七百石，補進義副尉。至四千石，補進武校尉。並作力田出身。其被賞後再開墾及元數，許參選如法理，名次在武舉特奏名出身之上。遇科場並得赴轉運司應舉。」從之。熊克小暦稱在武舉人之上去「特奏名出身」五字，蓋誤也。

10 乙亥，衡州編管人宗杲移臨江軍，以其長惡不悛，聚徒貶所，撰造飛語，肆爲譏謗也。

是月，金主亮誅太傅、領三省事晉國王宗本，及尚書左丞相兼中書令越國王同古辨、燕京行臺尚書省事楚國王秉德、判大宗正事衛王宗義、東京留守代王宗懿等。先是，秉德嘗燕宗本家。海州刺史烏處幹言⑥：「國王有福，似趙太祖。」秉德喜。其後，秉德出領行臺省事，欲在外説誘軍民，使宗本爲内應。辨嘗爲宗本言：「内侍張彦善相人，亦言太傅當爲天子。」宗義言：「太傅正是把太祖大家計人。」宗本遂與尚書省譯史蕭玉謀⑦，即圍場弒亮。玉以告秘書監蕭裕，裕以聞，故皆坐死。宗本，太宗晟之子。宗懿，宗本兄。秉德，宗維孫也。據金人誅蕭裕詔云「宗本，太宗之子」。又誅宗本等詔云：「某有兄，東京留守。」遂擢裕尚書左丞、參知政事，而汴京行臺廢。兩國編年有天德三年遷都詔云：「用併尚書之亞省，會歸機政於朝廷。」故增入。自金太祖旻起兵，即以黏罕、兀室、婁宿、撻懶、撒離喝之徒繼爲將相，惟婁宿在兵間，以病死。後黏罕首罷兵柄，憤恚而亡。撻懶、兀室、撒離喝之徒相繼坐誅⑧，而旻、晟子孫剿戮幾盡。以金人誅宗本等詔書，及金國雜書參究修立。張棣金國志誤以宗本爲黏罕，已辨之。見建炎元年注。

1 五月丁丑，右朝散大夫彭合知臨江軍還，言：「清江縣民輸苗米，每石加耗七斗，乞蠲免。」從之。上謂大臣曰：「合任縣官，嘗爲監司列薦，今可與監司知州差遣。」乃以合知永州。

2 庚辰，詔：「申嚴諸軍差承接文字使臣之禁，賞錢千緡。有官人轉一官，許人告。」初，講和罷兵之次歲，言者論：「艱難以來，諸郡及監司例遣使臣於行在劄探。比來邊境寧謐，自應罷此。乃但改作承受，妄說虛傳，爲害甚大。」詔臨安府覺察收捕。上幸學之年五月，又詔諸軍都統制下承接文字使臣並令歸軍。至是，樞密院以爲言，故申其禁。

3 癸未，特進、觀文殿大學士、萬壽觀使秦熺爲奉安中興聖統禮儀使。先是，起居舍人兼玉牒所檢討官王曮等紀上中興之蹟，以進號中興聖統。己丑，奉安於景靈宮天興殿之西，以玉牒殿未成故也。禮畢，太師尚書左僕射提舉編修玉牒秦檜率百官拜表稱賀。自檜再相，每進書，必下左藏庫榷貨務取金繒以進，謂之禮物。此禮不知起於何時，臣嘗恭讀乾道宣諭聖語云：「此乃秦檜諂諛所爲。」故因事附見，當求它書考其年月。

4 辛卯，熺言：「先期陰雨，是日雲霞絢綵，晴日麗天。兹誠上穹垂祐，望宣付史館。」從之。曮時兼權直學士院，草檜加恩制曰：「大風動地，不移存趙之心；白刃在前，獨奮安劉之略。」檜大喜。王明清揮麈後録云：「王曮爲少蓬，權直禁林。秦檜之加恩，取此聯入制詞中，翌日即除禮部侍郎。」案學士年表，曮是時實爲起居，明年二月乃除禮侍，明清誤記也。

5 癸巳，減汀州上杭、武平二縣今年上供錢銀之半，連城、清流二縣減三分之一，以守臣右朝奉大夫張昌代還有請也。

6 甲午，金國賀生辰使副侍衛馬步軍都指揮使完顏思恭、翰林直學士翟永固見於紫宸殿。思恭等來報亮代立，既出境，就遣來賀。

7 甲辰，秘書少監湯思退言：「近玉牒所關到太師秦檜推戴趙氏事跡，竊意師臣謙不伐功，特以事干玉牒，姑具大概，其餘間關執節之久，本末未能備盡。望令檜詳録奏聞，宣付史館，庶得備言廣記，以詔無窮，且以知聖朝得一忠義大臣成效如此。」上謂檜曰：「思退乞以卿靖康事跡詳記爲別録，以示天下後世，可依所奏。」檜謙退久之。上曰：「不然，無以使後代知卿忠義。」簽書樞密院事巫伋曰：「秦檜忠義大節，天下所共知。然要當屢書不一書，使後世奸臣賊子聞風悚懼。」上然之。

8 乙巳，左承議郎汪應辰通判静江府。應辰初入館，以論事去，至是凡十年。

1 六月丙午朔，詔修國子監。先是，太學録周麟之面對，論：「上庠敝漏，弟子員滋多，几席不足容之，非所以崇嚴奉而廣教育。」故有是旨。

2 丁未，上曰：「近有進士上書，言兼併之家多請射侵漁民田，宜嚴立法。」秦檜曰：「比刷逃户田宅，並令歸官，正以暗消此弊。」上曰：「善。」

3 戊申，右正言章厦乞：「令州縣收納二税有出剩之數，並附赤曆，不許擅撥歸公使庫，仍令監司覺察。」從之。

4 己酉，感德軍承宣使、提舉萬壽觀梁邦彦守本官致仕，從所請也。

5 癸丑，太師秦檜以進書加恩，辭不受。詔封其次孫女令人秦氏爲永嘉郡夫人。

6 甲寅，徽猷閣待制、知台州蕭振始至官。初，海寇聚衆連年，其勢益熾，至是犯台之臨門寨章安鎮，故命振爲守。振抵官，奏乞殿前司水軍統制王交同捕，許之。交至，振謂之曰：「濱海之民⑨，數年苦賊，若能剿除，願悉兵力戰，以寧一方。倘或敗事，振當奏劾。」交即具艦入海，與賊逆敵，果敗其衆，餘黨散去。振以數千緡犒交士卒，爲之奏功，郡境遂寧。王交明年三月辛亥，自右武大夫、和州團練使、荆湖北路兵馬都監陞帶福州兵馬鈐轄，不知此時爲何官也。

7 丙辰，壽國育聖夫人王氏卒。王氏，上乳母也。輟視朝五日，追封福壽國夫人，賜帛二千匹、錢萬緡爲葬費。

8 戊午，出内府錢十五萬緡付兩浙轉運司，創皇城司寨三千間，限一季畢。

9 庚申，捧日天武四廂都指揮使、武信軍承宣使、新江南西路兵馬鈐轄李横移東路。横寓居信州，適貴溪魔賊竊發，守臣左朝散大夫李橰檄横統弓兵，以備策應，遂獲安堵。橰又遣離軍人拱衛大夫、果州團練使添差東南第五副將孫青統兵出戰，旋至撲滅，乃詔青釐務。而帥臣王晌劾橰及知縣事左奉議郎葉顒、右朝散大夫提舉常平茶鹽公事權提刑張昌不能覺察，致賊嘯聚，並免官，仍削二秩。顒，仙游人也。李橰等降罷在是月己丑。

10 癸亥，特進、觀文殿大學士、萬壽觀使兼侍讀秦熺以進書恩遷少保，其子直敷文閣埙、堪並陞直顯謨閣。左朝請郎何大圭直秘閣。大圭進聖德頌，故有是命。初，大圭之削籍也，張浚爲之保叙。至是，以短卷譖浚於秦檜，士論薄之。日曆紹興二十八年正月丙戌，朱倬劾大圭章疏稱因譖浚得職名。

11 丙寅，大理寺少卿許大英面對，論：「川廣奏按往復淹滯，乞委憲臣考察。」

12 丁卯，左朝散郎康寧知瓊州還，乞：「諸郡重辟疑獄奏按，並專人齎投。」詔並令刑部看詳。

13 己巳，直秘閣王湛知閬州還，乞：「申嚴法禁，守令勸農，不得輒用妓樂，宴集賓客。」上謂大臣曰：「蜀去朝廷遠，凡事多奉行滅裂，可令有司立法。」

是月，金主亮詔河南民衣冠許從其便。

是夏，故相趙鼎之子右承事郎汾奉鼎喪，歸葬於衢州常山縣。時李光之獄始竟，而守臣左中奉大夫章傑與鼎有宿憾。傑知中外士大夫平時與鼎有簡牘往來，至是，又携酒會葬，意可爲奇貨，乃遣兵官，同邑尉翁蒙之以搜私釀爲名，馳往掩取。復疑蒙之漏言，潛戒左右伺察之。蒙之書片紙遣僕自後垣出，密以告汾，趣令盡焚篋中書及弓刀之屬。比兵官至，一無所得。傑怒，方深治蒙之，而追汾與故侍讀范沖之子仲彪，拘於兵官之所。蒙之母訴於朝，太師秦檜咎傑已甚，詔移蒙之蘭溪尉，下其事於浙東安撫司，事遂息。傑客魏掞之慨然以書譙傑，長揖而歸，傑亦不害。掞之，建陽人。少有大志，師事籍溪胡憲。蒙之，崇安人也[10]。

1 秋七月丙子，上諭大臣曰：「近進士鄧楷上疏，論諸軍强刺平民爲兵，非便。自今宜令毋得招刺，歲終具闕額，申樞密院，於諸路招填之。」

2 戊寅，右正言章厦言：「陛下敷德善鄰，協和海隅，是宜内外小大之臣咸懷忠良，共享升平之盛。士大夫尚有懷姦自狗，時肆謗訕，如近日吴元美之徒者，未盡屏斥，是致營營，鼓惑羣小。欲望睿斷，凡異意詆誣之人，迹或彰露，必嚴行竄殛，庶爲小人之戒。」從之。

3 己卯，大理少卿李如岡面對，乞令監司、守臣舉縣令之有治績者，量行旌賞。辛巳，上謂大臣曰：「昨已有旨，但未見具名來上，可戒令奉行，庶爲令者知勸，民間受惠。」

4 癸未，皇叔安德軍承宣使、同知大宗正事士太爲昭信軍節度使⑪。

保寧軍承宣使、提舉佑神觀藍公佐卒。公佐奉祠居平江，其妻碩人王氏，忽生鬚數莖，長寸許。未幾，公佐與王氏繼亡，相去纔七十日。此據洪邁夷堅甲志。

5 乙酉，左中奉大夫、知衢州章傑罷，以侍御史曹筠論其貪墨不法也。筠又言：「國子監主簿吳龜年教其鄉人郭詠上書，陰懷異議，意不可測。」罷之。

6 丁亥，太府少卿徐宗説面對，乞：「令州縣按月權且放行宗子孤遺請給，以俟換給文曆。」詔户、禮部同大宗正司看詳。自南渡後，宗子散居四方，言者慮其詐冒，故令具譜牒於所在，召保自陳，更給新曆。紹興五年四月降旨，八年六月展限一年。至是，舊曆未至者甚衆，乃命川、廣、福建、荆湖再展一年，餘州半年。八月辛未施行。

7 己丑，左朝散郎、福建路提點刑獄公事孫汝翼言：「泉、漳、汀三州近經草寇，民多逃移。乞將三州諸縣不以已未打量均税，一切權行住罷，俟盜賊寧息日，申取朝旨施行。」從之。以何白旗初平故也。汀在深山窮谷中，兵火之餘，舊籍無存者。豪民漏税，常賦十失五六，郡邑無以支吾，於是計口科鹽，大爲民間之患。三州免經界元降指揮不甚詳，此據淳熙中王回奏議修入。日曆紹興三十年二月癸丑，右武大夫耿洪以獲何白旗之功轉一官，未知事在何時。去年五月丁酉，劉寶等功賞，恐或相關。但耿洪乃受成閔節制，非實所部耳。淳熙十四年四月丙申，汀州經界。

8 乙未，左朝散大夫、知資州楊師錫代還入見。上問：「四川有横斂否？」師錫曰：「自和議息兵以來皆無之。」師錫又言：「有司奉行經界失當，將肥瘠田畝更不分段。及將市居丈尺間隙之處，便作屋後空地，非元初均税本意。望戒逐路監司，將貧下户最低土色合減税數，均在侵耕冒佃豪彊等人名下。有未均去處，自可將逐鄉蹙零就整之數用與補填。」上詢問久之。後二日，遂令諸路看詳改正，如先詔。詔在三月戊戌。師錫，彭山人也。

9 丁酉，右朝奉大夫、知廬州吴逵言：「土豪大姓就耕淮南荒田者，欲除種子外，九分歸佃户，一分歸官，三年後歲加一分，至五分止。歲收二熟者，勿輸麥。每頃别給二十畝爲菜田，不在分收之限。仍免科借差役。」户部看詳，如所請，從之。

10 己亥，户部員外郎陳相面對，乞：「戒飭有司不得苛取商税。」詔申嚴行下。相，合肥人也。

1 八月甲辰朔，詔特進、提舉江州太平興國宫、和國公連州居住張浚移永州。浚自去國至是幾十五年，退然若無能爲者，而四方之士莫不傾心。健將悍卒見之者，必咨嗟太息。下至兒童，亦知有張都督。每使者至金國，其國必問浚今安在。

降授左朝散郎、南安軍居住孫近移處州。降授左中大夫、歸州居住万俟卨移沅州。左中大夫、江州居住李若谷移饒州。左中大夫、興國軍居住段拂移南康軍。降授左奉議郎、筠州居住李文會移江州。而自若谷已上，皆提舉江州太平興國宫如故，用尚書省檢舉也。

右朝奉大夫王趯特降三官勒停[12]，坐前知雷州日，趙鼎、李光貶責經過，趯排辦迎送，收置物色，專差人賫送過海，通往還，及遣候兵往光處私役故也。趯紹興二十三年十二月丁亥編管。

2 丙午，保信軍承宣使、提舉萬壽觀曹勛許便居，以勛引疾有請也。

3 丁未，直敷文閣、知盱眙軍畢良史卒。

4 戊申，詔改建大理寺。先是，監察御史湯允恭面對，言：「今朝廷盛明，百司一新，獨大理獄湫隘非便。」乃命改建，以其地入景靈宮，尋用寺丞石邦哲言，增創使院，併其家居之，仍嚴其出入之禁。在今年九月朔，今併書之。

刑部員外郎章燾面對，乞申嚴法禁，病囚非兇惡者，召保責出，或聽家人入侍。從之。

5 庚戌，右朝請郎、幹辦諸軍審計司龔鑒知盱眙軍。

6 乙卯，宰執進呈大理少卿李如岡疏論：「州縣以力役、征科、逋欠、訴訟等事擾民，乞戒飭。」上曰：「前後轉對、上封事如此陳述者甚多，第恐州縣滅裂，不能恪意奉行，可如所奏行下。」

7 丙辰，端明殿學士、提舉江州太平興國宮何若薨。先是，衢州言：「若疾亟，乞致仕。」上驚歎久之，曰：「莫已云亡，真可惜也。此人似不能言者，其實胸中開廓可喜。」及是，秦檜進呈若恩數，欲依謝克家例。檜曰：「克家從僞楚爲吏部侍郎，建炎間任參知政事，以言章罷。及朱勝非再相，首薦歸經筵，意望再入政府，以人言不得留，遂進封事，言陛下用一人言召臣，以一人言去之，臣恐四方有以窺陛下。其不知聖度包容盛德，又不知己之罪如此。」上曰：「朕即位之初，黃潛善、汪伯彥言從張邦昌者多矣。當時務闊略，且欲安反側，彼乃自不知其罪。」檜曰：「陛下灼知忠逆之實，如天之徧覆，神奇臭腐俱蒙帝力而不自知也。」遂贈若五官，例外賜帛五百匹，量給葬事。

皇叔故融州觀察使士筱贈開府儀同三司，追封潤國公。士筱卒已踰歲⑬，始用大宗正司請而命之。

8 戊午，左太中大夫、提舉亳州明道宮曾開復秘閣修撰致仕，從所請也。先是，開已卒於衢州。上覽奏，謂秦檜曰：「當北使張通古等在館，議歸疆休兵之時，開與李彌遜等不止異議，察其用心，罪不容誅。」檜曰：「陛下兼愛南北，斷以不疑。徽宗卜永固之安，太后遂慈寧之養，兹爲天下之達孝。初，開、彌遜與王庶等爲不臣之逆説，訹胡銓上書狂悖，陛下獨語臣曰：『朕初無黄屋心，今横議若此，據朕本心，惟當養母耳。』臣跼蹐不知所措。孟子言：『舜盡事親之道，貴爲天子，不足以解憂。』今人臣出仕，或親在遠，不聞願棄官歸養者。故知陛下聖孝，惟舜爲然，千百世相望一人而已。」於是除開職名致仕，其贈官推恩並停。

9 己未，秦檜進呈前侍從見在謫籍人。上曰：「聞莫儔、孫覿尚在近地，此輩宜令遠去。言官自合論列，蓋朝廷清明，忠邪判白，姦臣逆子固當屏迹也。」

10 辛酉，權尚書禮部侍郎兼侍講陳誠之、均州觀察使知閤門事錢愷爲大金賀正旦使、副。起居舍人兼權直學士院王曮、武節大夫和州團練使權知閤門事趙述爲生辰使、副。述嘗在遣中，以病免，至是復命之。初，東昏王亶之世，皇太后歲遺裴磨申后禮物巨萬。及亮代立，遂削此禮。誠之入北境，預爲遜詞諭之，金人竟不敢言。及還，上嘉之。

11 壬戌，徽猷閣待制、提舉江州太平興國宮潘良貴卒。

12 甲子，資政殿學士、提舉臨安府洞霄宫韓肖胄薨於紹興府。肖胄明典故，多識前言往行，與其弟直秘閣膺胄尤相友愛。後謚元穆。

13 丙寅，上謂大臣曰：「近宣州布衣史敦仁上書，言州縣多收水脚錢等事，宜付户部看詳，此亦民間之害，不可不禁止也。」既而户部乞每石依元旨收百錢數外，輒增者抵罪。從之。

14 庚午，詔户部申嚴舊制，監司郡守毋得令子弟親戚部綱。以宗正丞王葆轉對有請也。

15 辛未，秘閣修撰、新知荆南府韓球卒⑭。

16 癸酉，左武大夫、平海軍承宣使兼閤門宣贊舍人、建康府駐劄御前破敵軍統領趙萬添差洪州兵馬鈐轄。萬本劉超部曲，去爲盜，後復來歸，從軍凡十九年。

是月，洋州言：「真符縣民宋仲昌妻一産三子。本人姓符國號，生子之日，適值天申節，實皇帝紹隆景命，子孫衆多之祥。」詔付史館。

1 九月甲戌朔，上因言宣州米脚錢事，謂大臣曰：「此蓋州縣並緣爲奸，不恤百姓。朕今日所以休兵講好者，正以爲民耳。若州縣不知恤民，殊失朕本意。」上又曰：「國家設常平倉，正爲儲蓄，以待水旱賑濟。宜令有司以陳易新，不得妄有侵移。若臨時措畫，假貸積穀之家，徒爲虚文，無實效也。」

2 辛巳，詔川蜀諸縣鄉村、民户、家業並用本名，所管税色物料依見今州縣衮折則例，併紐税錢。舊例，鄉村以典買田産陞降。至是，左朝散大夫楊師錫知資州代還，論：「今田價比昔倍貴，或賣田及半，則所推價貫已盡，户下遂無等第差役、科配，比之創買人户，極爲不均。」故有是命。

3 甲申，降授左承事郎、福建安撫司主管機宜文字吴元美除名，容州編管。元美嘗作夏二子傳，其略云：「天以商代夏，是以伊尹相湯伐桀，而聲其割剥之罪。當是時，清商飈起，義氣播揚，勁風四掃，宇宙清廓。夏告終於鳴條，二子之族，無小大少長，皆望風隕滅，殆無遺類。天下之民，始得安食酣寢，而鼓舞於清世矣。」夏二子謂蠅蚊也。其鄉人進士鄭煒得之，持以告本路提點刑獄公事權福州孫汝翼。汝翼惡之，抵煒罪。煒怒，走行在，訴元美譏毁大臣。秦檜從尚書省下其章。元美家有潛光亭、商隱堂。煒上檜啓：「亭號潛光，蓋有心於黨李；堂名商隱，實無意於事秦。」他皆類此。檜進呈，上曰：「元美撰造謗訕，至引伊尹相商伐桀事，其悖逆不道甚矣，可令有司究實取旨。」至是，法寺言：「元美因與李光交結，言事補外，心懷怨望，遂造二子傳，指斥國家，及譏毁大臣，以快私忿，法當死。」上特宥之。汝翼已移知荆南府，亦降二官。元美卒於貶所。煒二十五年十二月壬子編管，元美二十六年七月癸亥追復元官。

4 乙酉，侍御史曹筠言：「學校科舉必欲得真賢實能，而近來考試官多以私意取專門之學，至有一州而取數十人，士子忿怨，不無遺才之歎。欲望特垂戒飭，其有不公，令監察御史出院日彈劾，庶合士心。」從之。

5 丙戌，詔金國人使自今於淮陰縣取接，令本路轉運判官沈調如法修葢館舍。以金人言人使合於近便處山東邳州路取接往來故也。

6 丙申，詔曹筠附下罔上，可罷侍御史，日下出門。筠罷未見事因，當考。

自建炎初，劇盜范汝爲竊發於建之甌寧縣，朝廷命大軍討平之。然其民悍而習爲暴，小遇歲饑，即羣起剽掠。去歲因旱，凶民杜八子者，乘時嘯聚，遂破建陽。是夏，民張大一、李大二復於回源洞中作亂，安撫使仍歲調兵擊之。布衣魏掞之謂民之易動，蓋因艱食。及秋，乃請於本路提舉常平公事袁復一，得米千六百斛以貸民，至冬而取，遂置倉於長灘鋪。自是，歲斂散如常，民賴以濟，草寇遂息。議者謂掞之所請，乃古社倉遺意，使諸鄉各有之，則緩急可以無憂，而民之從亂者鮮矣。

1 冬十月丁巳，監察御史湯允恭爲殿中侍御史。

2 甲子，拱衛大夫、同州觀察使胡慽提舉佑神觀[15]。慽初得外祠，王居正以姦黨駁之，命遂格。至是，秦檜以京祠處之。

3 戊辰，右迪功郎安誠除名，惠州編管。誠嘗爲故相朱勝非所辟。勝非之薨也，誠自作齋文，訕及朝政，爲郡守所發，刑寺鞫實，乃有是命。

4 庚午，參知政事余堯弼、簽書樞密院事巫伋請自今朝參退，依典故權赴太師秦檜府第聚議。從之。時檜以疾在告故也。

1 十有一月甲戌，詔右武大夫、忠州團練使、提舉台州崇道觀趙子彥特許久任，俸賜如總管。

盱眙縣尉夏俊罷，以使人過淮，俊輒引惹生事，故有是命。

2 乙亥，汝州觀察使、提舉佑神觀朱孝章爲永慶軍承宣使。孝章，淵聖皇后兄也，自訴二十五年未嘗進秩，乃特遷一官。

3 癸未，國子監李琳面對，言：「本監經史未備，乞下諸州有本處起發。」從之。

初，徽州布衣汪大圭嘗伏闕上書，押歸本貫。至是更名，復來上書，欲舉前事，爲有司所獲。壬辰，詔免真決，送二千里外州軍編管。

4 癸巳，大理評事黄子淳面對，乞：「將州縣耕牛科於民者，悉行出賣，所租斛斗，一切蠲免。」詔户部看詳。

1 十有二月丁未，大理寺丞莫濛面對，乞：「進納流外出身人不許注諸州曹官。」詔吏部看詳取旨。

集英殿修撰張公濟卒。

2 丁巳，左朝奉郎、監尚書六部門鍾世明轉對，論：「富室乘農民之急，貸以米穀，使之償錢，而又重取其利。乞令止償本色。」從之。

3 庚申，詔使人到闕賜宴等，自今並須豐潔，如稍滅裂，其主辦官吏並寘重法。

4 辛酉，殿中侍御史湯允恭言：「自設民事律以來，士大夫多爲舞文健訟所持，而縣令闕員往往無可入者。望將民事被罪之人，分定公、私、贓罪定斷。」詔吏部看詳，迄不行。二十六年正月戊辰除民事律。

5 甲子，秦檜始朝。詔肩輿至宮門，命二孫直寶文閣塤、直寶謨閣堪掖以升，且命毋拜。上甚喜曰：「且得與卿相見。」檜頓首謝。上曰：「瑞雪應時可喜，又使人在途，並無須索，足見省事。」

6 己巳，金國賀正旦使正奉大夫秘書監兼左諫議大夫蕭頤、中大夫尚書禮部侍郎翰林待制兼行太常丞王競見於紫宸殿。競，陽安人。曾祖尚恭，熙寧間仕至光禄卿。

是月，敷文閣待制、知廣州薛弼卒。

是歲，宗室子賜名授官者十有六人。

諸路斷大辟二十有五人。

金主亮稍習經史，慕中國朝署之尊，密有遷都意。是歲，因下詔求直言，而上書者多謂上京僻在一隅，官艱於轉漕，民難於赴愬，不若徙燕，以應天地之中。與亮意合。乃遣尚書左丞相張浩、右丞相張通古、左丞蔡松年，調諸路夫匠築燕京宮室。皇城周九里三十步。其東爲太廟，西爲尚書省，宮之正中曰皇帝正位，後曰皇后正位，位之東曰内省，西曰十六位妃嬪居之，又西曰同樂園，瑶池、蓬瀛、柳莊、杏村皆在焉。其制度一以汴京爲準，凡三年乃成。浩，遼陽人也。

校勘記

① 金海陵煬王亮天德二年　「王」，原作「主」，據叢書本改。

② 限指揮到日並罷　「日」原闕，據叢書本補。

③ 左朝奉大夫新福建路安撫司參議官賀允中　「司」原作「使」，「允」原作「充」，據叢書本改。

④左奉議郎福建路安撫司主管機宜文字吴元美　「司」原闕，逕補。

⑤并其子御史大夫沙只殺之　「只」，原作「律」，據金人地名考證改。金史作「祇」。

⑥海州刺史烏盧幹言　「烏盧幹」，原作「烏爾衮」，據金人地名考證改。

⑦宗本遂與尚書省譯史蕭玉謀　「譯」，原作「譚」，據金史卷五海陵紀「以尚書省譯史蕭玉爲禮部尚書」記事改。

⑧撻懶兀室撒離喝之徒相繼坐誅　「坐」，原闕，據叢書本補。

⑨濱海之民　「民」，原作「門」，據叢書本改。

⑩崇安人也　「崇安」，原作「安□」，叢書本作「安原」，皆誤。按：此條記事又見朱文公文集卷九一司農寺丞翁君墓碣銘，因據之補。

⑪皇叔安德軍承宣使同知大宗正事士太爲昭信軍節度使　「同」原作「司」，「太」原作「㚉」，據本書卷一五六「皇叔揚州觀察使同知大宗正事士太爲安德軍承宣使」之記事改。

⑫右朝奉大夫王趯特降三官勒停　「官」，原作「品」，據叢書本改。

⑬士筱卒已踰歲　「士」原闕，據上文補。

⑭秘閣修撰新知荆南府韓球卒　「球」，原作「求」，據叢書本改。

⑮拱衛大夫同州觀察使胡㦸提舉佑神觀　「州」，原作「知」，據本書卷九九胡㦸繫銜改。

建炎以來繫年要録卷一百六十二

1 紹興二十有一年歲次辛未，金海陵煬王亮天德三年。春正月按是月癸酉朔。辛巳，皇叔和州防禦使士劚爲建州觀察使，以積閥遷也。

2 癸未，輔臣奏事畢，上曰：「廬州守臣吴逵上便民五事，論淮南復業之民宜寬恤涵養，未可遽理租賦起上供，其令户部展年收之。」

3 庚寅，夜雪。

4 癸巳，將作監主簿范彦輝面對，言：

州縣凡遇科催，急於星火，或寄外廊，而專事侵偷，或任攬納，而專給虚鈔。鈔簿不銷，致多掛欠。間遇州郡催督嚴緊，遂於民間多端掊率。上户則敦請赴縣，待以酒殽而科借之。中下之户不與朱鈔，故已納税賦勒令再納。又最其下細民，則搜刷丁錢，詭立名項，曰補虧，曰失收，曰復撑，曰排門，或入老不除，或已除再籍。

臣聞祖宗朝行丁錢之法，率三丁共敷七百七十文。今一丁不下二丁，而浮費稱是，乃更重疊不已。斯民破家竭産，不得自存，遂以進丁爲諱。於是，子生不舉，循習成風，豈不辜陛下好生之意？欲望申戒監司郡守，應縣分催科，至終限未及分數去處，令本州差官下縣監催，須管及分，方得離縣。如出違終限經兩月，本州不差官下縣監催者，自是本州失時檢察，即不得更行追理。如是則不惟州縣事辦，且免書吏侵欺，而細民無摧剥之苦矣。」

從之。

5甲午，鎮東軍承宣使、知閤門事、幹辦皇城司鄭藻爲保信軍節度使，領閤門事。藻於顯肅后爲最親，以使北還而有此命。

左宣義郎曹筠知衢州。筠自御史斥去，會衢州闕守，上諭秦檜曰：「臺諫無大過惡，當優假之，以來言者。」於是用筠。

6乙未，秦檜奏除潭、廣帥臣。上曰：「廣東帥臣及諸路提舉市舶官皆當慎擇，苟非其人，則措置失宜，海商往往不至。」又曰：「布衣步孝友上書言：『丹陽練湖堙塞，艱於漕運。』可諭漕臣修治。」

7丁酉，詔翰林局醫生并奏試人，並令試經義十二道，以六通爲合格，與補翰林醫學。舊制以宰執初除轉廳恩例，試墨義三十道。至是，以奏試人不通文義，故改法焉。

8戊戌，少保、昭化軍節度使、醴泉觀使駙馬都尉潘正夫，以郊恩封和國公。

9庚子，敷文閣直學士、提舉佑神觀米友仁卒。

1二月壬寅朔，敕令所删定官魏師遜面對，論：「比年遠邇豐穰，而郡縣因米直之賤，乃於輸納之時，令民以苗米折錢，捨其所有，取其所無。民必又下其直以糴，所費何止一倍？是豐年適爲之病也。望申敕州縣，仍令監司覺察民户越訴。」從之。師遜，江寧人也。

2 癸卯，殿中侍御史湯允恭論舉人假手之弊。詔許同舉人陳首，取旨免解①。

3 丁未，詔知郢州喬大觀、州學教授徐維並衝替，自今不得與堂除。大觀坐對維及右中奉大夫通判州事魏彦純、進士晁公裔妄造語言，謗訕朝政。維坐冒法與大觀用妓樂飲宴，親聞謗訕，事在有司，猶敢傲慢，相與濟惡。下本路帥司覈實，乃有是命。是日，輔臣進呈。上謂秦檜曰：「趙鼎所引用多非其人。」檜曰：「范沖中間修哲宗皇帝實録，委有妨嫌。」上曰：「祖宗時，不委當時遷謫官修史，恐有謗言，以欺後世也。」

直秘閣、知静江府方滋陞直敷文閣，知廣州。左朝散郎、廣南西路轉運判官陳璹知静江府。初，朝廷命廣西帥臣即横山寨市馬於羅殿、自杞、大理諸蠻，歲捐黄金五十鎰，白金三百斤，錦二百，絁四千，廉州鹽二百萬斤，而得馬千有五百匹。良馬高五尺，率直中金五鎰，他以是爲差。每五十疋爲綱，選使臣部送至行在及建康、鎮江府、太平、池州諸軍，不顛斃於道，則有賞。先是，廉州之鹽，分令欽、横、賓、貴、潯、梧、藤、象、柳、容等州轉至横山倉，然諸州科民則苦富民，差吏則雜私販，往往陷没留滯。至璹，始令官支脚錢，選使臣運鹽，若及十萬斤，即與部良馬一綱至行在。廣馬事以熊克小曆修入，但克以爲紹興十九年十二月事，則甚誤也。

4 壬子，詔行在官私僦舍錢並減半，違者坐以違制之罪，拘其業入官。癸丑，又詔白地錢亦減半。

5 甲寅，夜雨雹。

6 乙卯，詔諸州各置惠民局。初，軍器監丞齊旦面對，乞：「令州縣合藥散民。」上恐不能徧及，故命户部舉舊法行之，仍命毋多取利。

權尚書户部侍郎宋貺落「權」字，仍兼權知臨安府。

大理少卿李如岡權尚書吏部侍郎。秦檜生辰，如岡爲百韵詩以獻，檜喜，乃有是命。此以紹興二十七年三月，周方崇論如岡章疏修入。

右中奉大夫、直秘閣、提舉台州崇道觀王安道卒。

7 壬戌，直顯謨閣、知婺州湯鵬舉陞直龍圖閣，知潭州。

詔：「端明殿學士、簽書樞密院事巫伋充大金祈請使，保信軍節度使、領閤門事鄭藻副之，請歸皇族等事。」癸亥，伋等辭行。日曆只書巫伋、鄭藻奉使大金，朝辭進對，而無使名。李攸拜罷録稱巫伋充大金祈請使，亦不云所請何事。惟紹興三十一年五月二十日，館伴使何俌等劄子載北使王全上殿，口奏云帝曾遣祈請使巫伋等來言及宗屬，及增加帝號等事，而趙甡之遺史所載又差詳，語在今年九月末所書巫伋使還并注。

秘書省著作佐郎林機守尚書禮部員外郎。

8 甲子，徽猷閣待制李正民卒。

9 乙丑，太府少卿徐宗説言：「方今經費所賴之大者，經總制錢物爲先。舊守臣椿發，歲終按其殿最賞罰。後慮守臣侵用，遂專委通判拘收，令提刑司催督，又立定對行賞罰條格。近來人物繁庶，酒税日增，宜其所收之數倍多，而反不及前日。蓋緣對行賞罰之後，州縣無緣肯供最少之數，是致合推賞之人，例皆不得其賞。自是人人坐視而不恤，比較之法徒爲文具。望令知、通同共椿辦，通判專行拘收椿發，以立定賞格，知、通均受，庶幾人利其賞，錢物不致失陷。」詔户部措置。

10 己巳，處州編管人王騰移送婺州編管，以騰擅離貶所，上書狂妄，欲起兵端故也。王騰本末未見，當考。

11 庚午，敷文閣待制、提舉江州太平興國宮張宧卒。

是月，集英殿修撰、提舉江州太平興國宮魏矼卒於衢州。自秦檜用事，士大夫平日少失其意，禍輒不測。當始議和時，矼與檜異論，檜嘗欲除近郡。矼遜辭不就，奉祠十餘年。寓居常山僧舍，一室蕭然，卒免於禍焉。初，趙鼎既謫居，嘗謂其客左奉議郎方疇曰：「自鼎再相，除政府外[2]，所引從官如常同、胡寅、張致遠、張九成、潘良貴、吕本中、魏矼，皆有士望，異日決可保其無他。」疇曰：「願公徐觀之。」其後諸人流落之久，雖死不變，疇乃信服。

1 三月壬申朔，右朝請郎侯愘知歸州代還，言：「巴東、興山二邑舊無酒禁，止令民户送納麴錢。昨緣招置義兵，遂官創兩務。今義兵久已放散，乞復舊法。」上曰：「四川酒課，昨緣軍興，張浚用趙開創置隔槽。今既罷兵，可令户部取索措置。」

2 乙亥，户部侍郎宋貺言：「諸州多員外置官，費耗寖廣，重困民力，望日下並罷。」上曰：「此不惟耗公家，且爲民害，宜令户部禁止。」

3 戊寅，上謂大臣曰：「聞大金有詔去尊號，前此士庶屢嘗有請，朕却而不受。」秦檜曰：「盛德之事，他國亦知師。」

4 丁亥，上曰：「州縣多催理積欠，民間重困。朕頃在京東，親覩其害，可令户部照年分蠲放。」既而户部請自紹興十一年至十七年，諸色拖欠錢物，除形勢及公吏鄉司與第等以上上有力之家未納數外，並與放免。從之。

5 戊子，忠訓郎、閤門祗候王德霖爲武翼郎、閤門宣贊舍人。德霖，進子，特録之。

6 庚寅，直寶文閣主管台州崇道觀秦墳、直顯謨閣秦堪並進職二等，提點佑神觀，以扶掖檜入朝特推恩也。堪除直天章閣，而以稱呼不便爲辭，乃陞直龍圖閣。堪陞職在是月丁丑。

7 壬辰，太常博士丁婁明面對，言：「邇來諸路司間有以縣令之貪殘者按劾以聞，尋罷黜矣，未見有以政績優異敷奏於朝者。望申飭監司詳加考察，歲具殿最以聞。」詔申嚴行下。

中亮大夫、建寧軍承宣使、殿前司右軍統制岳超落階官，爲利州觀察使。以職事修舉，特遷之也。

8 癸巳，右朝請大夫榮薿知襄陽府。

左朝散郎、撫州州學教授宋樸充諸王宮大小學教授。樸，當塗人，好左道，每與方士游。樞密院統領丁禩薦之，秦熺力加引拔，於是檜驟用之。此以葉義問章疏修入。

9 丁酉，監察御史林大鼐面對，言：「祖宗於字人之選，其格尤密。比者改官者多作丞，關陞者多作幕職。

今尚左知縣闕一百三十五，侍左縣令闕一百一十二。合入者既擇祿而不願，未應入者願宣力而無由。至於鹽場侍左見有三十餘闕，久榜不銷。祇爲監司郡守差權官之奇貨，願並與破格差注一次。」詔吏部措置。既而吏部乞：「以淮寧知縣等三色闕共一百三十七，與破格差。」從之。吏部奏下在六月甲戌。吏部所奏稱臣僚劄子乞將知縣、縣令、鹽場共二百七十八闕破格差注一次，即指此三色也。熊克小曆節去鹽場一項，今稍詳之。

10 戊戌，宗正丞王葆轉對，言：「陛下修德睦鄰，感召和氣，年穀屢豐。今常平司既不能因時糴買以廣蓄，而州縣秋苗乃高立米價，抑民納錢。望嚴折錢之令，講平糴之方，庶幾農末不病。」詔付户部。

1 夏四月甲辰，起居舍人、權直學士院王曮權尚書禮部侍郎，以使還遷也。

權尚書兵部侍郎王會落「權」字。

2 乙巳，秘書少監湯思退試起居舍人，權直學士院。

權尚書禮部侍郎兼侍講陳誠之、權刑部侍郎韓仲通並落「權」字。

端明殿學士、知宣州楊愿陞資政殿學士，以愿首修中興聖統故也。

3 己酉，閬州觀察使、帶御器械潘端卿降授郢州防禦使。端卿不赴後殿起居，爲閤門所彈，故有是命。

4 庚戌，禮部侍郎知貢舉陳誠之等言：「考到博學宏詞科合格人下等左迪功郎監潭州南嶽廟莫沖、左迪功郎臨安府錢塘縣主簿葉謙亨。」詔並與堂除。沖，歸安人。謙亨，麗水人也。

5 壬子，武德大夫、和州團練使、知閤門事趙述落階官。以述自言元勳普之孫，供職殿陛餘三十年，且使北來還，以例遷也。

1 閏四月辛未朔，左朝散郎孟處義提舉淮南東路常平茶鹽公事。

2 癸酉，上諭大臣曰：「三衙闕額，令諸州揀選補填。江上諸軍，令具闕數申樞密院。」先是，禁止諸軍毋得擅自招刺，故上訓及之。

3 甲戌，秦檜奏以直顯謨閣、知撫州李莊提舉福建市舶。上曰：「市舶委寄非輕，可令莊赴闕稟議，然後之任。」

左朝散郎王揚英知泰州③。揚英自尚書郎斥去，意望還朝，會秦檜久病，乃上書薦熺爲相。於是，檜以郡處之。以王珪劾揚英章疏修入。

4 丙子，上策試南省舉頭鄭聞已下於射殿。制策曰：「朕惟祖宗創守之宏規，舉可掩迹三五。然而中遭厄運，變起弗圖。蓋許國之臣無幾，而自爲謀者總總也。今朕承中興之運，任撥亂之責，所賴於有官君子爲至切矣。顧狃於聞見，小慧相先，謂了官事爲癡，謂履忠信爲拙，以括此囊爲深計，以首鼠爲圓機。子大夫讀先聖之書，通當世之務，其爲究復何洒濯可以格舊俗？何陶染可以成美化？明著於篇，副朕延佇，且以觀子大夫入官之志。」舉人趙逵對策略曰：「君臣父子之間，天下真情之所在。陛下以神器之大，方與元老大臣，協謀比德，以緝熙中興之功。而百執事之人，因循舊習，不與聖人同憂。蓋自藝祖即位，尊禮趙普，以爲社稷臣，重其權，信其人，雖一時舉職如雷德驤，不能間也。顯然示天下以好惡之所在，磨以歲月，而天下之士洗濯自新，風俗一變。承平日久，士爲曲學阿私之計，而風俗壞。尚賴祖宗之澤未遠，廊廟大臣，有質正不撓者，出身捍難，作多士之氣，以摧折倉卒之變。維持至今，此道不墜。今陛下已尊任其人矣，是宜明諭天下以好惡所在，而又有以振厲之。若既知其爲小人，確然不惑，無使得干廟堂之正議。願陛下尊其所聞，每進一人，惟其癡，惟其拙；每退一人，惟其深計，惟其圓機。則天下之士，庶幾稍知向方。儻尤不悛，陛下赫然震怒，治其尤者一人，夫誰敢不服？然臣尚有私憂過計者。慮陛下尊所聞之不堅，異時或有言今之癡者爲真癡，今之拙者爲真拙，今之深計者爲有德，今之圓機者爲有謀，而陛下疑。雖聖主在上，賢臣輔相，臣不敢謂安静之福如今日。」詳定官擬逵第五，上覽策，謂有古文氣，乃擢爲第一。遂賜逵等四百四人及第出身。先是，潼州府路提點刑獄公事楊椿被檄考四川類省試，策問方今君臣同德之懿，因論漢文帝不任賈誼爲公卿等事。舉人張震答策言：「文帝屈己和親，而誼欲以表餌繫單于，此不適時之論。」又言：「主上淵默思治，上天眷佑，爲生賢佐。一德之誠，克享天心。」椿定爲榜首，檜大善之。及唱名，震居第四。聞，開封人，世右職。逵，磐石人。震，什邡人也。

5 己卯，辛執進呈進士洪毅上書，乞根究轉運司所收諸州補發綱梢糧米，及禁止三衙減尅軍錢。又言：「轉運司市馬草，支錢不及下户，而有彊取之擾。」曰：「可問漕司每年補發米數，禁止三衙，毋得減尅其馬草。」令户部同漕司措置行下，諸路一體行之。洪嘗入太學，爲内舍生，乃詔免文解一次。

6 壬午，尚書户部侍郎兼權知臨安府宋貺罷。右正言章厦論：「貺市井小人，初無才術，左藏庫自去年闕乏，支遣不行，乃以臨安府公使、激賞、贍軍三庫那錢物支遣，又不勘虛實，令軍人自往漕司支散，及令提事使臣於諸倡家强買婦人。貺，章惇甥婿。惇以誣罔宣仁之故，得旨，子孫不得與行在差遣。而貺嘗假章倖錢數萬緡，乃辟其子爲酒官。又每於省府事輒曰：『此非貺意。』嫁怨於上，斂恩於己，此最害治之大者。望賜竄責，以爲姦邪之戒。」故貺遂罷。

7 甲申，左承事郎簽書平江軍節度判官廳公事王佐、左承事郎簽書鎮南軍節度判官廳公事董德元並爲秘書省正字。自秦熺後，進士第一人甫除官即入館，至是始復舊制焉。

8 乙酉，右通直郎李若樸知德安府。若樸與何彦猷並爲大理寺丞，坐議岳飛獄不合斥去，至是十年，始守邊郡，彦猷尋通判洪州而卒。彦猷五月丙辰除洪倅，未知卒在何年。隆興元年正月，以右奉議郎特贈二官④。

9 丙戌，右朝奉大夫傅寧知沅州還，言：「湖南北之俗，遇閏歲，則盜殺小兒以祭淫祠，謂之採生，望令逐路監司帥臣嚴責巡尉，如一任之內，糾察採生七人，依獲强盜法推賞。因事發覺，則巡尉坐失捕之罪。庶幾其弊可革。」從之。

10 戊子，特奏名進士昌永等五百三十一人、武舉進士湯鷺等六人授官有差。永，宣城人也。

11 辛卯，上謂大臣曰：「錢塘江石岸毀裂，每潮水漂漲，民不安居。其令漕司同本府修治，如闕役人⑤，於三衙錙重內借差。」熊克小曆誤在五月。

12 癸巳，尚書兵部侍郎王會充敷文閣直學士，知湖州。

13甲午，太府少卿徐宗説遷太府卿。

尚書駕部員外郎陳相爲樞密院檢詳諸房文字。

14戊戌，尚書屯田員外郎張子儀直徽猷閣，主管佑神觀。

1五月庚子朔，右宣教郎、樞密院編修官兼權實録院檢討官周紫芝知興國軍。紫芝不知何時權實討，非進士出身人爲史官，前此未有，故出之。

右宣教郎、幹辦諸軍糧料院楊迥充樞密院編修官。

2乙巳，封巫山神女爲妙用真人。

3戊申，徽猷閣直學士、四川安撫制置使兼知成都府李璆卒。

4己酉，直秘閣馬純落職，依條致仕，令汀州居住。純自福建罷歸，寓居諸暨縣。而右正言章厦論：「純常出怨言，輒議時政。每會賓客，往往多言朝廷政事得失，竊恐遠近傳播，有誤耳目。望加屏竄，庶爲姦雄異意之戒。」故有是命。

5辛亥，右朝奉大夫、知大安軍張輔世代還，言：「四川惟利州一路創置義士，悉於保丁内選充，而文其手，就令土豪官領之。土豪官率多邀求，而又州縣力役，歲無虚月。今朝廷清明，邊燧不驚，望放歸田畝。庶幾服田力穡，各安其居。」詔制置司相度申樞密院。時知洋州宋莘亦論義士免家業錢，民間物力偏重，遂罷之。

太學録兼權秘書省校勘書籍周麟之改充敕令所删定官。

6 壬子，右朝請郎湯沂知劍州代還，論：「劍州税草自祖宗時止輸本州，至紹興五年，添屯將兵，漕司將税草應副支遣，而於民間重科草佑脚錢，望賜除免。如川路有米脚錢處，亦乞依此施行。」事下户部，而户部言：「未見當時如何收納，前後亦無許行收納條法指揮，欲下總領所看詳。」從之。

7 甲寅，右朝奉大夫楊朴知榮州還，論：「縣官替罷，率於所部以借夫爲名而取其直。縣之大者至四千緡，其次亦不下三二千緡。州官替罷，往往亦托縣官爲之。民間不勝其苦，而無敢訴者。蓋起獄追究，則所費又數倍於所出夫馬之直，而州縣或捃以他事，遂致破蕩貲産。望申嚴約束，仍許越訴。」詔申嚴行下。

8 戊午，金主使翰林學士崇政大夫知制誥兼太子少詹事劉長言、昭毅大將軍殿前右衛充龍翔軍都指揮使耶律夔來賀天申節。

檢校少師奉國軍節度使御前諸軍都統制知興州吴璘、檢校少保武當軍節度使御前諸軍都統制知興元府楊政、定江軍節度使殿前都虞候鄂州駐劄御前諸軍都統制提領營田田師中並爲太尉。璘等建節皆十年。御劄以其守邊安静，故有是命。

9 乙丑，秦檜奏欲令國子監復刻五經、三史⑥。上曰：「其他闕書，亦令次第雕板。雖重有所費，亦不惜也。」

1 六月癸酉，上曰：「近有進易説者，以爲易非卜筮之書。自古以易筮，春秋多載其事。易有聖人之道四，卜筮乃其一，豈可以易占爲非？」秦檜曰：「陛下精於易道，非臣等所及。」

武翼郎、閤門宣贊舍人、幹辦御輦院劉允升爲右武郎，幹辦皇城司。

2 甲戌，詔淮南諸州將請佃田土年限已滿之人，根括包占頃畝，依已降指揮起理二税。用户部請也。先是，言者論：「淮南田土，昨來官司急於人之歸業請佃，不究頃畝多寡，止憑所乞，遂給與之。其間皆是擇膏腴，廣包占，故租税所取無幾。近年田野加闢，年穀屢登，而爲農者坐享厚利。乞依舒州已得根括指揮，令民户五家爲甲，限一季自陳，結無隱匿罪狀，官司制籍。如出限，或所陳不實，致有人告，即差官打量出給告人，仍追積年租税入官，本部看詳，欲依所乞。」故有是命。舒州根括指揮據臣僚劄子稱，在紹興十九年，未見月日，當考。

3 丙子，秘書省校書郎葛立方爲尚書考功員外郎。孫仲鼇爲司勳員外郎。

4 庚辰，左宣議郎、知衢州曹筠充集英殿修撰。

5 辛巳，詔大理寺、三衙及州縣歲支官錢合藥，以療病囚。先是，大理寺丞謝邦彦面對有請，事下户部。本部乞大理寺、京府節鎮並支錢一百緡，餘州六十緡，三衙各五十緡，大縣三十緡，小縣二十緡，至是行下。

6 甲申，武節大夫、榮州刺史、閤門宣贊舍人、幹辦皇城司潘邵提點佑神觀。

7 乙酉，敕令所删定官魏師遜面對，乞：「申敕郡縣，毋得擅催倚閣積欠。」詔申嚴行下。

8 丁亥，左朝奉大夫楊朴言：「竊覩紹興十七年聖詔，以軍興以來，四川重斂，令宣撫、總領兩司，取索承平時常賦名色、軍興後權所增益，參酌措置。自後，宣、總兩司嘗減激犒錢及對糴米各五分，四川之民蒙被陛下德澤矣。然尚餘糴本、水脚錢、激賞絹等皆軍興後權所增益者，尚未曾減。欲乞詔制置、總領兩司更行參酌措置。若有可減，即行分數裁減，以寬民力。」户部言：「即不見得當時如何增添，前後亦無許行增添條法。欲下四川總領所及逐路漕司看詳措置申省。」從之。

9 戊子，中書門下檢正諸房公事陳夔言：「宣州布衣史敦仁上書陳獻利害，尋引問本人書内引援經史，多不知出處，顯是假手虛妄。」詔：「臨安府差人伴歸本州，委知通究實，申尚書省。」

10 庚寅，右内率府副率愉，改賜名愭。

11 甲午，上謂大臣曰：「南班宗室非正任者，請給殊薄，用度多不足。生日合賜禮物，近權住支，今當取索放行，昨已嘗賜犀帶及服羅矣。」

大理評事莫濛面對，論：「諸郡重征商税，又以民間日用之物置場榷賣，止資公庫無名妄用，其爲民害，莫甚於此，乞令監司檢察按劾。」從之。

1 秋七月庚子，上謂大臣曰：「漕司米綱多差本司使臣，往往作弊，致濕惡腐壞。可依祖宗法，差在部短使人，庶有顧籍。」

2 壬寅，集英殿修撰、知衢州曹筠爲敷文閣待制。

四川安撫制置使兼知成都府、太府少卿、總領四川財賦軍馬錢糧汪召嗣直龍圖閣、都大主管成都等路茶馬監牧公事。直秘閣、都大主管成都等路茶馬監牧公事符行中守太府少卿，總領四川財賦軍馬錢糧。行中嘗欲增簡州鹽筴，以其事屬雅州軍事推官李燾，燾力拒之，張浚謂有臺諫風。燾，丹稜人。初第進士，調華陽簿，未上，讀書龍鶴山之巽巖。會詔舉賢良，張燾見其所著五十策⑦，善之，然不果薦。

3 丁未，秦檜奏勿税商販柴米。上曰：「甚善。臨安自減定物價之後，盜賊消矣。」

詔：「皇太后視物微昏，召行在醫官并草澤醫治。有效者，有官人進秩五等，賜錢二萬緡。白身人賜錢外，比類補官。」

4 丁巳，辛執進呈諸州招填禁軍闕額數。上曰：「凡闕額，須令補足，此祖宗所極留意者也。」又奏茶鹽法成書。上曰：「法已定，當令久遠遵守。往時隨事變更，雖可趣辦目前，日後入納稀少，非善計也。」

5 己未，安德軍節度使、開府儀同三司、權主奉濮安懿王祠事士夽薨⑧，追封通化郡王，謚孝敏。以其子右奉議郎不羈爲直秘閣。

6 庚申，以修天章閣神御殿成，詔兩浙轉運司官吏減勘年有差。

7 壬戌，京西路轉運判官李宏罷。先是，知郢州喬大觀坐謗訕抵罪，而宏不按發之。殿中侍御史湯允恭因言：「宏行能無取。呂本中得罪名教，而宏附以爲重，其識趣可知。大觀妄造語言，肆意謗訕。宏職當按廉，不以上聞，失職已甚，乃復交通私書，傳意掩覆。」故有是命。

左中奉大夫、淮南路轉運判官沈調充江淮荆浙福建廣南路都大提點坑冶鑄錢。

8 癸亥，吏、刑部言：「應官員曾擅行科率，及因害民之事被罪，情理深重者，更不注知、通、知、令差遣。內有所犯情輕之人，具因依申取朝廷指揮。」始用湯允恭之言也。

是月，遂寧府言：「自十七年至二十年，嘉禾瑞麥歲産不絶，凡一百有六。」

1 八月按是月戊辰朔。庚午，大理少卿章燾面對，言：「年穀豐登，望委官就江湖臨流之地置場收糴，以備委積。」詔户部措置。

2 辛未，太師、尚書左僕射、提舉詳定一司敕令秦檜等，上重修江湖淮浙京西路茶鹽敕令格式二百六十卷。上曰：「是書纖悉備載，若能遵守，久遠之利也。」

3 壬申，揚武翊運功臣、太傅、鎮南武安寧國軍節度使、充醴泉觀使、咸安郡王韓世忠爲太師致仕。是日，世忠薨於賜第，年六十三。始世忠得疾，上飭太醫馳視，問訪之使相屬於道。將吏問疾卧内，世忠曰：「吾以布衣百戰，致位公王。賴天之靈，得全首領，卧家而没，諸君尚哀其死邪？」世忠少時，爲省倉負米之役，慓悍絶人，不用鞭轡，能騎生馬駒。家貧無生業，嗜酒豪縱，不拘繩檢，人呼爲潑韓五⑨。有日者席某嘗言世忠當作三公，世忠怒其侮己，痛毆之。年十八，始隸軍籍。挽强馳射，勇冠軍中。其制兵器，凡今跳澗以習騎，洞貫以習射，狻猊之鍪，連鎖之甲，斧之有掠陣，弓之有克敵，皆世忠遺法。嘗中毒矢洞骨，則以强弩拔之，十指僅全四，不能動，身被金瘡如刻畫。晚以公王奉朝請，絶口不言功名。自罷政，居都城，高卧十年，若未嘗有權位者。而偏裨部曲往往致身通顯，節鉞相望，歲時造門，類皆謝遣。獨好浮圖法，自號清凉居士。於時舉朝憚秦檜權力，皆附麗爲自全計。世忠於班列，一揖之外，不復與親。逮薨，有詔選日臨奠，檜遣中書吏韓瑊以危語脅其家，於是其家辭而止。賜朝服、貂冠、水銀、龍腦以斂，賻銀帛三千匹兩，追封通義郡王。其子直敷文閣彥直、直秘閣彥樸、彥質、彥古皆進職二等，孫右承奉郎梴、杕並直秘閣⑩，賜五品服。又命睿思殿祗候徐伸護葬事。世忠追封在是月癸酉，降旨臨奠在丁丑，其家辭免在庚辰，諸子孫進職在二十三年三月丙申，今聯書之。二十七年九月乙巳，二子五孫又各進一官。

4 乙亥，皇叔岳陽軍節度使、知西外宗正事士樽開府儀同三司，充萬壽觀使，任便居住。

右正奉大夫宋貺令徽州居住。時貺罷居平江，而右正言章厦再論貺寄居輔郡，交結妻黨章惇之家，意欲動搖國是，故有是命。

寶文閣學士、提舉江州太平興國宮梁揚祖卒，贈特進、龍圖閣學士，賜其家銀帛三百匹兩。

5 辛巳，左朝請大夫、兩浙路轉運判官趙士彩直秘閣。

6 壬午，太府寺主簿錢端英面對，論：「州縣多移易常平錢，乞戒敕。」詔申嚴行下。端英，愕子也。

7 甲申，直龍圖閣、提點佑神觀秦塤陞秘閣修撰，同安郡夫人秦氏封小國夫人，以秦檜進書加恩也。塤言見習舉業，所有進職太高，實於應舉相妨，乞追寢，不許。

中書門下省檢正諸房公事陳夔、武功大夫惠州刺史權知閤門事蘇曄充賀金國正旦使、副。樞密院檢詳諸房文字陳相、武節大夫吉州刺史權知閤門事孟思恭充賀生辰使、副。

8 戊子，將作監主簿孫祖壽面對，乞：「開導臨安城中溝渠，以泄積水。」從之。祖壽，廣陵人也。

9 辛卯，詔皇叔昭信軍節度使、知大宗正事士太權主奉濮安懿王祠事⑪。

10 乙未，成忠郎柴大有爲右宣義郎、監周陵廟，以大有自言當世襲也。

11 丙申，權尚書禮部侍郎王曮罷，以殿中侍御史湯允恭言其怨望也。乃以曮知衢州。

1 九月戊戌朔，大理寺主簿丁仲京面對，論：「贍學公田多爲形勢之家侵占請佃，望提舉官覺察。」上謂大臣曰：「緣不度僧常住，多有絶産。其令户部併撥以贍學。」既而本部乞令提舉司置籍拘管，其無敕額庵院亦依此施行。從之。

2 庚子，命日曆所重修宰輔拜罷録，用禮部員外郎林機請也。然亦不克成。事初見九年三月丙戌。

3 辛丑，大理卿許大英乞：「申嚴舊制，令監司郡守遇有按發官吏，並具職位姓名申吏、刑部、大理寺置籍，承勘官司準此，庶幾刑部之人不致窘礙。」從之。

是夜雷。

4 癸卯，敷文閣直學士、知紹興府俞俟引年告老，詔遷一官致仕。

5 乙巳，左朝散大夫汪待舉知處州還，論：「本州蠶鹽、丁鹽之賦，輕重不同。蠶鹽以田畝計，自以舊税之後，厥賦爲輕。丁鹽以民身計，自以舊額折絹之後，厥賦爲重。乞將所進之丁於第五等以下人户，用其舊額均敷。」户部乞：「如所請，自今添丁，止均納見認之數，不得溢額。」從之。

6 戊申，尚書考功員外郎兼權中書舍人葛立方罷，以右正言章厦論其輕恣也。

7 己酉，右朝請郎吕稽中知邵州還，言：「近取天下係官之田，盡付常平官措置，此養民之本。然湖南沿邊連接廣西一帶，閑田甚多，或爲兼并之家占據阡陌，而其租税終不入官，田野小民，未必蒙被恩惠。若令輕立租米，廣召百姓耕佃，每夫止給五十畝，或有輕赦罪人，無家可歸，亦許依數承佃，寬閑之田遂可開闢，收其所輸，糴其贏餘，可以寬州縣之用。」詔户部措置。

8 丙辰，直秘閣、兩浙轉運判官趙士彩知臨安府。直龍圖閣、知潭州湯鵬舉知紹興府。

9 丁巳，增築景靈宮，用韓世忠賜第爲之。前殿五楹，中殿七楹，後殿十有七楹，齋殿、進食殿皆備焉。期年而畢。

10 戊午，詔文武官緣川陝便宜，及雜功遷轉當追減官資之人，其父母封贈並免釐正。以司封員外郎王葆面對有請也。

11 己未，左承事郎周麟之爲秘書省正字。

12 庚申，右正言章厦試右諫議大夫。

左承事郎魏師遜充樞密院編修官。

是月，簽書樞密院事巫伋自金國使還。徐夢莘北盟會編云巫伋、鄭藻以祈請使、副，使於金國闕下，引見畢，内殿奏公事，惟正使巫伋得入。金主問所請者何事，伋首言乞修奉陵寢，金主令譯者傳言自有看墳人。伋第二言乞迎請靖康帝歸國，又令譯者言「不知歸後甚處頓放」。伋第三言本朝稱皇帝二字，又令譯者傳言「此是你國中事，當自理會」。伋唯唯而退，待辭而歸。趙甡之遺史曰：「巫伋作祈請使，而無祈請之辭，投書而已。議者謂不識字之承局可優爲也。」

1 冬十月丁卯朔，司勳員外郎、權國子司業孫仲鼇面對，論：「近制士人願入上庠，州縣次第勘驗，於貢舉無違礙，及非殿舉屏斥之人，給據赴補，真良法也。今就試之士，未必皆由本貫，往往隨其所寓，託稱遊學。甚者詭名冒貫，設巧求據。茲弊不革，士將輕桑梓而弗顧，棄行檢而弗修。欲望且停將來上庠補試，略倣舍法。」詔：「天下嚴郡庠之補，月書季考，精察其行藝，或一歲，或間歲，遴選一二尤異者，陞之上庠，充弟子員。其道遠，貧不能行者，官給路費，如貢士續食。」事下禮部看詳，後不行。

2 戊辰，殿中侍御史湯允恭試司農卿。司農少卿宋仲堪爲尚書左司郎中。

詔：「忠州團練使、知金州、節制屯駐御前軍馬李畊令赴行在奏事。金州闕，令吴璘選差權官具奏。」畊守金州凡四年。

3 己巳，監察御史林大鼐爲殿中侍御史。

4 庚午，吏部郎中沈虚中面對，論：「州縣官到選批書，間有不圓之患，乞以前後條式，鏤板頒降⑫，俾吏無邀索，官無留滯。」從之。虚中，廣德人也。

5 辛未，武功大夫、吉州團練使、兩浙西路兵馬鈐轄、樞密院統領丁禩充江南西路馬步軍副總管。禩久幹辦秦檜府，故陞差焉。

6 甲戌，上幸太傅、醴泉觀使、清河郡王張俊第。

7 壬午，制拜俊太師，以其侄龍神衛四廂都指揮使、清海軍承宣使、添差兩浙西路馬步軍副都總管子蓋爲安德軍節度使，餘子弟遷官進職者十有三人。幹辦府武功大夫高準制轉行右武大夫、管轄親兵，濠州團練使顧暉除防禦使，皆異數也。子蓋建節在十一月癸丑，子弟已下遷官在十一月戊申，今併書之。

是日，秦檜進奏。上曰：「龔鑒守盱眙頗靖。」檜曰：「朝廷報對境文字，鑒有不放心處，必來申明。」百官有司於所職若皆如此留意，則無不濟矣。」此以張闡所進聖德事蹟附入。

8 癸未，秦檜奏臨安給丐者錢米，自歲十一月爲始。上曰：「此事所濟甚大，苦寒之時，貧者遂得以活也。」普安郡王時在藩邸，每遇天寒雨雪淹久，都下居民有甚貧而無所得食者，必命輟俸米以賑之，歲以爲常。

承節郎、閤門祗候劉伉爲武翼郎、閤門宣贊舍人。伉，才人兄也。

9 甲申，詔光州已置榷場，合行事並依盱眙軍例。

10 己丑，責授寧遠軍節度副使、袁州安置韋淵復少師、昭慶軍節度使、萬壽觀使、平樂郡王。

11 甲午，宰執進呈大理正張巇面對，乞禁止州縣差公皂下鄉，州用木匣遞送文書下縣，縣令承帖人付之鄉村。上曰：「朕頃在河朔，親見此弊，宜申嚴舊法禁止。」

右朝請大夫王伯淮知臨江軍代還，言：「清江縣有苗税錢四十餘貫，苗米四百餘石，人煙田産並在筠州高安縣。上項苗税，在經界法謂之寓佃，在鄉村謂之包套。未經界之前，尚可追理，經界既定，兩縣各隨産經量承認本鄉元額税苗。則清江有税無田，高安有田無税，又兩縣一時結局，清江不免以無田之税增均於元額之田，高安即以無税之田減均於元額之税。是高安得偏輕之利，清江得偏重之害矣。望下本路究實改正。」

詔委本路轉運判官盧奎。先是，淳化中建筠州之灕灘鎮爲郡，割高安之兩鄉以隸之，繇是有交鄉寫佃之弊。伯淮，資深子。奎，邵武人也。

12 乙未，降授郢州防禦使、帶御器械潘端卿復閬州觀察使。

是月，左中奉大夫王居正卒。秦檜之初相也，居正時爲修注，嘗白上，以檜作相前所言皆不讎。檜憾之。及檜專國，居正畏禍，屏居常州，時事一不掛口。檜猶奪其職，奉祠十餘年，至是卒。

加封吴將甘寧爲昭毅武惠遺愛靈顯王。（廟在富池。）

1 十有一月戊戌，左承議郎、主管台州崇道觀程敦厚直徽猷閣。敦厚獻紹興聖德詩，極言和議之效。又獻秦檜詩，有「誕生聖相扶王室」之語。尚書省勘會敦厚用意可嘉，乃有是命。（此以日曆及敦厚文集參修。）

2 戊申，樞密院編修官魏師遜、諸王宫大小學教授宋樸並守監察御史。

3 庚戌，參知政事余堯弼罷。右諫議大夫章厦、殿中侍御史林大鼐共劾：「堯弼傾邪貪鄙，交通三衙，結諸州將。朝廷有大議論，則閔默無言。請貶之以清政府。」詔堯弼充資政殿學士，提舉江州太平興國宫，尋落職。

斬有蔭人惠俊，以指斥乘輿，法寺鞫實，故有是命。

4 壬子，詔諸路公私房廊、白地錢並減半。

5 乙卯，右朝請大夫黄子游知池州還，言：「農田水利所係甚重，比緣兵火之後，陂塘例皆廢壞，官司未遑修治。故旱歲則高田無以灌溉，霖潦則下田無以泄水，殊爲可惜。望敕諸路提舉官措置修治。」上謂大臣曰：「聞陂田多爲人侵占，可令有司措置，毋妨衆用。」翼日進呈。上曰：「須常平官得人，若監司得人，事無不濟。近時，監司多端坐不出，提點刑獄職在平反，尤當徧臨所部，宜戒飭之。」子游，實孫也。

6 丁巳，進義副尉劉允中棄市，以上書希求恩賞，指斥乘輿，及謗訕朝廷，法守鞫實，故抵於法。

7 辛酉，詔申嚴鞫條令，應重罪大情已明，其餘輕罪並免追究。以大理寺丞郭唐卿面對有請也。

8 壬戌，司勳員外郎兼權國子司業孫仲鼇論：「諸州教官選補不公，講説課試多廢，乞嚴加督責。」詔刑部立法。

1 十有二月⑬，尚書司封員外郎王葆言⑭：「民多銷銅錢爲器，利率五倍，乞禁約。」詔申嚴行下。

2 壬申，夜雷。

3 己卯，皇叔潭州觀察使士嗛特降一官。士嗛，士樽弟，以再娶故宗子安上妻劉氏，爲大宗正司所劾也。

4 庚辰，雪。時上以雪未應期，遣人禱太一祠，雪遂作。

5 辛巳，秦檜奏事。上曰：「昨晚便得雪，甚可喜。」檜曰：「陛下至誠昭格如此，當率百官拜表稱賀。」熊克小曆稱辛巳雪。壬午，辛執奏事。蓋各差一日。

6 癸未，户部員外郎李濤面對，論：「近置諸州惠民局，慮四遠藥方差誤，望以監本方書印給。」從之。論官面對，正欲聞朝廷之利害，天下之休戚。今以權姦在位，不言當春禁樵捕，則言惠民局藥方差誤，所言僅及此。而稍涉時政，則噤不敢發口，是則果何取於論對哉？言路不通，國事從可知矣。

7 丁亥，秦檜言：「臘雪應期，中外共慶，去年臘中三日雪，果大有秋。」上曰：「自此二麥可望，不惟時豐，疫病亦自消矣。」

8 戊子，詔：「徑山寺僧清言杖脊刺配廣南遠惡州牢城。」以撰造偈頌，鼓惑士衆，至有指斥語，法當絞，特貸之。

9 己丑，親衛大夫、利州觀察使馬擴卒。

10 庚寅，大理寺丞范彦煇面對，論：「州縣獄吏例置私名貼書，一切付之鞫獄，謂之欵司。凡老姦停廢與閭閻惡少能弄筆者，悉聽爲之。人之死生，悉命於此輩。欲望專委監司守臣嚴行覺察，須用試補，限以歲年。無過犯，則如在京補官法。」詔刑部看詳，後不行。

11 辛卯，大理司直柳大節面對，言：「江浙之間物直貴甚，穀賤傷農。迹其所以，良由征税之重。望詔有司裁定，則物價自然低平。」詔申嚴行下。

12 壬辰，清河郡王張俊言葬妻，乞下常州差人修整道路。上曰：「此止可差廂軍，不得擾鄉民。朕自議和以後，人民安居，無復前日饋運之勞，故不欲差夫。」秦檜曰：「陛下今日所以當天意，正在此也。」

13 癸巳，金主使驃騎上將軍殿前右副都點檢兀朮魯定方、太中大夫右諫議大夫秘書少監蕭永祺來賀來年正旦。

是歲，宗室子賜名授官者十有八人。

諸路斷大辟二十二人。

詔臨安府民户見推排等第，依在京例與免。日曆無此，今以紹興二十六年十月十八日凌景夏劄子修入，未知在何月日也。

關外四州收營田五分租，凡二十一萬七千餘石。

金主亮下詔議都燕京。詔曰：「昨因綏撫南服，分置行臺。時則邊防未寧，法令未具，本非永計，只是從權。既而人拘道路之遥，事有歲時之滯。凡申欵而待報，乃欲速而愈遲。今既庶政惟和，四方無侮，用併尚書之亞省，會歸機政於朝廷。又以京師粤在一隅，而方疆廣於萬里。以北則民清而事簡，以南則地遠而事繁。深慮州府申陳，或至半年而往復；閭閻疾苦，何由期月而周知？供饋困於轉輸，使命苦於驛頓。未可時巡於四表，莫如經營於兩都。眷惟全燕⑮，實爲要會。將因宫廟而創官府之署，廣阡陌以展西南之城。勿憚暫時之艱，以就得中之制。所貴兩京一體，保宗社於萬年；四海一家，安黎元於九府。咨爾中外，體予至懷。將軍等每名各支喝賞銀絹九匹兩。」詔後宰執列銜者九人，其稱皇弟太尉領三省事樞密使秦國王則亮之弟亢，起復特進參知政事滕國公則蕭裕也。此以兩國編年修入。金中有板行，翰林直學士趙可文集載其所撰都人進義何公墓碣云：「天德三年展都城，或薦公於用事者，於是東阡西陌，綫引棊布，其制蓋皆出於公焉。」天德三年則今年也。

校勘記

① 取旨免解　「解」，原作「省」，據文津閣本改。

② 除政府外　「政」，原作「正」，據皇朝中興繫年要録節要卷一三改。

③左朝散郎王揚英知泰州　「泰」，原作「秦」，據本書卷一六九「左朝請郎新知泰州王揚英直秘閣」之記事改。

④以右奉議郎特贈二官　「議」原闕。按，宋會要輯稿儀制一一之一二載「右奉議郎何彦猷隆興元年正月贈朝奉郎」，與此記事正同，且自奉議郎至朝奉郎恰爲兩官，因據補。

⑤如闕役人　「人」，原闕，據叢書本補。

⑥秦檜奏欲令國子監復刻五經三史　「史」，原作「傳」，據叢書本、宋史全文卷二一上改。

⑦張燾見其所著五十策　「燾」，原誤作「浚」。宋史全文卷二一上作「燾」，益國文忠公集卷六六敷文閣學士李文簡公燾神道碑：「會詔郡國舉賢良，公携五十策詣成都帥張燾，不果薦。」據改。

⑧安德軍節度使開府儀同三司權主奉濮安懿王祠事士㒟薨　「㒟」，原誤作「棣」，據本書卷一五七「皇叔安德軍節度使同知大宗正事權主奉濮安懿王祭祀士㒟開府儀同三司，以司宗十年也」記事改。

⑨人呼爲潑韓五　「人」原闕，據皇朝中興繫年要録節要補。

⑩孫右承奉郎梴杕並直秘閣　「梴」原作「梃」，「杕」原作「杖」，均據皇朝中興繫年要録節要改。

⑪詔皇叔昭信軍節度使知大宗正事士太權主奉濮安懿王祠事　「太」，原闕。按：宋會要輯稿帝系二之四四：「紹興二十一年八月二十四日，大宗正司言，權主奉濮安懿王祠事，依近例，係差久任宗官。長司言，契勘昭信軍節度使、知大宗正事士大合行主奉。從之。」此之「士大」，應即「士太」之誤。又載：「紹興二十三年二月二日，安慶軍承宣使、同知大宗正事士街奏，安德軍節度使、權主奉濮安懿王祠事士大身亡，見闕主奉官。」而同書帝系三之一七載：「昭信軍節度使士太，二十四年三月贈少師，追封安化郡王。」「太」字因據以補。

⑫ 鏤板頒降　「頒」，原作「領」。按此書卷一六九、一七五、一七九多有類似表述，皆作「頒降」，蓋「頒」、「領」字形相似而誤，因改。

⑬ 十有二月　此後原無干支，館臣作按語：「脱干支。」

⑭ 尚書司封員外郎王葆言　「尚書」原闕，據叢書本補。

⑮ 眷惟全燕　「全」，原作「金」，據叢書本改。

建炎以來繫年要録卷一百六十三

1 紹興二十有二年歲次壬申，金海陵煬王亮天德四年。春正月按是月丁酉朔。己亥，雷。

2 丁未，少師、昭慶軍節度使、萬壽觀使、平樂郡王韋淵爲太保。

右通直郎、直秘閣高百之提舉兩浙東路常平茶鹽公事。

右中大夫范直方卒。

3 己酉，忠翊郎、閤門祗候趙廓爲武翼郎、閤門宣贊舍人。廓，密子也。

4 丁巳，大理評事莫濛面對，言：「州縣常賦秋苗，官耗義倉，各有定數，而別立名色，於民户至有納一二倍纔及正額者，止資官吏侵欺盜隱，無補用度。乞令有司檢坐條法揭示，許民越訴。」從之。

5 庚申，右文殿修撰、知婺州趙不羣爲兩浙路轉運副使。

1 二月丙寅朔，資政殿學士、知宣州楊愿知建康府。

宣州觀察使、御前左部統制軍馬、知階州姚仲改知金州，兼金房開達州安撫使，節制屯駐御前軍馬。從吴璘奏辟也。

2 庚午，詔南班宗室，應權住支請給、郊禮支賜等①，並依舊格放行。時近屬有身没而無以斂者，安慶軍承宣使、同知大宗正事士街言於朝，故有是命。

3 辛未，大理評事俞長吉面對，論：「州縣於民輸常賦有追鈔銷簿之弊，甚者匿其户鈔，抑令重納。望申嚴法禁，仍令通判專一檢察。」詔户部申嚴行下。

4 壬申，大理評事王洪面對，言：「申令所載三年一造簿書，於農隙之時，令人户自相推排。蓋欲別貧富，從均平也。比年縣令貪墨者輒促限以開賄賂之門，庸懦者則遷延以俟後政，姦弊不可勝言。望戒飭有司，不得妄有展促。」從之。

5 癸酉，左朝散郎都絜知南安軍代還，言：「差役之法，別縣有物力税錢，各從等第差選。今乃有兩處同時執役者，所費甚大，恐非立法本意。望明降指揮，兩處應役者，一處役畢，他處乃差，惟不許罷役而歇，以別於一處當役之民，庶幾輕重適中，權歸三尺。」詔户部看詳申省。

6 丙子，右中奉大夫、直秘閣王晌知宣州。

7 丁丑，上謂大臣曰：「近有士人投獻詩賦之類，其間文理可採者，可取旨與免文解。」

8 庚辰，軍器監丞黄然面對，論：「沿江一帶税務，比來非理邀取，商旅患之，於是號蘄之蘄陽、江之湖口、池之雁汊爲大小法場。咸謂利歸公家無幾，而爲吏竊取大半矣。望令所隸州縣選官，檢察收放，漕臣考察。」從之。然，庭堅孫也。

9 壬午，詔建祚德廟於臨安府。用殿中侍御史林大鼐請也。先是，毀其廟以爲大理寺，而大鼐言：「三人者有大功德於聖朝，今神靈不妥，士庶悲嗟，宜進爵加獎。」尋進程嬰爲彊濟公，公孫杵臼爲英略公，韓厥爲啓佑公，陞爲中祀。三神進封在七月甲午。

10 壬辰，宰執奏殿前司揀退軍兵。上曰：「數内放自便人，可諭楊存中，須令有所歸，毋致失所。」

11 癸巳，左朝請郎魏安行知滁州代還，言：「國家取民有制。陛下軫念兩淮，歲歲展免，每田一畝，止收稞子五升。然州縣不能盡承德意，取於民者，正數之外，每斛加至六七斗，多者往往倍之。頃歲廣德軍受納，嘗用平斛令人户自概，滁州亦用平斛，民間樂耕，見今州倉已有三年之儲，民間每歲增收，不止三十萬斛，公私皆利。儻聖慈以前件平斛，或可行用，乞先自兩淮始。」詔户部措置。先是，滁州三縣合水陸之田，以頃計之，三萬九千有奇。自紹興十九年前，開耕纔千九百頃。安行招集開墾，所增遂倍，乃擢安行爲京西路轉運判官。安行除漕在三月壬寅。

1 三月按是月丙申朔。丁酉，右承務郎王之奇、之荀並特除名。日曆不載王之奇、之荀所歷官，今據家傳增入。之奇送梅州，之荀追所有官，送容州，並編管。二人皆庶之子，以其父責降身死，撰造語言，謗毁朝廷，法寺鞫實，故有是命。臣嘗聞長老言，有告秦檜以之奇欲結客刺檜者，由是得罪。上因言：「庶爲人凶悖，深沮休兵之議，幾誤國事。」

2 壬寅，直龍圖閣、提舉台州崇道觀葉三省落職，筠州居住。承節郎、監臨安府都作院王遠除名，高州編管。先是，三省嘗與趙鼎、王庶通書，力詆休兵之議。明州進士陳燾得其真蹟并遠遺三省猶子書，併上之，詔送大理。至是，法寺言：「三省等撰造語言，謗訕朝廷。」秦檜進呈，上曰：「此不可不懲，庶後來者知畏。」乃有是命。

3 癸卯，龍圖閣學士、降授左朝請大夫、提舉江州太平興國宫程瑀卒。

4 己酉，殿中侍御史林大鼐言：「比糴馬穀，以香引錢爲糴本，既爲有司互用，民亦不敢觖望。第輸納溢所抛之數太多，如江陰小壘視苗抛降，苗不及七萬石，漕司抛下馬料才三萬三千石，計今所輸之數不啻十萬石。如湖州産茶諸縣各有園户，祖宗朝並無茶税。州縣舊來立歲額，每畝輸三斤，已自非法。比年官司又於額外抑配園户茶引，僧人茶鈔。武康一縣，園户買茶引，每畝出鈔三伯文足，僧人買茶鈔，每名出錢三貫六伯文足，而元額自若也。江陰、武康皆王畿之内，所聞如此，則嶺海之外，弊將若何？一有訴於縣，縣利其經費而不顧；訴於州，州受縣之羸餘而不問。至訴之監司、省部，又爲州縣沈擱不行。萬一窮治其事，不過以爲事循前例。當時剏例作俑者，官已離任，吏以徙死，罪責不我及焉，故州縣得以安而行之。欲望降詔申敕，自約束後，將剏意、循例者究治同坐，庶幾美意實惠同浹於民。」上曰：「此須是守令得人。」秦檜曰：「陛下今日中興，内外無事，所乏者循吏爾。」上曰：「然守令非人，不可不治，若置而不問，則全無忌憚矣。」上又曰：「錢穀大計，亦要户部得人。朕觀徽宗朝，户部之職，多自發運、轉運使擢用。蓋以經歷民事，諳練財賦故也。大鼐所奏，其令户部行下，據實數收糴馬料，不得踰額，賣茶不得抑配，餘從之。」

徽猷閣待制、提舉台州崇道觀董弅落職。弅寓居宜興，而右諫議大夫章夏論：「寄居干撓縣道，弅爲尤甚，良民被害，不可勝言。」故有是命。

5 庚戌，徽猷閣直學士致仕向子諲卒於臨江軍。子諲既告老，歸玉笥之舊隱，號曰薌林，凡十五年而卒。

6 辛亥，上謂大臣曰：「近諸軍多有揀退人數，可取索招填。今日雖息兵無事，然武備不可去也。」敷文閣直學士、提舉江州太平興國宮林待聘卒。

7 壬子，右正奉大夫宋貺提舉江州太平興國宮，依舊徽州居住，從所請也。

8 癸丑，司農卿湯允恭面對，言：「豐年屢應，米價至賤。下等人户，無他商販，以錢輸官，遂成逋欠。欲望降旨，應民間下户畸零夏税及丁錢之類，除依條敕倚閣外，願輸米者，官定時價而折納之。如係上供之數，乞令常平司以錢兑糴，後來隨時出糶，公私兩利。」詔户部看詳。

9 丙辰，直龍圖閣、知紹興府湯鵬舉罷，以右諫議大夫章厦論鵬舉以宅庫欠賣酒錢，而妄劾副將劉之儀，致其死也。

10 丁巳，詔新除司農寺丞鍾世明往福建路措置寺觀常住絶産。時住鬻度僧道牒已久，其徒寖少，而福建官自運鹽，其直頗貴，於是民多私販，議者以爲客販可行，遂命世明往本路措置。凡僧道之見存者，計口給食，餘則爲寬剩之數，籍歸於官。其後世明言自租賦及常住歲用外，歲得羨錢二十四萬緡。詔赴左藏庫。熊克小曆云：「明年慶遠軍節度使張澄帥福州，復請於朝，率還六七。」按會要，世明元措置剩錢三十六萬五千八百餘緡，已而澄乞添給童行人力米外，實餘三十三萬九千餘緡。克誤也。

11 戊午，資政殿學士、提舉江州太平興國宮何鑄薨，後謚恭敏。

12 己未，秘書省校書郎董德元面對，論：「高禖名爲大祀，而禖神乃位於壇下，酌用一獻，恐非所宜。望與青帝分爲二壇，庶可求昭格。」詔禮部看詳。

13 庚申，徽猷閣待制、提舉江州太平興國宫鄭朴卒。

14 辛酉，詔：「四川監司、州軍今後募差管押綱運，先選有行止可以倚仗官，及召有行止付身圓備之人充保。如押人侵使移易，其保官與降兩官。元募差不當官吏，降一官放罷。所少錢物，押人依法斷罪，仍估賣家資填納。如有未足數目，於干繫人名下追理。」從户部請也。

15 癸亥，宰執進呈大理寺主簿丁仲京面對劄子，論：「遠方州縣預借人户税租，有借及一二年者，其間復以本色紐折見錢，價又倍之，輸納稍緩，加以嚴刑。」上曰：「此多是州郡妄用，若撙節，不至如此，可申嚴行下。如違令，監司按劾，御史臺彈奏。」

1 夏四月按是月丙寅朔。丁卯，殿中侍御史林大鼐論上饒知縣吴芑阿徇余堯弼彊市民田。時堯弼以左中大夫家居。戊辰，秦檜進呈。上曰：「聞其人訴之臺部，可罷芑，令本路監司根治。」上因言：「縣令不法，無由盡知，已諭言官以所聞彈劾矣。」

2 己巳，司農寺主簿盛師文面對，論：「頃嘗指揮，州縣貧乏之家，生男女不能贍養者，每人支錢四千，後改支義倉米一石。然近於臨安市井窮民，未聞有得斗米千錢者，況於鄉村與夫窮僻鎮聚？望申嚴舊令，咸以舉行。」從之。

3 癸酉，右諫議大夫章廈試御史中丞。殿中侍御史林大鼐試右諫議大夫。

4 丙子，端明殿學士、簽書樞密院事巫伋罷。伋與秦檜居同鄉。一日，檜在都堂，偶問伋云：「里中有何新事？」伋不敢對，徐云：「近有一術士，自鄉里來，頗能論命。」檜變色，謂伋曰：「是人言公何日拜相？」伋皇恐而罷。章廈聞之，即劾伋陰懷異意，以摇國是。林大鼐亦奏伋黷貨營私。於是並遷二人，而伋以本職提舉江州太平興國宫。章再上，遂落職。辛巳，拜廈端明殿學士、簽書樞密院事。中興聖政：吕中講義曰：「巫伋術士之對，蓋恐輒及時事，以觸檜之怒，故舉泛言不切之事聊以塞責云爾。而檜勃然變色，遽嗾使言路逐之，惟恐他人攘己之位。雖檜之猜狠忌刻，不近人情，然亦可以爲依阿取容，諂事權貴者之戒矣。」

5 壬午，詔權知閤門事孟思恭可與外任。

6 乙酉，詔宗子趙不辱，令大宗正司庭訓鎖閉。不辱寓居秀州，與母妻夜游於市，有右迪功郎吕褫者，被酒衝行，不辱怒毆之致死。法當絞，特貸之。

7 丙戌，孟饗景靈宫，令宰執分詣。時新宫未成，祖宗神御皆寓於西齋殿故也。

8 戊子，監察御史宋樸守殿中侍御史。

9 辛卯，國子監主簿史才面對，乞申嚴百官造謁之禁。從之。

10 壬辰，秦檜奏廬州觀察使王俊往在岳飛軍中，彈壓有勞，以爲浙東馬步軍副都總管。上曰：「飛當時欲具舟船入川，有統制官説諭諸軍乃止。」

右諫議大夫林大鼐言：「比者朝廷以福建寺觀絶産、上供鈔鹽，委司農寺丞鍾世明措置，而遠方盛傳以爲計口籍丁而沙汰之。又謂更變鹽法，以杜絶私販，别致生事。欲望降詔，諭以至意。」詔言者論列福建住持請託之弊，官鹽科賣之擾，令世明以使指行下州縣照會。

1 五月按是月乙未朔。丙申，上謂宰執曰：「昨治王繼先賣布事，極係利害。恐諸將因而交結，就尅軍人食錢償之。可諭與成閔，今後有似此事，並申樞密院。」

2 庚子，詔故延福宫使、保康軍承宣使黄冕將合得遺表恩澤，特贈保寧軍節度使，賜謚僖靖。

3 辛丑，右諫議大夫林大鼐言：「比來遐方多有健訟之人，欺紿良民，舞玩文法。州縣漕憲未結絶，則申冤於部於臺於省，官司眩於偏詞，必與之移送重定。外方往往觀望，爲之變易曲直。欲今後所訟，如婚田、差役之類，曾經結絶官司，須具情與法，叙述定奪因依，謂之斷由。人給一本，厥有翻異，仰繳所結斷由於狀首，不然不受理。使官司得以參照批判，不失輕重，而小人之情狀不可掩矣。將來事符前斷，即痛與懲治。可使户婚訟簡，臺省事稀，亦無訟之一策也。」上曰：「自來應人户陳訴，自縣結絶不當，然後經州經監司以至經臺，然後到省。今三吴人多是徑至省，如此則朝廷事多。可從所奏。」

4 癸卯，左朝請大夫陳湯求知池州還，論：「郡縣以耕牛、水車、舟船、農具估爲家力，視此等降差役科敷，其交易買賣，又重收税錢，非勸農之本意，乞委常平司糾察。」詔申嚴行下。

5 丁未，司農卿湯允恭罷，以殿中侍御史宋樸論其褊急任私也。

6 庚戌，封婕妤劉氏爲婉容，新興郡夫人吴氏、宜春郡夫人劉氏並爲才人。宮中號婉容爲大劉娘子，才人爲小劉娘子。

7 癸丑，金主使宣奉大夫刑部尚書行大理卿田秀穎、安遠大將軍充客省使兼四方館副使大允來賀天申節。

是月，襄陽大水，平地丈五尺，漢水冒城而入。右朝奉大夫、知府事榮薿乘桴得免。於是與轉運判官魏安行議講復環城古堤以捍水，許之。明年冬，按四縣之籍，計田出力。百畝一夫，得三千餘人，減其田租十之二，凡五旬有七日而畢，計用工十五萬有奇，其長四十餘里。此據王之望記。請復堤在十一月，今併書。

容州奏野蠶成繭。

右朝請郎、主管台州崇道觀曾恬卒。

潼川府言：「涪城縣進士馬天祐廬墓，孝行顯著。」詔賜粟帛。

1 六月按是月甲子朔。戊辰，右通直郎劉炎請換右職，詔以爲閤門宣贊舍人。炎初見十年正月。

尚書左司郎中宋仲堪罷，以殿中侍御史宋樸言其劾鄭剛中獄事淹延，且交結巫伋也。

武翼郎、閤門宣贊舍人劉伉爲右武郎、幹辦皇城司，以才人進封，故遷之。

2 壬申，樞密院檢詳諸房文字陳相試尚書左司員外郎。

3 丁丑，宰執進呈右朝請大夫、知嘉州王知遠到任五事，論：「四川鐵錢至少，自罷鑄後，見今嘉、邛州及成都府各刱都作院，以嘉、邛所産鐵炭打造軍器，赴利州椿管，數目不少。今邊事寧息，望將兩州依舊鼓鑄小鐵錢。」上曰：「知遠所論，於錢引實有利害，可委總領所同本路漕臣措置。」後未及行。知遠，白石人也。紹興三十一年邛州復鑄錢。

4 辛巳，上諭大臣曰：「聞淮東被水，民多轉往淮西，可令漕司賑濟。」

5 壬午，中書門下省檢正諸房公事兼崇政殿説書陳夔試太常少卿。時夔送伴北使，甫還，未及國門，以憂去。

6 乙酉，奉安祖宗帝后神御於景靈宮，太師、尚書左僕射秦檜爲禮儀使。

7 丁亥，右文殿修撰、兩浙轉運副使趙不羣卒。

8 戊子，上謂大臣曰：「檢鼓兩院，近日絶少論利害文字，恐有阻遏，可下所屬檢察。」

大理少卿章燾面對，乞申嚴暑月浣濯獄具之令。從之。

9 壬辰，起居舍人、權直學士院湯思退權尚書禮部侍郎，尚書禮部員外郎林機試起居舍人。

是月，尚書禮部侍郎兼侍講陳誠之以母憂去。先是，秦檜嘗諭誠之曰：「事有所聞，可以片紙見喻。」蓋檜方用告訐以擢人才，誠之不領其意，以此頗忤檜。左朝散郎張九成時謫居南安軍，或問九成曰：「近日士大夫氣殊不振，曾無一言及天下事者，豈皆無人材耶？」九成曰：「大抵人材在上之人作成，若摧抑之，則此氣亦索。有道之士，不任其事，安肯自辱哉！秦公方斥異己，大起告訐，此其勢欲殺賢者，然未必不反激人之言，子姑俟之。」

敷文閣直學士、知瀘州馮檝卒。檝素佞佛，晚歲尤甚，以傅會和議，故爲秦檜所厚，帥本路者凡八年。

1 秋七月按是月癸巳朔。乙未，右承議郎、知秀州郭瑊直秘閣。

2 丁酉，左朝奉郎、提舉江州太平興國宮劉一止復秘閣修撰致仕。一止以疾篤告老，故有是命。

3 壬寅，右諫議大夫林大鼐言：

臣伏讀天聖詔書，令流内銓裁内外歲舉員數。文臣待制至侍御史，武臣觀察使至諸司使，舉吏各有等數，毋得輒過，而被舉者，須有本部長吏，乃得磨勘。詳此即知天聖以前，朝廷常參官皆得舉人，不限内外，亦無員數。其時磨勘京官用考第少，而舉員亦不多。言者憂其名器冗濫，至是頗有裁減。皇祐中旋增四考爲六考，增二員爲五員，非本部長貳吏，毋得輒舉，立爲永式，乃今日見行條法也。

然古今異時，法無一概。仁祖朝科目人少，磨勘者稀。行之數十年，人無淹滯，法亦流通也。自熙豐宣政間，已有論列其不便者矣。中興之初，恩或非泛，人得僥倖，有以從軍而改秩者，有以捕盜而改秩者，有以登對而改秩者。今則朝廷清明無事，愼惜名器。改秩無他，只有薦舉一路。而貪躁者速化，廉靜者陸沉。法誠祖宗之法，不知入流寖廣，數倍如祖宗之時也。臣欲取考第員數增減以便之。增一任者，減一員。九考者用四，十二考者用三，十五考者用二。若二員，則保舉之古法，不可減也。如減舉法行，中須實歷縣令，不得仍請嶽祠。其或負犯殿選，自如常坐。士有應此格者，行無玷缺，年亦蹉跎，無非孤寒老練安義分之人，收獎老成，不爲濫恩。如臣管見足采，欲望付有司看詳而條上之，以取聖斷。

庶幾中外弭奔競之風，士夫絶滯淹之歎。

詔吏部看詳申省。

4 甲辰，將作監主簿孫祖壽面對，言：「祖宗薦舉格法，尤重親民之官。近歲格應薦舉者，既未必能一一知人，而生弊日滋，遂有踰越舉員之數，重發奏牘，以掠虚惠。其被舉者，往往争先到部，密賂胥吏。故散舉主，以絶後至，甚至於昧其所知，公納厚賄，使守節寒士甘心遐遺，其違聖化，敗士風也明矣。欲望申飭有司，增重法令，有犯必行。」詔刑部申嚴行下，其受賄一節，立法申尚書省。其後本部請以受所監臨財物論，著爲令。從之。十一月丁巳立法。

5 乙巳，上曰：「聞四川所起禁衛軍，所費多出於軍衆，可劄下總領司應副。」

都官員外郎劉漵面對，乞：「戒監司、郡守以時檢舉奉行寬恤詔書。」從之。

武翼大夫、貴州刺史兼閤門宣贊舍人韋誼落階官，提舉佑神觀。修武郎韋訢爲武翼大夫、高州刺史、提點佑神觀。訢，淵子也。

6 丙午，祠部員外郎李巖老面對，論：「士大夫奔競，望令有司復舉謁禁之條而必行之。」詔申嚴行下。

7 丁未，詔在部注授知州銓量，過期六十日不到，許以次人擬注，聽其别射家便差遣。以吏部郎中沈虚中面對有請也。先是，有詔銓量因民事被罪及癃老疾病之人，而授闕者或遷延不赴，故虚中以爲言。

8 辛亥，左朝散大夫、知眉州邵博罷。先是，直徽猷閣程敦厚廢還里居，專以持郡縣短長，通賕謝爲業。及博爲守，貌禮之，而凡以事來輒不答，敦厚銜之。會直徽猷閣、成都府路轉運副使吴坰從襄陽來，多以襄人自隨，分屬郡取俸，博獨不予。敦厚知坰怒，乃爲匿名書，訐博過惡及其帷箔等數十事，遣人持寘成都客舍。坰得之大喜，劾於朝。詔罷博，令成都府究其事。前是，坰已捕博送成都府司理獄，司理參軍韓汴懦不及事②，坰擇刻深吏簽書判官廳公事楊筠主鞫之。眉州兵馬都監鄧安民以勤力爲博所知，主帑庾之出入，首捕寘獄中，數日掠死。博懼，每問即承。提點刑獄公事周綰知其冤，亟詣獄疏決，博乃得出。閲實其事，但得以酒餽游客，及用官紙劄過數等事。獄上，博坐降三官。敦厚事，並以洪邁夷堅志修入。

9 甲寅，殿中侍御史宋樸言：「今日郡縣有便文之弊，自省部以至監司、郡縣，更相逭責，初無體國之實。縣則衆責所歸，文移尤峻且數，號爲紙鷂。爲縣之人，自非特立獨行者，則便文以罔民。此弊不革，實害治之大者。望陛下與大臣講求所以革之之術，申嚴行下。」從之。

10 乙卯，詔仲冬薦獻永佑陵等攢宫，及檢察禁地，就差大宗正丞馮至游。故事，太常少卿以春秋二仲行園陵。至是，太常官全闕，但以秘書省著作佐郎丁婁明兼權。婁明請於朝，至游供職紹興，就遣之也。

11 丁巳，右諫議大夫林大鼐言：「武臣奏薦多出軍中，軍中爵秩高而少族姓。凡有奏薦，同姓皆期功，異姓皆中表。市井暴富者，咸附會以進。寨帥栅長，利其高貲，犬牙相錯，蒙蔽有司。欲乞係軍中奏薦，須經統轄長官結罪保明，庶少斂戢。」詔吏部措置。

是日，虔州軍亂。初，江西多盗，而虔州尤甚，故命殿前司統制吴進以所部戍之。虔之禁卒嘗捕寇有勞，江西安撫司統領馬晟將之，與進軍素不相下。會步軍司遣將揀州之禁軍，而衆不欲行。有齊述者以賂結所司，選其徒之强壯者，以捕盜爲名，分往諸縣。夜，兩軍交鬭，州兵因攻城作亂，殺進、晟，遂焚居民，逐官吏。守臣左朝議大夫余應求之父安行，年八十餘矣，避亂墜塹死。應求遂以丁憂爲辭而去。於是叛軍據城自守。安行少篤學，年二十餘，舉進士甲科，遂掛冠去，學者號爲石月先生。

12 庚申，宣州觀察使、主管侍衛馬軍司公事成閔特轉行一官，以景靈宮成，閔與督役故也。

修內司兩浙轉運司官吏第賞有差。

敷文閣待制、知潭州沈昭遠卒。

13 辛酉，司勳員外郎兼權國子司業孫仲鼇言：「今日習禮之士，比之他經，十無一二。以前舉言之，天下薦名於禮部者，凡二千七百五十餘人，而習禮記止四十人，習周禮止五十人，可謂鮮矣。竊恐禮學寖以無傳，此亦扶持斯文者所當深慮也。望令州郡有能明習二禮者，優加延請，使主講說，以爲學校勸率。及令將來科舉考校並省試官，究心誘進，毋以所習者少或遂廢之，則經學幸甚。」詔禮部措置。

14 壬戌，秘閣修撰、提點佑神觀秦塤爲右文殿修撰，直龍圖閣、提點佑神觀秦堪爲秘閣修撰，以檜辭免奉安神御加恩也。

1 八月按是月癸亥朔。乙丑，右朝請郎、添差通判平江府張子華提舉福建路市舶。子華，叔獻子也。

右迪功郎吳曾充敕令所删定官。

2 丙寅，宰執進呈比部員外郎李泳面對劄子，論：「淮西田疇高原去處，舊有陂塘，以資灌溉，今墾闢雖廣，而未究水利。若使民户自行開濬，竊恐方集之人有傷其力。望詔有司俾於農隙，官給錢米以濬治之。」上曰：「聞諸郡陂湖蓄水去處，如紹興及淮南，往往爲民侵占。雖目前州郡獲利，恐二三年後，無水溉田，即爲害不細矣。泳所奏可下本路常平司措置。」

3 丁卯，大理正孫敏修面對，論：「州縣推鞫强盜，間有捕盜官希賞，求囑獄吏，非理鍛鍊平人，致誣服其罪。望申嚴法禁令，監司常切覺察。」從之。

4 辛未，詔文武官應得酬賞及選人依法改官，令吏部先次開具格法，申取朝廷指揮。紹興二十六年正月己巳不行。日曆不載此事，今追書之。

5 壬申，泉州觀察使提舉台州崇道觀潘長卿、利州觀察使提舉台州崇道觀潘粹卿，閬州觀察使帶御器械潘端卿並爲承宣使。長卿寧江軍，粹卿建寧軍，端卿昭信軍。武翼大夫、高州刺史潘清卿落階官，爲榮州刺史。武翼大夫賀州刺史潘墨卿、武翼大夫吉州刺史潘才卿並轉一官，陞團練使。墨卿成州，才卿忠州。自長卿以下，皆吴國長公主之子，特推恩也。

6 甲戌，右諫議大夫林大鼐兼侍講，殿中侍御史宋樸兼崇政殿説書。

7 乙亥，監察御史魏師遜面對，論州縣二税攬納邀阻之弊。詔申嚴行下。

8 己卯，江西安撫使張澄言虔州兵亂。詔鄂州諸軍統制田師中速遣兵，仍合澄集本路兵擒捕。後二日，又遣殿前司遊奕軍統制李耕將所部千六百人往討之。熊克小曆：「八月，殿帥楊存中奏，據本司統制官吳進申，虔州將兵反。」按日曆稱「齊述者因步軍司差官揀兵，因糾合攻打州城，逼殺本州駐劄殿前司統制官吳進，并安撫司統領官馬晟，遂據城縱火」。不知何以却是吳進申到也。當求他書考之。

大理正張巘面對，論：「寄居士大夫與大姓豪家騷擾村民，小不如意，即送都保鎖縛捶楚，乞委守令禁止。」詔申嚴行下。

9 辛巳，利州觀察使、御前前部統制王彥知階州，依舊節制綿劍州屯駐軍馬，以都統制吳璘薦舉，從四川安撫制置司保明也。

10 丙戌，尚書司封員外郎兼權國子司業孫仲鼇爲大金賀正旦使，閤門宣贊舍人陳靖副之。吏部員外郎李琳爲賀生辰使，忠州防禦使、帶御器械石靖副之。靖，開封人也。

11 丁亥，右武大夫、忠州團練使、提舉台州崇道觀趙子彥卒，於是恩平郡王璩以憂去官。

12 戊子，上謂大臣曰：「比累禁私商泛海，聞泉州界尚多有之，宜令沿海守臣常切禁止，毋致生事。」

大理寺丞郭唐卿面對，論：「遠方州縣，獄具多不如式，望申嚴法禁。」從之。

13 庚寅，敷文閣待制、知潼川府沈該移知夔州。該初爲秦檜薦引，及登侍從，上頗知之。檜忌之，故出於外。

1 九月壬辰朔，哲宗賢妃慕容氏薨。

2 癸巳，大理寺丞黄子淳面對，乞申嚴民間生子不舉之禁。從之。

3 乙未，詔殿前司左翼軍統制陳敏以所部討虔州叛兵。先是，叛兵突出，徑走南康軍。而寓居左朝奉郎田如鼇爲其所得，遂復還據虔城。時李耕纔至江東，而敏駐温陵，被本路安撫司檄，以所部千五百人護閩境。於是，領殿前都指揮使楊存中言敏本虔人，且嘗於江西捕寇有功，望令進兵，與耕併力討賊。乃以如鼇權江西提點刑獄公事，令即城中撫定之。

4 丁卯，左朝奉郎周楙言：「前任知蘄州，從士民之請，修復河堤以捍水勢，工費已具，望委州縣就農隙興役。」上可其請，因謂大臣曰：「不獨蘄州，凡沿淮有當備水患去處，悉令漕臣同守臣措置。」

5 戊戌，都官員外郎劉澂言：「法有按問欲舉自首之條，所以示民自新之路，而斷獄者易以得其情也。然所至姦吏，於麗罪者，或告以按問之法而取其貨賂，或略其減等之因而置之重辟，犯罪雖同，斷獄乃異。望特降旨，應麗罪者先以長吏親問，責其情實，而後送獄。庶幾愚民不爲姦吏所陷。」詔刑部措置申省。

6 癸卯，右諫議大夫林大鼐言：「兵弛久佚，主將輒移其力而他役之。今有伐山爲薪炭，聚木爲簰筏，行商坐賈，開酒坊，解質庫，名爲贍軍回易，而實役人以自利。甚者至有差借白直，爲厮隸之賤，供土木之工，不知其數。望詔中外將帥，遵守祖宗條法，仍取約束，未盡者，增廣而峻行之。」詔刑部檢坐見行條法，行下諸軍遵守，内借人一節，借者與借之者並同罪。

7 甲辰，太府寺丞徐璉面對，乞：「嚴責諸縣於公差常賦之外，毋得侵擾保正。」詔申嚴行下。

8 丙午，升廣州香山鎮爲縣，從本路諸司請也。

9 戊申，升桂陽監爲軍。

10 己酉，殿中侍御史兼崇政殿説書宋樸爲侍御史。樸甫受命，即劾：「端明殿學士、簽書樞密院事章夏多納賄賂，引致市井小人，以爲肘腋。平居備位充數，未見有害，一旦臨大利害，内懷奸邪，外肆諛險，必致敗事而後已。」右諫議大夫林大鼐亦論：「夏斗筲小器，一旦致身宥密之地，議論喧然，皆曰『章新婦也作兩府』，言夏爲人踧踖，無儀矩也。況又背公營私，附下罔上，朝廷機密，無不漏泄。望亟加黜責，以爲貪懦素餐之戒。」

11 癸丑，章夏以本職提舉江州太平興國宫。章再上，遂奪職。夏入樞府才九十三日。

12 甲寅，秦檜進呈左右司狀：「伏覩章疏，其間大理少卿章燾、敕令所删定官吳悌並爲章夏心腹之交，以刺報事端。竊慮逐人難以依舊存留在任，欲乞並與外任宫廟差遣。」從之。以左右司按朝士，前所未有。是時，陳相爲左司員外郎，右司闕人，不知權官爲誰，當考。相此月己未除權吏部侍郎。

13 乙卯，秘閣修撰致仕劉一止上中興聖德詩，擢一止敷文閣待制。

14 戊午，國子監主簿史才充御史臺檢法官，用侍御史宋樸請也。

15 己未，右諫議大夫林大鼐試吏部尚書，仍兼侍講。尚書左司員外郎陳相權吏部侍郎。

16 庚申，尚書比部員外郎李泳守左司員外郎。

1 冬十月壬戌朔，侍御史兼崇政殿説書宋樸試御史中丞，御史臺檢法官史才爲右正言，監察御史魏師遜守殿中侍御史。

初，殿前司遊奕軍統制李耕、左翼軍統制陳敏、副將周成、鄂州副統制張訓通、池州統領崔定、殿前司摧鋒軍統制兼知循州張寧，皆以兵至虔州城下。而敏所部統領官元玘戰死。既而權江西提點刑獄公事田如鼇在城中，與賊黨齊述謀，誅首亂者蕭顒等四十餘人，即以撫定聞於朝。耕往受其降，述等列拜城上，而終不肯出。有詔：「如鼇果是撫定，令素隊赴軍前，與免究。」詔耕諭述等速出降，即不進兵。述欲聽命，爲其子所制，但列衆於城上，聲喏而拜，終不肯出。是日壬戌，如鼇自出城與耕相見，耕遂留之。有父老數十人詣耕，乞令如鼇復入，耕叱之去。因密言賊已穴地道，欲出犯官軍，宜防之。耕即以其兵二百人送如鼇還南康軍。

甲子，召如鼇及左朝請郎施鉅並赴行在。

2 丙寅，御史中丞宋樸兼侍講。熊克小曆於癸酉始書樸除中丞，蓋誤。

3 壬申，左宣教郎杜師旦添差通判處州。日曆紹興二十五年丙子，凌哲奏杜師旦知天台縣，贓行僭侈，守臣蕭振對移臨海縣丞，師旦怨振，遂撰繆政録納於故相，曹泳劾之，振以是得罪。師旦通判處州，又除浙西提舉。以事考之，哲所言當不妄。振落職池州居住，在此後八日。

4 癸酉，左朝請郎、京西路轉運判官兼提刑提舉常平茶鹽等公事魏安行特轉一官，以前知滁州，開墾荒田二千餘頃推恩也。

5 甲戌，御史中丞兼侍講宋樸充端明殿學士，簽書樞密院事。樸自撫州學官召還，甫踰年而執政。

直秘閣、新知虔州逢汝霖改差主管台州崇道觀，以本州軍賊竊發，避事不即之任，故有是命。忠州團練使、殿前司遊奕軍統制李耕爲龍神衛四廂都指揮使，知虔州。

6 己卯，直秘閣、知臨安府趙士㣧言：「本府地分闊遠，欲更增置三十五鋪，共作一百五十鋪，巡警盜賊。所有合添兵級，乞於行在殿前馬步三司軍兵內，與本府相兼差撥。」從之。

7 庚辰，詔責授建寧軍節度副使、昌化軍安置李光依已降指揮，永不檢舉。

徽猷閣待制、知台州蕭振落職，池州居住。從政郎楊煒特貸命，追毀出身以來文字，除名勒停，永不收敘，送萬安軍編管。初，光既參大政，煒以朝廷和議爲非，作書欲獻光，先見振言其意，光不答。及是，振知台州，煒爲黃巖令，政頗有聲。振每聞煒大言無顧畏，則擊節稱善，遂薦煒改秩，又移書浙東提點刑獄公事秦昌時，俾同薦之。昌時，檜猶子也，因囑吏密語振曰：「煒嘗以書責光及太師，昌時其任，義不當舉，如待制亦不可舉也。」振曰：「吾業已許之，豈可中輟？」煒在官，鉏治凶惡無所貸，俄縣吏得煒書有詆檜語，昌時聞於朝，詔送大理寺。仍下所司，發卒大索煒家，得所草萬言書，語益切。煒上光書已見紹興九年正月。煒具伏：「紹興八年在臨安府，聞朝廷講和鄰國，煒以爲非是，欲撰造語言，作書上光，言更改講和之意，以規進用。時振任侍御史，煒因見振先說書意。振答云：『亦恐敵人難信，公書意甚好。』遂作書上光。光覽書，遣人傳語煒，諭以不及答之意。」刑寺奏煒當死，上特宥之。其兄左從政郎炬亦連坐除名。煒徒步赴貶所，至撫州病，士人鄒陶見之，舁致其家，出白金以贖，乃得去。煒，植子。陶，餘子也。餘，宜黃人[3]。故殿中侍御史孫覿撰煒墓誌載此事於十九年，蓋誤。炬二十四年二月編管。

入内東頭供奉官、幹辦内東門司王晉錫還所寄資，爲正侍大夫、崇慶軍承宣使，帶御器械。

8 辛巳，左承議郎、諸王宫大小學教授陸升之知大宗正丞。秦檜以其訐李光，故用之。

詔廣州見任官，將錢物寄附綱首客旅，過蕃收買物色，依敕徒二年斷罪。此以紹興二十年十月五日户部狀修入。

9 壬午，左朝散大夫、知盱眙軍龔鋈直秘閣再任。

10 丁亥，右通直郎、添差通判嚴州鄭珙直秘閣，閤門宣贊舍人潘堯夫爲右武郎。堯夫，正夫弟。珙，穀子也，娶吴國長公主之女，主爲請而命之。

右承直郎、新監太平惠民北局張昉令吏部日下添差遠小監當差遣，以右正言史才論其「專事口吻，撰造不根，恣爲毁譽，動摇人情」故也。

是月，李耕始受知虔州之命。耕既往攻城，猶冀就招安。賊曰：「健兒輩初只緣與吴統制下人争，今作過已至此，縱招安，朝廷亦不放也。」時城中細民皆絶食，每日爲賊役者才得一二升。間有出投官軍，又爲賊所殺。上謂宰執曰：「前日差耕知虔州甚當，使百姓知已有知州，心有所歸也。」上語在甲申，今聯書之。

1 十有一月辛卯朔，左朝請郎施鉅爲監察御史，

左朝奉郎田如鼇爲廣南西路提點刑獄兼提舉常平同提舉本路鹽事④。

2 辛丑，左朝奉郎、知常州錢周材獻紹興聖德詩。詔周材充集英殿修撰。

3 癸卯，左朝奉郎淩景夏知筠州。景夏在館中，與秦檜異論，閑居幾十餘年。

4 戊申，合祀天地於南郊，赦天下。

5 乙卯，吏部尚書兼侍講林大鼐言：「武林江山之會，大江潮信，一日再至。頃者江流失道，灘磧山移，潮與洲鬬，怒號激烈，一城爲之不安枕。雖詔守臣漕司專意堤埽，日計營繕，纔成即決，不支年歲。臣以爲南至龍山，北至紅亭，二十里間，乃潮勢奔衝之下流，正迎敵受患之處，雖繕治無益也。望選歷練諳達之士，專置一司，博詢故老，講究上流利病、古今脉絡，而後興工。或者以謂錢塘之潮，應有神物主之，葺廟貌，建浮屠，付之有司，此亦易事。」時六和塔壞，又伍員祠以火廢，故大鼐及之。輔臣進呈，上曰：「恐浸淫爲害，可令乘冬月水不泛溢時治之爲易。又舊有塔廟，陰以相之，雖出小説，亦不可廢，宜付禮部看詳。」熊克小曆「先是，林大鼐在言路嘗奏錢塘江浸淫爲害。十一月壬寅，上諭宰執」云云。日曆：十一月二十五日乙卯，當朝宰政進呈吏部尚書兼侍講林大鼐劄子⑤，武林江山之會云云。上曰：「大鼐所奏，可令臨安府同轉運司措置，禮部看詳。」不知克何以差互如此。

6 丁巳，秦檜進呈起居舍人林機輪進故事，不務論思獻納，專懷怨望。詔與外任，乃以機知信州。上因語及龎翼：「教人學道，如機者信其邪説，遂忘上下之義。機既出外，如翼者，本軍中人亦不可留在此。爲士大夫尚以邪説動之，何況軍伍中也？」龎翼事未見，當考。

太常卿兼權户部侍郎徐宗説權尚書户部侍郎。宗説頗有心計，吏不能欺，然附秦檜以至從官，常爲檜營田産，時人因目宗説爲莊客。熊克小曆誤載宗説乞令州縣補常賦在此年，今移入二十三年閏十二月丙午。中興聖政、呂中大事記曰：「徐宗説爲户侍，爲檜營田産，時人目之爲莊客，而侍從皆其私人矣。」

是日，忠州團練使、知虔州李耕引兵入城。虔州平時諸軍既集，而江西馬步軍副總管劉綱、右宣教郎統押池州土豪鄉兵鄧酢皆在兵間，耕招降不聽，率諸軍登城收叛卒，盡誅之。翌日，輔臣進呈。上曰：「朕思虔賊閉城已四十日，城中乏食，可諭楊存中速令濟師，庶幾良民得免困苦。」於是遣前軍統制苗定等率兵五千，馬四百往聽耕節制。定等未至，聞賊平，乃還。熊克小曆載李平虔州在此月乙卯。按：日曆稱賊自七月乙卯竊發，至十一月丁巳收復，凡一百十二日，今從之。賊之始作也，其徒侵軼旁郡，或勸左朝散郎、南安軍居住張九成徙避之。九成曰：「吾謫此邦，死分也，何避焉？」守貳拒賊，未得計，請於九成曰：「此爲廣南要衝，失守則郡以南皆賊區，策將安在？」九成曰：「僻小寡弱，難與争鋒。今聞賊寨水南，夜募善泅者火攻之，俾其衆驚擾，則宵遁必矣。」用其策，賊果散走。賊之未平也，右宣教郎、知醴陵縣鮮于廣曰：「是五日可至吾邑。」告於府，請以所部兵列境上，留民租於縣以爲食。提點刑獄司復命五里建一樓，民持更其上，廣曰：「是當爲六十八樓，重費民不可，且盜必從官道來耶？」獨取鄉保伍之壯者，選其豪六十領之，他盜亦不敢犯。廣，晉原人也。

7 戊午，右武大夫、和州防禦使、帶御器械楊公恕落階官，與在外宫觀。以公恕自言「遭遇二十六年，除隨龍推恩外，即不曾非泛稍霑恩霈」故也。

資政殿學士、知建康府楊愿薨。先是，愿守宣城，其表弟王炎調蘄水令，往見之。醉中偶謂愿曰：「昔嘗於呂丞相處得公頃歲所通書，其間頗及秦丞相之短，尚記憶否？」愿聞之，色如死灰。自是留炎不得去，炎患之。會愿移守金陵，燕監司，大合樂，守卒皆怠，炎即青溪得客舟而去。愿覺既失炎，憂撓成疾，至是薨。炎，陽安人⑥，競弟也。競已見紹興二十年十二月。

1 十有二月辛酉朔，詔歲減夔路及蒲江、淯井兩監鹽錢八萬二千緡有奇。夔路鹽每斤減二十錢，共爲二萬七千餘緡，事初已見十七年。蒲江減四萬四千餘緡。淯井元額八萬七千餘緡，今減八分之一。

昭信軍節度使、知大宗正事、權主奉濮安懿王祠事士太言久在疾告⑦，願上大宗正印及主奉職事。從之。

2 癸亥，封劉才人祖母太安人耿氏爲咸寧郡夫人，吴才人母裴氏爲齊安郡夫人，以二才人進封，特推恩也。

3 乙丑，直秘閣韓膺胄知太平州代還，言：「州縣小吏喜怒自私，驅無罪之人，不白長官而繫於獄，謂之寄禁，望申嚴按察。」詔刑部立法申省。

4 己巳，右通直郎林一飛爲樞密院編修官。

詔睿思殿祗候使臣自今增二人。舊以二十人爲額，至是，以慈寧殿使臣二人兼充故也。

中亮大夫、建州觀察使韓京提舉台州崇道觀。

太尉、安慶軍節度使、提舉萬壽觀邢孝揚薨，謚忠靖。

5 癸酉，殿中侍御史魏師遜言：「近士子有因守令親識，旋置田産，臨時便作本貫應舉，或守臣直以他處士子姓名，冒令教官，以次保明。望申飭州縣，仍令監司按劾，其士子冒貫得舉，亦乞嚴賜行遣。」詔禮部措置申省。

6 戊寅，進士王積特補右迪功郎。積父雱以右奉議郎、通判興國軍而死，積上書乞推恩。上曰：「此王雲之侄。雲奉使極效忠，率先衆人勤事，而死於難，兼係潛藩之舊，理宜優恤。」乃有是命。

7 壬午，左奉議郎楊偰直秘閣，主管佑神觀。

8 癸未，秦檜進呈四川總領所申諸路欠紹興十七年以前折估糴本等都計錢引一百二十九萬餘緡，米九萬八千餘石，綾絹一萬餘匹。雖已權住催理，終是掛欠，恐州縣别立名色，暗行拘催，欲乞盡行蠲放。從之。按：十七年以前官物久已蠲放，不知本所何以方有陳乞，當考。

9 丙戌，太師秦檜辭免進大宗正司敕加恩，詔封其次孫女爲和國夫人，孫女夫將仕郎吴益爲右承務郎。

10 丁亥，免解進士袁敏求杖脊，送海外州軍編管，坐撰語言故也。上曰：「小人妄生是非，既得其罪，當行遣以爲惑衆者之戒。」

11 戊子，金主使太子詹事張利用、廣威將軍尚書兵部郎中兼四方館副使耨盌温都子敬來賀明年正旦⑧。

是歲，宗室子賜名授官者十有八人。諸路斷大辟十六人。

福州舊法，民歲輸錢而受鹽於官，其後不得鹽而輸錢如故，民多私鬻以給食，而官亦不問。至是，龍圖閣直學士張宗元知州事，始再榷鹽，犯法者滋多，人不以爲是。二十七年三月甲申所書可參考。安撫司屬官胡憲上書於宗元，告以爲政大體，宗元不悦，久之，憲請嶽祠而去。

校勘記

①應權住支請給郊禮支賜等　「給」，原作「及」，據叢書本改。

②司理參軍韓汴懦不及事　「汴」，原作「抃」，據叢書本改。蜀中廣記卷九〇亦作「汴」。

③餘宜黄人　「黄」，原作「廣」，據叢書本改。

④左朝奉郎田如鼇爲廣南西路提點刑獄兼提舉常平同提舉本路鹽事　「鹽」，原作「監」，據叢書本改。

⑤當朝宰政進呈吏部尚書兼侍講林大鼐劄子　「當」，原作「常」，據叢書本改。「政」，疑當作「執」。

⑥炎陽安人　「陽安」，原作「安陽」，逕改。按：此句後有云：「炎，競弟也。」小注云：「競已見紹興二十年十二月。」本書卷一六一紹興十二年十二月記事載競爲陽安人，故改。

⑦昭信軍節度使知大宗正事權主奉濮安懿王祠事士太言久在疾告　「太」，原作「㕲」，據本書卷一六二校勘記改。

⑧廣威將軍尚書兵部郎中兼四方館副使耨盌温都子敬來賀明年正旦　「耨盌」，原作「諾延」，據金人地名考證改。

建炎以來繫年要録卷一百六十四

1 紹興二十有三年歲次癸酉，金海陵煬王亮貞元元年。春正月按是月辛卯朔。己亥，左朝散郎致仕高閌卒。閌退居明州，太師秦檜欲卜其向背，因其鄉人姚孚者達意於閌，欲以弟之女予其子，閌辭之。遂致其仕，絶口不言時政，杜門觀書，卒免於禍云。

2 癸卯，太保、昭慶軍節度使、萬壽觀使、平樂郡王韋淵爲太傅。

3 己酉，降授平海軍承宣使、提舉台州崇道觀、台州居住李顯忠復寧國軍節度使，以赦叙也。顯忠行狀云：「降居丹丘十餘年，會時宰物故，太上皇帝知公被黜非辜，召還，復寧國軍節度使。」誤也，今不取。顯忠再除節鉞，不降麻，亦非故事。隆興元年十一月劉寶、乾道五年十一月顯忠再復節，並學士院降麻。此除或是秦檜抑之，當考。

翊衛郎、階成西和鳳州兵馬都鈐轄、充御前後部統制軍馬吴拱爲榮州刺史。上召拱入朝，故有是命。

4 庚戌，左奉議郎、臨安府府學教授鄭仲熊爲國子監主簿。仲熊，西安人也。

5 乙卯，詔四川綱馬，令承旨司看驗，自今有瘡疥瘦瘠者，押馬使臣更不推恩，其芻粟令所過州如法應副。尋不行。五月己丑再降旨，依舊格推賞。

6 丁巳，右文殿修撰、提點佑神觀秦塤陞敷文閣待制，久任在京宮觀，以塤奉祠滿歲故也。檜辭不受。

7 戊午，右朝散郎、知鎮江府王循友移知建康府。趙甡之遺史云：「王循友乞加秦檜九錫，雖不行，俄自知鎮江遷循友知建康府。識者不敢言，惟以目相視。」按：循友以十七年三月罷吏部侍郎，其乞加檜九錫當在未罷之前，今附此，更須詳考。

是月，昭信軍節度使士太夔①，追封安化郡王。録其子右宣教郎不謫等三人爲直秘閣，他子弟遷官、改秩，除官者七人，恤典如執政。

1 二月己未②，詔岳陽軍節度使、開府儀同三司、萬壽觀使士樽權主奉濮安懿王祠事。

2 癸亥，上幸玉津園，遂詣延祥觀。

3 己巳，吏部尚書林大鼐罷。右正言史才論：「大鼐狂躁欺誕，父在而不迎侍。陛下擢宋樸爲樞密，大鼐以其出己上，憤然不平。若不亟去，必摇國是。」故大鼐遂罷。

4 庚午，臠虔州軍賊黄明等八人於市。明等據州城凡百有十二日。

5 辛未，改虔州爲贛州。州，漢贛縣地，貢水自新樂山至城東北與章水合，故名焉。先是，秘書省校書郎董德元面對③，論：「虔州謂之虎頭城，非佳名。今天下舉安，獨此郡間有小警，意其名有以兆之，望賜以美稱。」事下中書後省，至是擬定。又請改虔化縣爲寧都，從之。

6 壬申，直龍圖閣、都大主管成都等路茶馬監牧公事汪召嗣與宮觀差遣，以尚書省言綱馬不如數故也。朝散郎、成都府路提點刑獄公事湯允恭都大提舉成都府利州路茶事，兼提舉四川等路買馬監牧公事。

7 乙亥，左宣教郎王綸充諸王宮大小學教授。綸，江寧人也。

8 丙子，復置光禄寺丞一員，專掌祠祭禮料，即惠照院齋坊儲之。以吏部郎中兼權太常少卿沈虚中言「今醯醢之屬，皆制在市司，慮其不虔」故也。至是，以故僞福國長公主第爲光禄寺。

9 庚辰，樞密院編修官楊愿守尚書工部員外郎。

直秘閣、主管台州崇道觀鄭震提舉兩浙路市舶。震，驤子也。

10 辛巳，左朝奉郎林大鼐知泉州。大鼐以此月六日乙丑得旨放罷，今纔十七日，乃即除郡，不知何故，當考。

11 癸未，龍神衛四廂都指揮使、忠州團練使、殿前司遊奕軍統制、措置盜賊節制軍馬、知贛州李耕以功爲金州觀察使。於是，諸將劉綱等九人各遷二官，將士受賞者萬三千百二十有四人。方贛之亂也，本州居住人降授左朝散郎、提舉江州太平興國宫孫近走吉州避之，至是復還其州，未幾卒。熊克小曆稱近以秘書少監分司南京謫居。按近落分司已久，紹興十四年六月癸未，自左朝散大夫、提舉江州太平興國宫、興國軍居住，坐奏薦事，降三官，移南安軍。二十年八月又移虔州，依舊宫祠，克恐差誤。

1 三月庚寅朔，殿中侍御史魏師遜、右正言史才並兼崇政殿説書。

2 丙申，慶遠軍節度使、知洪州張澄知福州，龍圖閣直學士、知福州張宗元知洪州。

3 丁酉，詔太尉吴璘、楊政、田師中並給真俸。時璘以依楊存中指揮，援存中所得張俊例有請④，朝廷因併政、師中給之。

敷文閣待制、知平江府徐琛以疾求去，陞敷文閣直學士、提舉江州太平興國宫。

4 癸卯，平海軍承宣使、知南外宗正事士琣言：「宗子善軫在學，實及二年，文藝卓然，衆所推譽，乞免文解一次。」上曰：「近日宗子多讀書，殊可喜也。」

5 丙午，御史臺主簿胡襄面對，論：「諸邑主簿多不銷民户輸納之鈔，往往勒令重輸，乞戒飭。」詔申嚴行下。襄，永嘉人也。

光山軍節度使、開府儀同三司、提舉西京嵩山崇福宮、齊安郡王士㒟薨於建州，訃聞，贈太傅，追封循王。六子皆進官二等，女封郡主，諸妾受封者五人。

6 丁未，鎮江府駐劄御前諸軍都統制劉寶乞：「令民户識認軍莊營田者，每畝賞開耕工本錢五千五百。」從之。尋詔諸路倣此。詔諸路在九月戊戌，今併書。三十二年三月庚子所書可參考。

司農寺主簿盛師文面對，論：「諸州都監、諸縣巡尉擅置刑獄，乞申嚴法禁。」詔刑部申嚴行下。

7 戊申，左朝請郎范彦輝追毁出身以來告敕文字，除名勒停，永不收叙，送荆門軍編管。初，彦輝爲太府寺丞，嘗作夏日久陰詩云：「何當日月明？痛洗蒼生病。」殿中侍御史魏師遜奏：「彦輝陰懷異意，謗訕朝廷。」法寺鞫實，故有是命。彦輝罷寺丞在二月丙寅，今併書之。

8 辛亥，直龍圖閣、提舉台州崇道觀汪召嗣知潭州。召嗣未至官而卒。召嗣以失職罷茶馬纔四十日便除大藩，前未有此，當考。

9 壬子，詔：「故武功大夫、貴州刺史楊宗閔，賜謚忠介。故敦武郎、知麟州建寧寨楊震，賜謚恭毅。」二人楊存中祖父，皆以死事故，用存中請也。

10 癸丑，軍器監丞黄然面對，論：「福建、江、浙販牛屠賣，十百爲羣，乞重立賞格，許人告捕。」詔申嚴行下。

左宣義郎、江南西路轉運司主管文字王曆候今任成資日，優與陞擢差遣。以知贛州李耕言其應副軍須有勞，故有是命。曆，會弟，已見。曆寓居撫州，恃秦檜之勢，凌奪百姓田宅，甚於寇盜，江西人苦之。

右武郎、幹辦皇城司劉允升、劉伉並特遷右武大夫，以訓練禁旅有勞，特推恩也。

是春，金主亮徙都燕京，下詔改元貞元，不肆赦，内外文武皆進官一等。改燕京析津府爲大興府，號中都爲中京，會寧府爲北京，汴京開封府爲南京，而舊遼陽府爲東京，大同府爲西京如故。分蕃漢地爲十四路，置總管府。名都城門十二，命近臣王競書之。名太廟曰衍慶宮，以奉太祖旻、太宗晟、德宗宗幹神主，又作元廟於其東，以奉楊割已上⑤。張棣金人志云：「楊割謚大聖皇帝，廟號仁祖。」而洪皓松漠記聞云：「楊割謚孝平皇帝，廟號穆宗。」二書不同。按皓歸以紹興十三年，而棣之作志在淳熙三年，疑後來復有所改。然大聖乃阿骨打謚號⑥，棣恐誤記，疑不能明也。舊取士無殿試，亮始復之。凡鄉試三人而取一，府試四人而取一。府試分六路：河北及燕人於大興，遼之東北於會寧，山後及河東人於大同，山東人於東平，河南人於開封，關中人於河中。通以五百人爲合格，殿試又黜之，榜首即授奉直大夫、翰林應奉文字，後又罷經義、神童等科，惟以詞賦、法律而已。金之用刑，舊有沙袋。亶立，始去之。亮立，又去杖脊。凡徒刑止以荆決臀，爲其近人心故也。徒刑五等，自五年至一年，皆使之雜作，滿則釋之。亮又定車蓋之式，后妃車飾以金，三品以上飾以銀。自后妃至五品皆朱輪，六品以下黑緑而已。舊親王宰執用紫，蓋亮始削之。惟太子用紅，諸妃用紫，三品以上用青，皆以羅。四品五品用青，皆以絹。餘不得用。此事必非一年所爲，今且因遷都附見。亮至燕，以平章事郜王蕭裕有參畫之功，拜裕尚書右丞相，兼中書令。以兩國編年金人誅蕭裕詔、張棣金人志參考修入。熊克小曆，亮徙燕在二十二年冬，今從編年。張棣又云：「大赦僞境。」按亮詔云「除參酌不肆赦外，可改元貞元」，棣誤也。詔書具於後：「門下：朕以天下爲家，固無遠邇之異；生民爲子，豈有親疎之殊？眷惟舊京，邈在東土。四方之政不能周知，百姓之冤艱於赴愬。況觀風俗之美惡，察官吏之惰勤，必宅所居，庶便於治。顧此析津之分，實惟輿地之中。參稽師言，肇建都邑。乃嚴宗廟之奉，乃相宮室之宜。遂正畿封，以作民極。雖衆務之畢舉，冀暫勞而久安。逮兹落成，涓日涖止。然念驟興於役力，豈無重擾於黎元？凡有科徭，皆其膏血。遂至有司之供具，亦聞享上以盡心。宜加撫存，各就休息。載詳前代赦宥之典，多狥一時姑息之恩。長惡惠姦，朕所不取。若非罰罪而勸善，何以勵衆以示公？今來是都，寰宇同慶。因此斟酌，特有處分。除不肆赦外，可改天德五年爲貞元五年。燕本列國之名，今爲京師，不當以爲稱號。燕京可爲中都，仍改永安析津府爲大興府，上京、東京、西京依舊外，汴京爲南京，中京爲北京。又爵禄所以勵世而磨鈍也。前此官吏，每有覃轉資級，賢否不辨，何補治功？緣今定都之始，所冀上下協衷，恪恭乃事。若俾一夫不獲其所，則何以副朕遷都爲民之意？故特推恩，以示激勸。可應内外大小職官，並與覃遷一官。於戲，京師首善之地，既昭示於表儀；詔令責成之方，其勿怠於遵守。咨爾有衆，體予至懷。」

1 夏四月庚申朔，詔：「江南西路轉運判官盧奎特轉一官。慶遠軍節度使新知福州張澄轉一官回授。」以樞密院言：「收捕贛州叛兵，帥司遣發官兵，會合漕司，應副錢糧，别無闕誤故也。」

2 壬戌，大理評事莫濛面對，論：「官司遣人追逮罪囚，多所邀乞。」詔刑部申嚴行下。

3 乙丑，秦檜奏以權吏部侍郎陳相接伴北使，閤門宣贊舍人張彦攸副之。上因曰：「今後奉使，須選醇謹之人，至如武臣作副，亦當慎擇。」彦攸，開封人也。

4甲戌，上謂大臣曰：「近今臨安府收捕破落户，編置外州，本爲民間除害，而所謂小火下者，乃爲人訴其恐嚇取錢，妄有供具，本非爲民除害之本意，可令有司子細根治，務得其實。」先是，行在有號破落户者，巧於正晝通衢，竊取人所帶之物。秦檜得其姓名，悉奏分遣外州拘之。上恐因而擾人，故有是諭。

5丙子，右朝奉大夫張柄復爲大理少卿。

6辛巳，詔：「諸州編管羈管人，在法，止許月赴長吏廳呈驗。聞比來囚禁鎖閉，甚於配隸，可令遵守成憲，如走失捉獲人，即具名申尚書省，別作行遣。」熊克小曆載此事於五月癸酉。按今年五月己丑朔，無癸酉，克曆恐誤。臣謹按：是時朝士如胡銓、吴元美，士人如智浹等，以秦檜所擠，編管者甚衆，所在望風以流人爲奇貨，多捃辱之。今此指揮，日曆但云有旨，則是出自上意，非由臣下及官司陳請也，故表出之。

7乙酉，詔利州歲鑄錢以九萬緡爲額，視舊額減五分之二。二十五年七月丁巳所書，可參考。仍並鑄折二錢。

8丙戌，太師、尚書左僕射秦檜言：「臣昨者京城獨入議狀，不隨衆人推戴張邦昌，實人臣分義，不得不然。其後邦昌同門婿朱勝非，及妻家使臣換文資程昌寓相與協謀，極力排擯，蹤跡詭險，欲蓋彌彰。昌寓任鼎州鎮撫使日，於不係所管邵州擅取常平錢米，本州守法未敢起發，乃移文欲遣軍馬就食。其跋扈不軌，何異李允文等？朝廷以軍興，隱忍未發。昌寓懷不自安，乃於勝非再相之日，以自己所得詔書，刻置鼎州廳事，又於碑文公肆誕言，掩其私交之迹，歸非於上。今勝非、昌寓雖死，其徒實繁，陰謀未已。伏望聖明降鑒，若昌寓不當以己事列置公廳，即乞明降指揮，以上件碑石，別刻本州所受詔書，庶允衆聽。」從之。

1 五月庚寅，刑部侍郎韓仲通言：「近郊赦時，禁州縣不得挾私意籍罪人家產，恩德至渥也。而守令猶有易以追賞錢爲名，且違法制，多立其數，至數百千，致竭其產，雖鬻妻子不足以償。望詔有司申嚴禁止。」詔刑部申嚴行下。

2 甲午，右朝散郎、通判福州葉仁特展二年磨勘，左從事郎、福州閩縣丞兼權察推林亮功特降一資，以鞫鄉貢進士鄭煒簽書不當也。按：此當是吴元美謗訕事，不知何以許時方行遣也。

3 丙申，武德郎李昌齡特追一官，勒停。昌齡爲清河郡王張俊掌房緡，坐不依聖旨減放，故有是命。

4 己亥，右承奉郎楊倓爲藉田令。倓，偰弟也。

5 庚子，右朝奉郎、就權利州東路安撫司主管書寫機宜文字楊庭言：「興元府褒斜谷有古六堰，溉民田甚廣。兵火後修不以時，水至輒壞。若全以食水户修葺，恐致民力重困。欲每遇夏月水泛，於見屯將兵內，差不入隊兵卒，併手修葺。」興元自兵亂以來，城內生荆棘，官民皆茅屋，而帑藏寓僧舍。自太尉楊政再爲帥，以次繕治，至是一新，户口寖盛，如承平時矣。政嘗葺學舍，府學教授青神唐迪請增學田，以廣養士，政從之。時有欲以學田饋軍，迪言：「大軍歲費四千萬，而欲取學田以當賦，何啻九牛一毛？又豈愛禮存羊之意邪？」論者乃止。

6 癸卯，尚書省言：「人使來程，淮南轉運司應副酒食多不足備，合行約束。」詔回程須管足備，不得誤事，令先具知，委文狀申省。」

7 甲辰，直顯謨閣、知揚州向子固罷。時北使紇石烈大雅過其州⑦，子固遇諸衢，不即引避，大雅以爲言，故有是命。

8 乙巳，詔：「敷文閣待制、四川安撫制置使兼知成都府曹筠年老，累乞便郡，可移知宣州。左承議郎、池州居住蕭振復敷文閣待制、四川安撫制置使兼知成都府。」

9 辛亥，金國賀生辰使副中奉大夫秘書監兼右諫議大夫紇石烈大雅、廣威將軍尚書兵部郎中兼四方館副使蕭簡見於紫宸殿。

10 癸丑，右承議郎、知大宗正丞張宗元面對，乞令諸州按月支給宗室孤遺錢米。從之。

1 六月己未，上謂大臣曰：「近遣内侍往盱眙賜北使宴，乃擅買北貨，非便，已令拘收入官，庶少懲戒。」左承議郎王之道通判安豐軍。之道以上疏言兵，故坐黜者十四年。

2 辛酉，上謂大臣曰：「近日霖雨，軍營多壞，已賜錢七萬緡令整葺。聞所在民田有被水患者，可下州縣遣官檢放苗税。」

3 壬戌，國子監丞兼權祠部員外郎吴武陵面對，乞：「申嚴荆湖、福建士民不舉子之禁，令保伍更相覺察，月上娠産之數於官，兼申給錢之令，則全活嬰孺，將不可勝計。」詔監司丁寧州縣，悉意奉行，其有顯績去處，保明申奏推賞。

4 甲子，詔每歲交割歲幣官員雖多，止以十三年分六員所得減年細計分受。以前盱眙軍録事參軍蔡翬言其泛濫故也。

朝奉郎張闡添差通判衢州。

5 乙丑，大理寺丞丁仲京面對，乞：「以前後已行軫恤庶獄事理，撮其要語，揭示通衢，使天下之民瞻視鼓舞，遷善遠罪而不忍犯。」詔申嚴行下。

6 丁卯，直龍圖閣、主管台州崇道觀舒清國卒。

7 己巳，右朝奉郎、利州東路安撫司主管書寫機宜文字楊庭特遷右朝散郎、直秘閣，賜紫章服。尋以庭通判階州。

詔直秘閣、兩浙東路提點刑獄公事秦昌時令自成資後，別理今任月日，候再任成資滿日取旨。

8 庚午，詔：「民户典賣田地，毋得以佃户姓名私爲關約，隨契分付，得業者亦毋得勒令耕佃，如違，許越訴，比附因有利債，負虚立人力雇契敕科罪。」以言者有請，從户部立法也。

9 壬申，尚書駕部員外郎齊旦爲樞密院檢詳諸房文字。

忠翊郎、閤門祇候王謙爲閤門宣贊舍人。謙，晉錫養子。用晉錫大理奏薦，及減五年磨勘恩例回授也。

10 丙子，右正言史才言：「諸路州軍起綱赴行在，所交納至有折欠之數，並將合干人押下排岸司追理。排岸非刑法官司，無所研問。得其人，晝則使監守⑧，夜則寄禁錢塘、仁和兩縣獄中。身爲囚繫，欲償無路。欲望並令即時具名數申解所屬，見得有侵盜貿易之弊者，送大理寺推治其過誤損失，並押下元起綱處，依法備償，附綱起發。」從之。

11 己卯，大理評事莫濛面對，乞：「令州縣編配罪囚，並依程限遣行。」詔申嚴行下。

是日，潼川大水，涪江漲。

12 庚辰，沅江、武陵漲水⑨，四面奄至壞城⑩，人方惶駭，争保城西牛頭山寺。山趾大溪橋壞，水大至，平地丈五尺，人之死者甚衆。

13 辛巳，左朝奉郎、廣南西路提點刑獄公事田如鼇直秘閣，以其嘗在贛州有勞也。

左朝議大夫李健卒。

14 壬午，左朝散大夫、提舉荆湖南路常平茶鹽公事王珏爲荆湖北路轉運判官。鄂州征民竹木，并役之作堤捍江，歲歲水齧堤壞。珏募人，厚與之直，伐石於漢陽以爲堤，凡五百十九丈。堤成，水大至不能齧。岳州賦於民者，畝增二畝，謂之毛種。珏聞，立罷之。

15 癸未，上謂大臣曰：「静江府士人上書，乞增解額及減税二事，可令有司看詳。税額乃胡舜陟妄增，尤爲民害，不可不減也。」

秘書省校書郎董德元面對，言：

明年省試，太學士人承教已久，入仕必衆。須用補試，以收後來之俊彦。欲乞諸州補試人各限其數，上郡不得過二十人，中郡十五人，下郡十人，臨安府倍上郡之數。流寓各在寄居郡數之内。每以省試年夏季爲率，許士人詣本州投狀，令佐保明，委教授簾試賦一首，或經義二道，取文理優者，申州給據，赴太學補試。若當年省試不願就補者聽⑪，不在此數。不許非時投狀乞試。如此則人知天子之學，不可造次而入，凡預補者無不自愛。

臣又聞既補入學，而聽讀日少，在告日多。長假與特給假，固有法矣，今則特給展至三年而不禁。在學與在假，固有法矣，今則三年在假而取解，與在學者等。如此恐不足以爲懲勸。欲望委國子監，自今秋科舉以後，檢舉學令施行，則人皆勉勵，無復輕去上庠矣。

詔禮部看詳申省。

16 丙戌，左從事郎張震爲太學博士。

入内東頭供奉官裴詠除名，瓊州編管，永不放還。詠往盱眙撫諭北使，私市北貨，尋被拘收，心懷怨望，有指斥語。法當絞，特貸之。此即己未日上語及之者也。

17 丁亥，故武功大夫、殿前司統制吴進特贈右武大夫、果州團練使。故武節大夫、江西安撫司同統領馬晟特贈武功大夫、忠州刺史。二人皆爲贛賊所殺，故録之。

是月，南康軍言，宗子不硜割肝愈母疾。

校勘記

① 昭信軍節度使士太甍 「士太」，原作「士会」，其誤已辨於本書卷一六二校勘記。

②二月己未　此所記干支有誤。四庫館臣於後有按語：「正月辛卯朔。己未二十九日。原本作二月，誤。以下月考之，當以庚申爲二月朔。」文津閣本則徑改作「二月庚申朔」。然此或爲作者李心傳之筆誤，故一仍原文，不改。

③秘書省校書郎董德元面對　「德元」，原作「元德」，據叢書本乙正。

④援存中所得張俊例有請　「俊」，原作「浚」，據叢書本改。

⑤以奉楊割已上　「楊割」，原作「英格」，據金人地名考證改。

⑥然大聖乃阿骨打謚號　「阿骨打」，原作「阿古達」，據金人地名考證改。

⑦時北使紇石烈大雅過其州　「紇石烈」，原作「赫舍哩」，據金人地名考證改。

⑧晝則使監守　「晝」，原闕，據叢書本補。

⑨沅江武陵漲水　「沅江武陵」，原作「元武江」，據叢書本改補。

⑩四面奄至壞城　「奄至壞城」，原作「壞城奄至」，據叢書本乙正。

⑪若當年省試不願就補者聽　「不」，原作「下」，據叢書本改。

建炎以來繫年要録卷一百六十五

1 紹興二十有三年秋七月按是月戊子朔。己丑，詔民間所欠私債還利過本者，並與依條除放。先是，温州布衣萬春上書，乞將民間有利債負，還息未還息、及本未及本者，並與除放。庶幾少抑豪右兼并之權，而伸貧民不平之氣。詔送户部。上謂大臣曰：「若止償本，則上户不肯放債，反爲細民之害，可令仔細措置。」至是行下。

上語在五月壬寅。

2 庚寅，右正言兼崇政殿説書史才試右諫議大夫。殿中侍御史兼崇政殿説書魏師遜試侍御史。

3 辛卯，諸王宮大小學教授王綸面對，乞：「委有司將先聖從祀之士，詳加蒐括，自國子監爲始，重行綵繪，以其式鏤板，遍下諸郡縣。」詔送禮部。

4 壬辰，詔平江府、湖、秀州實被水貧乏下户，未納夏税，並權住催理，俟秋成日輸納。用户部請也。

5 丙申，右承議郎、幹辦行在諸司糧料院張常先提舉江南西路常平茶鹽公事。常先，叔夜子，故超用之。

按：紹興二十六年十月，凌哲劾劉伯英章疏稱：「伯英在江西，從人至服文繡。知撫州趙士鵬疏其事，秦檜不得已，遣張常先代之，使離任。」日曆二十一年閏四月甲辰，右奉議郎劉伯英提舉江西常平茶鹽公事。今附此，更須詳考。

6 戊戌，太師、尚書左僕射秦檜言：

臣伏惟陛下，昨自軍興之初，爲宗社生靈計，躬至軍前，權與和好，因上格天心，中興國祚。臣至愚極陋，繼亦將命，出於自請。當是時，豈意有今日依乘風雲之幸？蓋捐軀殉國，萬一近似，乃得與今日休兵保邦之大議，非偶然也。靖康之末，邦昌僭號，臣獨不戴異姓，乞於皇宗不預背盟之議者，選擇繼統。其後軍前取出，欲行懲斷，幸而不死，驅之遠去。臣終不變初議，至爲徽宗草書，以爲南朝有子，不當相待遽如石晉。北朝雖傲岸自用，猶即遣人厚送錢絹，至盈萬數。後有傳録至中朝者，其本尚在，可考不誣。愚臣君臣之契，與立朝本末如此。

昨自初還朝時，首奏令劉光世通書請好，其後吕頤浩都督在外，臣又奏遣北人招討都監門客通書求好。未幾，邊報王倫來歸，頤浩遂欲攘以歸己，力援張邦昌友婿朱勝非來朝。繼而圍城中人綦密禮與頤浩、勝非援邦昌時受僞命人謝克家復來經筵。當臣之求去也，陛下撫諭再三，恩意欵密。臣獨以書生不識事體，以必退爲真。是時，頤浩乃與權邦彦同日留身，乘閒建言，以謂宰相之去，乃無一事。於是旋易臺諫，擬請御筆，至密禮草制之日，請以爲據。密禮被逐，常以所得御筆，公示廣衆，不知事君之體，至於如此。士大夫雖每竊笑，然臣以出處自有本末，後世當有公議，不必與此輩較曲直，故不論。今密禮已死無子，獨有女嫁謝克家之孫伋之子。若不收拾所降御筆，復歸天府，則萬世之後，忠逆不分，微臣得君立朝，無所考信，實害國體。伏望特降睿旨，令台州取索密禮所受御筆繳進，仍以臣今奏疏，送付史館，永以傳信，不勝幸甚。

從之。王明清揮麈後録：「紹興二年，秦會之罷右僕射，綦叔厚之文。褫職告詞，謝任伯之文。綦、謝，姻家也，秦大憾之。先是，高宗有御劄云：『秦檜不知治體，信任非人，人心大摇，怨讟載路。』乙亥，秦諭知御劄在任伯之子伋景思處，作劄子自陳，大概云：『陛下是時尚未深知臣，所以有此，乞行抽取。』得旨下台州，從伋取索得之。」按：謝克家建炎四年秋自禮部尚書除參知政事，紹興元年春以資政殿學士奉祀，明年春秦檜免相，克家無緣草制詞。蓋綦密禮無子，而女歸謝伋之子，故御劄在謝氏耳。檜此奏在二十三年癸酉，今云乙亥，亦誤。兼疏中具言其初乞罷時，上眷甚厚，而呂頤浩輩留身，旋請御筆，亦無「陛下尚未深知臣」之説。蓋明清聞之不審，因筆之於書耳。

7 癸卯，右朝請大夫、主管台州崇道觀劉領特貸命，除名勒停，送瓊州編管，仍籍没家財。左朝議大夫、提舉臨安府洞霄宫、郴州居住折彦質特降一官。領嘗知郴州，忠訓郎孟導爲永興縣尉，鞫劫盜，安通土豪承節郎蕭汝霖。領以爲信，遣導率射士焚其居而捕之，斬汝霖。彦質坐與汝霖交通，請佃舊縣基爲居第，並爲本州通判案發，法寺鞫實，故有是命。於是，領之子將仕郎紘亦追毁所授文書，送惠州。導除名，送韶州，並編管。兵官武節郎辛堅之、從義郎李世顯皆除名，編管湖南。本州通判姓名當考。

8 戊申，將作監主簿孫壽祖面對，論：「湖、廣、夔、峽多殺人而祭鬼，近又寖行於他路。浙路有殺人而祭海神，川路有殺人而祭鹽井者。望飭監司、州縣嚴行禁止，犯者，鄉保連坐，仍毁巫鬼淫祠，以絶永害。」從之。

9 庚戌，右諫議大夫史才言：「浙西民田最廣，而平時無甚害之憂者，太湖之利也。數年以來，瀕湖之地多爲軍下兵卒侵據爲田，擅利妨農，其害甚大。隊伍既衆，易於施工，累土增高，長堤彌望，名曰壩田。旱則據之以溉，而民田不沾其利；水則遠近泛濫，不得入於湖，而民田盡没矣。欲望委本路監司躬行究治，盡復太湖舊迹，使軍民各安其職，田疇盡蒙其利。」從之。

10 辛亥，敷文閣待制林乂引年告老，詔遷一官致仕。

11 癸丑，大理寺主簿吴伸面對，乞：「諸縣鎮寨土兵不得假借及私役差出，以妨教閲。」從之。

是月，少保、昭化軍節度使、醴泉觀使、駙馬都尉、和國公潘正夫薨於婺州，贈太傅，官給葬事。

1 八月戊午朔，侍御史魏師遜言：「近歲州縣小官既滿，而監司、郡守不與批書，多致狼狽。若謂催科未足，獄案未具，合前期督察。望敕監司郡守，既滿即與批書。如更挾私意，令御史臺按劾。」從之。熊克小曆作侍御史鄭仲熊言。按仲熊此時纔爲國子監主簿，克蓋誤也。

2 癸亥，大理正石邦哲面對，論：「監司郡守車服踰侈，乞禁戢。」詔在内委御史臺彈奏，在外令監司舉劾，仍互察。

右武郎潘堯夫添差兩浙東路兵馬鈐轄，婺州駐劄，直秘閣、添差通判嚴州鄭珙移婺州，並轉一官，幹故贈太傅潘正夫葬事，用吴國長公主請也。

3 乙丑，岳陽軍節度使、開府儀同三司、權主奉濮安懿王祠事士樽薨①，贈太傅，追封韶王。其弟降授郢州防禦使士嵲特復潭州觀察使，諸子遷官除職者九人。後謚恭靖。

4 丙寅，草料場言：「行在歲用馬草，乞下兩浙漕司收買，以經總制錢償其直。」從之。

詔秘閣修撰、提點佑神觀秦堪今任已滿，令接續理任。從其請也。

左宣教郎王孝廉謀據成都以叛，伏誅。初，孝廉之父輔，以左朝請大夫守合州，輔，蔡州人。初見十二年正月。

所爲不法。左朝奉大夫史聿，時爲潼川府路轉運判官，置獄遂寧府，窮治之。孝廉與其兄孝忠俱就逮，輔憂懼死。聿移夔州路轉運判官，獄遂不竟。孝廉兄弟知不免，陰懷異志，即歸所寓成都府，破産招集亡命，多市弓劍戰具，閭井之無賴者靡然從之。會敷文閣待制、四川安撫制置使兼知成都府曹筠當以是夕詣府學宿齋，孝忠與其徒謀，夜襲府學，殺筠，然後舉事。忠訓郎王立伺知其謀，與孝忠家婢潛以告本路兵馬鈐轄、左武大夫、英州刺史柳佾。佾率官兵以素隊往捕，孝忠與其徒相拒敵，官軍死者三人。佾走，趨府治，筠卧閤不出。都鈐轄司幹辦公事張行成排闥入告，始授甲討之。孝忠等徐步至府門縱火，人皆驚散。孝忠等馳出衙西門，官軍躡其後，孝忠、孝廉登樓自刎死，孝忠子大正與其黨樊常等五人爲官軍所殺。餘黨二十八人走郫縣，後四日皆伏誅。轉運副使、直徽猷閣吴坰哀取孝忠文書，具言於朝。詔劾孝忠反狀，餘皆悉原之。官軍以次受賞，凡爲錢萬七千餘緡。聿，丹陵人。行成已見紹興九年五月。於是，坰已移知荆南府，筠移知宣州，然皆未受命也。日曆，紹興二十年七月辛亥，左朝奉大夫史聿改除夔州路轉運判官。八月辛未，左朝請大夫、知合州王輔守本官致仕。成都記，吴坰八月十五日改知荆南府。曹筠係十二月二十四日移知宣州。

5 丁卯，保義郎、閤門祗候劉懃特添差臨安府兵馬鈐轄，仍釐務，請給、人從等並依正官例。懃，懋弟也。

6 戊辰，籍田令楊偰直秘閣，主管佑神觀，免奉朝請。

7 辛未，御史臺主簿胡襄守監察御史。

宣正大夫、安慶軍承宣使、提舉佑神觀陳腆改提舉江州太平興國宮，任便居住。腆，内侍也。先是，有徐思忠者以事縶大理獄。上諭秦檜曰：「聞思忠事連及腆，如見贓證，可與盡理行遣。」凡數月，乃有是命。上語在六月己未。徐思忠本末不見，以林泉野記考之，腆恐是秦檜府承受，當考。

8 壬申，上謂大臣曰：「頃令諸路帥臣招軍，至今多月，尚未有到者，可令樞密院舉催。」

9 丙子，大理寺丞孫敏修面對，言：「州縣獄官不得其人，一切付之胥吏，輕重高下，悉出其手。望下有司參詳，將罪人初入門情犯，先令知通令佐親視供責文狀入案，然後付獄推鞫，修立成法行下。庶幾罪人情僞易察，使猾吏無以措手。」詔刑部看詳申省。

10 己卯，詔以建康府永豐圩賜秦檜，仍令江東漕司同本府葺治，限十二月末須管了畢。

侍衛親軍步軍副都指揮使、武安軍承宣使、充福建路馬步軍副都總管王貴卒。

11 壬午，保義郎、閤門祗候成彦忠爲閤門宣贊舍人。彦忠，閔之子也。

12 甲申，武功大夫、吉州團練使、新江南西路馬步軍副總管丁禩移江南東路副總管②，建康府駐劄。

13 乙酉，左朝奉郎鄭康佐知惠州代還，言：「陛下臨御以來，詔令爲民而下者十常八九，所以天祐一德，民懷有仁。然親民莫如守令，按察莫如監司。若監司巡歷，或不周遍，則遐方僻壤郡邑官吏，循習弛怠，奉行必有不謹者。望申飭攸司，自中興以來省刑罰，薄税斂，凡恤民寛厚之詔，令編類成書，以賜守令。仍令監司歲内分巡所部，要務周備，以察奉行詔令之當否，官吏之勤惰。庶幾咸思報舉庶職，惠養黎元，以稱勵精求治之意。」詔令敕令所編類。二十五年成書。

14 丙戌，右宣教郎薛仲邕爲大理司直。仲邕，曹泳之甥，故秦檜用之。

是月，諸路發解舉人，而右文殿修撰秦塤當就兩浙轉運司取應。檜親黨或謂平江府觀察推官蕭燧曰：「秋試必主文。」燧詰其故，曰：「丞相有孫，就舉漕臺，將以屬君。」燧謝曰：「燧初仕，敢欺心耶？」漕檄下，乃秀州也。至則溢員，就院易一張教授者去。塤果前列。燧，清江人③，進士甲科。既爲檜所怒，自是浮沉州縣者十年。此以謝諤所作燧行狀修入。但行狀稱「丞相有子」，又稱「熺果前列」，皆小誤也。熺紹興十二年登科，燧十八年登科，蓋在其後，今年就舉者乃塤耳。日曆紹興二十六年五月辛丑，湯鵬舉論陳之茂爲秋試考官，違法營私，取秦塤於高等。不知之茂此時爲何官，當考。

1 九月丁亥朔，左承議郎王之望提舉荆湖南路常平茶鹽公事。之望自荆門代歸，獻啓於太師秦檜，歷叙勞績，每句疏解其下，凡數千言。又上少保秦熺書，頌其德合於坤之六二。熺喜，遂有是命。

2 戊子，詔自今行在官司斷配罪人，應隸本州本城者，並配近行在州，其已配隸者，令所屬配出門。以大理少卿張柄援在京舊制有請也。

3 壬辰，秘書省正字兼權中書舍人周麟之罷，以右諫議大夫史才論「麟之意在即真，常懷不滿，乃與在外狡佞失志不得逞者，陰相交結，專爲是非，誑惑羣聽」故也。

4 癸巳，熙州觀察使、都總領河南蕃兵將、隴右郡王趙懷恩爲鼎州觀察使，充成都府兵馬鈐轄。

5 甲午，上謂大臣曰：「聞潼川路水災，可令轉運常平司將被災州縣檢放賑濟。」

6 丁酉，右從政郎、監行在太平惠民北局林一鳴爲敕令所删定官。一鳴，一飛弟也。

7己亥，右諫議大夫史才言：「臨安府府學教授楊良輔素無術業，頃充平江府考試官，陞黜失當，不平之恨，聞於鄰境。」詔罷之。平江府秋試陞黜，不知鄰境何以聞之，當考④。

8庚子，敕令所删定官吴曾面對，乞：「禁採捕鹿胎爲飾。」因舉真宗皇帝不殺羊羔事，以爲：「自澶淵講好之後，十有九年不言兵，而天下富庶者，其源蓋出於此。望詔有司，告誡士庶之家，並不得戴鹿胎冠子，及所産之地，不得採捕，庶幾上副陛下好生之本意。」詔刑部申嚴施行。

9辛丑，大理寺丞郭唐卿面對，論：「州縣推勘罪人，於他處追取會問，往往回報稽留，致淹刑禁，乞申嚴令甲程限施行。」從之。

10乙巳，左中大夫吴㮚行監察御史。㮚自楚州召還，入對，論：「兩淮定税之初，乞委監司守臣督責諸邑縣，令務要均平，庶幾民被實惠。」既對，遂有是命。

11丁未，右文殿修撰、新知廬州曾慥乞與建康府都統制王權同議營田。上曰：「當令熟議其可否。如與之中分其利，使軍人樂然從之，乃可行也。」

己酉，直秘閣、知臨安府趙士㢸與直徽猷閣、知紹興府曹泳兩易，仍各進職一等。

12辛亥，宰執進呈左朝奉大夫、知静江府陳璹奏：「廣西邊面闊遠，兵額頗多，税米所入，不足贍給。祖宗以來，隨苗和糴，每石價錢四百或五百文足，而漕司從來以苗米支移，所納價錢，每石却至三貫文足，比之所支和糴本錢，多至數倍。望委本路帥臣與轉運司官，公共相度，少增和糴之直，略鐫折米之價，務令適中。俾民力稍紓，漕計不乏，實公私經久之利。」詔户部取索措置申省。上又曰：「璹善治郡，與除直秘閣、知潭州，其他有昏耄不任事之人，令自陳宮觀。」時秦檜當國，凡謫官在嶺外者，雖其親舊，不敢相聞。蓋傾險急進者，或窺伺中傷，以爲奇貨。璹頗能調護遷客，左朝奉郎、通判静江府汪應辰，檜之所不樂者，璹獨與之相善。至是，檜薦璹有材，召赴行在，至則復以長沙命之，上亦莫測其故也。日曆二十六年七月戊申載上語云：「陳璹本秦檜所薦，謂其才可作帥。召來不旬日，復遣去，莫曉其意。」乃與日曆所載陳璹善治郡聖語全不同，疑宋樸所修時政記有遷就也。

1 冬十月丙辰朔，皇侄瓊州觀察使居廣遷常德軍承宣使，親賢宅宗子六子並進一官，以居廣等自陳：「祖父各任節度使，並於靖康年中，扈從二聖過軍前，其後該遇大禮，并聖節合得恩澤共一百二十餘次，乞比附收使。」故有是命。

秘書省著作佐郎丁婁明面對，言：「州郡税額，自祖宗以來取之有制，而吏弗遵守，乃於額外誅求，以助公帑。望詔有司，凡諸州於額外收税，及增置專欄，非理搜檢者，長吏而下，悉置典憲，仍委監司按劾。」翌日進呈，上可其奏，因諭曰：「婁明所論，多是專欄等作過，其間監官或通知，利不盡歸公家，而害及百姓，如臨安尤甚，可令曹泳與漕司多方約束。」

2 丁巳，侍御史魏師遜言：「郡守年及七十，欲令許其自陳宮觀，庶幾公私兩得其便。若猶有志在忝竊，不自退省者，仍望朝廷取索職位姓名，與理作自陳宮觀。」從之。

3 戊午，監察御史施鉅爲中書門下省檢正諸房公事，監察御史吴㮚行尚書左司郎中。後五日，以鉅爲大金賀正旦使，帶御器械冀彦明副之。臬爲賀生辰使，閤門宣贊舍人張彦攸副之。彦明，開封人也。彦攸已見。

4 己未，責授朝奉郎、少府少監、全州安置劉岑特差主管台州崇道觀，建昌軍居住。

左朝奉大夫、直秘閣王縉致仕，從所請也。

5 庚申，太府寺丞兼權刑部員外郎史祺孫，令吏部差監臨江軍新塗縣酒稅。時武臣孫士道者，習幻怪之術，而朝士或與之游，祺孫至執弟子禮。大理正石邦哲、謝邦彦皆從之。侍御史魏師遜奏祺孫敗俗傷教。上曰：「士大夫學先王之道，乃從妄人習妖怪之術，以欺愚惑衆，若不罷斥，無以戒後人。」乃有是命。時士道已繫獄，於是邦哲、邦彦皆坐免官。石邦哲、謝邦彦罷大理正在是月丁丑，去此凡十八日，未知與宋樸有無相關。當考。

6 壬戌，右朝請大夫邢總特降一官，以前知道州，失覺察諸縣催理積欠二稅，會赦，乃有是命。

7 丙寅，國子監主簿鄭仲熊、諸王宫大小學教授王綸並守監察御史。

大理寺丞環周面對，乞：「今後諸州有結解公事，不得退回下縣。如情節不圓，令官長審實推鞫，依限結斷，庶無干証騷擾之弊。」詔刑部看詳。

8 戊辰，端明殿學士、簽書樞密院事兼權參知政事宋樸罷。右諫議大夫史才論樸執政無狀，樸聞求去，章四上，詔以本職提舉江州太平興國宫。才言：「樸爲士而不自愛，乃違道罔俗，與丐者爲伍。其欺誕罔俗，罪不在少正卯之下，望重行竄逐。」詔樸落職。

大理評事俞長吉面對，言：「監司郡守，間有喜怒自私，僚屬少拂其意，既無顯過可加，則必倚閣請俸，至有經年無一祿養者。欲望嚴行戒飭，如州縣官實有罪戾，並依法按治，不許倚閣請俸。」從之。

9 壬申，右諫議大夫兼侍講史才充端明殿學士，簽書樞密院事。

皇叔安遠軍承宣使、同知大宗正事士街權主奉濮安懿王祠事。

10 丁丑，户部侍郎徐宗説言：「宣州、太平州圩田爲水所壞，乞委司農寺丞兼權户部郎官鍾世明前去措置。」從之。其後世明言：「宣州化成、惠民二圩，蕪湖縣萬春、陶新、政和、猶山、永興、保成、咸寶、保勝、保豐、衍惠十圩，當塗縣廣濟一圩，每圩長者數十里，用工數百萬計，乞以常平錢米貸民修築。」亦從之。先是，宣州大水，其流泛溢至太平州，凡太平境内沿湖諸圩悉爲衝決。會溧陽縣丞龔鋈以修圩之策獻於秦檜，檜乃以幹辦府丁禩爲江東副總管，往集其事，至是繼命世明。又以鋈爲本路提舉司屬官，俾視其工役。既而知當塗縣張津謂：「被水農民流徙過半，若令自修，力不能辦。」遂用其説，共興長埂，周迴百八十里，包諸小圩，未幾成。然鋈所役夫萬計，人之死者甚衆。先是，臨安府守臣曹泳薦監激賞酒庫龔釜於檜，使掌平江府、秀州莊産。釜既改秩，即令權監六部門，又創立點檢人使程頓爲名，出使二郡，釜因徧詣田所相視，有瘠薄者，即追售田之人，勒償元直，民甚苦之。鋈、釜皆鑒弟，津，宜春人也。此以日曆所載紹興二十六年三月丙辰周方崇論龔釜，三月癸亥湯鵬舉論鍾世明，二十八年二月甲辰葉義問論龔釜、龔鋈三章參考修入，他書蓋未見也。或謂臺官所言，多得之風聞，未必盡實。臣參之以事而無疑，考之以時而可據，則臺官所言，乃天下公論，何不實之有？按日曆今年八月二十二日己卯有旨：「永豐圩已賜秦檜，可令江東轉運司並建康府修整損壞去處。」二十七日甲申有旨：「新江西副總管丁禩改差江東副總管建康府駐劄，替張保過滿闕。」十月二十二日丁丑，户部狀：「勘會宣州、太平州所管官私圩田，内有被水衝破圩埠去處，乞委鍾世明前去措置。」有旨依。故鵬舉劾疏，謂「世明見丁禩往太平州修圩，遂交結丁禩同往」，即指此也。户部指名乞差郎官往外州幹事，前亦未有此例。是時，户部無尚書，而侍郎乃徐宗説獨真。蓋宗説專爲秦檜營田産，故有此請也。臣謹按：檜擅政之日，凡涉私事者，於時政記及日曆中一切削去。而檜又嚴禁私史，故其勞民爲己，如此等事，後人皆不得而知。今當因事書之，以見其實。

大理寺主簿吴仲添差簽書保寧軍節度判官廳公事。

11 戊寅，宰執進呈養濟事。上曰：「外路恐奉行滅裂，須令實給錢米，以施實惠。」乃詔户部申嚴行下。日曆今年十二月二十二日丙子，樞密院檢詳諸房文字齊旦乞申飭州縣⑤，如法賑給養濟，有旨令户部申嚴行下。不知即此事否，或日曆誤繫於彼也。戊寅乃十月二十三日。

侍御史兼崇政殿説書魏師遜試御史中丞。

12 壬午，監察御史鄭仲熊守右正言。前四日，仲熊與監察御史王綸俱被引對，而仲熊有是命。時秦檜秉政久，而張俊、楊存中爲檜所厚，於是仲熊首論定國是、久任用，與推誠於有功之宿將，其言率多阿附，時論鄙之。

14 癸未，御史中丞魏師遜權侍講。

是月，金主亮袷享太廟。前一夕，宿齋正殿。祭之日，亮被衮執圭，乘玉輅，備仗衛出通天門，詣太廟行禮。禮畢，易遠遊冠、絳紗袍，乘金輅，奏樂還宫。其後禘祭亦如之。袷以三年，禘以五年，用禮官議也。

1 十有一月按是月丙戌朔。丁亥，慶遠軍節度使、知福州張澄提舉江州太平興國宫，以疾自請也。澄未聞命而卒，贈檢校少保，後謚僖敏。

2 戊子，右正言鄭仲熊兼崇政殿説書。

3 庚寅，徽猷閣待制、提舉江州太平興國宮張綱引年告老，詔進一官致仕。

4 辛卯，右朝散大夫、知台州張昌主管台州崇道觀，以引年有請也。自是守臣相繼有請，皆從之。昌時年八十九矣。王明清稱秦檜於官簿中爲昌減去十歲，已見紹興十二年五月戊申昌差知真州注。

5 壬辰，經筵講尚書徹章。

賜秦檜玉帶名馬。

6 癸巳，宰執進呈。上顧謂檜曰：「朕記此書，自説書官尹焞始，觀焞進講，皆其師程頤之説，餘無可取。」檜曰：「程氏之徒，祖宗之諱不避，而諱其師之名甚嚴。事君事師之道，恐不當有厚薄。兼已受官，乃更欲廪人繼粟，庖人繼肉，曾不知孟子處賓師之位，仕而不受禄，則有此禮。」先是，胡安國奉詔修春秋傳，於諸經正文不諱，故檜及之。然程頤元祐中實未嘗言禄，檜蓋誤也。

7 甲午，右正言鄭仲熊言：「工部員外郎楊迥、監察御史胡襄，心嚮胡寅之門，有識之士爲之切齒。蓋自趙鼎妄立專門，互相標榜，大開交結，詭計周密，朝事一切不恤。一時羣小所聚，而寅爲之魁。及今事已敗，而人猶惟寅是嚮，不知國家何負此輩？而迥與襄甘心從之。凡有從東南來者，迥必首詣之，訪其蹤跡，略無顧避。襄比當秋闈監試，題目衆已議定，襄乃中夜自易之，意私其黨。初，趙鼎立專門之後，有司附會，專務徇私。不論才與不才，有是説必寘之高等。士子扼腕，二十年於茲。今襄又爲之倡，欲使人人盡歸於趙鼎、胡寅之門而後已，臣所以爲國家慮之。欲望亟賜罷黜，庶使邪正一分，而在位者知所戒懼。」於是迥、襄並罷。

8 丙申，武德大夫、榮州刺史兼閤門宣贊舍人、提舉佑神觀潘邵落閤職，陞領和州防禦使。

9 己亥，平海軍承宣使、知南外宗正事士𤩪卒，年四十六。贈少師，追封和義郡王，後謚忠靖。

10 庚子，吏部郎中沈虚中面對，言：「在外官司，取會保明待報文字，供申稽遲，動涉歲月。間有故作不圓，脱漏大節，致妨行遣結絶。在法，有三次無回報送，不干礙官司究治之文。今欲州委通判，監司委主管文字，凡承受省符，置籍記録，每月終，具若干已報、未報申所屬曹部，照會監司，按行取籍，互相糾察，庶得文移不致壅滯。」詔六部長貳同共看詳申省。

11 壬寅，詔爲張叔夜立廟於信州永豐縣墓側，賜名旌忠。叔夜之死也，其家葬衣冠於縣境，至是乃請建祠焉。

12 甲辰，秦檜進呈大宗正司條令成書，上曰：「昨日徧閲所修，甚有條理，可頒行之。」

右武大夫、文州刺史王福特轉行拱衛大夫。福，張俊親校也。始以車駕臨幸賜第恩進二秩，吏部言礙正法，令回授。俊再請，乃特命之。其曹四人，皆自正使陞領遥郡、防禦、團練使有差。

13 乙巳，以經筵徹章，賜宰執、講讀、説書、修注官御筵於秘書省，自是以爲故事。

14 戊申，將作監丞錢端英面對，言：「州縣折帛錢，昨已降指揮，盡於下户折納，既免鬬成端匹之弊，又得折價廉，中下之家，實受其賜。而州縣尚或因仍舊例，高下一概科折，唯務掊取畸零，致使良法美意不得宣布。望明詔有司，申嚴行下。」詔户部檢坐見行指揮，仍措置務令必行，以優下户。

15 己酉，秘書省校書郎兼權國子博士王佐罷，以右正言鄭仲熊言：「佐攝職成均，試官例當輪出題目，佐必攘易之，以私所嚮，趙鼎之餘黨也。」

1 十有二月丁巳，左朝請郎陳孝則知英州還，奏：「本州宜安縣税務月額止於十千，而監官請俸兩倍其數，不惟州郡過有賠費，而於商旅實有阻抑。」詔户部取索，似此去處並罷。

2 戊午，中書門下省檢正諸房公事、充大金賀正旦使施鉅等入辭，上戒之曰：「歲遣信使，已有定例，使指之外，不可生事。」

3 癸亥，太傅、昭慶軍節度使、萬壽觀使、平樂郡王韋淵薨，贈太師。命睿思殿祗候王晉行護葬事。

4 丁卯，右文殿修撰、提舉佑神觀秦塤爲敷文閣待制，右承務郎吴益直秘閣，以檜辭免進大宗正司敕令加恩也。檜以塤當就省試辭。庚午，詔俟畢試取旨。封塤妻高氏爲和國夫人。

5 乙亥，寶文閣學士、提舉江州太平興國宮梁汝嘉卒。

徽猷閣直學士、提舉江州太平興國宮李擢卒於合州。

6 戊寅，司農寺主簿王秬直秘閣、提舉福建路常平茶事。秬乞外任，上覽除目曰：「秬父雲死於使事，可與職名。」乃有是命。

7 庚辰，集英殿修撰、知常州錢周材以親老乞歸養。詔周材充敷文閣待制、提舉江州太平興國宮。

直徽猷閣、主管台州崇道觀王洋卒。

8 癸未，樞密院檢詳諸房文字齊旦面對，乞：「禁止民庶之家車服踰制。」詔申嚴行下。

1 閏十二月乙酉朔，雪。秦檜稱賀，上曰：「是當臘中，來歲農事可喜也。」

2 戊子，皇叔明州觀察使、同知大宗正事士籛特遷定江軍承宣使。

3 壬辰，敷文閣待制、提舉江州太平興國宮錢時敏卒。

4 癸巳，福州長溪縣進士黄友龍杖脊刺配廣南遠惡州牢城收管。初，友龍在臨安府餘杭縣聽讀，因與進士朱思廉不和，醉酒作鬧，語言指斥。法寺鞫實，故有是命。

5 丙申，宰執進呈次，上曰：「諸郡守條具民事，如遠方因軍興有所科率至今未罷者，非因條具，何由得聞？宜委官看詳，取可行者行之。」乃命檢正都司官看詳，申省取旨。

6 己亥，右承事郎楊僎直秘閣、主管佑神觀。僎，倓弟也。

7 辛丑，詔三衙管軍御前諸軍都統制，保明逐軍統制官供職滿十年，無公私過犯之人，申樞密取旨，與轉行一官，至承宣使，依條回授。

8 癸卯，左朝散郎楊椿爲荆湖北路提點刑獄公事。

9 丙午，秦檜進呈權户部侍郎徐宗説狀：「契勘上供諸色窠名錢物，在法不得支兑移用。若輒擅侵支，各有專一斷罪條法指揮。比年以來，州軍往往冒法，輕費妄用，却將上供錢物侵借，監司略不檢察按治。緣即目内外百色，支費浩瀚，全藉州軍恪意經理。若不申嚴法禁，竊恐日後轉致侵損省計。欲乞檢坐行下諸路監司，常切覺察。若有違戾侵借，除依法斷罪外，乞今後更不差注知州軍差遣。若後官任内合撥窠名錢物，別無拖欠，能措置補還前官擅支錢物，每及一萬貫以上，與減一年磨勘，至五年止。庶幾罪賞必行，不致侵蠹財賦。」從之。熊克小曆：「紹興二十二年十一月丁巳，時監司守臣不輸常賦，專以進奇羨相尚。太府卿徐宗説攝貳版曹，乃言今後當令先補常賦所逋，仍乞以賦入殿最行賞罰。詔從之。上諭宗説曰：『版曹久匱，卿所論甚當。』是日，以宗説權户部侍郎。」此蓋因葛立方撰宗説墓誌所書也。立方又稱「宗説請於朝，俾嗣進者先補常賦，於是儲廪益充，而斂不及民。及陛對，上諭之曰：『版曹久匱，此卿所論甚當，真計臣也。』遂除權户部侍郎。」以日曆考之，宗説建陳此事，在版曹已踰年。蓋立方還就抆拭之，而克不詳考。且日曆稱户部狀云云。蓋此事宗説上申尚書省，非奏牘也。志所云獻羨事，未知宗説果能此否，當求他書參考之。

10 己酉，大理評事莫濛面對，乞：「令諸縣人户割移租税，並須依限開收。」詔申嚴行下。明年正月壬戌施行。

11 庚戌，金主使宣奉大夫、尚書左丞蔡松年假户部尚書，與廣威將軍、秘書少監兼行右拾遺紇石烈師顔來賀來年正旦⑥。松年已見十年正月。

是歲，宗室子賜名授官者二十八人。

諸路斷大辟二十五人。

初，朝請大夫黄子游知池州代還，論：「青陽縣苗税多於諸縣，有至十倍或七八倍者。如青陽縣每畝上等田三斗，貴池縣四升，建德縣四升七合，東流縣六升之類是也。一州之内，而輕重不同如此。地土肥瘠高下，不能相遠。臣詢訪其故，因南唐李氏嘗以青陽縣爲宋齊丘食邑，人户每畝納三斗爲食邑之數，後來因爲税額。望下轉運司究實，比附鄰縣所納，酌中裁定。」詔户部看詳取旨。至是，有詔減苗税二分半，課米二分，歲爲錢千八百緡，米萬七千石。然議者猶謂所減乃經略虛增之數，而齊丘重額未嘗損云。子游奏下，日曆繫之紹興二十一年十一月戊午，自後不見如何施行。胡兆秋浦志載此事云：「紹興二十二年申獲指揮。」故附此年末。熊克小曆稱江東轉運常平司爲之請，蓋誤。秋浦志中所載乾道六年陳升卿建明取會事爲子游所請，而不詳考之也。克又稱青陽縣上田每畝一斗九升，亦與子游元奏不合。按乾道六年二司所奏有云：「上田青陽縣每畝納一斗九升八合。」此乃減苗税二分半，課米二分之後數目，非子游元奏之時，克實甚誤，餘具乾道六年五月。

校勘記

①岳陽軍節度使開府儀同三司權主奉濮安懿王祠事士樽薨　「府」原作「封」，「樽」原作「撙」，據叢書本改。

②武功大夫吉州團練使新江南西路馬步軍副總管丁禩移江南東路副總管　後「管」字，原作「使」，據叢書本改。

③清江人　「清」，原作「青」，據叢書本改。

④不知鄰境何以聞之當考　「之」原作「不」，「考」原作「者」，據叢書本改。

⑤樞密院檢詳諸房文字齊旦乞申飭州縣　「樞」，原闕，據叢書本補。

⑥與廣威將軍秘書少監兼行右拾遺紇石烈師顏來賀來年正旦　「紇石烈」，原作「赫舍哩」，據金人地名考證改。

建炎以來繫年要録卷一百六十六

1 紹興二十有四年歲次甲戌。金海陵煬王亮貞元二年。春正月按是月甲寅朔。癸酉，初，詔郡國同以中秋日試舉人。舊諸州皆自選日舉士，故士子或有就數州取解者，至是始禁之。

2 甲戌，大理司直李璟面對，乞：「令諸縣將二税畸零之數並折見錢，各令具鈔，庶免重疊催擾之弊。」詔户部申嚴行下。

3 丙子，封婉容劉氏爲貴妃。

大理少卿張柄面對，乞：「州縣獄案並令明注年月日數，毋得復稱今年前月或昨日之類，以示欽恤慎重之意。」從之。

4 丁丑，右通直郎王歷充江南東路安撫司參議官。

5 戊寅，地震。

6 己卯，右通奉大夫陳康告老，詔遷一官致仕。

户部言：「諸州上供經總制等錢，在法雖許置輕齎起發，緣價直比之行在，往往高貴。欲將諸路州軍不通水路去處，每貫貼支客人兑便優潤錢三十文，却於州縣從來起綱合破縻費脚剩錢内支給，庶幾公私兩便。」

從之。

7 辛巳，寧武軍承宣使、侍衛步軍司統制戚方爲龍神衛四廂都指揮使。利州觀察使殿前司右軍統制岳超、龍神衛四廂都指揮使洪州觀察使侍衛步軍司統制梁斌並爲承宣使。超昭慶軍，斌寧遠軍。和州防禦使、殿前司選鋒軍統制王升爲宜州觀察使。中衛大夫、和州防禦使、殿前司左軍統制閻德等七人各進一官。皆用去年閏月辛丑詔書也。先是，方當依格回授，而斌帶軍職，叙位乃在方上。宰執進呈，上命方以所得一官特帶軍職，庶與斌舊次不致陞降，於是行下。

1 二月按是月甲申朔。乙酉，大理寺丞郭唐卿面對，乞：「禁諸州毋得輒令屬縣逐月分認醋息錢。」從之。

左迪功郎鄭時中充國子監書庫官。時中，仲熊兄子也。尚書省言，御書法帖，合委官措置頒降。乃命時中爲庫官，專一措置。

2 丁亥，詔除名勒停永不收叙人前左從政郎楊炬特送邕州編管。以其弟煒紹興初兩上書，譏謗朝政，坐累故也。炬行至賓州，感瘴死。煒坐罪，已見紹興二十二年。熊克小曆即於其時書炬連坐，羈置邕州，蓋誤。

3 庚寅，左朝請大夫、新知邛州許尹入辭，論：「州縣掊摭富民，重行責罰，有犯杖罪而罰錢至數百千者。望敕有司自今有違法科罰人户出錢者，雖曾附赤曆，亦重寘典憲。」詔申嚴行下。尹，鄱陽人也。

4 乙未，貢院言：「應博學宏詞科左從事郎新平江府録事參軍莫濟、左迪功郎監潭州南嶽廟王端朝合格。」詔並循資與堂除。濟，歸安人。端朝，開德人也。

5 戊戌，右文殿修撰、提舉佑神觀秦塤充敷文閣待制。

6 辛丑，詔直秘閣、主管佑神觀楊倓、楊偰特令赴正奏名廷試。

7 甲辰，上謂大臣曰：「連雨恐傷蠶麥，已令降香祈晴矣。」

8 乙巳，詔：「保義郎、閤門祇候劉懃進職二等，忠翊郎劉愿特除閤門祇候，僧悟正與補左街僧録，右武大夫劉允升特轉遥郡二官，以貴妃進封推恩也。他親屬補轉官者四人，本閣官吏並進二官資，礙止法人特與轉行。」

9 丁未，右承奉郎田公弼爲右宣義郎、直秘閣，賜三品服。公弼，師中子也。

10 戊申，大理評事沈正度面對，乞：「戒飭郡縣，不得非理科擾小保長，庶貧民均被實惠。」詔申嚴行下。

11 己酉，大理評事鞏衍面對，言：「州縣受納米斛，必有士居及寄居官員士人，并上司公吏封鈔請求，每石坐享錢數百，或至一貫以上。受納官爲之減退升合，不擇濕惡，却於其餘人户名下多增斗面，以償其數。虧公害私，莫此爲甚。望申嚴禁止。」從之。

12 壬子，榮州刺史、提舉佑神觀劉懋遷靖海軍承宣使。

1 三月甲寅朔，秘書省校書郎兼權太學博士董德元、左朝奉郎新知江陰軍張士襄並爲監察御史。士襄，江寧人也。

2 丁巳，尚書司勳員外郎兼權中書舍人孫仲鼇罷，以右正言鄭仲熊論「仲鼇攝政成均，力主專門，以私黨與。包藏其姦，詭計叵測，若不斥去，爲害尤深」故也。仲鼈嘗爲李光客，故仲熊劾之。

3 己未，詔太尉、御前諸軍都統制吴璘、楊政郊恩蔭補，特依楊存中例於文資内安排。以政、璘有請也。

4 辛酉，上御射殿，策試正奏名進士。先是，秦檜奏以御史中丞魏師遜、權禮部侍郎兼直學士院湯思退、右正言鄭仲熊同知貢舉，吏部郎中權太常少卿沈虚中、監察御史董德元、張士襄等爲參詳官。師遜等議以敷文閣待制秦塤爲榜首，德元從謄録所取號而得之，喜曰：「吾曹可以富貴矣。」遂定爲第一。榜未揭，虚中遣吏踰牆而白秦熺。及廷試，檜奏以士襄爲初考官，仲熊覆考，思退編排，而師遜詳定。虚中又密奏，乞許有官人爲第一。至是，策問：「諸生以師友之淵源，志念所欣慕，行何修而無僞，心何治而克誠？」塤對策曰：「自三代而下，俗儒皆以人爲勝天理，而專門爲甚。言正心而心未嘗正，言誠意而意未嘗誠，言治國平天下而於天下國家曾不經意。頑頓亡節，實繁有徒。慮亡不懷諂而嗜利自營者，此而不黜，顧欲士行之無僞，譬猶立曲木而求直影也。」舉人張孝祥策曰：「往者數厄陽九，國步艱棘。陛下宵衣旰食，思欲底定。上天祐之，畀以一德元老。志同氣合，不動聲色，致兹昇平。四方協和，百度具舉，雖堯舜三代無以過之矣。」又曰：「今朝廷之上，蓋有大風動地，不移存趙之心；白刃在前，獨奮安劉之略，忠義凜凜，易危爲安者，固已論道經邦，燮和天下矣。臣輩委質事君，願視此爲標準，志念所欣慕者此也。」曹冠策曰：「自伊川唱爲專門之學，蔽於一曲，不該不徧。述正道而稱邪侈，好誇大而無實用。蓋其初有得於釋氏，潛竊其説，入室操戈而伐之。習其學者，尤爲迂誕。爲師者不傳旨要，而使之默會；爲友者不務責善，而更相比周。適足以戕賊善端而已。故凡爲伊川之學者，皆德之賊也。」又曰：「自西學盛行，士多浮僞。陛下排斥異端，道術亦有所統一矣。至此而或有弗悛，則嵬瑣之徒，堯舜所不能化者也，豈容逭於兩觀之誅乎？臣願陛下至誠樂與，勿貳勿疑，惟和惟一。時則勿有間之，則於萬斯年受天之祜，異端何自而芽蘖哉！」於是師遜等定塤爲首，孝祥次之，冠又次之。上讀塤策，覺其所用皆檜、熺語，遂進孝祥爲第一，而塤爲第三。賜孝祥以下三百五十六人及第至同出身。時檜之親黨周夤唱名第四，仲熊兄子右迪功郎時中第五，秦棣子右承務郎焞、楊存中子右承事郎倓並在甲乙科。而仲熊之兄孫縝、趙密之子成忠郎廱、秦梓之子右承事郎焴、德元之子克正、曹泳之兄子緯、檜之姻黨登仕郎沈興傑皆中第，天下爲之切齒。孝祥，祁子。冠，東陽人，檜館客。夤，開封人。興傑，永嘉人也。

何俌龜鑑：「掄魁所以待天下士也。既私其子熺，又私其孫，父子親黨，環列要津，雖霍光之根據，亦不是過云。」呂中大事記曰：「檜子熺既嘗爲舉首，又以其孫塤爲舉首。上覺之，遂居第三。進士榜中，悉以親黨居之，天下爲之切齒，而士子無復天子之臣矣。」

5 丁卯，左承事郎、簽書劍南東川節度使判官廳公事趙逵爲秘書省校書郎。先是，總領四川財賦符行中有子預薦，意逵必爲類試考官，密以文屬之，逵不啓緘。既試，符氏子不預奏名。行中怒，因事捃摭逵甚峻，然不能害也。

6 庚午，皇叔眉州防禦使士諳爲宣州觀察使，右監門衛大將軍、和州防禦使士奇落階官，以其兄士夽薨，故有是命。

7 辛未，敷文閣待制、新知宣州曹筠提舉江州太平興國宮，從所請也。王孝忠之謀亂也，議者以爲當責帥，秦檜右之，乃俾奉祠焉。

8 壬申，鄂州駐劄御前諸軍都統制田師中奏：「武岡軍猺人楊再興已就擒。」劉旦之帥潭也，再興既還建炎初所侵省地，至是八年，猶抄掠不已。師中遣前軍統制李道討平之。上覽奏曰：「方國家閒暇之時，寇盗竊發，擒之足以靖民，可如所請。」令檻赴行在。時再興已老，諸子惟正修聚人最多，頗姦猾，而正拱者最兇悍。於是，再興與正拱兄弟皆得，正修繼就擒。先是，吉州盗胡邦寧攻劫衡、郴、桂陽三州之間，破安仁縣。提刑司遣士兵射士捕之，爲所敗，未敢進。

詔左承事郎、諸王宫大小學教授劉珙合赴行在供職。珙，子羽子也。

9 丙子，特奏名進士吕克成以下四百三十四人，武舉進士鄭矼等十六人、特奏名二人授官有差。而平等岳建壽特授保義郎，以弓馬絶倫故。克成，常州人。建壽，超子也。

10 戊寅，宰執進呈大理評事劉敏求面對劄子，論：「諸州不依條限，印給屬縣租税簿。」熊克小曆：劉敏求言：「州縣不依法即時割税，有害於民。」按敏求此奏，乃論每年諸縣造簿送州，印給留滯，未嘗言及割税也。乞申嚴法禁。上曰：「法令固在，如官吏奉行不虔，終亦無益。知州須歷民事、通曉利病者爲之。」乃命監司以時檢察，有不如令，按劾以聞。

11 庚辰，右正奉大夫、提舉台州崇道觀宋貺知建康府。先是，右朝散郎王循友守建康，因事忤秦檜，故罷去，而用貺代之。日曆不載循友罷命。建康知府題名循友離任在四月二日，去此凡四日。循友六月辛丑除名。

12 辛巳，將作監丞錢端英面對，論：「州縣鞫獄，事之大小，各有定限，至四十日而止。有司往往虚文枝蔓，逮及無辜，至有踰年而獄不具者，何以上副恤刑之意？」詔申嚴行下。

1 夏四月按是月癸未朔。甲申，左朝散郎、提舉淮南東路常平茶鹽公事孟處義言：「去年煎鹽，比舊額增十五萬五千餘石，五十斤爲一石。支發袋鹽增四萬六千七百餘袋，鈔面通貨錢增八十五萬四千餘緡，并受鈔住賣茶鹽，並皆增羨。一司官吏，委是宣力。」詔處義進一官，屬官及職級有名目人遞減磨勘，餘賜帛有差。

2 乙酉，右承議郎、敷文閣待制、提舉佑神觀秦塤特遷左朝請郎，兼實録院修撰，仍許陳乞親屬章服一名。舊制，鎖廳及第人不轉官。至是，吏部乞比附秦熺體例，取旨推恩，故有是命。時塤年纔十八也。

3 丙戌，上謂大臣曰：「三衙諸軍招填闕額，久未足數。」於是樞密院請：「均下諸路帥司，分限招填，期以三年，課其殿最。」從之。

4 戊子，右朝請大夫蔡向知滁州還，言：「兩淮州縣之吏，尚有貪名譽、好興作者①。如開田，本以勸耕也，虛增頃畝，因成騷擾。起税，本以薄賦也，暗加勺合，遂致刻削。凡此，豈所以仰副陛下愛育元元之意？欲望申飭官吏，違者令監司郡守按劾。」從之。

5 己丑，上詣景靈宮朝獻。有利州民王孝先邀駕訴閬州守臣右中奉大夫王陟慘酷不法。陟前任知利州，爲趙不棄劾罷，訴詞蓋利州事也。後二日，輔臣進呈次，上曰：「此事宜押送本路監司究實。」蓋上慮蜀道險遠，追逮爲勞也。

6 辛卯，右承事郎、直秘閣張子仁主管佑神觀，仍賜紫章服，免奉朝請。

7 庚子，宰執進呈大理寺主簿郭淑面對劄子，論：「州縣受納物帛，吹毛求疵，稍不及格，即以柿油墨煙連用退印，望嚴戒飭。」上曰：「此重爲民害，可令監司覺察按劾，如失覺察，令御史臺彈奏，仍許民越訴。」

8 辛丑，西南小張蕃貢方物。

9 乙巳，進士孔搢爲右承奉郎，襲封衍聖公。先是，搢之父右宣教郎衍聖公玠卒於衢州，守臣以聞，故有是命。

10 戊申，太府寺主簿李文中面對，言：「比歲州縣多侵用常平義倉米，既失經常之數，亦乖惠養之方，望詔有司申嚴其禁。」從之。

11 己酉，羅殿國貢名馬方物。

1 五月癸丑朔，日有食之。

2 丁巳，鄂州駐劄御前前軍統制李道、左軍統制郝晸、建康府駐劄御前水軍中軍統制李進彦、鎮江府駐劄御前右軍副統制單德忠等十一人各遷一官，亦用去年閏月辛丑詔旨也。

3 庚申，權尚書吏部侍郎李如岡爲敷文閣待制、知泉州。

樞密院檢詳諸房文字齊旦直秘閣，提舉淮南東路常平茶鹽公事。

4 辛酉，右正言鄭仲熊言：「陛下偃革休兵，已見成效。至於歲時慶賀，驛騎交馳，盛典縟儀，所以燕遇接納之勤，情文備至。惟是州縣之吏，或不能上體聖意，間有滅裂。欲望申敕有司，凡迎勞館餞之禮，務加嚴整，稍有慢戾，臣得按劾以聞。」從之。

5 癸亥，監察御史王綸罷，以御史中丞魏師遜奏綸因其兄綽、弟紘舉進士不第，而怒形於色，謗罵考官也。綸本師遜所舉，至是，綸以論事忤秦檜意，師遜懼，即自言「智識淺昧，於綸不得其詳，望將綸罷黜，庶使臣有改過之實」云。

6 乙丑，左宣教郎張扶爲國子博士，右承奉郎吴曾爲太常寺主簿。

7 丁卯，直徽猷閣、知荆南府吴坰主管台州崇道觀，以坰引疾有請也。 時鼎澧茶寇猖獗，殺傷潭、鼎州巡檢官，焚溆浦縣。 坰未受命，以憂死。 左朝請大夫、荆湖北路轉運判官程敦臨被旨攝帥事，以策授兵馬鈐轄邵宏淵，且往招安，寇乃息。 茶寇事，以通義志及王之望所申修入。 據之望申，乃今年三月以後事。 日曆今年正月乙亥，左朝請大夫、知利州程敦臨除湖北轉運判官。 八月癸未，知荆南府吴坰守本官職致仕。 故因坰得祠，遂書之，更須詳考。

8 戊辰，中書門下省檢正諸房公事施鉅權尚書吏部侍郎。

右宣教郎林一鳴爲司農寺主簿。

9 庚午，皇叔和州防禦使、知西外宗正事士衎爲宣州觀察使，令再任。

10 辛未，金主遣金吾衛上將軍工部尚書耶律安禮、正議大夫尚書吏部侍郎許霖來賀天申節。

1 六月癸未朔，上謂輔臣曰：「官司賑濟，止及近郭游手之人，其遠處宜令提舉官及州縣常平官親往措置，務使實惠及於貧民。」

大理正陳良翰面對，言：「令甲，職田租課，抑令人户折納價錢而增直者，以等差計贓坐罪。州縣之吏未免冒犯，乞申嚴法禁。」從之。

左太中大夫、提舉江州太平興國宮汪藻卒。藻黜居永八年，累赦不宥，請還政不許，至是卒。藻工於儷語，其所爲制詞，人多傳誦。

2乙酉，右文殿修撰知廬州曾慥、高郵軍使吴祖棣並罷。祖棣，幵子也。時慥上疏自訟不受張邦昌僞命，乞付史館。御史中丞魏師遜言：「幵不能以身徇國，盡遣天屬，歸之北朝，雖族誅之，不足以快天下，又烏可録用其後？慥既失節，比輒肆狂妄之言，反欲盜忠名以干進，此最姦邪之大者，罪不可貸。」宰執進呈，上曰：「幵與王時雍、莫儔在漢，法當誅且族，朝廷寬大，一切置之，若復録用其子，何以示天下？自今毋得與堂除。」上顧秦檜曰：「當時忠義無若卿者。」檜曰：「臣一時守職，遭遇陛下，遂依日月之光。」上曰：「此卿之謙辭也。」

尚書右司郎中兼權中書舍人吴㮚罷。右正言鄭仲熊論：「㮚本蔡卞之近親，黨習以成，縉紳目爲常州一蠹。銜命出疆，公肆裒掠，并與北貨厚載而歸。若不斥去，則此輩自作不靖，動摇國是，不可不慮。」故有是命。

癸巳，端明殿學士、簽書樞密院事史才罷。御史中丞魏師遜劾：「才天資陰賊，頃受李光薦改秩，迨今陰相交通，謀爲國害。屢貽書問，不憚數千里之遠。凡光所厚者，悉與結託，包藏禍心，自爲不靖。」右正言鄭仲熊亦言：「李光曩知温州，孫仲鼇掌其表章，才用其薦書以改秩。及今得路，遂與仲鼇及光所厚者互相交結，密通光書於萬里之外。蓋欲陰連死黨，以揺國是，伏望亟行竄逐。」才聞，乃再章求去。初命以舊職提舉江州太平興國宮。師遜等再論，遂落職。

3 甲午，御史中丞兼侍講魏師遜充端明殿學士，簽書樞密院事，尋兼權參知政事。

4 乙未，權尚書吏部侍郎陳相卒。

5 丁酉，大理司直李璟面對，乞：「申嚴法禁，獄事連婦女童稚，別有證佐，可以結絶者，勿追。」從之。

6 庚子，上諭大臣曰：「當兹劇暑，待差遣人速與發遣，其闕官處，或遷或召，卿等宜商量進擬。」

7 辛丑，右朝散郎、前知建康府王循友特貸死，免籍没家財，送藤州安置。男右承奉郎、前江南東路安撫司主管書寫機宜文字汯追兩官勒停，特除名。弟右文林郎、新奉國軍節度推官循訓追四官勒停，特除名，送雷州編管。右朝散郎、新添差通判饒州韓參追兩官勒停，特除名，送德安府編管。初，循友在任，嘗斷配宰臣秦檜族人，檜銜之，遂興此獄。既而棘寺言：「循友盜取官錢，受所部乞取金銀，冒請宣借口券入己，減價詭名收買没官産業。違法差參主管機宜文字，因與參謗訕朝政。循訓與汯偷盜官錢，而循友不覺察。」故有是命。

日曆於秦檜當國時，被罪之人，多不言其故，獨於循友一事書之，會要亦同，不知何人當筆，惜乎其不廣也。今摭其可考者依此例，其書之未詳者則闕之，更須參考。

8 癸卯，手詔曰：「息兵專以爲民，四川州縣雖屢降指揮，減免錢物以寬民力，尚慮措置未盡，委制置司總領所同共方便措置，務在不妨軍食，可以裕民事，逐一條具，申尚書省取旨。」

監察御史董德元守殿中侍御史。

9 甲辰，秦檜進呈禮部乞賣紫衣師號。上曰：「自紹興四年，江上用兵，亦嘗用此，以相資助，今可檢舉。」

保寧軍承宣使、主管侍衛馬軍司公事成閔爲慶遠軍節度使，以積閥遷也。

左朝散大夫、知衢州王曮罷，左中大夫、提舉江州太平興國宮王師心知衢州。時饑民俞八等嘯聚爲盜，而曮措置乖方。諸盜結集至千餘人，掠嚴之壽昌，焚倉庫，殺平民。事聞，秦檜因奏曮有贓污不法事在有司，乞先次放罷。上曰：「曮卿親戚，今罷之，勝如罷其他十數人也。」既而殿前司遣將官辛立將兵千人往捕賊，遂平。八月乙未，俞八等行遣。九月丁巳，辛立等轉官。熊克小曆云：「盜雖捕獲，而猶未定。詔以王師心知衢州，民始安堵。」按師心除命，與曮同日，此時盜猶未平，今不取。

監察御史張士襄守尚書左司郎中。

10 乙巳，大理評事沈正度面對，言：「乃者陛下俯從臣僚之請，令川、廣、京、湖等州應禁奏案，具録副本，報提刑司繳奏，以先到者約法，欲使獄無滯訟，德至渥也。尚慮所過遞鋪，不即傳送，以致逗遛。望令當職官常切點檢。」上曰：「可令州縣以時支給月糧，此輩方肯久住，不致闕額。」熊克小曆稱言者論二廣鋪兵之弊，上曰云云，蓋失於鹵莽也。

11 丙午，秘閣修撰、新知廣州陳桷卒。

12 戊申，大理評事莫濛面對，論：「民間不願承募保長正者，蓋官司以他事役之，望申嚴法禁。」詔户部檢坐行下。

13 己酉，大理評事劉敏求面對，言：「薦舉之法，昭若日星。比年以來，監司郡守有以一章而舉二人，甚至於三四人。前所舉者未用，後來求者復舉之，名曰改舉。黷害風教，莫此爲最。望明詔有司，申嚴法禁。凡所舉人，實有改節，及有事故不用，方許改舉，無故而改者，重寘以法。庶幾杜絶奔競，仰副綜核名實之意。」從之。

校勘記

① 尚有貪名譽好興作者　「譽」，原作「舉」，據叢書本改。

建炎以來繫年要録卷一百六十七

1 紹興二十有四年秋七月按是月壬子朔。癸丑①，右正言鄭仲熊言：「前知雷州王趯頃在任日，每有被罪南竄者，則厚賂津置，爲之橐囊，結成死黨。今聞在全州，遂與海外罪人爲地，或有擅離受責之地，逃匿趯家，方命亂法，莫此爲甚。切慮有司或致弛慢縱逸，其禍有不可勝言者。欲望特降睿旨下全州，差得力人，管押王趯前來大理寺究治，仍令日下押還元責地分②，庶絶後患。」詔依所請，仍令逐路提刑躬親遵奉施行，先具知禀狀聞奏。先是，責受建寧軍節度副使李光謫居昌化軍，因趯寓書秦檜，以求内徙。有小校李某者，坐岳飛累編置全州，與趯居相近，趯俾校募人轉致之。檜見書自全來，疑光擅離貶所，大怒，故有是命。此事詳見今年十二月丁亥王趯編管辰州注。

司農寺丞鍾世明爲尚書户部員外郎。世明治圩田還，故有是命。制詞云：「將命於外，成效可觀。」不知何人作。

是日，安民靖難功臣、太師、静江寧武靖海軍節度使、醴泉觀使、清河郡王張俊薨於行在，年六十九。翌日，輔臣進呈，上曰：「張俊遽亡。曩者張通古來，俊極宣力，與韓世忠等不同，恩數宜從優厚。」遂賜貂冠朝服以斂，命内侍省押班張去爲護葬事。俊晚年主和議，與秦檜意合，上厚眷之。其麾下將佐若楊存中、田師中、王德、趙密、劉寶皆建節鉞，或至公師。幕府諸僚爲侍從、帥守者甚衆。自俊晚年以下，並以林泉野記修入。

2甲寅，大理評事俞長吉面對，言：「州縣贍學錢，往往侵移兑用，乞立法禁止。」從之。

3乙卯，詔國學生住學三年內，實歷打食不及一年之人，遇取應日，別立字號，依宣和指揮，以八人有奇解一人。以國子司業沈虛中看詳有請也。此恐即董德元面對所請。

是日，蠻猺人承信郎楊正修及其弟正拱於市。二人皆再興子，鄂州都統司檻送行在，付棘寺鞫治，至是抵法。

4丙辰，將作監丞錢端英面對，論：「昨蠲米麥之征，而州縣尚收力勝袋皮等錢，乞令監司覺察。」從之。

降授左奉議郎、提舉江州太平興國宮、江州居住李文會知遂寧府。

敷文閣待制、提舉台州崇道觀蘇符知饒州。

左朝請郎、提舉江州太平興國宮周執羔知閬州。

5丁亥，宰執進呈次，上曰：「贛州守臣李耕未有代者，可選文臣一員，具名取旨。」於是以右朝散郎、知處州趙善繼代之。後三日，領殿前都指揮使職事楊存中乞差本司統領官杜伯通，以所部戍贛州。上曰：「昨軍賊竊發之初，外連百姓，率多響應，今留兵屯駐，庶得安弭。」

6己未，復置黎州在城、雅州碉門、靈關三博易場[3]，委四川茶馬司專一提舉，以本路諸司有請也。

7壬戌，詔四川制置總領司許於茶馬司寬剩錢內撥取，以寬民力。用都省請也。自熙寧七年榷法初行，官買民茶，增價發賣，其初歲收息不過五十萬緡，至元豐六年增額一倍，猶不過百萬。建炎以來，榷法弊壞，提舉官趙開遂體倣京師鈔法，刱行茶引，令園户客人就場交易，而官止收引息市利錢，每茶百斤爲一大引，客人不過納錢引六道五百，市利錢三百，以當時茶額計之，歲收亦不過爲錢引一百五萬九千餘緡，比熙寧所立之額未甚遠。紹興初，宣撫司取撥茶馬司餘剩贍軍，亦不過歲及四十萬而止。其後物價騰踴，茶商取息頗厚，累政提舉官於是增長引息等錢④。至紹興十四年，每茶一引倍收引錢十二道三百文，比趙開初立法時增及一倍。茶既貴售，諸場大段溢額，而買馬之數復不加多。當此時，茶司之富甲天下，率以歲剩上供，一歲多者至二三百萬。及是詔損以予民，蜀人稍蘇矣。

直徽猷閣、主管台州崇道觀程敦厚落職，依舊宫觀，靖州居住。殿中侍御史董德元論：「敦厚頃權中書舍人⑤，韓世忠家有初封爲夫人者，敦厚多爲美詞，以取媚世忠，自此交歡。每至其門，或以金銀器物侑歡，敦厚必挹而有之。其居眉州，劫持州縣，侵漁編氓。稍不如意，則妄生是非，興起獄訟。望褫其官職，竄諸蜀道之外，以爲在外者貪殘之戒。」故有是命。先是，敦厚既斥歸，久未用，乃上疏曰：「臣竊惟陛下當搶攘感迫之中，爰立同德，付以魁柄，任天下所不任之責，而成天下所不成之功，其爲力甚難。今國是大定，鄰好胥睦，猶泰山而四維之，尚何憂何慮？而臣切有不能自已者。蓋昔之怙亂害成之輩，鼠伏狙伺，何所不至，尤爲可畏。願陛下力遏朋邪之萌，以幸海内。」然秦檜薄其爲人，卒謫之。敦厚所上書據文集，在紹興二十三年⑥，不得其月日，今因事附見⑦。

8 甲子，右正言鄭仲熊言：「敷文閣待制、知成都府蕭振天資狠戾，趣向乖僻。曩緣趙鼎用事，倡爲專門之說。振阿附之，自謂其曲學出於程頤。殊不知頤在先朝，固嘗見詆於識者，如蘇軾尤嫉其姦，振亦何知？乃藉爲仕進之梯。方天台之罷，曾未數月，起於謫籍，付以四川之權。朝廷屢下寬詔，有可裕民者，俾同諸司措畫。振爲制置使，略不關意，乃敢誦言於朝，欲以對糴軍糧八萬石截留不發。初非真有意於民，特出矯情惑衆，以沽一時之譽，望賜竄斥，以爲竊名市私者之戒。」詔振落職放罷，依舊宮觀，池州居住。

9 乙丑，太府卿、總領四川財賦軍馬錢糧符行中充敷文閣待制、四川安撫制置使兼知成都府。右朝奉大夫、成都府路提點刑獄公事鄭靄行尚書度支員外郎，總領四川財賦軍馬錢糧。靄與符行中在蜀中，餽遺秦檜不可勝計。歲時寒暄之問，亦必用金獅子二枚伴書焉。此以趙甡之遺史修入。

10 庚午，軍器監丞孫祖壽面對，乞禁江浙私渡，詔臨安府措置。既而守臣曹泳乞令本府差官一員主管濟渡，紹興府蕭山渡亦依此施行。從之。

11 壬申，尚書省勘會：「近靜江府措置莫公晟及衢州措置作過饑民，並無奏狀。」詔今後州郡合措置事，須管逐一開具聞奏，委監司覺察，御史臺彈劾。時秦檜用事久，監司郡守以事達朝廷者，止申尚書省取指揮，故條約之。此以趙甡之遺史修入，九月乙丑行下。此二事必因上問而後降旨，但魏師遜時政記中不敢載耳⑧。明年十一月庚午，上諭輔臣語，及鍾世明除右司時所得上訓，或可掇取書之。以魏良臣所奏考之，則當時雖有指揮，其申省尚如故也。

12 癸酉，敷文閣待制、提舉江州太平興國宮勾龍如淵卒。

13 乙亥，上謂大臣曰：「莫公晟以丹州歸順及進馬，可檢擬，取旨施行。」先是，公晟自宣和以來屢爲邊患，歲調官軍防守。至是，直秘閣、知静江府兼主管廣西經略司公事吕愿中言：「公晟獻馬三十匹，且遣其部落七百餘人至静江府，與經略司屬官歃血而盟。諸蠻願以二十七州一百三十五縣爲本路羈縻，實爲熙朝盛事。」

14 丙子，上謂大臣曰：「得丹州非以廣地，但猺人不作過，百姓安業可喜。」乃詔公晟以南丹州防禦使致仕，其子延沈爲銀青光禄大夫、檢校太子賓客，使持節南丹州諸軍事、南丹州刺史兼御史大夫、知南丹州軍事、武騎尉。其餘首領，並與推恩。愿中又畫圖進呈。上曰：「且喜一方寧静。」秦檜曰：「陛下兼懷南北，定計休兵，小寇豈敢不服？」上曰：「若非休兵，安能致此？」於是鑄羈縻州縣印一百六十二給之。愿中，夷簡元孫也。愿中進圖册在八月乙酉，乞鑄印在丁亥，今聯書之。

15 戊寅，上幸張俊第臨奠。詔俊侄右宣教郎子安等五人各進一官，諸婿直徽猷閣韓彦樸、直秘閣劉堯勛、楊偰並進一官，陞一職。子安等轉官在八月癸未，彦樸等進官陞職在十月丙申，今聯書之。彦樸，世忠第二子。堯勛，光世第三子。偰，存中第三子。

龍神衛四廂都指揮使、金州觀察使、殿前司遊奕軍統制、知贛州李耕爲池州太平州駐劄御前諸軍都統制。

16 己卯，侍衛親軍步軍都虞候、安遠軍承宣使、池州太平州駐劄御前諸軍都統制王進添差福建路馬步軍副都總管，日下起發之任。

17 辛巳，詔李耕統制軍馬通理已及十年，特轉行武當軍承宣使。

1 八月壬午朔，敕令所删定官楊造面對，論：「宗室登科换京秩者，初未經任，即授大縣，慮於民事未能諳練，望依倣進士例，俟歷任有舉主者，乃授以縣，庶幾仰副陛下加惠元元之意。」詔吏部措置。其後吏部請：「似此之人，並注縣丞或監當差遣，理作親民資序，俟一任回，任内有舉主一員，方許注授知縣。」從之。吏部奏下在十一月乙卯。

2 丙戌，左朝請大夫鄭作肅知吉州還，入見，奏：「本州自兵火後，每歲樁辦黄河竹索錢六千六百餘緡，見拖欠四萬餘緡，重困民力。望將未起及日後合起之數，並賜蠲放。」上可其奏。秦檜怒，後旬日，殿中侍御史董德元即奏：「作肅朋附席益，中傷善類。及知常州，張浚主兵，行横斂之法，作肅極力率先督辦，其數冠於諸州。比守吉州，多斂軍需，賤市官米，又賈販油布之屬，以規厚利。欲望重作施行。」詔令本路提刑司取會，具案聞奏。德元奏下在此月壬寅，今聯書之。

3 丁亥，遣户部員外郎鍾世明同四川總領、制置措置裕民。自講和後，歲減川錢四百六十二萬緡有奇，朝廷猶以爲重於江淮，故有是命。明年七月丙辰減放。

4 戊子，皇叔象州防禦使士洪爲均州觀察使，以積閥遷也。

左中大夫、直龍圖閣王琮卒。

5 庚寅，宗正寺主簿王珉、國子博士張扶並爲監察御史。珉，玉山人。扶，金壇人也。

6 壬辰，上諭秦檜曰：「近輪對者多謁告避免。百官輪對，正欲聞所未聞，可令檢舉已降指揮，約束施行。」於是申嚴行下。

7 甲午，温州布衣黄元壽論官市柑子擾民，詔禁止。其福建荔枝亦毋得進。

8 乙未，臠衢州賊首俞八等七人於都市，其次十有一人皆誅之。

9 戊戌，殿中侍御史董德元兼崇政殿説書。

10 庚子，崇信軍承宣使、提舉佑神觀劉光烈卒。

11 丙午，禮部擬定故太師、清和郡王張俊贈典，乞依韓世忠例。先是，上諭秦檜曰：「武臣中無如張俊者，比韓世忠相去萬萬，贈典宜令有司檢討祖宗故事，務從優厚。」七月丁巳。及是進呈，上曰：「俊在明受間有兵八千，屯吴江。朱勝非降指揮與秦州差遣，俊不受，進兵破賊，實爲有功，可與贈小國一字王，令禮部擬定。」於是，特封循王。國朝淳化以後，異姓不封真王，其追封，蓋自俊始。俊葬無錫縣。比葬，自行朝至無錫，將相州郡祭之者接迹，江左以爲榮。後謚忠烈。史臣曰：「上之於世忠，待遇賜予，視諸將最厚。與張俊語，多摧折告戒之辭。俊之立功，蓋有所激。及俊死，稱謂之美如此，抑揚予奪有深旨哉。」

1 九月辛亥朔，鄂州前軍統制李道自長沙移軍，往衡州措置盜賊。先是，胡邦寧既就江西安撫司招安，其黨朱時等蟻聚於桂陽，保險以自固。道遣將官高仲等擊平之，得六百人以充軍。賊之未得也，湖南提舉常平茶鹽公事王之望數以書白大臣，時州計畝率錢⑨以備犒軍，之望檄諸司止其事，不聽。既又請留兵五百人戍衡、郴，以備出没，朝廷從之。

2 甲寅，監登聞鼓院曹紱面對，論：「常平之法，賤斂貴散，農末皆利。今者時和政協，歲已告豐，其價益平，能因天之所與，以利於下，實甚盛之舉。望俾州縣及時廣糴，使倉廩充實，異時用以賑貸。」詔户部措置。其後户部乞：「下諸路常平司依見行法，如違令，監司按劾。」從之。紱，輔子也。

3 丁巳，左武大夫、英州刺史、殿前司正將辛立陞領忠州團練使，録平衢州羣盜之勞也。餘將副軍校九百九十七人，各轉一官資，仍犒設一次。

4 壬戌，左司郎中張士襄乞：「客人興販米斛，不拘州軍，許從近便官司投牒給據，以爲沿路榷征場務照驗，沿路有乞覓阻抑，依枉法論。」從之。

5 甲子，大理寺丞郭唐卿面對，言：「在法囚人遇寒量支柴炭，貧者假以衣物，而州縣多不預辦，望申嚴法禁。」詔刑部檢坐行下。

6 乙丑，大理寺丞環周面對，言：「臨安、平江、湖、秀四州低下之田，多爲積水浸灌。究其所以，蓋緣溪山諸水接連，併歸太湖。自太湖水分爲二派[10]，東南一派由松江入於海，東北由諸浦注之江。其松江泄水諸浦中，惟白茅一浦最大，今爲泥沙淤塞。每歲若遇暑雨稍多，則東北一派水必壅溢，遂至積浸，有傷農田。望令有司相視，於農隙開決白茅浦故道，俾水勢分派流暢，實四州無窮之利。」詔轉運司措置。紹興二十八年九月施行。

7 丁卯，秦檜進呈權户部侍郎徐宗説、試刑部侍郎韓仲通等狀，日曆只書户部狀，今出其姓名，俾後有考。舉劾京西路轉運判官魏安行前知滁州，安奏開荒田二千二百餘頃。今本州具到，實開耕數止及四百餘頃，既不應賞格，其已轉官，合行改正。上曰：「如此誕妄，不可不懲。」於是罷安行見任，餘令吏、刑部依條施行。

8 己巳，太師、尚書左僕射、提舉實録院秦檜等進呈徽宗皇帝御集。此事須要與今年十二月王珉劾疏相關。少保、觀文殿大學士秦熺爲禮儀使，上特御垂拱殿，再拜受書。實録院修撰秦塤陞殿，進讀詩五章，禮畢乃退。集凡百卷，上自序之，權奉安於天章閣。熊克小曆在十月壬午，蓋誤。凡詩百五十有五，詞二百，賦一，序十有二，記十，碑四，策問九，文七，樂章三，挽詞二十有七，雜文十有五，詩解九，論語解二，道德經解八，南華真經解八，沖虛至德真經解十有二，廣濟經十，金籙科儀二，政事手劄千五百五十，邊機手劄二百四十有四。

直秘閣、知盱眙軍龔鑒陞直徽猷閣，令再任。

9 壬申，少保、觀文殿大學士、充萬壽觀使兼侍讀、提舉秘書省、安奉徽宗皇帝御集禮儀使秦熺言：「伏覩進呈御集前夕，密雲閣雨。翌旦，迎奉出秘書省，天宇廓清，皎月如晝。仰見聖孝感格。及垂拱殿進呈，皇帝拱立觀覽，天顏端肅，極於嚴奉，伏望宣付史館。」從之。

10 乙亥，詔建天章等六閣。

1 冬十月庚辰朔，大理寺丞孫敏修面對，論：「在法禁囚徒罪以上，方許枷禁，仍須立檢判押，其制不爲不嚴。而州縣官逐廳所行事，其干繫人，往往在廳一面枷荷，遇夜即行寄禁，甚失國家立法本意，乞申嚴行下。」詔可，仍令監司按察，御史臺彈劾。

2 辛巳，保義郎趙不瑕言：「母李氏年六十九，未有封號，望以臣磨勘一官回封。」從之。

3 壬午，秦檜奏：「諸州今歲豐熟，間有高田旱傷去處。」上曰：「可令依條檢放公私欠負，仍住催理⑪。其繫官年歲深遠者，委户部開具，取旨除放。仍令常平司措置通融糴糶，務令兼濟，毋致失所。」十一月癸丑，户部擬請行下。

權吏部侍郎施鉅言：「屬者誤蒙聖選，銜命出疆，禮備將還，而鄰國之君嘗問陛下師臣所兼何職，又問今年有幾，臣皆以實對。兹有以見陛下聖明，登崇賢哲，朝廷尊榮，故鄰誠信而仰重之也。伏望特降睿旨，宣付史館，昭示萬世，不勝大願。」從之。

4 丁亥，尚書省言：「永祐陵及昭慈聖獻皇后攢宫，見用幃幕供設之類，皆已故敝，種植窠木，亦多損闕。」詔：「紹興府守臣趙士㣧親往檢察修葺，换易補種。候畢，開具申省。」

5 戊子，國子司業沈虚中爲賀金國正旦使，敦武郎張掄副之。尚書左司郎中張士襄爲賀生辰使，閤門宣贊舍人張説副之。掄，開封府人也。

6 辛卯，宰執進呈年例，令臨安府自十一月支錢米養濟丐者。上曰：「此一事活人甚多，可即行下。」熊曆在丙戌，與日曆不同。

7 壬辰，故武功大夫、閤門宣贊舍人吴進特贈二官，例外録其家一人，以進先受贛州檄，賫旗榜招安虔賊黄先遇害故也。黄先未見。

8 癸巳，宰執進太府寺丞曾怡面對，論：「監司州郡虚申綱解，致交納不酬，枉被囚禁，乞立法懲斷。」上曰：「事皆有法，惟在奉行，可申嚴行下。」

9 乙未，詔諸路提刑司將災傷去處職田一例檢放。以尚書省有請也。

10 戊戌，三省擬左朝散郎蘇欽知巴州。上曰：「川中須擇不生事之人。遠地舉措，朝廷無由盡知。」欽，晉江人也。

1 十有一月庚戌朔，龍圖等六閣成。壬子，上謂大臣曰：「不擾民而易成，甚得崇奉之意。」

2 癸丑，詔：「諸路州軍，未起諸色錢物并拖欠上供米斛、積欠租税等，除形勢及監司州縣、公吏、鄉司及第二等以上有力之家未納數外，並與放免，至二十年終。令州軍銷落簿籍，監司檢察。」用户部請也。

3 甲寅，權尚書刑部侍郎韓仲通權刑部尚書。權户部侍郎徐宗説試兵部侍郎。右正言兼崇政殿説書鄭仲熊權吏部侍郎。

直顯謨閣、知臨安府曹泳權户部侍郎，兼權知臨安府。時徐宗説久病，故以泳代之。泳倚勢妄作，又甚於宗説。舊荆南户口數十萬，寇亂以來，幾無人迹。詔蠲口賦以安集之，然十未還一二。先是，議者希朝廷意，謂流民已復，可使歲輸十二。其後頻歲復增，吏不能供，至是，積逋二十餘萬緡，泳責償甚急。時秦檜晚年，怒不可測，而泳其親黨，凶焰熾然。守臣直秘閣孫汝翼懼，欲賦於民以予之。左承議郎、通判府事范如圭力勸之乃止。此事不得其年月，因泳除版曹附見⑫。汝翼今年六月，自成都運副改知荆南，九月十三日離任。如圭二十二年八月，差通判荆南府。

大理少卿張柄試大理卿。

秘書省著作佐郎丁婁明試秘書少監。婁明以女適秦檜之侄右朝奉郎烜，故擢用之。

右通直郎張巘守尚書刑部員外郎。

樞密院編修官林一飛爲屯田員外郎。

新除大理司直薛仲邕爲樞密院編修官，尋權樞密都承旨。

直龍圖閣、提舉洪州玉隆觀湯鵬舉知廣州。

左太中大夫、提舉江州太平興國宫李椿年知宣州。

4 乙卯，右朝請大夫、新除江南西路提點刑獄公事劉環罷。先是，有詔令四川制置司總領所措置裕民，而環爲潼川府路提刑兼提舉常平權轉運司事，具到：「本路紹興十九年至二十三年未起贍軍、折估、糴本、水脚等錢，乞蠲免。」都省批送户部，户部劾環：「妄有申陳，顯是侵官，不循分守，徇私沽譽，難以倚仗。乞罷環新任，庶少懲戒。」故有是命。環，民瞻子也。日曆止書户部狀⑬，未知是徐宗説未改除前所申或曹泳供職後，當考。

5 丁巳，賜直秘閣吴益三品服。

封秘閣修撰秦堪妻趙氏爲令人，以秦檜辭免進徽宗御集加恩，故有是命。臣頃在行都，聞趙氏乃近屬，今不能記其詳，當考。

6 甲子，監察御史王珉行右正言。

7 乙丑，端明殿學士、簽書樞密院事兼權參知政事魏師遜仍舊職，提舉江州太平興國宮。殿中侍御史董德元劾：「師遜嗜利懷姦，不恤國事。」師遜乃抗章求去，遂罷之。

詔楊存中恩數視樞密使。

8 丙寅，檢校少保、武康軍節度使、恩平郡王璩從吉，還舊官。

9 丁卯，權尚書吏部侍郎施鉅參知政事。權尚書吏部侍郎鄭仲熊爲端明殿學士，簽書樞密院事。自秦檜專國，士大夫之有名望者，悉屏之遠方。凡齷齪委靡不振之徒，一言契合，率由庶寮一二年即登政府，仍止除一廳，謂之伴拜，稍出一語，斥而去之，不異奴隸，皆褫其職名，閣其恩數猶庶官云。故自万俟卨罷至此十年，參預政事之臣才四人而已。此以王明清揮塵録修入。熊克小曆云：「自秦檜專國執政，無敢少違其意者。於是仲熊歎曰：『爲官至此，可以行志而不得行；遇主如此，可以圖報而不得報，負愧多矣。』」按：仲熊爲檜所用，自國子監主簿，不二年而登政府。中間更歷臺諫，專附檜意，擠排善類，無所不至，又安有此言？今不取。

10 戊辰，少保、觀文殿大學士、充萬壽觀使兼侍讀、提舉秘書省秦熺加恩遷少傅，封嘉國公。

左朝奉郎陳夔試太常少卿。夔先爲是官，以憂去，至是復舊。

11 庚午，敷文閣直學士晁謙之卒於信州。

12 辛未，敷文閣待制、提舉佑神觀兼實録院修撰秦埍試尚書工部侍郎，亦以進御集推恩也。

左承事郎鄭時中守秘書丞。時中甫登第，即以京秩授之，至是入館。

13 壬申，端明殿學士、提舉江州太平興國宮魏師遜落職。殿中侍御史董德元再論：「師遜買賤賣貴，自同商販。在朝堂，有詣禀白者，則必背面他視，略不關省。黎明而入，既飯而出，漫不可否一事，乞重加竄殛。」故有是命。

左朝散郎、知平江府李朝正罷，以殿中侍御史董德元論朝正與其女婿魏師遜共爲商販也。

14 甲戌，大理寺丞郭唐卿面對，乞：「戒州縣推勘公事，不得妄有枝蔓。」詔申嚴行下。

15 乙亥，右正言王珉言：「直秘閣、兩浙路轉運判官韓璡乃堂吏韓詳之子。詳曩爲蔡京爪牙，姦邪陰險。璡蹈襲家傳，比建天章閣，璡既不得遇安奉之日，與韓城袖手往來，其間耳語竊笑，意有譏誚。城乃其弟，見爲堂吏，窺伺朝政，事無大小，璡皆預知。比曹泳除户部侍郎，臨安府闕官，璡語泳曰：『某旦夕當爲之，已令修漕廨以借公。』璡嘗在劉光世軍中⑭，受光世恩甚厚，一旦背馳，奴事吕祉。光世既罷，盡以光世事告吕祉。光世知之，移書責罵，比之犬彘，遠近傳之，無不鄙笑。爲淮西轉運判官日，與陳克令謀，助祉爲虐，遂致生變。當時叛卒，求璡尤急，以逃伏得免。今又惡心不悛，懷私背公如此。伏望重賜行遣。」詔璡放罷。按：淮西軍叛時，璡實在建康未去，珉所云小誤。

16 丁丑，大理司直李璟面對，乞：「令諸郡受納秋苗，將出陸僻遠去處，許乞就近縣鎮送納，畢日團綱起發，以寬貧民。」詔户部看詳。

是月，左奉議郎、通判武岡軍方疇除名，永州編管。疇坐與流人胡銓通書，爲守臣李若樸所告。江西提舉常平茶鹽公事張常先因令通判袁州蔡樿，按疇不覺察人吏盜用出剩銀，送獄，法寺當疇贓罪徒，私罪流，公罪絞。秦檜進呈，乃有是命。疇之貶，日曆、會要皆不書，今以熊克小曆及紹興二十六年十一月湯鵬舉劾蔡樿章疏修入。克曆稱提刑張常先，鵬舉劾疏稱江西運判張常先。按常先此時提舉江西常平，明年四月癸卯就除運判。或者疇得罪在彼時，且附此，當求他書參考。

1 十二月己卯朔，試尚書工部侍郎秦塤充敷文閣直學士，提舉佑神觀兼實録院修撰，以塤再辭免也。

直龍圖閣、新知廣州湯鵬舉改知平江府。

2 庚辰，詔宕昌寨峰、鐵峽兩場綱馬⑮，自來歲爲始，循環撥付殿前馬步三司各一年，周而復始。先是，市馬者歲於宕昌寨峰、鐵峽市馬三千八百匹赴樞密院，而部送者利其芻粟，多道斃者。至是，始命統領官一員往取之，再歲一往返，用四千四百人，皆精甲。既而楊存中言馬多不及格者，乞令統領官就場監視買馬，不行。川馬二十七年七月壬午所書，可參考。

清遠軍節度使、侍衛親軍馬軍都虞候、荆湖北路馬步軍副都總管王德薨於荆南府，贈檢校少保，後謚威定。

3 辛巳，左朝散郎、都大總管四川茶馬監牧公事湯允恭復司農卿，與尚書度支員外郎、總領四川財賦軍馬錢糧鄭靄兩易。靄仍除直秘閣。

尚書吏部員外郎黄然爲兩浙路轉運判官。

左朝奉郎、知蜀州孫道夫主管台州崇道觀⑯，從所請也。道夫在郡九年，遇事明了，州人目爲水晶燈籠。

4 癸未，宰執進呈大理評事劉敏求面對劄子，乞：「令場務不得將食米作糯米收稅。」詔如所請。又進呈大理評事鞏衍劄子，乞：「戒約耆長、保正副非盜賊鬬毆有實，毋得輒受狀。」詔刑部措置。累年惟大理寺官面對極多，當是獄官不容謁故也。其後刑部乞比附條令，將不應受理事追逮關留者徒一年，毆縛取財者以盜論加二等。從之。刑部奏下，在明年二月壬午。

5 丙戌，左朝散郎魏安行送欽州編管，左朝散大夫、主管台州崇道觀洪興祖送昭州編管。先是，右正言王珉言：

故龍圖閣學士程瑀本實妄庸，見識凡下。昨在閑廢，輒取先聖問答之書，肆爲臆說，至引王質斷獄以釋「弋不射宿」，全失解經之體。於周公謂魯公之語而流涕，不無怨望之意。此等乖繆，不可概舉。其子弟又私結父之黨與，以竊世之譽。如洪興祖者，則爲文以冠其首；魏安行者，則鏤板以廣其傳。朋比之惡，蓋極於此，不可不慮也。

兼聞安行刊瑀之書，盡用京西轉運司官錢，費用不貲，又以傳示四方親故，并携歸其家，無慮數千百本。身爲漕臣，當爲國家愛惜財用，豈可率意妄作，以濟其私？使官錢可以私用，則其他何所不至？臣竊惟陛下，以聖學高明，表章六經，瑀乃敢唱爲異論，而安行輩又從而和之。若不早爲杜絕，臣恐其説寖行，害教惑衆，其禍不止於少正卯、楊朱、墨翟也。伏望特降睿旨，將見今鏤版速行毀棄，仍令所司檢計所費之直，盡數於安行名下追納。或其他州軍有刊行異説書籍，元未曾申取朝廷指揮者，亦乞毀棄。仍將興祖、安行及瑀之子弟重賜施行，以爲朋附鼓唱異説之戒。此亦陛下保治之一端，天下幸甚。

詔户刑部逐一依條施行。珉又言：

興祖天姿陰險，趨嚮不正。如程瑀妄人之雄者，興祖傾心附之，結爲死黨。瑀既死，又與其子弟復相結托，將瑀書爲之序引，謬加稱賞，以欺後世。如所謂「感發於孔子之一射，流涕於周公之四言」，此何語也哉？安行昨知滁州，開墾荒田，乃其職事，輒敢妄增頃數，欺罔君上，雖已放罷，亦爲輕典。興祖今爲饒州，人皆怨嗟，日望其去。乃敢共懷異議，肆爲不靖，如不痛懲，恐爲亂階。伏望聖斷，將興祖、安行編置遠方，以禦魑魅。仍并程瑀子弟見已任堂除差遣之人，並歸吏部。庶使君子、小人有所别白，而天下後世知姦人之不可容也。

詔刑部開具申尚書省。於是，刑部尚書韓仲通乞：「將安行送欽州，興祖送昭州，並編管。瑀之子右承事郎宏濟罷新差監通州金沙鹽場。右承務郎宏靖、孫右承務郎有功、有孚今後並不與堂除差遣。或其他州軍有刊行異説書籍，元不曾申取朝廷指揮者，亦乞毀棄。」從之。日曆於此日先書刑部狀，而十三日辛卯方載王珉二疏。疑珉疏乃十一月十三日壬戌所上也，今併附此日。日曆又於去年十一月二十二日丁未，書「左朝散大夫知饒州洪興祖依所乞，差主管台州崇道觀」。按王珉第二疏稱：「謹按知饒州洪興祖。」又云：「興祖今知饒州，人皆怨嗟，日望其去。」興祖去年已得宮觀，則珉何以出此言？疑興祖祠命在今年十一月二十二日辛未，而日曆誤繫之去年也。當求饒州知州題名參考。

左朝奉郎汪應辰通判潭州。應辰之在靜江也，帥臣吕愿中嘗以微罪欲殺走卒王超，應辰諫而止。有録事參軍周某者，與秦檜有舊，恃此自恣，嘗以國忌日命妓佐酒，應辰欲糾之，既而中止。周憾之，使人持書告檜，以應辰嘗遣信渡海餉趙鼎，又與李光交通。超以計得其書而易之，應辰乃得免。

6 丁亥，降授右朝奉郎、勒停人王趯追三官，依舊勒停，特除名，送辰州編管。以趯前知雷州，與李光通書，及差兵級應副使喚，致臣僚論列故也。鄭仲熊之爲諫官也，論：「海外罪人擅離受謫之地，逃匿趯家。」時趯坐與光通書，停官未叙。事見紹興二十年八月甲辰。乃詔湖南、廣西憲臣親往捕光，押還元責地分⑰，仍逮趯赴大理獄。既而究治，事皆虚，案奏，特有是命。鄭仲熊章疏已見今年七月癸丑。王明清揮麈第三録云：「李泰發之遷責海外也⑱，欲寓書秦丞相，以祈内徙，而無人可遣。門人王彦恭趯罷雷守，閑居全州，泰發乃作秦書，託王爲尋端便。王之鄰居有李將領者，坐岳侯事編置於郡，與閭里通情。趯令其子司法者從李將，就顧一隷遣往會稽，授書於泰發家。既至越，泰發子弟不敢以人入都，乃就令此介自往相府投之。既達於秦，忽令問：『李參政今何在？』所遣人倉猝，遽對云：『李參政見在全州，與王知府鄰居。』蓋誤以李將爲泰發也，且云：『有王法司與李參政，親以書付我令來。』蓋錯愕之際，又稱司法爲法司也。秦怒，於是送大理寺根勘，行下全州，體究李光擅離貶所，因何輒敢存留在本州，且追王趯，并王法司送獄。而全州適有法司人吏姓王者，亦與彦恭舍甚邇，俱逮。後體究得秦發初未嘗離昌化，但誣彦恭以前任過愆，除名勒停，編管辰州。王法司者，懵然不知，亦勒認贓罪杖脊⑲。當時聞者，無不笑而憐之。」

7 己丑，直秘閣、提舉兩浙東路常平茶鹽公事高伯之知温州。

8 辛卯，尚書兵部侍郎徐宗説充敷文閣直學士，知明州，以病自請也。

9 甲午，右朝請大夫、福建路安撫司參議官王弗知果州。

10 乙未，司封員外郎王葆面對，言：「縣令於民尤親，而近年以來，監司、郡守各緣好惡之私，以更易縣令。在法，命官犯罪，雖有實狀，亦須具奏，方許對移。縣有繁簡、難易，監司察令之能否隨宜對換，亦必具奏聽旨。伏望特嚴約束⑳，務在必行。」詔申嚴行下，應對移，具事實申尚書省。

11 丁酉，度支員外郎曾怡罷，以權户部侍郎曹泳劾其貸取庫務物色也。

入内東頭供奉官、睿思殿祗候陳成之還所寄資，爲拱衛大夫、保寧軍承宣使致仕。

右通直郎、知明州鄞縣程緯追毁出身以來告敕文字，除名勒停，永不收叙，送貴州編管，仍籍没家財。先是，縣丞王肇與緯不協，誣告緯慢上，無人臣之禮。遂興大獄，肇因揭榜，召士民訴緯罪犯。案具，緯坐贓法當絞，特貸之。日曆，明年十二月九日壬午刑部狀：「肇所告並是虚妄，已行斷，肇追官勒停。」不知緯有無改正也。

12 庚子，尚書司封員外郎王葆、左朝散郎知江陰軍徐嘉並爲監察御史。嘉，西安人也。紹興二十六年五月，言者劾張修章疏，稱曹泳在衢州監酒贓污不法，監司郡守欲案其罪，嘉、修、劉景曲爲營救得免。此事當考。

13 壬寅，刑部奏：「編管人願充厢軍者聽刺。」時台州編管人謝立之妻乞將夫刺充牢城，刑部因編下諸路，上可其奏，且諭大臣曰：「朕昨在元帥府，見河北諸州將編管人牽聯丐食於市。蓋緣不給口食，乃至於此，誠可憫惻，宜申嚴約束行下。」

直秘閣、兩浙東路提點刑獄公事秦昌時卒。

14 乙巳，金主使驃騎上將軍簽書樞密院事白彦恭、中散大夫守右諫議大夫充翰林待制同知制誥胡勵來賀來年元旦。勵已見紹興二年夏末。

是歲，宗室子賜名授官者十有三人。

諸路斷大辟十有九人。

行在、鎮江、建康府榷貨三貨場共收茶鹽息錢二千六十六萬餘緡㉑，鹽息一千五百六十六萬餘，茶息二百六十九萬餘，香礬錢一百九萬餘，雜物錢一百二十萬餘。

金尚書右丞相兼中書令蕭裕爲金主亮所疑，與西北招討好胡㉒，謀立故遼豫王禧之孫。好胡執其使以聞，裕坐死。亮詔諭諸路，略曰：「自漢高祖以來，謀反者頗多。蓋高祖與朕皆中庸之主，堯、舜、禹、湯之時，豈嘗多有此事？」其不遜如此。以金人誅裕詔修入。詔詞云：「朕撫臨萬方，今第六載。」即此年也。

金人舊無陵墓，自太宗晟以上但葬於護國林，極草創。逮亮南徙，始令司天改卜於燕，歲餘乃得地於良鄉縣之西大洪山佛寺，徙太祖旻、太宗晟、德宗宗幹於其中，餘宗室以昭穆祔。惟東昏王亶葬於山之陰，謂其刑餘之人，不入陵故也。

校勘記

① 按是月壬子朔癸丑　「按是月」原闕，「癸丑」原闕，今據叢書本補。「壬子朔」原爲正文，今據叢書本將「按是月壬子朔」改爲小注。

② 仍令日下押還元責地分　「分」，原作「方」，據叢書本改。本卷十二月丁亥記事亦有「押還元責地分」語。
③ 復置黎州在城雅州碉門靈關三博易場　「關」，原作「門」，據宋會要輯稿食貨三八之三七改。
④ 累政提舉官於是增長引息等錢　「政」原闕，據叢書本補。
⑤ 殿中侍御史董德元論敦厚頃權中書舍人　「御」後原衍一「御」字，據叢書本删。
⑥ 在紹興二十三年　「十」，原作「年」，據叢書本改。
⑦ 今因事附見　此句原作「因事事附見」，據叢書本改。
⑧ 但魏師遜時政記中不敢載耳　「時」字原闕，據叢書本補。
⑨ 時州計畝率錢　「州」，原作「多」，據叢書本改。
⑩ 自太湖水分爲二派　「自太湖」，原在「二派」後，據叢書本改。
⑪ 仍住催理　「住」，原作「往」，據叢書本改。
⑫ 因泳除版曹附見　「曹」，原作「時」，據叢書本改。
⑬ 日曆止書户部狀　「止書」，原闕，據叢書本補。
⑭ 璡嘗在劉光世軍中　「嘗」，原作「常」，據文義逕改。
⑮ 宕昌寨峰鐵峽兩場綱馬　「寨」，原作「塞」，據下文改。
⑯ 左朝奉郎知蜀州孫道夫主管台州崇道觀　「左」，原作「右」，據皇朝中興繫年要録節要卷一三及本書卷一七一紹興二十六年正月甲子條改。

⑰押還元責地分　「元」，原脱，叢書本同，據宋史全文卷二二一補。

⑱李泰發之遷責海外也　「遷」，原作「還」，據叢書本及揮麈三録卷三改。

⑲亦勒認贓罪杖脊　「認」，原作「任」，據叢書本改。

⑳伏望特嚴約束　「特」原闕，據叢書本補。

㉑行在鎮江建康府榷務三貨場共收茶鹽息錢二千六十六萬餘緡　「貨」，原作「務」，據叢書本改。

㉒與西北招討好胡　「好胡」，原作「和和」，據金人地名考證改。

建炎以來繫年要録卷一百六十八

1 紹興二十有五年歲次乙亥。金海陵煬王亮貞元三年。春正月按是月己酉朔。丁巳，詔申嚴州縣官批書不圓之禁。以大理評事俞長吉面對言「吏生疵邀賄，士夫受弊」故也。

2 戊午，大理寺丞孫敏修面對，論：「州縣人户輸納官物，不爲依限，消鑿簿書，遂至再行剗刷，乞申嚴條法。」從之。三月辛巳行下。

3 辛未，中侍大夫、保寧軍承宣使、鄂州駐劄御前軍統制李道落階官，加龍神衛四廂都指揮使。將士遷官者五千七百七十有二人，以收捕猺人楊再興之勞也。

4 甲戌，敷文閣待制、新知饒州蘇符乞奉祠。上曰：「頃朝廷初議休兵，符頗以爲然。及王倫被留，遂復二三，今不復肯出蜀矣。」乃以符提舉台州崇道觀。

5 乙亥，雪。

6 丙子，大理寺丞郭唐卿面對，論：「遠方州縣推勘公事，聞有禁囚不書曆者，既監司巡歷，即移他所，望申嚴法禁。」從之。

1 二月戊寅朔，詔諸路見闕知縣去處，令吏部疾速差注，如無人願就，令本路帥臣監司同共保明，辟差一次。

2 壬午，秘書丞兼權實録院檢討官兼普安恩平郡王府教授鄭時中爲秘書郎。

3 癸未，少傅、觀文殿大學士、充萬壽觀使兼侍讀秦熺言：「自蒙擢用以來，未曾展省祖塋，兼累次封贈，未經焚黃，乞給假前去。」詔如所請，令兩浙江東轉運司往來應副。

4 甲申，右文殿修撰曾慥卒。

5 乙酉，捧日天武四廂都指揮使、鎮江府駐劄御前諸軍都統制劉寶爲安慶軍節度使，龍神衛四廂都指揮使、建康府駐劄御前諸軍都統制王權爲清遠軍節度使，皆以總戎十年故也。既而秦熺過鎮江府，寶遣所部以繡旗二萬迎之，熺喜。寶章疏以爲因此建節，却誤。蓋寶以二月乙酉建節，而熺、塤是月乙未方朝辭。當是熺自鎮江歸建康，是以先與二將建節，臺章少誤也。

6 己丑，敷文閣直學士、提舉佑神觀兼實録院修撰秦塤言：「父往建康焚黃，理合隨侍，望給假前去。」許之。

7 壬辰，敕令所删定官楊造面對，論：「監司爲外臺耳目之官，於法必徧巡所部。近來僻遠郡邑，例皆不往，其能周知吏之能否，民之疾苦乎？伏望戒飭申嚴，俾令徧歷。」從之。

8 甲午，殿中侍御史兼崇政殿説書董德元、右正言王珉並兼侍講。

9 乙未，知潯州鄭思永言：「沿流監司科屬縣造舟，應副過往之人，侵耗民力。又朝廷住賣度牒之後，州縣拘收亡僧道度牒，並不許納，致童行冒名披剃，謂之反魂。」詔並禁止。思永又言：「縣令分委佐官，下鄉催稅擾民，乞依法斷罪。」詔户部約束。

10 戊戌，夔路安撫司申：「通侍大夫、奉寧軍承宣使、知思州田祐恭卒，乞優與推恩。」詔特贈保康軍承宣使。其子武翼大夫、閤門宣贊舍人、思州都巡檢、通管州事汝端乞解官。詔起復。

11 己亥，殿中侍御史董德元言：「前知建昌軍陸時雍乃趙鼎之客，淮南轉運判官孟處義乃汪藻之引用，與朱勝非厚善，專懷異意，不恤國事。」詔處義放罷，時雍自今毋得與堂除。

12 壬寅，左奉議郎沈長卿追兩官，勒停除名，送化州。左從政郎芮曄勒停除名，送武岡軍，並編管。右通直郎、新淮南路轉運司幹辦公事陳祖安特放罷。長卿舊嘗與李光啓，言和議之非，秦檜已惡之。至是，與曄同賦牡丹詩，曄詩有「今作塵埃奔走人」之句，爲鄰舍人所告，以爲譏議，送大理寺。祖安嘗見二人詩，亦當追證。而簽書樞密院事鄭仲熊營救，祖安故得脱免。獄具，長卿坐上光詩啓，有嘲訕語。曄坐嘗與長卿同作詩，更不告官。又曄任仁和縣尉，倖望朝廷除授清職，心懷怨望，故作與長卿有此等語，祖安見之，亦不陳首，乃有是命。是日，宰執進呈，仲熊默無一語。罷朝，檜頗咎之。曄，烏程人。祖安，建陽人也。

是月，秘書省校書郎趙逵始至行在。時逵家尚留蜀，秦檜欲以百金助逵以家來，逵不答，於是檜頗不樂。

1 三月己酉，詔：「尚書左司郎中張士襄奉使不肅，可罷見任。其虞候張海打損控馬人，送大理寺斷遣。」士襄使北還，入對，奏事欺罔，上怒。秦檜與士襄里黨，止以其不肅罷之。

2 癸丑，太常少卿、權吏部侍郎陳夔言：「兩淮尚有曠土，而耕牛農器資之江浙，比年州縣例收其税，是有可耕之田而無其具，望賜約束。」詔户部申嚴行下。

3 辛酉，直徽猷閣、知盱眙軍龔鑒爲淮南路轉運判官兼淮南東路提點刑獄公事。紹興二十八年正月庚寅，何溥論鑒守盱眙，專以北方珍貨取媚權門，供饋之餘，盡入私室，遂陞使職，連進職名等事，可删掇附此。

右奉直大夫、新知安豐軍吴説改知盱眙軍。

詔直徽猷閣、知静江府吕愿中令赴行在奏事。先是，静江府有驛名秦城，愿中約賓寮共賦秦城王氣詩，以侈其事。衆人皆賦，其不賦者惟右迪功郎監潭州南嶽廟劉芮、常平司幹官李燮、本府觀察支使羅博文三人而已。芮，勢曾孫，已見紹興六年五月。秦檜喜，乃奏愿中招降南丹有勞，進其職，至是召之。何俌龜鑑：「聖臣元聖之稱，九錫副車之請，秦城王氣之獻，彼固欲以媚檜也。檜乃忻而受之，其何爲也邪？檜而不死，則中興事業未可知也。他相或一年，或二年，或不數月，而檜乃藉權專寵至十八年。檜之罪，所謂上通於天，萬死不足贖也。」

4 甲子，大理司直李璟面對，乞：「戒飭郡縣不得將無罪干證人一例收禁。」詔申嚴行下。

5 乙丑，徽猷閣待制致仕蘇遲卒。

6 丁卯，殿中侍御史董德元試侍御史。

7 戊辰，右朝奉郎、新知漢州蔡宙言：「乃者監司郡守，妄取詭世不經之説，輕費官帑。近因臣僚論列，已正其罪，重加竄責矣。臣愚竊謂全蜀數道，素遠朝廷，豈無詭世不經之書以惑民聽？欲望申嚴法禁，非國子監舊行書籍，不得輒擅鏤板。如州郡有欲刱新刊行文字，即先繳納副本看詳，方行開印。庶幾異端可去，邪説不作。」上曰：「如福建、四川多印私書，倶合禁止，可令禮部措置行下。」

8 庚午，左朝請大夫、知肇慶府章元振提舉廣南東路常平茶事兼東西路鹽事。秦檜除吏多親故，間亦用同鄉同榜之士，然必其人自叙且力禱，然後得之。元振與檜同登第，甘於遠宦，未嘗以私書干檜。前知潮州，監司薦其治績，但籍記中書而已，至是稍録之。元振，崇安人也。

9 辛未，大理評事沈正度面對，論：「州縣聞有盜用官錢之輩，攤賴平人，乞申嚴行下，非有實跡，毋得禁繫。」從之。

10 壬申，藤州安置人王循友量移邵州，以其母韓氏有請也。

11 癸酉，右宣教郎吴伸通判臨安府。

12 甲戌，敕令所删定官朱隆面對，乞：「州郡獄官不許兼倉庫之任。」詔申嚴行下。

13 丙子，百官以國忌，詣景靈宮。參知政事施鉅擁蓋入欞星門，衆論大喧，鉅始送其卒於有司，亦不待罪。時臺諫方共摘其過，鉅自是不安於位矣。

1 夏四月丁丑朔，大理評事鞏衍面對，乞：「令監司督責守令修葺手詔亭宇，每遇寬恤指揮，專一揭示，使民通知。」從之。

2 己卯，少傅、觀文殿大學士、萬壽觀使秦熺自建康還，入見。時秦氏權震天下，熺過平江，守臣湯鵬舉先往吴江道周，伺候數日，迎送甚謹。至建康，遊茅山，因留詩華陽觀，有「家山福地古云魁，一日三峰秀氣回」之句，留守宋貺即鐫版揭於梁間。熺再來，見牌側有白字隱然，提梯視之，乃曰：「富貴而驕是罪魁，朱顏綠鬢幾時回？」詰其所自，了不可得。貺與道流皆懼，而熺不懌。

3 庚辰，右朝請大夫高世史知蘄州還論：「監司用白狀借支役卒衣糧，或家僮冒籍，或詭名虛請，爲蠹不細，乞申嚴禁止。」又論：「倉場受納，惟只用斗，可以輕重其手。至有二石以上而纔足輸一石者，乞改用斛。又論朝廷近者以兩淮之田募民開墾，而立租之額稍重，每畝不下數斗，故民或難之。欲乞明降指揮，只以二稅，徑令承佃，自然開墾日廣。」詔並令户部措置。既而户部乞：「令文思院造一石斛斗，用火印，降下諸路轉運司，依式製造，付所轄州縣及應受納官司行使，違者按劾。」從之。户部申請在六月癸巳。

4 甲申，安南請入貢，詔廣西帥司差熟事近上使臣伴送赴行在。

5 乙酉，參知政事施鉅罷。先是，侍御史董德元、右正言王珉共劾鉅罪。德元言：「臣聞國朝趙普有佐命之功，而盧多遜陰陷之；寇準有澶淵之功，而丁謂陰陷之。後來事體，雖終歸於正，當時不能無傷於國體。故當辨之於早，斯無難圖之患。臣謹按，鉅頃爲小官，常與李光遊，後爲何鑄引用，鑄既被斥，鉅常怏怏。鉅常與一猾僧往還，及居府第，頻以書簡傳人，不知所謀果何事，深恐傾陷君子，有如盧多遜、丁謂之所爲。」珉亦劾鉅「慢易宗廟，與僧宗喜往來，共爲姦謀，有不可測」。鉅再章求去。初罷爲資政殿學士，提舉江州太平興國宮。章再上，遂奪職。

6 丁亥，鄂州駐劄御前諸軍都統制田師中等言：「武岡軍猺人已平定，乞於其所侵省地置一縣，以新寧爲名。」從之。

7 戊子，詔：「四川制置司每三年科舉，就類省院，別差應格考試刑法官二員，專一校試。」以本司援宣撫司例有請也。

8 己丑，右朝散郎、江南西路安撫司參議官張瑜知秀州。秦熺之過秀也，瑜攝守事，作袞繡堂，繪檜、熺父子像於中，故有是命。

右朝請大夫、新通判常州盧適知楚州。適，益子也。曹泳嘗爲益給使，故薦用之。

右奉議郎王悦道直秘閣。悦道亦繼先子也。

右通直郎、通判廣州劉景知台州。景，旦弟也。時台州闕守，州人詣御史臺，舉右朝請大夫、通判州事管鎬。鎬，師仁兄孫也。師仁，龍泉人，大觀間執政。侍御史董德元奏：「罪人李光之子名孟津者，其繼母乃鎬之妹，故鼓率士民，舉鎬爲知州，鎬縱而不禁。望將鎬先次放罷，以破其姦計，并議孟津鼓唱之罪。」

9 辛卯，詔鎬放罷，孟津令紹興府羈管。李光之得罪也，其弟寬亦被羅織，除名勒停。長子孟傳、中子孟醇皆侍行，死貶所。仲子孟堅，以私史事對獄，掠治百餘日，除名編管。孟津其季子也，至是亦抵罪。田園居第悉皆籍没，一家殘破矣。

10 甲午，左朝奉郎、提舉荆湖南路常平茶鹽公事王之望爲潼川府路轉運判官。

11 庚子，右朝散郎蘇籍爲荆湖南路提點刑獄公事。籍，轍孫也。右通直郎、添差通判信州吕忱中提舉江南東路常平茶鹽公事。忱中，稽中族兄弟也，訐守臣林機陰事以告秦檜，故就用之。

12 辛丑，敷文閣直學士王會復爲尚書兵部侍郎。

親衛大夫、宣州觀察使閻皐卒。

13 壬寅，詔今後典賣舟船，若減落價貫，投稅印契，依典賣田宅法。以知安豐軍李樫有請，從權右司郎官林一飛看詳也。

14 癸卯，右朝奉郎、提舉江南西路常平茶鹽公事張常先爲江南西路轉運判官。

右朝請大夫黄兑提舉兩浙東路常平茶鹽公事。兑娶秦檜兄女，曹泳薦用之。

15 乙巳，右朝請大夫、直秘閣、淮南轉運副使鄭僑年特轉行一官，知廬州。

1 五月丁未朔，日有食之，陰雲不見。時太廟仁宗室柱生芝草九莖，左迪功郎沈中立爲頌以獻。

2 戊申，上諭大臣曰：「朕每以歲豐爲上瑞，雖靈芝朱草，固未嘗以爲意。至於宗廟産芝則非他比，有沈中立進頌，俟降出可觀之。」翌日，詔中立用意可嘉，特循一資。既而左朝奉郎、主管台州崇道觀勾龍廉獻太廟殿室聖孝金芝頌，詔進秩一等，添差夔州路安撫司參議官。廉轉官在六月丁丑。

户部侍郎曹泳言：「諸路免行錢，一歲計一百八萬餘緡。訪聞州軍敷納，至於提籃挈盝微小買賣之人，間有敷及鄉村去處，所收苛細，委實騷擾。欲截日並行住罷，仍乞舊令官司不得下行買物，庶幾少寬民力。」

從之。乾道元年七月辛亥所書可參考。

3 庚戌，禮部言：「欲依典故，許宰臣率文武百寮詣太廟觀芝草，次日詣文德殿拜表稱賀。」許之。

4 辛亥，御史臺、閤門、太常寺修定觀芝草儀：百官入廟門再拜。贊者引宰執、使相陞殿觀芝草，次引宰臣權歸幕，次餘官降復位，次分引侍從、宗室、管軍已下觀芝草。畢，引宰臣詣殿下，率百官再拜訖退。

5 壬子，大理評事俞長吉面對，論：「比來僻遠郡邑佐官，不省成憲，罔問吏民，一例自行斷遣，望申嚴法禁。」事下刑部。其後本部言：「若不繫所轄人，即令申所屬，違者按治。」從之。刑部狀下在七月癸丑。

6 癸丑，侍御史董德元言：

臣謹按左朝散大夫趙令衿，詐僞不情，專事狂悖。交結罪人，伺探國事。靖康中，嘗爲將作少監，乃吴敏引用也。敏罷相，令衿上書挽留，以報私恩。淵聖皇帝察其姦僞，坐廢者累年，復爲郎官。張浚誤國，得罪天下，言者方論其過。令衿乃於此時，以急速請對，爲浚游説。陛下聖明，亦惡其詐僞，黜爲宫觀。近以宫祠居衢州。衢爲南方道塗之衝，凡往來士夫，無問識不識，使人邀請至其家，曲意彌縫，探問朝廷事體。凡所措置，令衿必先知，不合其意，則恣爲狂悖之言無忌憚。伏望睿斷，先將令衿編置遠方，仍令有司，根勘泉州贓貨及衢州强斂良民錢物，悉行追納，以正紀綱，不勝幸甚。

詔令衿汀州居住，餘令户、刑部差官究正。先是，令衿自泉州代還，寓居衢州。嘗召客觀月，令衿因觀秦檜家廟記文，口誦「君子之澤，五世而斬」之句。右通直郎通判州事江召錫、州學教授莫汲皆於坐間聞之。召錫娶檜兄女，遂令汲告「令衿評論日月無光，謗訕朝政」。守臣左中大夫王師心勸之，不能止。德元聞而劾之，遂有是命。召錫，召嗣弟。汲，濛弟也。

詔廣南西路轉運副使王利用與宮觀差遣，理作自陳。以刑部奏利用目疾，妨廢職事故也。六部按監司，前所未有，故出之。此時刑部尚書乃韓仲通。

7 甲寅，左朝奉郎、知大宗正丞陸升之提舉兩浙路市舶。

8 乙卯，龍神衛四廂都指揮使、寧遠軍承宣使、侍衛步軍司統制梁斌卒。

9 丁巳，刑部員外郎陳良翰面對，乞：「申嚴州縣公皂因追逮民訟取財之禁。」從之。

10 戊午，樞密院編修官鄭柟爲宗正丞。柟，滋子也。

故武翼大夫、殿前司右翼軍統領王元玘特贈三官，例外録其家一人，以贛州言玘討賊死，故有是命。

11 壬戌，諸王宮大小學教授兼權中書舍人劉珙罷。時秦檜微示風旨，欲爲父作謚，以珙不即奉行也，怒，風言者論之。侍御史董德元即奏：「珙每見詞頭稍多，輒有憚煩之意，又爲鄉里富人營求太學生綾紙。」乃罷之。

右正言王珉劾：「太常少卿兼權吏部侍郎陳夔以專門之學自負。頃與考校，偏能揣摩其黨，公然宣言於衆曰：『此必吾黨之士，當寘優等。』衆爲寒心，而夔恬然，略無忌憚。望屏之遠方，以爲妄作之戒。」詔與外任。乃以爲江南西路安撫司參議官。

右承議郎、知信州林機移知邵州。機嘗奏秦檜父祠堂生芝草，又爲檜搜求水精，民極以爲擾。至是，爲吕忱中所訐，檜始咎之。

12 乙丑，金主使正議大夫守秘書監兼右諫議大夫李通、廣威將軍充羣牧副使耶律隆來賀天申節。

13 戊辰，太學博士張震爲秘書省正字。震初爲學官，免喪再召，至是漸進之。

右奉議郎王復行國子正。

14 己巳，秘書郎兼實録院檢討官兼權中書門下省檢正諸房公事鄭時中添差通判廣德軍①。初，沈長卿之獄上也，鄭仲熊獨無言。侍御史董德元欲攻仲熊，先奏：「時中招權納賄，凡中外書信，往來樞府，一皆攬之於家而轉致之，故其門如市。又與陰邪背馳之輩密相交結往來，時政因此而漏泄。若不逐去，臣爲朝廷慮之。」疏入，乃有是命。

15 壬申，詔：「武泰軍節度使劉錡累立戰功，家無產業，特給真俸。仍賜湖南路官田百頃，官給牛具。」然官皆屬常平司，錡但得荒田數頃而已。

是月，左奉議郎、知大宗正丞、權兵駕部郎官王珪兼權工部員外郎。此以工部郎官題名修入，他書皆無之。按紹興三十年七月，沈介論珪頃爲諸王宮教授，置司紹興，適曹泳出守紹興，爲詩酒之游，薦之秦檜，召攝宰士。以宮教題名考之，不見珪姓名。蓋珪實爲宗丞，介誤以爲宮教故也。又按此月八日甲寅，宗丞陸升之除浙舶，或是此時召珪，亦不可知，未知以何日先權兵駕部郎官耳，兵部題名不見，當求他書參考。

1 六月庚辰，端明殿學士、簽書樞密院事兼權參知政事鄭仲熊罷。侍御史董德元言：「仲熊素行貪穢，衆所共聞。舊在李光門下，贓污狼籍，密令侄時中與背馳之黨，日夕相通，招權納貨，幾無虚日。近者沈長卿以謗訕被鄉人訟，送棘寺，而陳祖安最爲長卿密交。仲熊令時中營救祖安，故語言文字，州縣並爲隱匿。及至棘寺，得以脱免。」右正言王珉言：「李光誤國之大姦也。仲熊未第時，嘗棲託其門，光與之定交。沈長卿與光庶婢之子陳祖安爲狎邪之友，如謗訕之事，仲熊特爲救免，且欲啓後來狂言妄語者之呶呶。若不亟去，恐其韜藏不測，禍有不可勝言者。」德元等又言：「近日大金遣使慶賀生辰，南北敦好既久，陛下屢降詔旨，館遇使客，務加周旋。仲熊既被旨押宴，對客蹇傲，略無和顔，酒行怱遽，頃刻而罷。誤國之深，莫甚於此。惟陛下斷而行之，速將仲熊罷黜，屏之遠方，以禦魑魅。」疏六上，仲熊亦求去，乃詔仲熊提舉江州太平興國宮，職名依舊。

2 辛巳，尚書禮部侍郎兼權直學士院湯思退爲端明殿學士、簽書樞密院事兼權參知政事。

國子司業沈虚中兼權直學士院。日曆無此，本院題名在六月，蓋代湯思退也。

左承議郎洪遵復爲秘書省正字，湯思退薦之也。既而遵之父責授濠州團練副使、英州安置皓亦復左朝奉郎，主管台州崇道觀，袁州居住。皓復官日曆未見。按行述，今年十月二十一日乙未卒於南雄州。以程計之，其降旨恐在此時。且附此俟考。

3 甲申，直敷文閣、知紹興府趙士粲以修奉攢宫畢工，陞直龍圖閣。

4 乙酉，作懷遠驛，以待安南貢使。

5 丙戌，尚書屯田員外郎林一飛守右司員外郎。

6 丁亥，侍御史兼侍講董德元試尚書吏部侍郎。

右正言兼侍講王珉試禮部侍郎。

監察御史張扶守右正言。監察御史徐嘉爲殿中侍御史。

7 戊子，左朝請大夫、提舉江州太平興國宫陳康伯知漢州。

8 己丑，右朝請郎、監尚書六部門蘇振面對，論：「縣令不留意差役，吏通賕賂，産厚者終以規免，産薄者却以被差，望令監司郡守常切按察。」上諭大臣曰：「此事監司郡守得人，自不紊煩朝廷，可令户部措置。」

9 辛卯，宰執奏：「殿前司右翼軍統制官陳敏捕贛寇已盡，乞推賞。」上曰：「自擒楊再興之後，湖廣溪峒皆安静，此恩威並行之效。」秦檜曰：「今四境之外，皆願入貢，遠人既來，當以德安之。」上曰：「然。」

10 壬辰，詔申嚴沿海地分銅錢入蕃之禁。以司農寺主簿林一鳴面對有請也。

11 甲午，左奉議郎、添差通判處州杜師旦提舉兩浙西路常平茶鹽公事，曹泳引之也。

12 乙未，左中大夫、知衢州王師心移知瀘州。師心入蜀，必以治獄不合秦檜故也。

右朝請郎、添差通判臨安府王彦傳知衢州[2]。彦傳至郡，召人告訐趙令衿事，遂興大獄。彦傳，江州人也。

13 戊戌，宜州觀察使、殿前司選鋒軍統制王升罷從軍，爲江南東路馬步軍副總管，令日下之任。男忠訓郎世雄特貸命，追毀出身以來告敕文字，除名勒停，決脊杖二十，不刺面，配邕州牢城收管。世雄嘗撰平治書，爲楊名者所告，下大理。世雄具伏，因赴武舉不第，心懷怨望，譏訕朝政，及作詩有指斥語，故有是命。

14 辛丑，大理卿張柄面對，論：「州縣有歲賜藥錢以待軍民所須，而奉行滅裂，但爲文具，乞申嚴覺察。」從之。

15 壬寅，詔今後守令非疾病在假，不許不出廳治事。以刑部員外郎張巘面對有請也。

左朝散郎、知沅州李景山罷。景山與通判丁濤交惡。判官鞏淙聞之，遂興獄，連逮數百人。時方盛暑，有繫死者。荆湖北路提點刑獄公事楊椿言：「止係守貳不和，互相論告，乞罷此三人而釋其衆。」詔如所請。秦檜喜曰：「部使者不當如是耶？」熊克小曆載此事於去年六月末，蓋誤。

16 癸卯，詔改岳州爲純州，岳陽軍爲華容軍。先是，左朝散郎姚岳獻言秦檜，謂：「亂臣賊子，侵叛王略，州郡不幸污染其間，則當與之惟新。今夫岳飛躬爲叛亂，以干天誅，雖訖伏其辜，然湖、湘、漢、沔皆其生時提封之內，而巴陵郡猶爲岳州。以叛臣故地，又與其姓同，顧莫之或改。」事下本路諸司。於是，直秘閣、知荆南府孫汝翼等言：「按水經，汨水西逕羅縣，與純水合。羅淵即今巴陵郡是也，純之爲字，有純臣之義焉。其言純粹、純白、純常，皆静一不雜之義，足以洗叛臣之污。」故有是命。岳嘗爲飛幕屬，至是自謂非飛之客，且乞改州名，士論鄙之。岳州改州名，日曆不書獻言者爲誰。紹興三十一年，汪澈乞復州名，亦止云白劄子③。今以趙甡之遺史考之，則姚岳也。

牲之又云：「岳飛以母姓姚，身姓岳，一見大喜，辟爲屬官。」岳，京兆人，初見紹興二年十二月④。

校勘記

① 秘書郎兼實録院檢討官兼權中書門下省檢正諸房公事鄭時中添差通判廣德軍　「討」，原作「校」，叢書本同，據本書卷一六八紹興二十五年二月壬午條改。

② 右朝請郎添差通判臨安府王彦傅知衢州　「傅」，原作「傳」，據宋史卷三一高宗紀九改。按：諸書或作「傅」，或作「傳」，本書亦如是，今據改正，下同。

③ 興三十一年汪澈乞復州名亦止云白劄子　以上十七字，原闕，據叢書本補。

④ 牲之又云岳飛以母姓姚身姓岳一見大喜辟爲屬官岳京兆人初見紹興二年十二月　以上原本全闕，據叢書本補。

建炎以來繫年要録卷一百六十九

1 紹興二十有五年秋七月戊申，宰執進呈疎決文字。上曰：「行在刑獄，皆已審克①。外路須令憲臣躬詣州縣，庶無冤濫。」己酉，秦檜奏曰：「陛下欽恤庶獄，異境所推，今欲令大理正一員，往決浙西滯獄，以稱德意。」上可之。

2 丙辰，宰執進呈户部狀：「準都省批送，下四川安撫司制置使符行中、四川總領湯允恭、户部員外郎鍾世明，申行中等同共取索得四路州縣，委是供輸太重，除節次承指揮減免外，見理之數尚多，理合減免。及將累年積欠難以催理錢物，酌度減放，委得不妨軍食，寬裕民力，欲並依所乞。」先是，茶馬司歲剩錢二百萬緡，宣撫司已取撥四十萬緡赴總領所贍軍，而成都、潼川府、夔州路廂軍闕額錢七萬九千緡，皆已入帳。成都路六萬一千八百四十四緡，潼川路一萬七百六十一緡，夔州路六千三百二十四緡，事俱已見十七年九月己巳。至是，世明乞歲增撥茶司剩錢七十三萬緡，利路廂軍闕額錢十萬緡，又以三路稱提錢八萬緡益之。稱提錢已見十八年五月乙丑，今復以七萬九千四百八十三緡有奇悉與之。遂減兩川絹估錢匹一緡，凡二十八萬緡。時西路每匹估十千有半，東路估十千。又減潼川府秋税脚錢四萬緡，利路税斛脚錢十二萬緡。舊三十萬餘斛，每斛錢引千四百。去年已減三萬緡，今又減。兩川米脚錢四十萬緡，元理百五十萬，累減至今，尚存三十五萬。鹽酒重額錢七十四萬緡，激賞絹九千餘匹。十六年十二月戊戌，宣司已減二萬匹，今再減外，餘三十萬匹。自絹估錢已下，所減合一百六十餘萬緡，皆勿復取。又蠲州縣逋欠錢二百九十二萬緡。係紹興十九年至二十三年拖欠折估糴米等錢。始，世明之使閩也，已見二十二年三月丁巳。凡所建白，皆不以聞，而第申尚書，其使蜀亦然。上頗咎之，然嘉其廉謹，遂以爲直秘閣、兩浙路轉運副使。以日曆及四川財賦册參修。上咎世明，據今年十一月庚午聖語附入。絹估錢二十六年八月辛卯，茶司錢三十年三月戊戌所書可參考。

右奉議郎、兩浙路轉運判官黄然爲江南東路提點刑獄公事。然爲畿漕纔數月，秦檜以其不勝任，遽命鍾世明代之，曹泳主然，故復得職司。

左文林郎、平江府府學教授曹冠行國子録。

左文林郎陳孺行太學録。孺爲明州職官，用曹泳薦入，俄又兼實録院檢討官，尋以憂去。

右從政郎、監編估局陳序充敕令所删定官。序，丹陽人，少從蘇庠學詩，向子諲在版曹，薦官之。王明清揮麈録餘話云：「陳彦育，丹陽士子，從後湖蘇養直學詩，造其三昧。向伯恭爲浙漕，訪養直於隱居，彦育適在坐，一見喜之，邀與之共途。益以契合，遂以其愛姬寇氏嫁之。其後踰年，伯恭登從班，乃啓於思陵，云寇氏萊公之元孫，其後獨有此一女，乞以一官與其夫陳序，遂詔特補和州文學。伯恭爲自製簪裳靴笏，令人賫黄牒往併授之，以白金爲饟。彦育方教村童於陋巷，持書人至，彦育疑非其所有。至出補牒，見其姓名，始拜命。望踰意表，不勝驚喜，閭巷爲之改觀，其後終於删定官。明清有其詩一帙，至今尚存也。」序補官不知在何年月，果如所言，則序蓋不知世間有廉恥事，而子諲欺罔之罪不容恕矣。或者寇氏實準之裔，流落失身，子諲後知之，故以適序，前賢多如此，以無他書參考，且附著之。序今年九月以進寘恤詔令改官。

尚書省批狀：「川路諸軍見耕營田，除逃亡死絶外，有占佃民間田地，如人户陳訴，委本路常平司勘驗，但有契書干照，即行給還，仍據本年合收營田租課，令人户承認送納，與依見今營田，免納二税科須。」此以紹興三十年二月十八日工部勘當狀修入，他書無之。同日，知利州趙不愚乞將人户識認營田租課，取一年酌中數目，與減半輸官。工部看詳，下都統制姚仲同總領所相度，未知後如何。

3 丁巳，右朝散郎、監尚書六部門蘇振行太府寺丞，總領淮東軍馬錢糧。

監登聞鼓院曹紱面對，言：「建州、邵武軍鄉鎮民間，或以非僻之書妄行開印，乞委州縣檢察止絶。」詔如所請。專委直秘閣、本路提點刑獄公事趙令詪奉行。令詪，燕懿王後昌國公世膺子也。

4 戊午，直龍圖閣、知平江府湯鵬舉罷，以右正言張扶論其「竊取悻直之名，以濟貪污之行，長惡不悛，治郡亡狀」故也。先是，扶入對，論：「明州通判黄卓費耗財用，乞賜罷黜。」上諭以：「其他州縣官果有似此等人，一一奏來。」扶奉詔而退。後四日，遂疏鵬舉上之。卓罷在是月甲寅。或謂卓與曹泳不相能，扶所言蓋承其風旨爾。

5 己未，右通直郎、福建路轉運司主管文字王瀹提舉福建路常平茶事。

6 庚申，成都府言：「新繁縣藥師院太祖皇帝御容殿夾柱損壞，及壁上衣紋璺裂。」禮部乞許令修換粉飾，從之。御容本雍熙間僧道輝所畫，熙寧間趙抃初設欄楯帷帳以崇奉之。元豐七年，走馬承受趙選者，更具奏得旨，修建殿宇，創置門鑰，官設監守，崇謁以時。紹興元年，太平宫道士訾全真等復持太宗、真宗御容自鳳翔詣宣撫使張浚，浚即遣使安奉於太祖之側。四年，宣撫副使吴玠更自興州送仁宗、英宗、神宗御容至此安奉。於是本院始有六聖御容。

7 辛酉，殿中侍御史徐嘉言：「直徽猷閣、知靜江府呂愿中悖逆害民。」時已召愿中赴行在，上覽疏，謂大臣曰：「聞諸蠻之來，盡令於帥司歃血，此乃亂世諸侯事，其妄作如此。」乃與愿中宮觀，令漳州居住。其隨行人馬官物，差官前去交割。

8 壬戌，上曰：「愿中既罷，恐羣蠻生疑，可檢舉典故，優與推恩，以慰其向化之心。」於是，以左中大夫、提舉江州太平興國宮施鉅爲資政殿學士，知靜江府。

9 癸亥，刑部員外郎許興祖面對，言：「仰惟陛下，以至德要道，臨御天下。嘉與一德大臣，都俞一堂之上，至誠惻怛，仁民愛物，靡不用其至焉。故靈芝產於廟楹，瑞麥秀於留都，以彰至治。臣竊謂宜如漢齋房之歌，製爲樂章，登歌郊廟，以答揚神貺。」從之。

尚書兵部侍郎王會充敷文閣學士，知平江府。

10 丙寅，左朝請郎張士襄主管台州崇道觀，從所請也。此爲士襄責監當事初②。

11 丁卯，南丹州刺史莫延沈爲本州防禦使，依例給長生券，月給鹽三百斤。呂愿中之未罷也，乞令延沈盡承襲父官，上可其奏，且諭秦檜曰：「宜令施鉅諭諸蕃，以愿中自別以不法罷去，於外國了不相干，庶絕疑慮。」

12 戊辰，右通直郎、添差通判衢州汪召錫直秘閣，提舉荆湖南路常平茶鹽公事。秦檜賞其訐趙令衿，且令圖張浚，乃奏：「昨得旨，汪召嗣已死，欲與其弟召錫推恩。」詔令除職。上因言：「伯彥鈍而輕信，在相州時，先在朕之左右，故際會致大用。」秦檜曰：「陛下天命所集，繫隆正統，非相州守臣之功。而召錫因奏事上殿，自擬父謚忠獻，乞建定策之碑，可見其無識也。」上曰：「善。帝王之興，自有天命，豈人力所能爲也？」

13 己巳，直秘閣、知福州方滋移知明州。

14 甲戌，静海軍節度使、安南都護、交趾郡王李天祚進封南平王，加賜衣一襲六事，御仙花金帶，銀匣，塗金銀器二百兩，衣著三百匹，鞍轡一副，馬二匹。天祚遣使入貢，故有是命。上諭宰執曰：「所授天祚及莫延沈告敕，卿等可詳視，仍與修改，播告遠人，欲令得體也。」秦檜時已病，上顧檜曰：「昨醫者謂卿膝弱，今已安，可喜，更當節飲食。」檜稱謝。

左朝請郎陳誠之爲敷文閣直學士、知泉州。誠之服闋，上欲召之，爲秦檜所沮，乃有是命。

左從事郎莫汲行國子正。

1 八月丁丑，左奉議郎、知大宗正丞兼工部員外郎王珪面對，言：「縣令之職，於民尤親。近年以來，告訐成風，善於其治，或遭誣訴，有司極其鍛鍊，故作邑者懼禍之及，一切因循苟且，爲自全之計。責其盡綏撫之方，勢有不可。欲望聖慈，付之有司，略爲措置，申嚴行下。不惟以絶冤濫，亦使能者知勉，以副陛下責成之意。」詔刑部措置申省。

2 戊寅，左朝散大夫、汀州居住趙令衿追一官勒停，令南外宗正司委官專一拘管。法寺言令衿謗訕不遜，故有是命。

3 辛巳，秦檜進乞差刑部尚書韓仲通、户部侍郎曹泳看詳守臣到任所陳裕民五事。上曰：「守臣陳獻利害，當令國與民皆足，乃爲稱職。如建炎間，時方艱難，財用匱乏，翟汝文知越州，乃盡放散和預買及鑑湖官租，不恤國計，而專欲盗名，如此等人，國家何賴也？」中興聖政：臣留正等曰：「古之爲國者，有城郭、宮室、宗廟、祭祀之禮，有諸侯、幣帛、饔飧、百官、有司之事，是其勢不得不取諸民，然而聖人猶以爲不得已也。由是量所用以賦之，爲之什一之法，不敢有加焉。過乎此，則百姓有不足，是桀之道也；不及乎此，則君孰與足，是貉之道也。二者聖人皆以爲有罪也。今之事君者曰：『我能爲君惠養元元，愛惜生民，彼國計之有無，吾不知焉。』是賊國盗名之人也。若夫剥下以益上，獻侫以營私，曰：『我欲爲君充府庫而已。』此又古之所謂民賊，而其罪當不止與盗名者同科。由是觀之，太上皇帝論臣所言利害，必國與民皆足乃爲稱職者，蓋古者取民之法當如此。」

殿中侍御史徐嘉言：「近者臣僚論列趙令衿罪惡，已蒙付之有司施行。臣訪聞事目内一項，稱令衿與趙鼎之子汾終日開懷痛飲，臨别厚贐之，且寄以書信，未知所寄何人。臣竊謂汾故宰相之子，乃甘心與人遞送書信，決有姦謀密計，窺伺朝廷事機。儻不究治，則罪惡不彰，爲國産禍，不可不慮。」詔送大理寺究治。

4 壬午，左中大夫、知鎮江府張修，國子正王復並爲監察御史。修，厭次人。曹泳之爲小吏也，嘗以臟污被劾，修力庇之，復自樞密院效士登第，驟除臺官，人皆駭愕。

右承議郎、新浙東安撫司主管機宜文字王曉通判温州。曉，會弟也。

5 癸未，左從事郎、秘書省正字張震特引對，詔改合入官。

6 甲申，秦檜進呈敷文閣待制提舉台州崇道觀蘇符、右宣奉大夫知建康府宋貺，欲並復敷文閣直學士。上曰：「符，軾之孫，與復職名甚善。」上因言：「和議之初，李光凶悖，蔑視朝廷，專欲沮壞大計，符初贊和議甚力，後乃變其說，蓋有捭闔之風也。」

國子司業兼權直學士院沈虛中權尚書兵部侍郎。

大理卿張柄權刑部侍郎。

秘書省正字洪遵兼權直學士院。遵之除，日曆不載，但於此月壬辰書宰執進呈洪遵乞罷翰苑事。壬辰在此月後八日。按是時翰苑乃虛中獨員，虛中既改除，則不容一日無官也。且附此，更求他書參考。

7 丙戌，尚書吏部侍郎兼侍講董德元參知政事。德元登第七年而執政，自呂蒙正以後所未有。熊克小曆德元自吏部尚書除，蓋誤。

詔人户身丁、免丁錢可特放一年。以御前錢依數還户部，凡爲絹二十四萬匹。

8 丁亥，尚書刑部員外郎張嶬、陳良翰並爲大理少卿。

9 己丑，廣東經略司言於占城國計置馴象來貢，稱真臘國自要進獻。上曰：「祖宗時每遇大禮須用此，今見有馴象，若其未至，姑竢之可也。」

詔都督府所至官莊及牛租，可日下放免，今後不得起理，元降指揮更不施行。

10 庚寅，殿中侍御史徐嘉、右正言張扶、監察御史王葆並兼崇政殿説書。

左朝請郎、新知泰州王揚英直秘閣，知眉州。

左文林郎、行國子録曹冠爲左宣義郎。冠特被引對，乃有是命。後三日，除太常博士，尋兼權中書門下檢正諸房公事。冠引對在是月己丑。

11 辛卯，樞密院編修官兼權檢詳、權樞密都承旨薛仲邕面對，論：「今明良一德，坐致太平，使監司守貳不妄用，不横斂，則郡縣無緣騷擾，乞申嚴行下。」從之。

12 壬辰，宰執奏事次，上曰：「頃韓世忠納宅子，當令移左藏庫及倉，欲以倉基造二府，以處執政，此祖宗故事。今各散居，非待遇之體。降指揮已三年矣，轉運未見施行，可呼至都堂傳旨催促，並要日近了畢。合用物料工錢，於御前請降，不得科斂。」

權尚書刑部侍郎張柄充敷文閣待制，知潭州。柄，秦檜死黨也。時張浚謫居永州，檜猶忌浚，故俾柄與汪召錫共察之。

權尚書兵部侍郎沈虚中依舊權直學士院。秘書省正字洪遵改兼權中書舍人，遵乞罷權翰苑，故有是命。

13 癸巳，左朝散大夫、昭州編管洪興祖卒。初，趙鼎罷相，居會稽。其門人方疇爲言檜答張九成，有「立朝須優游委曲」之語。事見紹興八年十月。因曰：「秦相亦今之賢者，安得有此怪論？」鼎曰：「此南方之所謂賢者，北方之賢者必不爾也。」疇曰：「公既知之，安得薦之於上乎？」鼎曰：「張德遠罷相之後，鼎再相，上曰：『卿既還朝，見在政府，去留惟卿意。』鼎曰：『秦檜不可令去。』一日，檜留身下殿，有喜色，謂鼎曰：『檜適求去，上云公自知檜，令檜與公商量。』鼎握檜手曰：『吾輩當以國事爲心也。』檜由是安迹。蓋行止非人之所能爲也。」至是，疇默數檜再專國柄十有八年，士大夫死於其手者甚多，則鼎言非人之所能爲，信哉。

右迪功郎張用和贈承務郎，官其一子，以權潭州安化縣尉，捕賊死事，本路提刑司爲之請也。

14 甲午，直秘閣、兩浙轉運副使鍾世明乞：「四川諸路應係大鐵錢，並依利州路作二文使用，官司不得括責拘收。」從之。蜀自漢以來用銅錢，至公孫述據蜀，始更造鐵錢，歷代仍用銅錢。孟氏廣政初復鑄鐵錢，與銅錢互用。國朝乾德三年平蜀後，吕餘慶鎮蜀日，首與沈義倫奏乞揀出銅錢，計綱發充上供，其川界止行用鐵錢。後以爲非便，淳化間仍令兩川銅鐵錢兼用。先是，益、邛、嘉、眉等州皆鑄鐵錢，每歲五十餘萬緡，後因李順之亂罷鑄。久之，民間闕錢，始用私行交子，因而弊端百出。景德三年，張詠上言：「受詔與轉運使黄觀同裁度嘉、邛二州所鑄錢，每銅錢一，小鐵錢十，相兼行用。」自後人多盜鎔。大中祥符七年，凌策又請鑄大錢，以一當十。嘉州錢監名豐遠，邛州錢監名惠民，止於兩州置爐鼓鑄。嘉祐四年，趙抃爲轉運使，奏以蜀中鐵錢甚多，乞罷鑄十年，以寬民力。是歲祫享，赦文中行之。熙寧間，轉運司復言罷鑄累年，民間見錢闕少，乞行下三司，詳度減半鑄錢，與交子相權。詔從之。後廢嘉州豐遠監，至建炎二年邛州復罷鑄。紹興十五年，鄭剛中爲宣撫副使，始復利州紹興監，鑄大小錢，歲各五萬。施州廣積監者，起於紹聖三年，其所用爐料，悉於清江縣籍定人户家業敷買。南平軍廣惠監者，所用鐵炭，皆取於爐户，而於所佃田上捐其租税。廣積監歲額萬緡，廣惠監萬五千緡，皆供本州省計而已。

15 丙申，宰執進呈直秘閣、提舉福建路市舶鄭震劄子：「占城國遣使，賫到進奉表章、方物并書信上宰相，見聽候指揮繳納。」禮部欲令近上二十三人到闕，仍令本司差熟事使臣引伴前來。宰臣秦檜奏欲依所請内獻宰臣等物，乞説諭不當創例。上曰：「可依典故，其書信婉順，説諭不須創開新例。」

16 丁酉，左承議郎、秀州州學教授陳巖肖爲諸王宫大小學教授。巖肖在秀州，爲秦檜立祠堂於學舍。熺歸，稍薦用之，俄兼權考功郎官。

17 己亥，龍圖閣直學士、知洪州張宗元罷。時秦檜忌特進、永州居住張浚尤甚，每臺諫官劾疏，必使及之。殿中侍御史徐嘉即言：「今陰邪逆黨，尚爾交結，簧鼓衆聽，撼摇國是。宗元天資陰狡，頃在川陝與浚大誤國事，今書問往來，健步絡繹，無一日無之。浚之諸僕皆寄名帥司親兵，月置銀與之。」時江西轉運判官張常先亦箋注宗元與浚壽詩③。右宣教郎、添差安撫司主管機宜文字徐樗又疏宗元之短，宗元遂罷。樗，南昌人也。

18 庚子，宰執進呈大理寺丞郭唐卿面對劄子，論：「遠方公皂買賣文引，乞取擾民，乞申嚴法禁。」大理評事沈正度劄子論：「朝廷罷免行錢，尚慮四方官吏，仍舊於行市虧價買物，望委監司常切覺察。」皆從之。

19 辛丑，詔：「臣寮合得紫衣師號，昨因住賣，權停給賜，可依條給還。宰執除落職等人外，令有司檢舉，今後與免釐革。」

20 壬寅，右朝請郎、知衢州王彦傅爲江淮荆浙福建廣南路都大提點坑冶鑄錢。

右中大夫、新知瀘州王師心改知洪州。

左朝請郎、新知閬州周執羔改知夔州。夔路諸州，地接蠻獠，易以生事。至是，或告溱播夷叛，其豪帥請遣兵致討。執羔使誡之曰：「朝廷用爾爲帥，今一方驛騷，責將焉往？能盡力則貰爾而已，一兵不可得也。」豪懼，斬叛者以獻。此事不得其時，熊克小曆繫之紹興二十四年六月末，誤也。是時執羔方知眉州。今因執羔除帥附見。

右中奉大夫、直龍圖閣錢端禮知衢州。

1 九月丙午，左朝奉大夫、新知資州左守道言：「國家推行茶法，爲利甚大。比年以來，給賣茶引多有虧欠，欲乞應州縣産茶地分，官募有力之家，權給木記，置場收買，候收成畢日差官秤盤見數，依字號給賣與有引商旅，庶幾私販之弊自革，而官課日益增羨。」詔户部看詳申省。後數日，宰執奏事。上因問：「今天下一歲茶利所入幾何？」秦檜曰：「都茶場等三處，一歲共得賣茶鈔錢二百七十餘萬貫。」上曰：「比承平時少陝西諸路，故其數止此。」上問在辛亥，今聯書之。

2 丁未，大理評事聟衍面對，論：「遠方受納人户匹帛不應繩式者，往往以退印爲名，用油墨損污或乾没入官，甚者掩爲己有，望申嚴禁止，仍許越訴。」詔監司按劾，御史臺彈奏。

3 辛亥，降授左奉議郎、知遂寧府李文會知瀘州。

直秘閣、提舉福建路市舶鄭震知嚴州。

左朝散大夫、直秘閣楊揆特降一官，仍落職。揆嘗以事爲秦檜所憾，屏居台州不敢出者將二十年。檜怒不已，守臣劉景即奏：「揆有田在黄巖縣，不依上户輸納科敷。」雖會赦，猶有是命。王明清揮麈録稱揆知楚州，欲斬秦檜。事蓋誤，已辯之，見建炎四年十月。

4 癸丑，權户部侍郎曹泳言：「江、淮、荆、湖、廣、福九路上供錢物糧斛，依條發運司注籍稽考催促，自罷司之後，别無總轄拘考，緣鑄錢司職事簡少。欲望就委兼管，拘催驅考九路上供錢物糧斛，每歲以諸路漕司催發，及一路州軍起發數目，比較申取朝廷指揮。」從之。時新除鑄錢官王彦傅本泳辟客，故其所陳如此。

5 乙卯，持服前安德軍節度使、龍神衛四廂都指揮使張子蓋依前官，提舉佑神觀，免奉朝請，以服闋從吉也。

6 丙辰，大理評事俞長吉面對，論：「村落酒坊，多因農民婚嫁之禮，縱其私醖，不即掩捕。望許保伍告官，重實典憲。」詔申嚴買引條法行下。

7 丁巳，太師、尚書左僕射、提舉詳定一司敕令秦檜等進呈紹興寬恤詔令二百卷。自鄭康佐建請，已見紹興二十二年八月乙酉。至是再踰年乃成，凡五十門。詔鏤板頒降。

8 己未，大理評事劉敏求面對，言：「在法，夏秋二税，分立三限，近年縣邑往往初限未周即行監拷，望申嚴法禁。」從之。

9 辛酉，右承議郎、新福建路安撫司主管機宜文字王轘添差通判秀州。

10 丙寅，秘閣修撰、提舉佑神觀秦堪充敷文閣待制，堪妻令人趙氏進封郡夫人。直徽猷閣、主管佑神觀吴益陞直寶文閣。以秦檜提舉編寬恤詔令推恩也。

11 丁卯，敷文閣直學士、提舉佑神觀秦塤試尚書禮部侍郎。

1 冬十月乙亥朔，秘書省正字張震面對，言：「陛下臨御以來，興學校，制禮樂，天下學士靡然鄉風。臣願申敕天下學校，禁專門之學，使科舉取士，專以經術淵源之文，其涉虛無異端者皆勿取，庶幾士風近古。」從之。

2 丙子，右朝請郎、新知無爲軍張永年直秘閣。永年，閎之子，與秦檜連婚。至是，獻其父文集於朝，故有是命。仍詔閎身後依條合得恩數，令永年經有司陳乞。

3 戊寅，詔紹興二十六年分民户二税不得合零就整，令户部行下諸路監司、州軍遵守，如違，許經尚書省越訴。

4 己卯，軍器監丞孫祖壽面對，論：「川廣守令有闕，違法差官，俾之久攝，妨公虐民，至有新授人不敢之任，或有至而不許赴者。望行下諸路，遇守令有闕，以見任正官暫時兼權，即申朝省及吏部選擇差官，不得隱藏闕次。」從之。

庚辰，右朝散郎朱敦儒特引對。秦檜喜敦儒之才，欲爲其子孫模楷，敦儒已告老，强起之。既至，落致仕，仍詔陳乞過恩澤免追奪，日後致仕，更不推恩。比對，即除鴻臚少卿，人始少其節。建炎中廢鴻臚寺，及是復置。敦儒落致仕在是月丙子。

5 壬午，禮部侍郎王珉爲賀大金正旦使，閤門宣贊舍人王漢臣副之。宗正丞鄭柟爲賀生辰使，閤門宣贊舍人李大授副之。

6 癸未，右正言張扶言：

謹按：右通直郎陳祖安，本李光庶婢之子。其天資凶險，實酷似之。光爲朝廷擢用之時，祖安出入其門，助爲傲虐。近者以沈長卿謗訕，爲鄉人所訟，平日所與唱和，獨祖安爲多。及赴逮棘寺，而鄭仲熊叔侄力爲營救，州縣觀望，悉爲改易文字，遂致漏網。而祖安偃然自恣，益無忌憚。每對人必盛談光之爲人，歎惜嗟恨，謂不遇其時，功業勿遂。一時無知羣小，爲所簧鼓，往往靡然從之。毗陵去行朝不遠，而祖安負罪之人，乃敢遨遊其間，朝夕窺伺。雖朝廷未欲明正典刑，望將祖安勒歸建州本貫，令官司常切覺察，月具存在申尚書省。庶不復爲盛世患，實天下幸甚。

從之。

右宣教郎、添差通判衢州周麟之言：「今天子受命中興，功光創業。近者太廟生靈芝，九莖連葉，此尤瑞應之大，卓絶而創見者。宜令有司考故事，特製華旗，繪靈芝之形於其上，以彰一代之偉績，實宗社大慶。」詔令所屬製造。既而禮部侍郎王珉、秦塤，權員外郎趙逵等乞：「以諸處申到瑞木、嘉禾、瑞瓜、雙蓮等，並繪爲旗。」從之。王珉等申請在是月乙酉。何俌龜鑑：「日蝕之變，高宗猶減膳避殿，而檜則以陰雲不見賀；彗星之異，高宗猶以寬民力出滯獄降詔，而康與之以彗爲不足畏，檜則畀之改秩；草木之瑞，高宗嘗謂不如鐵騎十萬，而檜則繪芝草於旗矣。高宗不敢有欺天之心，檜乃敢有欺君之心。檜之心，直欲掩蔽災異，緣飾祥瑞，以文中興，而爲固寵之資耳。」

7 甲申，國子正莫汲、大理評事莫濛並罷。殿中侍御史徐嘉言：「趙令衿與汲評論日月無光，若非平日交結之深，豈肯披露心腹，遽發是言？今趙汾已送獄，而汲在朝列，濛爲寺官，若不區處，則獄吏觀望，不盡實情，必遺禍胎，貽國後患。望將汲罷斥，濛别與差遣，庶幾趙汾等獄事研究盡實，灼見其姦，重寘典憲，使陰邪交結之徒，稍知懲戢。」故有是命。

8 乙酉，右正言張扶言：

謹按：右承議郎張祁，本農家子，緣其兄邵奉使，遂叨一命。乃私犯其嫂，以致有娠，於蓐中陰殺以滅口，胡寅從而庇之。邵歸，因此失心，不復視爲兄弟。前此孝祥新第而歸，終不敢往見。且寅之爲人，凶悖險詐，專事脅持。范宗尹、趙鼎之徒，畏之如鬼。雖在謫籍，其勢力猶可以造張祁父子之大福，又能使舉世不敢言祁，此其力不小。若不治之，則輕儇之徒覬望胡寅，雖不附麗，一朝爲國生事，悔之無及。臣身任言責，豈敢避忌，不爲國家遠慮？伏望付於有司，正其罪名，以快天下公論。

詔大理寺根治。

9 辛卯，太師、尚書左僕射秦檜言：「衰病交侵④，日就危惙。伏望許臣同男熺致仕，二孫塤、堪改差在外宫觀。」上賜詔曰：「卿比失調護，日冀勿藥之喜。遽覽封奏，深駭聽聞。其專意保攝，以遂平復，副朕所望。」檜秉政十八年，富貴且極，老病日侵，將除異己者。故使徐嘉、張扶論趙汾、張祁交結事，先捕汾下大理寺，拷掠無全膚。令汾自誣與特進、永州居住張浚、責授建寧軍節度副使昌化軍安置李光、責授果州團練副使致仕新州安置胡寅謀大逆。凡一時賢士五十三人，檜所惡者皆與。獄上，而檜已病不能書矣。此以朱熹所撰張浚行狀修入。臣嘗見前校書郎魏了翁言：「在館中時，聞今敷文閣直學士吳獵言，秦檜病時，大理寺官以趙汾等獄案上省，檜夫人王氏却之，語家吏曰：

『太師病勢如此，且休將這般文字來激惱他。』如此者再三。檜死，事遂已。」故以檜之惡如此，而其子孫未盡絶滅，蓋王氏此舉能全數十家性命故也。臣又嘗見蜀之老士人有爲薛仲邕館客者言：「仲邕時持案牘入檜卧内，是時已擬定刑名，只取檜一押字。會其疾篤乃已。所謂五十三人，趙令衿、胡銓、汪應辰、張孝祥之徒皆是也。」臣按：此時仲邕以樞密院編修官兼權檢詳。仲邕乃曹泳甥，與秦檜有連，故得出入卧内也。但五十三人不能盡得其名，惜哉！　中興聖政：大事記曰：「甚矣，檜之忍也，不惟王庶、胡銓、趙鼎、張浚、李光、張九成、洪皓、李顯忠、辛企宗之徒相繼貶竄，而吕頤浩之子摭、趙鼎之子汾、王庶之子之荀、之奇皆不免焉。蓋檜之心大狠愎，尤甚於章、蔡。竄趙鼎而必置之死，殺張浚而猶及其家。甚至蕭振以附程氏之學而得禍，洪興祖以序馮瑀論語注而得禍。末年欲殺張浚、胡寅等五十三人，而檜已病不能書，可畏哉！」

10 壬辰，少傅、觀文殿大學士秦熺言：「父以久病未安，乞謝事納禄，伏望許臣守本官致仕，庶幾父子俱退，追迹漢疏。」上賜詔曰：「朕方賴卿父子，同心合謀，共安天下，豈可遽欲捨朕而去，效漢二疏哉？」

11 癸巳，檜再請。詔答曰：「卿獨運廟堂，再安社稷。朝廷恃以爲輕重，天下賴以爲安危。勿藥之喜，中外所期。納禄有陳，豈朕所望？」甲午，熺再奏：「臣已與臣父議定，蓋是素志，乞同降處分。」詔曰：「宗社再安，卿與有力。方將同德之求，遽有納禄之請。非朕所望，勿復有陳。」是時，檜病已篤，而熺秘不以聞，但以滿盈求退爲請而已。

12 乙未，上幸秦檜第問疾。檜朝服拖紳，無一語，惟流涕淋浪。上亦爲之揮涕，就解紅帕賜檜拭淚。熺奏：「請代居宰相者爲誰？」上曰：「此事卿不當與。」乃賜幹辦府丁禩金帶，巳刻還内。是夕，召權兵部侍郎兼權直學士院沈虚中草檜父子致仕制。夜，熺遣其子禮部侍郎塤與其黨右司員外郎林一飛、宗正丞鄭柟等見殿中侍御史徐嚞、右正言張扶，謀奏請除熺爲宰相。　此以湯鵬舉劾疏修入。疏稱十月二十一日事，故附於此。林泉野記乃稱董德元、曹泳等謀薦即相位，於此不同。

是日，左朝奉郎、主管台州崇道觀洪皓卒於南雄州，年六十八。後謚忠宣。

13 丙申，太師、尚書左僕射、同中書門下平章事兼樞密使、益國公秦檜進封建康郡王，少傅、觀文殿大學士充萬壽觀使兼侍讀、提舉秘書省秦熺爲少師，並致仕。詔檜、熺已降制，其孫試尚書禮部侍郎兼實録院修撰塤、敷文閣待制提舉佑神觀堪並提舉江州太平興國宫，塤仍充敷文閣直學士。初，檜病篤，招參知政事董德元、簽書樞密院事湯思退至卧内，以後事囑之，且贈黄金各千兩。德元以爲若不受，則他時病愈，疑我二心矣，乃受之。思退以爲檜多疑心，他時病愈，必曰：「我以金試之，便待我以必死邪！」乃不敢受。上聞之，以思退爲非檜之黨，是日，以思退兼權參知政事。臣嘗見故武學諭范子該言：「秦檜當國，執政官不敢獨奏事。湯思退初入樞府，一日，檜擬除局務官二人，上偶不付出。檜疑之，諭思退令留身請其故。思退連稱不敢。檜曰：『此是檜意，無傷也。』明日，思退留身，如所戒。上見已驚，曰：『有何事，乃不與秦檜同奏耶？』思退具白云云。上曰：『此細事，朕偶忘記，非有他也。』思退將下殿，奏曰：『臣自此恐不復望清光。』上曰：『何故？』思退曰：『臣今日留身，雖出檜意，但其人多疑，必謂臣更及他事，且諭言路擠排，臣去無日矣。』上曰：『無慮，朕當保全。』思退因略言檜專權蒙蔽之狀，上頷之。退至殿廬，告以上意，未至省，已批出依奏，檜甚喜。其後臺諫數劾思退黨附秦檜之罪，乞罷相。上曰：『他人言檜擅權，皆言於其死後。獨思退於檜在日，爲朕言之，非黨也。』」子該所言必有據，故具載之。夜，檜薨，年六十六。遺表略曰：「願陛下益固鄰國之懽盟，深思宗社之大計。謹國是之摇動，杜邪黨之窺覦。」林泉野記云：「熺尤恣横不學，聞檜死，置酒，大喜。」

初，靖康末，檜在中司，以抗議請存趙氏，爲金所執而去，天下高之。及歸，驟用爲相。檜力引一時仁賢，如胡安國、程瑀、張燾之徒，布在臺省，士大夫亟稱之。未幾爲吕頤浩、朱勝非所排，遂不復用。會張浚與趙鼎有隙，因薦爲樞密使。浚罷，鼎復相，諸執政盡逐，而檜獨留。既而與鼎並居宰席，卒傾鼎去之。金人渝盟，軍民皆歸咎於檜。檜傲然不肯退，又使王次翁奏留之。韓世忠、張俊、岳飛方擅兵，檜與俊密約議和，而以兵權歸俊。飛既誅，世忠亦罷，俊居位不去，檜乃使江邈論罷之。由是中外大權，盡歸於檜。非檜親黨及昏庸諛佞者，則不得仕宦。忠正之士，多避山林間。紹興十二年科舉，諭考試官以其子熺爲狀元。二十四年科舉，又令考試官以其孫塤爲狀元。上覺彗星見，檜不乞退，頻使臣僚及州縣奏祥瑞，以爲檜秉政所致。上見江左小安，以爲檜力，任之不疑。檜陰結内侍及醫師王繼先，伺微旨，動静必具知之。日進珍寶、珠玉、書畫、奇玩羨餘，帝寵眷無比。命中使陳腆、續瑾賜珍玩、酒食無虚日。兩居相位，凡十九年。薦執政，必選世無名譽、柔佞易制者，不使預事，備員書姓名而已。其任將帥，必選奴才。初見財用不足，密諭江浙監司暗增民税七八，故民力重困，餓死者衆。又命察事卒數百，游市間，聞言其姦者，即捕送大理寺獄，殺之。上書言朝政者，例貶萬里外。日使士人歌誦太平中興聖政之美，故言路絶矣。士人稍有政聲名譽者，必斥逐之。固寵市權，諫官匪人，略無敢言其非者。自劉光世薨，其家建康園第併以賜檜。及張俊薨，其房地宅緡日二百千，其家獻於國，檜盡得之。性陰險，如崖穽深阻，世不可測。喜贓吏，惡廉士，略不用祖宗法。每入省，已漏即出，文案壅滯，皆不省。貪墨無厭，監司、帥守到闕，例要珍寶，必數萬貫乃得差遣。及其贓污不法，爲民所訟，檜復力保之。故贓吏恣横，百姓愈困。臘月生日，州縣獻香送物爲壽，歲數十萬，其家富於左藏數倍。士大夫投書啓者，臯、夔、稷、契爲不足比擬，必曰元聖，或曰聖相，至有請加檜九錫，及置益國官屬者。自「非檜親黨」以下至「富於左藏數倍」，以林泉野記本文。自「士大夫投書啓」以下並據趙甡之遺史刪附。聖相事，詳具紹興十四年六月，益國官屬事詳具十七年三月，九錫事詳具二十三年正月王循友知建康府注。然自渡江後，諸大將皆握重兵難制，張浚、趙鼎爲相，屢欲有所更張，而終不得其柄。檜用范同策，悉留之樞府，而收其部曲，以爲御前諸軍。息兵以來，諸郡守臣有至十年不易者。又以僧道太冗，乃不鬻度牒，暗消其弊，使民知務本。由是中外少安。至於忘讎逆理，陷害忠良，陰阻宗資之議，又其罪之大者。上久知檜跋扈，秘之未發。至是，首勒熺致仕，餘黨以次竄逐⑤，天下咸仰英斷焉。

14 丁酉，執政奏事。上曰：「秦檜力贊和議，天下安寧。自中興以來，百度廢而復備，皆其輔相之力，誠有功於國。」傷悼久之。

權尚書户部侍郎兼知臨安府曹泳特勒停，新州安置。

右朝散郎、守鴻臚少卿朱敦儒令依舊致仕。

樞密院編修官兼權檢詳文字薛仲邕、右朝請郎江淮等路提點坑冶鑄錢王彦傅、左奉議郎提舉兩浙西路常平茶鹽公事杜師旦並放罷，日下押出門。秦檜既死，右正言張扶乃奏：「泳肆爲凶悖，傲誕不遜。招權怙勢，以收人情。監司、郡守必欲出其門下，廣爲死黨。一或不然，則必以事陰中之。擯斥廢罷者，踵常相繼，搢紳畏之，視如鬼蜮。近見太師秦檜不安，未赴朝參，日與羣小妄議朝政，動摇國是，專欲離間君臣。竊恐別有覬覦，將致誤國。」殿中侍御史徐嘉言：「泳性資兇險，貌狀姦雄。威聲虐焰，震懾朝野。而又招權市恩，擅作威福。引援市井不逞之人，結爲心腹。如朱敦儒者，乃趙鼎之心友。杜師旦者，李光之上客。王彦傅者，贓污淫濫，專事刻剥。薛仲邕乃泳之甥，蹤跡詭秘，唯務躁進，而泳悉致之門下。國家財賦，自有常經，泳巧計百出，必爲額外，多方聚斂。較利之錙銖，割民之脂膏，怨嗟之聲，滿於道路。甚者幸大臣之有疾，遂日與羣小會聚，妄議朝政，便欲竊弄權柄，恣其悖逆不臣之心，以摇國是。罪惡貫盈，未易殫舉。欲望屏竄遠方，以快天下。仍將敦儒、師旦、彦傅、仲邕等並行罷黜。使兇惡不有君父之臣，及陰邪姦贓交結之徒，皆知所懲艾。」故有是命。

15 庚子，殿中侍御史兼崇政殿説書徐嘉權尚書吏部侍郎兼侍講。

詔敷文閣直學士陳誠之、魏良臣、敷文閣待制沈該，直龍圖閣湯鵬舉並召赴行在，令疾速起發。

16 辛丑，右正言兼崇政殿説書張扶試國子祭酒兼侍講。上既親政，首易言事官。前一日，批出除扶太常卿，執政言：「正言自來不除太常卿。」遂改宗正。復言之，乃有是命。

17 壬寅，詔保信軍承宣使提舉萬壽觀曹勛、保康軍承宣使提舉佑神觀韓公裔並令行在居住。二人皆上使令之舊，久爲秦檜所逐故也。

18 甲辰，秦檜妻韓魏國夫人王氏乞改賜一道號，詔特封沖真先生。

直寶文閣、主管佑神觀吴益充敷文閣待制，提舉江州太平興國宫。秦熺言：「益，先臣長孫女夫，望特賜推恩，改差在外宫觀。」故有是命。

詔敷文閣學士知平江府王會⑥、敷文閣直學士知建康府宋貺兩易其任。以秦熺言「會臣親舅，望令與貺兩易，庶得相聚，照顧家屬」故也。熺又言：「先臣葬事，乞令江東轉運使應副。」從之。仍令入內內侍省副都知陳永錫管葬事。

校勘記

① 皆已審克　「審克」，原作「蕃充」，叢書本同，據宋史全文卷二二上改。

② 此爲士襄責監當事初　「初」，原作「祖」，據叢書本改。

③ 時江西轉運判官張常先亦箋注宗元與浚壽詩　「先」，原闕，叢書本同。據本書卷一六八「右朝奉郎提舉江南西路常平茶鹽公事張常先爲江南西路轉運判官」之記載補。

④ 衰病交侵　「病」，原作「老」，據皇朝中興繫年要録節要卷一三改。

⑤ 餘黨以次竄逐　「次」，原闕，據皇朝中興繫年要録節要補。

⑥ 詔敷文閣學士知平江府王會　以上原闕，四庫館臣增補，且作按語：「原本脱此句，今增。」

建炎以來繫年要録卷一百七十

1 紹興二十有五年十有一月戊申，右承事郎趙汾特降二官。制曰：「汝大臣子，不自愛重。言者謂汝交通宗室，窺伺機事，朕議汝於法。究其始末，亦既有狀。從有司議，姑削二官。尚體寬恩，毋重後戾。」制詞權中書舍人趙逵所行也。日曆云：「汾，故宰相鼎之子。徐嘉任御史日，言其甘心與人遞送書信，窺伺朝廷事機，法寺鞫治，故有是命。」按此乃與張浚行狀所書鞫治本意全不同，必檜死後所擬也。臣嘗聞前校書郎魏了翁言：「吴獵在館中，嘗云張浚謫居永州，杜門不通人，惟穴牆以通薪水。一日，有自穴中擲身而下者，已困頓不省。其子栻往問之，乃趙删定者。爲栻言：『秦檜方起大獄，相公與某皆在其中，勢不免死，故來相别爾。』栻不敢以白浚，延之别室。浚微聞之，召栻謂曰：『吾曾薦秦會之，必不見殺，然亦當往海南。橐中有銀若干①，留其半，汝奉吾母歸長沙。其餘中分，半以予趙，半以備海南之行可也。』又數日，有黄衣卒復自穴中擲身而下，其家以爲謫命至，大懼。亟往視之，卒困甚，不能言，指腰間小紙文書，取視之，乃湖南漕臣所寄也。其書云：『十月二十二日，秦太師已致仕，伏乞鈞照。』浚始命撤關啓門。」獵，潭州人。舊游栻之門，其言必有據，故附著於此。趙删定未得其名，當考。

2 己酉，詔秦檜神道碑以「決策元功，精忠全德」八字爲額。以熺言「臣父際遇聖主，獲依末光，眷禮始終，曠古未有，今合立神道碑，望特賜御題八字」故也。

3 辛亥，詔大理少卿張嶬與外任。

右宣教郎王錡直秘閣。錡，繼先孫，以繼先郊祀合得薦奏恩澤而命之。制曰：「朕酬乃祖之勞，將益録其子孫。」既而曰：「與其益之，盍增異焉？用是以汝進直秘閣。夫父祖之於子孫，無所不用其愛，其亦榮汝之承吾賜而歸侍於側也。汝克孝秀，祗聽吾訓，顯身揚名，茲其所以報君親與？」制詞權中書舍人趙逵所行也。

4 壬子，敷文閣直學士魏良臣參知政事。

左中大夫、直龍圖閣湯鵬舉行殿中侍御史，監察御史張修行右正言。

5 乙卯，詔秦檜合該賜謚，令太常寺擬定。於是博士曹冠撰謚議曰：「故太師贈申王秦檜，光輔聖主，紹開中興。安宗社於阽危之中，恢太平於板蕩之後。道德光天地，勳業冠古今。雖備道全美，不可主一善名一功。而崇報之典，嚴於定謚。尤當先其報國之大節，傳道之顯效焉。謹按謚法：慮國忘家曰忠，文賢有成曰獻，宜賜謚曰忠獻。」

右朝奉郎、通判常州秦烜爲光禄寺丞。烜，梓子也。熺言：「臣本家御書閣，及賜第家廟，並未有人看守，望改烜行在差遣，就令專一照管。」故有是命。

6 丙辰，執政進呈赦書副本九十三條。上曰：「依前郊體例，還有增改否？」參知政事董德元奏：「今所進本除依前赦外，增改十八條，新添二十三條。」上曰：「民間利害，宜講究詳備，務在寬恤，無所冤濫。」

右司員外郎林一飛罷直秘閣。

兩浙轉運副使鍾世明兼權郊祀大禮提點一行事務官，以都司全闕故也。

7 丁巳，直秘閣、新知眉州王揚英落職，催赴新任。殿中侍御史湯鵬舉奏：「揚英寡廉鮮耻，近除職知眉州，可謂幸矣，嫌其地遠而不行，方且對衆揚言：『我嘗薦秦熺爲宰相，必爲我致力。』命下三月，傲然自安。方命不恭，無甚於此。」故有是命。

太常博士兼權中書門下省檢正諸房公事曹冠、右通直郎司農寺主簿林一鳴、監文思院上界門林一鶚並罷。先是，殿中侍御史湯鵬舉奏：「一鳴、一鶚乃一飛之兄弟，恃權挾勢，輒得進用。冠，秦檜之館客也，試官觀望，叨冒登科。平江教授到任三月，遽得改官，遂遷太常博士。如此，則國家清要，任使宰相用以酬門客，可乎？中外士大夫，莫不飲恨而竊笑之。望將一鳴、一鶚及冠特賜罷黜，以俯慰中外臣下積憤之心。」是日，執政進呈畢。新除右正言張修入對，亦論：「宗正寺丞鄭柟，天資險詖，賄賂狼籍。冠章句鯫生，人物凡下。二人者，朝夕出入大臣之門，復交結曹泳。柟之奉使，泳力與爲地。今冠爲檢正，實政事之本。柟爲奉使，蓋國體所繫。若不亟罷黜，深恐别致生事，傳笑四方。」上面諭修以開廣言路之意。時冠已用鵬舉章先斥，於是柟相繼亦罷。

左奉議郎、知池州青陽縣褚籍充御史臺檢法官。

左承務郎、監鎮江府榷貨務都茶場門張堅充御史臺主簿。時臺屬闕官，上面諭湯鵬舉令舉薦，遂用二人。籍，丹陽人。堅，綱子也。

榮州刺史、階成西和鳳州兵馬都鈐轄、御前後部同統制軍馬吴拱兼知成州。

8 戊午，執政進呈激賞庫所賣錦三千餘匹，係曹泳行下江、浙諸州變賣②，已依聖旨拘收。上曰：「自古帝王多事土木臺觀，遊燕田獵，朕皆不好，正恐有害吾民。如敷出許多錦帛，決致科擾，豈可不禁？朕深居九重，百姓愁歎之苦，朕安得知乎？」

是日，占城進奉使薩逵麻等入見，貢沉箋等香萬餘斤，烏里香五萬五千餘斤，犀角、象牙、翠羽、玳瑁等。賜酒食殿門外，後三日，即懷遠驛燕之。其後交趾、三佛齊使人率如此例。占城者在中國之西南，東至大海，西南至真臘，北至交趾之驩州，東北至吉陽軍。所統大小州三十八，通不盈三萬家。其戎器以標槍旁牌，竹弦弓，無翎箭。民有罪輕者笞臀背，罪重者籠而擲之水中，殺人者復使其親屬毆殺償之，大略如此。時占城國王楊卜麻疊死，其子鄒時蘭巴嗣立，故遣使入貢焉。

9 己未，宗正丞充大金賀生辰使鄭枏罷，用右正言張修奏也。奏已見丁巳。修又言：「曹泳先權户部侍郎、兼知臨安府，日與鄭枏、曹冠締交合謀，朋附大臣。將平昔交結不逞之徒狥情辟差，共爲姦惡。乞行下户部及臨安府盡行減罷。」又奏：「左迪功郎、監文思院曹緯實泳之侄，先持祖母服，泳力挽其來，俾就試省闈，試官觀望，濫綴科第，使其留行朝。深慮造作語言，動揺國是。」詔緯放罷。

權尚書吏部侍郎徐嘉充大金賀生辰使。

利州觀察使、御前前軍統制王彥特遷保寧軍承宣使。左部統制楊從儀、王宗尹，右游奕統制王喜，中部統制傅忠信，右部統制李思顏等九人並轉行一官，以都統制吳璘、楊政言彥等供職滿十年，從四川制置司保明也。

右武大夫劉允升帶御器械。

10 癸亥，冬至日，合祀天地於南郊，赦天下：「應命官緣事流放，累該赦宥，未曾施行，令刑部開具元犯因依，申尚書省取旨。應刺面不刺面、配軍編管、羈管人等，內命官具元犯因依聞奏。其永不移放人祖父母、父母年八十以上，或篤疾者，保明以聞。其情巨蠹人録元犯因依，并自到後來有無過犯，開析奏裁，當議看詳，特與量移。勘會進士因事送州軍聽讀，並無放年限，實可矜憫，可令刑部看詳，如元無的實罪犯，行下所在州軍，並發歸本貫聽讀，自今赦後及一年，别無公私過犯，給據放令，自便取應。」是歲郊祀，增鹵簿爲萬五千二百二十有二人，建靈芝、瑞木等爲旗，用乾德故事也。

11 甲子，上幸秦檜第臨奠，面諭檜夫人王氏以保全其家之意。

12 乙丑，敷文閣直學士、新知平江府宋貺罷。右朝請大夫、知廣州周三畏復敷文閣待制，知平江府。先是，貺以祖諱平乞避，魏良臣等奏令與三畏兩易。上曰：「貺小人妄作，向知臨安府，因官妓公事甚喧，可直與宮觀，理作自陳。三畏廉謹守法，中間被黜無辜，與復職知平江甚當。」三畏復職，必三省所擬也。熊克小曆載二語，減去「甚當」二字，遂失其實。

左朝奉郎、主管台州崇道觀、袁州居住洪皓復敷文閣直學士。皓謫居九年，至是已卒。十月二十一日。魏良臣等言：「皓在貶所病甚，欲復舊職宮觀，任便居住。」上曰：「皓頃在敵中，屢有文字到朝廷，甚忠於國。中間以語言得罪，事理曖昧，可依所奏。」上因語及：「大理寺官多是觀望，廷尉天下之平，如此，朕何所賴？趙令衿、趙汾被罪，事起莫汲、汪召錫。如近日張祁坐獄，皆是曹泳以私憾誣致其罪，卿等可速治之。」

13 丙寅，徽猷閣待制張綱落致仕，召赴行在。

保信軍承宣使、提舉萬壽觀曹勛幹辦皇城司。

14 丁卯，手詔曰：「廷尉爲天下平，而年來法寺，惟事旬白，探大臣旨意，輕重其罪，致民無所措手足。玩文弄法，莫此爲甚。比恐尚爾任情，亟罷舊吏。所冀端方之士，詳覈審覆，一切以法而不以心，俾無冤濫，副朕丁寧之諭。」

詔建寧軍承宣使王繼先供進湯藥有勞，特與轉兩官，依條回授。

右奉議郎江南西路轉運判官張常先、直秘閣提舉荆湖南路常平茶鹽公事汪召錫並罷，令逐路提刑司取勘聞奏。右正言張修論：「常先心懷傾險，專事把持，尤工告訐。召錫倚恃榮勢，姦濫貪污，侵擾公私。」故有是命。

15 庚午，手詔：「近歲以來，士風澆薄，持告訐爲進取之計，致莫敢耳語族談，深害風教。可戒飭在位及内外之臣，咸悉此意。有不悛者，令御史臺彈奏，當重寘於法。」

參知政事董德元、魏良臣、簽書樞密院事湯思退言：「天下之事，皆人主總攬，人臣不過奉行而已。近來諸路監司、郡守以事達朝廷，止云申尚書省取指揮，殊失經意。欲自今以後，事無巨細，皆須奏聞。如或準前違戾，許臣等具名銜進呈，當以黜責，示權柄悉歸於君上，非臣下所敢專也。」上曰：「此乃大臣任意所爲，不欲朕知天下事耳。此奏可即行下。」德元等又言：「今州縣之官，貪墨殘忍，尚容有之。監司郡守，職在按察，務相隱蔽，以市私恩，斯民何賴？欲自今後，有不廉不恤之士，失於舉覺，別因事彰露，其按察之官，重加黜責。」上曰：「此誠今日之弊，當如此奏行。」上又曰：「三省行首司賈雩罪惡甚多，執政大臣乃朕之股肱，皆被譖訐，不容安跡。須與編置，卿等宜速治之。」

皇叔右監門衛大將軍、和州防禦使士傒爲崇慶軍節度使，嗣濮王。皇叔左朝議大夫、直秘閣、福建路提點刑獄公事趙令詪爲利州觀察使，安定郡王。士傒，和僖穆王宗樸孫，榮國公仲惘子也。自秦檜當國，二王不襲封者十有餘年，至是始命之。時令衿當封，而方坐累拘管，乃封令詪。安懿王曾孫五百五十有三人，得紹封者自士傒始。令詪已見。

直秘閣、兩浙轉運副使鍾世明守尚書右司員外郎，兼權户部侍郎。上覽除目曰：「世明廉謹解事，前往閩、蜀頗有勞，但事止申省，無一字至朕前，今可詔諭朕此意。」

右正言張修言：「人才自有公議，乞誥誡臣僚，今後薦舉，必三人以上同銜列薦，庶無私於親黨，免取譏於公議。」從之。

16 辛未，執政進呈：「淮南轉運判官龔鑒，恃勢妄作，乞放罷。」仍差知揚州婁璹權兼管運司事。上曰：「揚州正當人使往來之地，須欲得人。聞璹亦不能稱職，卿等可與易一差遣。」

三省樞密院言：「士大夫當修行義以敦風俗，頃者輕儇之子，輒發親戚箱篋私書，訟於朝廷，遂興大獄，因得美官。緣是之後，相習成風。雖朋舊骨肉，亦相傾陷。收尺牘於往來之間，録戲語於醉飽之後。況其間固有曖昧而傅致其罪者。薄惡之風，莫此爲甚。臣等願陛下特降睿旨，令刑部開具前後告訐姓名，議加黜罰。庶幾士風丕變，人知循省。」詔刑部開具申省取旨。

敷文閣學士、新知建康府王會罷。殿中侍御史湯鵬舉言：「恭惟陛下，慎簡羣材，鼎新百度，内外莫不歡欣，而和氣所以充溢，中興之治，可以持守。然近者士論皆言：朝廷未除宰相，於十月二十一日秦檜未薨之前③，曾遣林一飛、鄭柟、秦塤計會臺諫，奏請秦熺爲相。以此傳播，中外臣僚，猶且指望熺必復用，以苟進取，以堅黨錮，恐天下士庶，不能無疑惑。臣切見熺父薨之後，陳乞數事，止有營私之心，初無憂慘之意。且如乞王會知建康，共辦父之葬事可也。乃云庶得相聚，照顧家屬。建康屯駐大兵，爲守臣者，一路軍民所寄，事體非輕，若止爲私家相聚，朝廷何賴焉？伏乞差會自陳宫觀，與熺共集檜之葬事。臣更乞睿慈，將臣之論列，報行中外，使臣下咸知尊君親上，精白以承休德，則浮言自息，公道自行。」故有是命。

直秘閣知太平州王晌、右朝請郎知宣州王鑄、直秘閣知廬州鄭僑年、直秘閣新知嚴州鄭震、直敷文閣知明州方滋並罷，亦用湯鵬舉劾疏也。鵬舉言：「晌附勢作威，寡廉鮮耻。鑄專事諂諛，出官未久，遽得監司郡守。僑年不通世務，沉湎貪饕。震不歷州縣，驟躐監司，頃爲福建市舶，每有貨物，半入私帑。滋陰狠恣横，姦贓狼籍，自楚州移桂府，自廣帥移福州，其所出珠翠犀象，盡入於權貴之家，復得明州優厚之處。此誠公議不行，私恩特甚，高官美禄，一家有煖衣飽食之幸，而孤寒遠宦④，數年不得差遣，終身有號寒啼饑之憂，其怨將何歸耶？伏望將晌等特賜罷黜，以慰臣下孤寒之心。」故皆黜之。鑄今年七月己未，自江東轉運判官改知宣州。

初，和州州學教授盧傅霖嘗作雪詩，有云：「寒鄉只願春來早，煖日寒風盡蕩摩。」右朝散郎、通判州事范洵按其怨望，遂罷傅霖。至是，右正言張修劾洵罷之，尋復令傅霖還任。傅霖十二月戊寅還任。

17 壬申，國子祭酒兼侍講張扶罷，以殿中侍御史湯鵬舉論扶「頃爲明州教授，奴事曹泳，夤緣改官，用泳之薦，遂爲正言。凡有奏陳，盡出泳口，豈能爲學者模範」故也。

秘書省校書郎兼吴王益王府教授兼權禮部員外郎趙逵兼普安恩平郡王府教授。及引對，上曰：「卿乃朕自擢⑤。秦檜日薦士，曾無一言及卿，以此知卿不附權貴，真天子門生也。」又曰：「兩王方學詩，冀有以切磋之。」逵因奏：「言路久壅，願陛下廣覽兼聽，勿以賤微爲間，庶養成敢言之氣。」上嘉納之。此據周麟之所撰逵墓誌修入，他書並無之。按逵今年二月入館，至檜薨僅半年，未爲久次。如董德元、湯思退、林機、葛立方、王曮皆檜所親厚者。曮入館踰年，立方、思退皆二年，機二年半方除郎，德元亦二年半方除察官，則逵亦未爲滯也。且據麟之所云附此，更須詳之⑥。

皇叔宣州觀察使、知西外宗正事士衎轉一官再任。

保信軍承宣使曹勛知閤門事，兼幹辦皇城司。

右正言張修奏：「右通直郎福建路提舉常平茶事王瀹、左承事郎添差通判廣德軍鄭時中，以大臣之親，驟加進用。左奉議郎知邵州林機以宰相姻婭，進躐清顯，附下罔上，妄立異議。宰相曾不以爲罪，猶付之名郡，物議籍籍。」詔並罷。修又言：「兩浙東路提擧常平茶鹽公事黄兑以大臣之侄婿，累冒差除，唯知諂事曹泳。浙東提擧闕官，泳何與焉？輒敢以兑姓名達之天聽。望賜罷黜，以協中外之望。」從之。

1 十有二月甲戌朔，禮部奏郊祀行禮聖孝等事，乞宣付史館。上曰：「霜露之感，人子常禮，所不必書。」上又謂輔臣曰：「頃委官看詳監司郡守所條裕民之事已數年，而未嘗進呈。必是取宰相意旨，不欲令朕見也。又所條止於民事，自今有已見利害，並許敷奏。」於是降旨行下。

手詔曰：「臺諫風憲之地，振擧紀綱，糾剔姦邪，密贊治道。年來用人非據，與大臣爲黨，而濟其喜怒，甚非耳目之寄。朕今親除公正之士，以革前弊。繼此者宜盡心乃職，惟結主知，無更合黨締交，敗亂成法。當謹玆訓，毋自貽咎。」

端明殿學士、提擧臨安府洞霄宮程克俊知建康府。

左朝奉郎、提擧江州太平興國宮章厦知太平州。

光禄寺丞秦烜與外任。殿中侍御史湯鵬擧言：「熺乞留烜守家廟，不過使之探伺朝廷之施設，稽察百官之向背。況熺身在草土，不當數有陳乞。望與烜在外差遣，將帶檜家廟歸建康。」上從之。

右正言張修言：「資政殿大學士鄭億年，以宰相子，身爲近臣，不能捐軀報國，乃甘事逆臣劉豫。既還朝，大臣力爲之地，高爵重禄，坐享累年。端明殿學士鄭仲熊，與大臣連姻，不一二年致身右府，賄賂狼籍。」詔並落職。億年南安軍安置，仲熊依舊提擧江州太平興國宮。修，高郵人也。

特進提舉江州太平興國宮永州居住張浚、降授左朝請大夫提舉臨安府洞霄宮郴州居住折彥質、降授左中大夫提舉江州太平興國宮沅州居住万俟卨、左中大夫提舉江州太平興國宮南康軍居住段拂，並令任便居住。卨仍復左通奉大夫。

責授建寧軍節度副使、昌化軍安置李光移郴州安置，光年八十矣。

左奉議郎主管台州崇道觀道州居住何麒、勒停人前左朝散郎直顯謨閣興化軍居住徐林，並放逐便。

嚴州觀察使、殿前司選鋒軍統制許世安爲建武軍承宣使，神龍衛四廂都指揮使、和州防禦使、殿前司選鋒軍統制李捧爲隨州觀察使，皆以積閥遷也。

2 乙亥，左通奉大夫万俟卨復資政殿學士，提舉萬壽觀兼侍讀。

詔行在百司闕官甚多，可令侍從共舉一二十人，務要真材實能，不得輒狥私意，儻不如所舉，必罰無赦。

左朝請郎、主管台州崇道觀張士襄責監南康軍在城酒稅務。是日，執政進呈次，上曰：「張士襄去歲奉使回，當朕前奏事，欺罔不實。宰相止以奉使不肅罷，續以宮祠處之。卿等可與遠小監當，以爲後來奉使之戒。」

左朝奉郎、直秘閣楊偰爲尚書駕部員外郎。左宣教郎、直秘閣楊倓爲將作監丞。

殿中侍御史湯鵬舉言：「敷文閣直學士徐宗說不學無術，夤緣幸會，遽躐版曹，而爲時相管莊，自爲苟賤。敷文閣待制曹筠因秦檜薦爲臺臣，凡有奏陳，盡出於檜。」右正言張修言：「敷文閣直學士徐琛貪污叨竊。」詔並奪職罷祠。

直龍圖閣、提舉台州崇道觀蔣璨爲淮南路轉運副使。璨不爲秦檜所喜，自鎮江罷去，爲祠官者十二年。

3 丙子，淮南轉運判官王秬爲父雲請謚，執政乞下太常寺。上曰：「若下太常，則又申請遲滯，可特賜謚。卿等便與議定進呈。」於是賜謚忠介。

左朝散郎王大寶守國子司業兼崇政殿説書。是日，執政進呈次，上曰：「王大寶向來曾進詩、書、易三經解，甚有可採。朕録一本留中，以進本付中書省。此人留意經術，卿等可與行在差遣。」董德元曰：「臣等方議欲除國子司業。」上喜曰：「朕意與卿等適合，甚善。經筵亦闕官，可與兼崇政殿説書。」

左承事郎張孝祥爲秘書省正字。故事，殿試第一人次舉始召。先是，秦檜以孝祥父祁爲胡寅所厚，命有司按以反謀，繫詔獄。上祀郊之二日，魏良臣密啓釋出之。因有是命。

4 丁丑，敷文閣直學士、提舉台州崇道觀宋貺落職，以右正言張修論貺「天資刻薄，恃大臣之知己，恣爲不法」故也。明年十月再貶。

諸王宫大小學教授陳巖肖爲尚書祠部員外郎，尋兼權中書門下省檢正諸房公事。

詔除名勒停前右朝散大夫武岡軍編管人万俟止⑦、除名勒停前右朝請郎直秘閣南劍州編管人夏珙、勒停前右朝散大夫直徽猷閣大寧監羈管人王良存、除名勒停前左承議郎象州編管人高穎，並放令逐便。

5 戊寅，御筆：「應先統兵官差破使臣軍兵，隨年被賞以轉官資者，不得以冒賞罪之。內代名人，依紹興十三年四月八日指揮改正。今後準此。」翌日，執政奏：「臣等未諭此意。」上曰：「只爲十三年以前立功將士有曾將決配，甚非朕意。」時上喜見顔間，又曰：「今後文字有疑處，次日可復將上。」執政又奏熙寧、崇寧封占城國王典故。上曰：「昨問客省亦不知此例，可依此行之，勿失遠人歸附之意。」

左朝請郎、南安軍居住鄭億年再責建武軍節度副使，南安軍安置。

右朝奉大夫、知南劍州沙縣張松就差知瓊州，用本路安撫司請也。按明年二月辛卯，湯鵬舉論魏良臣章疏，稱所薦張松自知縣造朝，輒除郡守，與此不同。又按良臣今年十一月癸丑方除參知政事，抵今二十七日，廣西經略司所請必在良臣執政之前。當考。

6 己卯，左朝奉郎、通判婺州周方崇爲監察御史。方崇，海陵人，湯鵬舉所薦也。

直龍圖閣知紹興府趙士㣇、直秘閣知温州高百之並罷。殿中侍御史湯鵬舉論：「士㣇爲時相家作媒，畢婚嫁，故連作帥臣，進陞秘職。百之與秦塤爲姻家，故驟爲提舉，繼守鄉郡，公論謂何？」乃罷之。

7 庚辰，安豐軍進蝛鮓白魚。御筆：「朕不欲以口腹勞人，可下本軍，自今免進。」翌日，執政進呈。上曰：「温州柑橘、福建荔枝，去年皆令罷進，獨蝛鮓、淮白，皆祖宗歲進之物⑧，朕恐勞百姓，所以再降指揮住罷。」

8 辛巳，左奉議郎、知廣德軍王綸守起居舍人。綸爲察官，以不合檜，故峻用之。

右正言張修言：「江南東路提點刑獄公事黄然傝㒆庸懦，昨爲兩浙轉運判官，其於漕計漫無措畫，將一路常賦妄行折科，民苦其擾。州郡申陳，則曰：『此曹侍郎指揮也，夫何疑焉？』爲江東提刑，案牘積壓，一聽人吏。乞與宮觀差遣，以協人望⑨。」從之。

左朝散郎金安節知嚴州。安節爲御史，再疏論秦梓，罷之，由是久廢，至是復起。

9 壬午，三省樞密院言：「近歲監司守臣⑩，競事刻剥，重爲民蠹者，其事未易縷數。摭其尤者，則羨餘不可不禁，權攝不可不罷，苞苴所當戢，宴飲所當節。欲望嚴申禁約，或有違戾，仰御史臺及監司彈奏，重寘憲典，庶幾副陛下愛養元元之意。」上曰：「此等無非害民者，可依此申嚴行下。」

執政進呈刑部狀，開具到前後告訐人：右朝奉郎張常先，先任江西運判，告訐知洪州張宗元與張浚書并壽詩；右通直郎直秘閣汪召錫、左從政郎莫汲，並告訐衢州寄居官趙令衿有謗訕語言；右朝散郎范洵，告訐和州教授盧傅霖作雪詩，稱是怨望；左朝奉郎、提舉兩浙路市舶陸升之，告訐親戚李孟堅將父光所作文集告人，及有譏謗語言；左從政郎、福建路安撫司幹辦公事王洧，任兩浙轉運司催綱日，告訐知常州黄敏行不法等事；追官勒停人前右通直郎、明州鄞縣丞王肇，誣告程緯慢上，無人臣之禮等語言，致興大獄，並是虛妄；降授承信郎雍端行，先任監潭州湘潭縣酒税，告訐本縣丞鄭玘、主簿賈子展因筵會酒後有嘲訕語言，致興大獄；福州進士鄭煒，告吴元美譏謗等事。上曰：「此等須痛與懲艾，近日如此行遣，想見人情歡悦，感召和氣。」於是並除名勒停，常先送循州，召錫容州，汲化州，洵梅州，升之、煒雷州，洧南恩州，肇高州，端行賓州，並編管。洧，鈇子。端行，蜀人，祖孝聞，崇寧初舉進士，南省第一，坐上書詆斥廢死。父子純，建炎間爲右職，隸趙哲軍。哲誅，子純亦編置。張浚憐之，復授端行一官，至是抵罪，後不知所終。黄敏求自常州對移和州，不知洧所訐何事。端行事迹以王明清揮麈前録修入。但録稱「雍安行」，恐小誤。鄭玘、賈子展未知何時行遣，此月十一日甲申復官。

詔除名勒停前左朝請郎荊門軍編管人范彦輝、坐作夏日久陰詩。前右朝奉大夫展州編管人王趯、坐與李光通書及借人。前右朝散大夫夔州編管人元不伐、坐撰造行在言語。特勒停前右承議郎徽州編管人蘇師德、坐其子撰常同祭文稱姦人在位。除名勒停前右承務郎峽州編管人李孟堅、坐父光所撰小史皆非事實。右承務郎紹興府羈管人李孟津、坐鼓唱台州人乞管鎬爲知州。除名勒停前右承務郎梅州編管人王之奇、前右承務郎容州編管人王之荀、坐怨望謗訕。特勒停前右朝散大夫鼎州編管人閻大鈞，坐依隨鄭剛中。並放令逐便。

詔：「諸撲買坊場，並遵依常平法施行。如有違戾去處，仰提舉司檢舉改正。」此當是爲罷諸軍酒坊、酒庫張本。

秘書省校書郎兼普安恩平郡王府教授趙逵、左宣教郎通判徽州周麟之並爲著作佐郎，逵仍兼權中書舍人。

是日，制授占城蕃首鄒時蘭巴懷遠軍節度觀察留後、占城國王，散官、檢校官、憲銜⑪、勳邑如故事。加賜寬衣一對，金帶一條，細衣着百匹，金花銀器二百兩，衣着百匹，銀帛千匹兩。又以其進奉使薩達麻爲歸德郎將，使副見日，皆賜金帶。判官金花銀帶、襲衣衣着，辭日皆賜衣服器幣有差。

10 甲申，御筆：「醴泉觀使孟忠厚令行在居住，奉朝請。」翌日，參知政事魏良臣奏曰：「忠厚在戚里最號賢者。」上曰：「向來徽宗梓宮須宰相護送，秦檜辭不肯行，遂差忠厚以樞密事護送。朕深不欲以國戚任軍旅及朝廷之事，萬一有過，治之則傷恩，釋之則廢法。如太后家子弟，但加以爵禄奉祠而已。」良臣曰：「陛下聖明，深得所以待國戚之體。」

詔：「命官犯罪，勘鞫已成，具案奏裁，比年以來，多是大臣便作『已奉特旨』，一面施行，自今後三省將上取旨。」

敷文閣待制劉一止落致仕，召赴行在。

右朝散大夫、直秘閣宗穎行尚書兵部郎中。

左朝散郎周葵復直秘閣，知紹興府。

詔除名勒停前左朝請郎處州編管人邵大受、坐朋附范同，浮言無稽。前左從政郎武岡軍編管人芮曄、坐賦牡丹花詩怨望。前右從政郎萬安軍編管人楊煒、坐上李光書詆和議。前左迪功郎橫州編管人鄭玘、前右迪功郎肇慶府編管人賈子展，坐酒後有嘲訕語言。並放令逐便，仍與復元官。煒渡海而卒。

徽猷閣待制致仕陳橐卒。

11 乙酉，參知政事董德元罷爲資政殿學士，提舉江州太平興國宮。先是，殿中侍御史湯鵬舉言：

德元器能淺陋，徒以巧言令色，取媚權貴，叨竊進取。既參大政，又以承乏得權宰執，興利除害，豈能任其責乎？進賢退不肖，豈能任其怨乎？是真伴食備員者也。望將德元罷黜，以爲貪進無耻之戒。

右正言張修言：

仰惟陛下聰明灼見，大臣前此專權自恣，一時小人有害於政者，奮由英斷，旋加斥逐。中外之人，獲覩朝廷清明，百度鼎新之日，無不歡呼鼓舞，稽顙相賀。其有朋比大臣，欺罔君父，罪狀顯著，物議沸騰，乃尚參與大政，不知引退，可不論列貶竄，以昭天下四海乎？臣謹按參知政事董德元，以猥瑣之才，偶中巍科。大臣當軸，欲其附會，遂啖以要官。至如臺諫，人主耳目之寄，尤非他官比。而德元爲侍御史，與之交通，令憸人往來，傳道密意。所喜者即驟進之，所怒者即擠排之。羣小得計，相爲黨與。善類惴慄，若無所容。此實臺諫附會，以至於此極也。近日聖詔初頒，在位之臣，敢不精白一心，仰承休德？如德元自宜告退，猶洋洋然不以爲耻，處廟堂，與機政，士論切齒。若不亟行罷黜，深慮有誤國事。

鵬舉又奏：

去歲省闈，德元爲參詳官，偶於謄録處取號，而得秦塤卷子，對衆曰：「吾曹可以富貴矣，今房中以得塤之試卷。」更相自慶。而德元復對衆又曰：「此卷子高妙，魁等有餘。」近日遂接引鄉人之浮浪者，公然鼓噪於市肆中，乞朝廷除德元爲相，是真不量力，取笑於一時，莫此爲甚。伏乞早賜罷黜，以爲諂奉權貴，妄意進用之戒。

修又言：

人臣之罪，莫大於附會。德元之罪，中外固已知之。懲一勸百，以戒飭在位之臣，誠不可緩也。

鵬舉又言：

德元權宰臣職事以來，兩月餘矣，才力不逮，智能無取。日甚一日，貪不知耻。況復歷官未久，驟躐政機，徒知歸德於時相，不知恩出於陛下。近日擅支激賞庫錢物，犒給胥吏，誠何心哉？是使胥吏歸恩於德元，不知激賞庫錢物，實出於朝廷也。

疏入，德元乃求去，上猶以不允答之。奏上，上始有是命。鵬舉又言：「德元貪鄙之心，知無不爲。且如近遣王珉出疆，德元遂令其子克正充上節禮物官。今端坐於家，公然循資，殊不知耻。珉之行日有云：『衆人皆有所得，獨參政令嗣，略不念盛寒中萬里之行耶？』人皆傳之以爲笑。德元貪鄙如此，尚得資政殿學士，而竊宫祠厚禄，公議謂何？望將德元職名鐫褫，仍將臣前後論列，報行中外，以戒臣下貪得無耻之心。」詔德元落職，制略曰：「不思臨軒之恩，遂決媢寵之策。間不一歲，來參萬幾。」權舍人趙逵所行也。

左朝散郎通判明州凌哲、左承議郎添差通判嚴州何溥並爲監察御史⑬，湯鵬舉薦之也。哲，吴縣人，初見紹興十四年七月。溥，永嘉人，初見紹興十二年三月。溥入見，首論：

天子之耳目，所恃以周知天下之故者，内則寄之臺諫，外則寄之監司。故監司權與臺諫等。陛下勵精求治，尊用臺諫，言無不從。今兹朝廷之治，可謂肅矣。而臣竊怪州縣之間，貪吏爲虐，搏噬良民，甚於豺虎。監司不問，郡守不訶。往往甘受佞巧，先食其餌，是烏足以當陛下耳目之寄哉⑬？臣愚以謂，州縣之貪吏，郡守不治，而監司得以按之，則郡守當坐縱容之罪。監司不按，而臺諫得以劾之，則監司當受失察之罰。而又每歲校其所按之多寡，以爲殿最之課。如是，則非惟監司不容於匿姦，而貪吏亦將斂迹而不敢犯矣。此非臣意度而爲之説也，比居田里所親見，故敢爲陛下言之。伏望睿慈，斷以必行，則實惠及民，天下幸甚。

從之。溥奏下在十三日丙戌，蓋此日引對所上也。

右司員外郎兼權户部侍郎鍾世明言：

契勘天下財賦，窠名不一，有歸之朝廷者，有歸之户部者，要之均濟國家之用而已。故朝廷之與户部，事實一體。户部闕乏，朝廷未嘗不應副也。比年以來，朝廷每月支降券食錢三十萬緡，又於數内尅還給關子錢，而户部窠名錢物，又有爲朝廷拘收支用者，户部所得無幾。欲望特降睿旨，令户部條具自來支使錢物窠名，撥歸户部，每月以實闕錢申朝廷取旨貼降。

又言：「江、浙等路有絶户没官等田宅，紹興二十年内節次指揮，撥赴常平司措置，其間州縣官吏，往往應副形勢，有力之家，量力租課佃賃，不惟暗失官課，而州縣又緣此失去二税歲計之用。乞將上件田宅，盡行出賣，令户部參照條具，申朝廷取旨。」並從之。

右承議郎謝伋知處州。王明清揮麈後録云：「紹興二年，秦檜之罷右僕射制詞，綦叔厚之文⑭，褫職告詞，謝任伯之文。綦、謝姻家也，秦大憾之。先是，高宗有親批云：『秦檜不知治體，信任非人，人心大摇，怨讟載路。』丁卯歲，上詔毁宰執拜罷録，謂載訓詞也。至乙亥歲，秦復知御劄在任伯之子伋景思處，作劄子自陳，大概云：『陛下是時，尚未深知臣，所以有此。乞行抽取。』得旨，下台州從伋所追索得之。是秋，又令其姻黨曹泳爲擇酷吏劉景者，擢守天台，專欲鞫勘景思。時景思寓居外邑黄巖山間。景視事之次日，捕吏追逮景思，直以姓名傳檄縣令，差人防護甚峻。景思自分必死，將抵郡城外渡，舟中望見景備郊迎儀，一見，執禮甚恭。至館舍，則美其帷帳，厚其飲食，景思叵測。是晚置酒，延佇坐間，笑語極歡而罷。始聞早已得檜之訃音矣。又踰旬，景思拜處牧之命，然終不知所興之獄謂何也。」按：此所云謝克家草秦檜制詞及丁卯歲毁拜罷録，乙亥歲秦檜乞下台州取索御劄皆小誤，前已辯之。劉景今年四月己丑差知台州。

詔右通直郎陳祖安令逐便。以刑部檢舉也。祖安初坐不告沈長卿謗訕事，勒歸建州本貫。

12 丙戌，武泰軍節度使、充侍衛親軍馬軍都虞候、提舉江州太平興國宮劉錡知潭州。敷文閣待制、知潭州張柄提舉江州太平興國宮。是日，執政奏事，魏良臣言：「錡一時名將，久閑。」上曰：「朕聞其貧甚，昨賜田百頃，仍官給牛種。」良臣言：「錡有申狀到朝廷，稱官田並撥入常平司，止得荒田數頃。臣已下本州，只就常平田撥賜，欲差帥潭州，見任人張柄與宮祠。」上曰：「甚善。」

直秘閣、江東轉運副使周石罷⑮，以右正言張修論石「緣大臣有父執之舊，濫被任使，貪污不法」也。

13 辛卯，執政進呈監察御史王葆自劾徐嘉曾與臣議除秦熺事。上曰：「王葆、徐嘉、王復雖言官，所薦皆出秦檜意。想其不自安，須與外任。」於是次第罷之。

參知政事魏良臣等言：「仰惟國家，累聖相承，法令全備，以爲萬世不易之典。自比年以來，間有一時申請權宜而行，其間致與祖宗成法有相牴牾者。臣等近面奉聖訓，國家政事，當並遵祖宗舊制。欲望特降睿旨，令省部節次條具，續降申明指揮，付有司看詳可否，取旨施行，庶與舊法罔或背戾。」又言：「朝廷偃兵息民，於今十五年矣。典章文物，粲然備具。惟是衣冠舊制，狃於近習，競以紫衫爲自便之服。公卿皂隸，混爲一區，甚非所以明等威、定民志也。欲望除諸軍將校許服紫衫外，自餘並依承平舊制施行。仍自紹興二十六年正月一日爲始。」皆從之。

詔：「比年諸軍統兵官，類多私役軍士，至於託名回易贍軍，以茶鹽布帛之屬敷配，倍取價直，因致貧乏。可令刑部行下諸軍，如或依前違犯，在内御史、在外委總領官按察劾奏，三省樞密院取旨，重寘憲典。如按劾官司知而不糾，與同罪。」

徽猷閣待制張綱試尚書吏部侍郎。

右正言張修爲太常少卿。監察御史凌哲爲右正言。

左朝散郎葛立方爲尚書吏部員外郎。葛郯題立方文集後云：「太上更化，伯父被召，復爲郎。數日，沈公該始除參知政事，而言者乃謂賂該之子得之。後議該者往往以爲口實，而伯父亦卒以此一跌不振。伯父既捐館，諸孤上書叫閽，下其事於吏、刑部，而吏、刑部考冤狀甚白，謂伯父除郎乃紹興二十五年十二月十八日，而沈該除參知政事乃當年十二月二十一日也。」

左奉議郎、通判紹興府黃中爲秘書省校書郎。中進士廷試第一，官州縣近二十年，至是始召。

御筆：「敷文閣學士王會落職，罷宮觀。」後九日勒停。

詔應召赴行在臣寮入國門日，令即時具狀聞奏。

右朝奉郎、通判袁州蔡撢提舉荆湖南路常平茶鹽公事。撢初見紹興二十二年十一月。

左承議郎、充兩浙東路安撫司參議官何逢原提舉荆湖北路常平茶鹽公事。

14 癸巳，責授果州團練副使致仕胡寅復徽猷閣直學士致仕。

詔：「追官勒停人趙令衿復左朝請大夫，追官勒停人閻大鈞、除名勒停人元不伐復右朝散大夫，万俟止復朝散大夫，止明年四月庚寅帶「右」字。范彥輝復左朝請郎，李孟堅、王之奇、王之荀並復右承務郎，勒停人蘇師德復右承議郎。」

15 甲午，敷文閣待制沈該參知政事。該自蜀歸，召還入見，上曰：「秦檜何忌卿之深？」該曰：「臣始用檜薦，及登從列，聖知益深，檜稍相猜。」上笑曰：「然。」遂有是命。該首奏曰：「朝廷機務至繁，所賴以同力協濟者，惟二三執政。比歲大臣怙權，參、樞皆取充位，政事例不關決。宜特詔三省，務各盡誠，以贊國事。」時上復親庶政，躬攬權綱，首詔該及万俟卨還朝。已而二人共政，無所建明，益不厭天下望云。

敷文閣直學士、知泉州陳誠之爲翰林學士。誠之至泉纔數日也。

16 乙未，上謂魏良臣、沈該、湯思退曰：「兩國和議，秦檜中間主之甚堅，卿等皆預有力。今日尤宜協心一意，休兵息民，確守無變，以爲宗社無窮之慶。」良臣等唯唯奉詔。

左奉議郎、知大宗正丞兼權工部員外郎王珪面對，即日除監察御史。日曆，紹興三十年八月，沈介論珪召攝宰士，檜死泳逐⑯，珪失所恃，巧入湯鵬舉，濫陞御史。按前後薦除察官例引對，今日曆所書乃云某官王珪輪當面對，則似非薦對也。珪除御史告詞有云：「爾仕於朝，知之者鮮。一言之間，朕乃得之。」則非臺端所薦可知。又按：秦檜死日，宰士止有右司林一飛一員，而曹冠權檢正右司。自去年六月，張士襄遷後，更不除人，或者珪所權，即左司也。然工部郎官題名止書珪遷臺察，不云珪改權都司。介所云，更當詳考。

左朝散郎葉義問行太常博士。

右朝奉大夫王會特勒停，送循州編管。殿中侍御史湯鵬舉言：「會初無履歷，恃檜與熺之親黨，致身禁從。出守便郡，置田産於湖、秀，造大宅於平江，三州之物聚於私宅，恬不知耻。」新除右正言凌哲言：「會專恃權勢，肆爲貪酷。其知湖州也，民間私造酒醋，斗升之犯，即拘没家財。逮移明州，益嚴其禁。加之違法横斂，託名羨餘，貯之別庫，謂之措置。曹泳嘗倡之於前，已不堪其弊矣。至會復增其數，歲至三十萬緡。於是多置稅場，以掊尅商旅，增造酒額，以抑配貧民。以爲未足也，則又侵奪諸司正額之錢，悉充措置之數。及其還朝，席卷而去，帑藏爲之一空。凡典三州，皆二浙膏腴之地。其去之日，公庫所有，多擇以自隨，所至蕭然，恬不知恤。治第平江，極於華侈，皆出於三州兵民之力。望投竄遐裔，以爲臣子慢令賊民之戒。」上謂魏良臣等曰：「會所至狼籍，止緣恃秦檜之勢，乃敢如此。可與廣南編置。」故有是命。

太尉、御前諸軍都統制、知興州吴璘乞赴闕奏事。詔不許。

17 丙申，執政進呈諸處申到祥瑞，乞宣付史館。上曰：「此等極有不足紀者，卿等宜斟酌，不中理者刪去之。」中興聖政：史臣曰：「中興以來，言祥瑞者，類多貶秩罷官。紅光有火德之祥，赤芝應建炎之號，禾穟生於枯桔，甘露降於潛邸，此其尤怪誕也。聖諭及此，欲屏絶之也。」

上曰：「近日葉義問劄子，極言州縣添差官之弊，所給俸禄，皆生靈膏血，豈得不爲民害？祖宗舊法，止宗室、戚里添差差遣。及比年，因軍中立功人、離軍將校，例與添差，除此外，當盡罷去，數十人不無怨嗟，然愛惜民力，要當如此。」魏良臣等言：「容續次修具取旨。」熊克小曆止書「詔罷添差官」五字。

左朝散大夫、福建路安撫司參議官賀允中守太常少卿，左朝奉郎、荊湖北路提點刑獄公事楊椿試秘書少監，左朝散郎、吕廣問爲尚書禮部員外郎。三人皆爲秦檜所抑，久於外，故上擢用之。

左承議郎、提舉江州太平興國宮蕭振充敷文閣直學士、四川安撫制置使兼知成都府。時上既蠲蜀民舊逋，而敷文閣待制、知成都府符行中督責甚峻，蜀人怨之。雙流令馮光邦賊殺不辜，爲監司按治。行中以光邦爲秦檜所厚，反坐告者杖脊編管。朝廷知其不可任，乃召行中還，而復用振。

降授左朝請大夫折彦質復端明殿學士、左朝議大夫。

左文林郎衢州州學教授胡沂、左從政郎宣州州學教授葉謙亨並爲秘書省正字。

右奉議郎莫濛復爲大理評事。

左承議郎、通判盱眙軍祝閎行宗正寺主簿，左承議郎朱夏卿行司農寺主簿。閎，德興人。夏卿，勝非子。皆用近臣薦，故有是命。閎二十二年十一月戊戌除盱眙倅，其後言者論閎知海鹽縣，作將覺堂，由此除宗簿。恐誤。

左從政郎范成象行太學録。成象，成大兄也。

責授左承事郎、將作少監、分司南京朱翌復左承議郎，充秘閣修撰。降授右承務郎趙汾復右承事郎，特與改正過名。汾還家而卒。

除名勒停人高穎復左承議郎。

吉陽軍編管人胡銓量移衡州，從刑部檢舉也。

直秘閣提舉淮南東路常平茶鹽公事齊旦、直秘閣添差通判平江府王伯庠並落職放罷。殿中侍御史湯鵬舉論：「旦奴事權臣，減尅鹽本錢，以資妄用。伯庠以王會親戚，寡廉鮮耻，違法貪饕。」故皆黜之。鵬舉又奏：「右承事郎、福建路安撫司主管機宜文字康與之贓濫尤甚。右宣教郎、江西路安撫司主管機宜文字徐樗初受秦檜奏補，即在行在守官，撰造言語，檜酷信之，嘗中害張宗元、范彦輝。與之頃在平江干求州縣，稍不如意，遂撰造言語，致周三畏放罷，蘇師德編管。伏乞重加竄殛，以爲臣下贓污告訐之戒。」詔並除名勒停，與之送欽州，樗高州編管。

右司員外郎兼權户部侍郎鍾世明言：

近年民間銷毁錢寶，法禁雖嚴，尚未止絶，蓋緣出賣器皿，其利不啻數倍。今措置欲責令州縣，應街市見賣銅器，限半月並拘催入官，嚴行禁止。其犯人不論輕重，並押赴鑄錢監充役。官吏知而不覺者，從違制論，仍行放罷。論逐路坑冶，興廢不常，難以立爲永額。近來鑄錢司督責嚴緊，往往銷錢爲銅，上下期於脱責。今欲令逐路提刑司選官檢視坑冶所出多少，令分數認納，不得抑勒。其全無所出去處，即保明申朝廷放免。又近來錢寶多有流入外界，蓋緣場務官司利於收息博易。今欲嚴行禁止，如有透漏，其巡尉并場務官司知而不覺者，以違制論，仍行放罷。犯人許諸色人及徒伴告首，即以隨行財物多寡全行給賞。民間有銅寶興發去處，官司量支貸，聽人户隨多寡輸納⑰，不得抑勒。庶幾諸處銅坑，不致隱蔽不告。其金銀等坑及膽水興發處，亦乞依此施行。

從之。

18 丁酉，特進、提舉江州太平興國宮、和國公張浚復觀文殿大學士。

右通直郎、知真州陳正同爲樞密院檢詳諸房文字。上覽除目曰：「今此差除，皆合公議。自兩月以來，卿等除用人材，無非盡公，想見外議，皆以爲當。如朕未嘗容纖毫之私於其間。若行公道不變，天下何憂不治？」上又曰：「近日兩浙、閩、廣市舶司及四川茶馬諸處進貢真珠、文犀等，此物何所用？當批出禁止。」

御史臺主簿張賢爲國子監主簿。

右通直郎陳洪爲太府寺主簿。洪，與義子也。

詔直秘閣、知荆南府孫汝翼專恣妄作，直秘閣、都大主管四川茶馬鄭靄職事不修，唯務掊剋，可並罷。直秘閣、新知無爲軍張永年罷，以淮南轉運判官王秬奏其以權貴姻連得貼職，而不請避父名也。

詔監司約束所部州縣，受納秋苗，不得過加收耗。先是，監察御史王珪以大宗正丞入對，言：「今之急務，莫先於富國裕民。今四境無虞，干戈不用，而小有水旱，一方之人，多致流離死徙，不能自存。且以目前利害言之，蠹民之財，莫甚於輸納二稅之弊。大率加耗之入，或過於正數。官收一歲之租，而人輸兩倍之賦。中下之家，逃租棄產，漂寓他鄉者，往往而是。朝廷雖申嚴約束，而州縣公肆斂取，無所畏憚。唯其所說，可以藉口，循習之久，不以爲怪也。臣愚以謂，莫若度州縣所用多寡之數，立爲定例，使上下通之，此外不得分毫有所須索，必重寘典憲。不唯少寬民力，亦使官租易辦。公私之利，無以踰此。」故有是命。

右朝請大夫、主管台州崇道觀霍蠡復直徽猷閣，爲京西南路轉運副使。

左朝請大夫熊彦詩知鄂州。

左中奉大夫、提舉台州崇道觀葉三省復直龍圖閣。

除名勒停人王趯復右朝奉大夫。朝奉郎、主管台州崇道觀劉岑復左朝散大夫。

19 戊戌，敷文閣待制劉一止充敷文閣直學士，依舊致仕。一止被召至國門，病不能拜，復求去，乃有是命。

諸王宮大小學教授朱三思罷，以右正言淩哲論其「諂事王會，遂得教授宮學。會之去朝，復附曹泳，以短卷密疏人事於泳，多非其實」故也。

20 己亥，金國賀正旦使奉國上將軍太子詹事耶律歸一、副使左中大夫行大理少卿馬楓見於紫宸殿。

詔少傅、醴泉觀使、信安郡王孟忠厚押百官班。

特進、觀文殿大學士、和國公張浚判洪州，寶文閣學士張燾知建康府。浚以母憂不赴。

端明殿學士、新知建康府程克俊依舊提舉臨安府洞霄宮，從所請也。

左中大夫、知洪州王師心復敷文閣待制，知荆南府。

左朝奉郎、通判筠州劉章爲尚書司勳員外郎。

左朝奉郎、通判廬州張晟爲司勳員外郎。上覽除目曰：「晟，會稽人。前日論本府科買箭笋擾民，想皆曹泳、趙士粲所爲。」魏良臣曰：「不獨越之箭笋，如平江之洞庭柑，每對直二千。宣之蜂兒，每斤三四十千。多是科買，民極苦之，皆郡守無狀，以此取悦權倖。」上乃詔悉罷之。因曰：「朕平時未嘗毫末有取於民，如日用紙亦不委臨安府，只自令人買於市肆，便得佳者。」良臣等曰：「陛下聖德恭儉如此，雖古帝王何以復加？」

昭信軍承宣使潘端卿依舊帶御器械。

21 庚子，詔御前諸軍都統制可依見任管軍法，不許出謁及接見賓客，内兼州事者依本法。

22 辛丑，詔殿前馬軍司元差軍兵一百人於秦檜下充白直⑱，可令逐司拘收歸軍。

加封漢將龐統爲通惠威烈侯。廟在榮州。

是歲，宗室子賜名授官者二十有一人。諸路斷大辟二十一人。

金主亮陰有南侵之意，乃謀遷居南京。即汴都。遣參知政事馮長寧爲留守，經畫修内。未幾大火，宮室悉爲所焚。亮大怒，降長寧爲庶人，尋杖之死。

校勘記

① 槖中有銀若干　「若干」，原作「苕子」，據叢書本改。

② 係曹泳行下江浙諸州變賣　「變」，原作「辦」，據皇朝中興繫年要録節要卷一三改。

③ 於十月二十一日秦檜未薨之前　「薨」，叢書本作「死」。

④ 而孤寒遠宦　「宦」，原作「官」，據叢書本改。

⑤ 卿乃朕自擢　「自」，原闕，據皇朝中興繫年要録節要補。

⑥ 更須詳之　「之」，叢書本作「考」。

⑦ 詔除名勒停前右朝散大夫武岡軍編管人万俟止　「止」，原誤作「卨」。按：本卷前已有左中大夫提舉江州太平興國宮沉

州居住万俟禼任便居住及復資政殿學士之記載，此則爲右朝散大夫，與禼之左中大夫不合，當非一人。本書卷一七二載禼兄「朝散大夫万俟止主管台州崇道觀」，階官名正合，因據改。

⑧皆祖宗歲進之物　「祖宗」，原作「宗祖」，據叢書本乙。

⑨以協人望　「人」，原闕，據叢書本補。

⑩近歲監司守臣　「臣」，原作「城」，據叢書本改。

⑪憲銜　「銜」，原作「御」，叢書本同，據文意改。

⑫左承議郎添差通判嚴州何溥並爲監察御史　「左」，原作「又」，叢書本作「右」。按，何溥爲進士出身，於例寄禄官階當帶「左」，因改。

⑬是烏足以當陛下耳目之寄哉　「烏」，原作「爲」，據皇朝中興繫年要録節要改。

⑭綦叔厚之文　「厚」，原作「後」，據宋史卷三七八綦崇禮傳及揮麈後録卷七改。叔厚即崇禮之字。

⑮直秘閣江東轉運副使周石罷　「周」，原誤作「州」，據宋史全文卷二二上改。本書卷一九八亦有「敷文閣待制提舉江州太平興國宮周石致仕」之記事。

⑯檜死泳逐　「死」字原闕，本書卷一八五亦有「中書舍人沈介論珪頃在紹興，與曹泳爲詩酒之游，薦之秦檜，召攝宰事。檜死泳逐，珪失所恃」之記事，據補。

⑰聽人户隨多寡輸納　「輸」，原作「輪」，據叢書本改。

⑱殿前馬軍司元差軍兵一百人於泰檜下充白直　「於」，原作「充」，涉下文而誤，據文津閣本改。

建炎以來繫年要録卷一百七十一

1 紹興二十有六年歲次丙子。金海陵煬王亮正隆元年。春正月按是月癸卯朔。丁未，資政殿學士、提舉江州太平興國宫樓炤知宣州。

右朝請大夫、知信州黄仁榮爲江南東路轉運判官。仁榮，浦城人也。上曰：「信州亦須擇人。昨宰臣搜水晶，極擾人，如林機尤無狀。」魏良臣等曰：「紹興初，徐康國爲浙漕，進台州螺鈿椅桌，陛下即命焚之，至今四方歎誦聖德。」上指御座曰：「如一椅子，只黑漆便可用，何必螺鈿？」上又曰：「往日宫殿幕帟皆文繡，朕今並不用，土木被文繡，非帝王美事。」良臣等曰：「漢文帝所以稱賢君，正由節儉也。」

2 戊申，左朝散郎張九成復秘閣修撰、知温州。直秘閣、新知廣州陳璹知湖州。九成謫居十四年，談經自樂，學者尊之。上覽除目曰：「九成昨在經筵講書，及西漢災異事，秦檜不樂，以此遂去。璹本檜所薦，謂其材可作帥，後自桂州召來，不旬日遣去，不曉其意。」魏良臣曰：「人多推其材可用。」上乃從之。陳璹桂州召還事，見紹興二十二年九月。温民久困重斂，斛米匹絹，輸者率倍其入，九成曰：「重斂以疲民，二千石責也。」斗尺皆立定例，民大悦。

端明殿學士折彦質知廣州。

直秘閣、知湖州郭堿充秘閣修撰，主管台州崇道觀。

左朝散郎徐林守太府少卿，總領淮西江東軍馬錢糧。

3 己酉，左奉議郎樊光遠爲秘書丞，左朝散郎邵大受知大宗正丞。光遠以論事忤秦檜，去國十六年，上欲用爲臺官，故召。

左朝散大夫傅雱知韶州。

4 辛亥，尚書禮部侍郎兼侍講王珉、權吏部侍郎徐嘉罷。時珉等使北未還，而殿中侍御史湯鵬舉論：「二人皆以諂事秦檜，故驟爲臺諫，無一言彈擊姦邪，無一事裨補時政。不修人臣之禮，不識事君之義，可謂甚矣。委之爲使，公然受所差官每員金四十五兩，以爲定例。更抑勒使臣，陪買私覿，其無耻如此，一時傳播，以爲笑談。乞賜罷黜，以振起禮義廉耻之風。」故有是命。

殿中侍御史湯鵬舉言：「今科舉之法，名存實亡。或先期以出題目，或臨時以取封號，或假名以入試場，或多金以結代筆。故孤寒遠方士子，不得遇高甲，而富貴之家子弟，常竊巍科。又況時相預差試官，以通私計。前榜省闈殿試，秦檜門客、孫兒、親舊得占甲科，而知舉、考試官皆登貴顯。天下士子，歸怨國家。伏乞申嚴有司，革去近弊。如知舉、參詳、考試官，乞臨期御筆點差，以復祖宗科舉之法。」從之。

左通直郎、新擬差知平江府崑山縣李庚充御史臺主簿。庚，臨海人，湯鵬舉所薦也。

5 壬子，秘書省正字兼權國子司業張震言：「太學前廊職事，於今有不次選之文，比來多有不安分義者，多方請託，濫居其列。乞立爲定格，以上舍有行藝者充，不則取之内舍，庶息謗議。」從之。

尚書省言：「近年所在税務，收税太重，雖屢降指揮，裁酌減免，而商賈猶不能行。蓋緣税場太密，收税處多。欲令户部行下諸路轉運司，開具將相去連接之處，裁酌減併，以寬商賈。如縣道税務不可減，即與免過税，仍許豁除省額，如此，則商賈行而貨財通矣。」從之。

右朝散郎、知復州章燾言：「湖北、京西州縣有户口稀少去處，欲每一都人户若不及五大保處，即合併接鄰近都分人户，通行選差都保正一人催税，户長亦乞通行雇募，候人户各及一都之數日，仍舊差選，責使歸業人户安業耕種，實爲利便。」刑部尚書韓仲通看詳依所乞，其淮南東西路亦合一體施行，詔户部行下。

降授左朝奉大夫楊揆復左朝散大夫、直秘閣，尋知全州。

詔承信郎、殿前司自效郭振累經赦宥，可與復元官，除落過名，差充將官。

6 癸丑，詔：「州縣有犯彊竊盜，須管督責巡尉，嚴限收捕，不得抑令鄰保出備賞錢，所通窩藏及寄贓等人，州委通判，縣委知縣，親行審問詣實，方得勾追。如有虛妄，加本罪一等。若承勘官司教令供通人吏決配，勘官取旨黜責。」時言者謂：「諸縣巡尉，不用心捕强盜，反令鄰保備賞捉賊，百端擾之。及捕到官，却令攤有力之家，悉追入獄，恣行乞取，望嚴禁止。」上曰：「朕深知之，惟得一好守臣，此弊自革。不得人，約束雖嚴，不能禁也。」於是降旨行下。

翰林學士陳誠之兼侍讀，尚書吏部侍郎張綱兼侍講，起居舍人王綸兼崇政殿説書。自秦熺侍經席講讀，説書官多以臺諫兼之。至是，悉命從官，如舊制。

殿中侍御史湯鵬舉行侍御史①。左朝奉郎、通判宣州沈大廉爲監察御史。大廉，永嘉人也。

左朝散郎、通判廣州汪應辰守尚書吏部郎中。

右奉議郎張巇送吏部，與遠小監當差遣。右正言凌哲論：「巇刻薄忮忍，果於爲惡。諂事曹泳，相爲腹心。泳所不快之人，則誣以不測之罪，付之棘寺。巇每得之，必極力煅煉，傅成其獄。今雖有外任指揮，未嘗顯正其罪，士論未厭。」故有是命。

是日，執政始入新第，東位魏良臣居之，中位沈該居之，西位湯思退居之。於是良臣等稱謝。上曰：「比年執政府上漏下濕，蓋不堪居。卿等曾到京，見宰執入位，諸事如法，所以待天下賢俊，禮當如此。」

7乙卯，尚書省勘會：「命官、諸色人犯罪遇赦恩，本斷刑名，合行原免。刑部尚具例，請降特旨，并不遇赦合奏裁之人，亦具重例，請降特旨，未稱寬恤之意。」詔今後並令刑部遵依赦條施行，其不遇赦合奏裁案狀，不得一概擬例請降特旨。如事理重害，即具例申省取旨。

詔孟庾、路允迪家屬令信州、廣德軍並放逐便。以尚書省檢舉也。

8丙辰，執政進呈新除觀文殿大學士、判洪州張浚丁内艱。上曰：「士大夫起復非美事，所以敦孝行，厚風俗，惟軍中人乃可耳。」

少傅、寧遠軍節度使兼領殿前都指揮使職事楊存中言：「本司諸軍入隊，官兵依時教閲，不曾有闕人數，兼無私役軍士。外逐軍雖有酒坊、解庫、房廊、鹽米等鋪，各和雇百姓開張，依市價出賣，即不曾敷配軍士，皆係外入利源、內主管錢物，係不入隊人逐軍統制等掌管，各有簿曆。製造軍器、舟船、軍裝、買馬、修蓋寨屋、添支激犒，盡是贍軍，不可暫闕。並無分文私用，別無違戾，委是難以住罷②。臣今將自紹興十一年至今年終諸軍收支過錢數謹具進呈，伏望特降睿旨，除前項實係贍軍回易，許令依舊外，其私自違戾去處，即依已降指揮施行。」詔：「解庫、房廊、官莊、藥鋪，並令本軍召募百姓開張種佃，即不得役使兵士。餘依已降指揮。其舊係買撲坊場，令常平司拘收，依條施行。如係城郭開張酒店，令户部、總領司拘收。」先是，參知政事魏良臣建請罷諸軍回易事，已行，故存中以爲請。二月丁巳降旨不行。

左朝奉大夫王葆知廣德軍，左奉議郎王復知臨江軍。二人皆秦檜時爲御史，至是出之。

左朝散大夫楊朴，朴，資陽人，已見。爲夔州路提點刑獄公事。

是日，沈該進呈蜀中人材。上曰：「蜀人多能文，然士人當以德行爲先，文章乃其餘事。」該曰：「誠如聖訓。」

9 戊午，少傅、寧遠軍節度使、醴泉觀使、信安郡王孟忠厚遷少師，判平江府。

10 庚申，築兩相第於都省之北。

是夜雷。

11 癸亥，權尚書工部侍郎丁婁明罷，以侍御史湯鵬舉奏婁明「徒以秦烜之妻父，遂躐清要，四方不服」故也。

集英殿修撰、提舉江州太平興國宫黄唐傳復徽猷閣待制。唐傳爲吕頤浩所喜，故秦檜久抑之。

左朝請大夫、直秘閣林大聲知鎮江府。

左朝散郎嚴抑知信州。

右奉議郎王義賓言：「竊見故建寧軍承宣使解潛，歷事四朝，十任方面。頃守代州，首抗議燕山之役，已而得罪罷黜。逮淵聖嗣位，復加擢用。建炎間盜賊蠭起，分鎮荆南，首尾六年。尋蒙召還，三總環衛。昨緣與大臣不合，以祠禄罷居平江。後來知府王喚到任，承其風旨，媒孽以事，責南安軍安置，含恨而死。今其子亦已物故，諸孫零丁，煢然在遠。伏乞許令歸葬，不使宣勞之臣遺骨遐裔，實公朝美事。」從之。

詔：「武功大夫福州觀察使兩浙西路馬步軍副總管丁禩、武功大夫成州團練使兩浙西路兵馬都監朱珪並罷見任。其已轉左武大夫并禩改差江東副總管、珪改差江東兵馬鈐轄指揮，更不施行。」先是，秦熺援張俊家給使例乞轉官，詔依所乞。權中書舍人趙逵已草詞。趙逵外制集：「敕，朕於大臣死生之際，未嘗不用其極也。既旌其忠，恤其家，猶以爲未也，而又録宿所指令之人，崇其官而顯其身，豈非以示朕體貌始終不替之眷也歟？禩等服勤吾丞相府久矣，府廢而恩加焉。故畀以戎麾，遷秩超資，恩意甚渥。益勤忠孝，無斁無怠。」而權兵部侍郎兼權給事中沈虚中言：「禩等於國家曾無横草之功，超資越授，僉論不平。」故有是命。

12 甲子，故責授清遠軍節度副使趙鼎追復觀文殿大學士。故責授左朝散郎、秘書少監、分司南京、贛州居住孫近，按近紹興十四年四月已復左朝散大夫落分司，十四年六月再降授左朝散郎依舊宫觀，未知何時又責秘少，當考。故責授濠州團練副使鄭剛中並追復資政殿學士。故左太中大夫、提舉江州太平興國宫、永州居住汪藻追復顯謨閣學士。先是，右正言淩哲論：「乃者郊丘肆赦，凡命官因事編置流竄之人，輕者原放，重者量移，或乃盡復原官，還其職任，四方萬里，莫不歌詠載路，鼓舞增氣，甚盛德也。然臣尚念有負罪至死，越在異土者，未蒙檢舉施行。欲望特命大臣，量其原犯事因，條具以聞。取自聖裁，以次推行。庶幾深仁厚澤，下漏泉壤。」及是，宰執以刑部狀進呈，上曰：「遷謫之人，自郊祀赦降及節次檢舉，盡行牽復。」士大夫翕然稱快。魏良臣等曰：「陛下深仁厚澤，昭天漏泉，天下幸甚。」因奏孫近亦已死於貶所，上爲之惻然。又進呈胡思先因沮壞經界得罪，乞追復元官。上曰：「經界事李椿年主之，若推行就緒，不爲不善，但恐反以爲擾，今諸路往往多中輟。」良臣曰：「臣昨備員廬州，親覩其害，嘗以五事歷陳，時宰意頗不樂。」上曰：「須得一通曉經界者，欵曲議之。」於是鼎等皆復舊職，而思亦復左朝議大夫。

故左朝散大夫、昭州編管人洪興祖特贈直敷文閣。侍御史湯鵬舉言：「臣恭覩紹興元年正月十四日聖旨，今後不歷知縣人不除監司郎官，不經外任人不除侍從，立爲永法，以革重内輕外之弊。此陛下加惠庶工，一均覆幬，帝王之高致，萬世之良法也。自兹後宰臣容私，公道不行，非親與舊，非姦與佞，安得與侍從之選？豈容曾任知縣者得除監司郎官耶？臣伏乞睿旨，申嚴宰執，使良法美意，不爲空文而推行之，以革重内輕外之弊，以慰安臣下之心。」上可其奏。因諭魏良臣等曰：「士大夫往往輕外重内。親民之任，莫如縣令。若取其有治狀者陞擢之，則人皆盡心。」良臣等曰：「祖宗故事，不曾歷三路轉運，不得除三司，正欲其練歷。」

上曰：「如從官須是曾歷外任，宰執皆自此選，若練達政事，通曉民情，則事事便可裁決。」

監察御史周方崇爲殿中侍御史。

左朝奉郎、主管台州崇道觀孫道夫爲尚書吏部員外郎。

左朝散郎唐文若行光禄寺丞。文若，庚子也。庚，眉山人，大觀中京畿提舉。

左承議郎、新通判嘉州黄貢改知綿州③。貢舉進士，爲四川類省試榜首，用鼎甲恩授職官，終更，例當改秩。時秦檜當國，或勸以姓名自通。貢曰：「進退有命，枉道何益？」徑從外銓調嘉州州學教授，用舉主考第改官，從宦二十年，始得郡倅。及是，沈該以其名聞，乃有是命，而貢已卒矣。貢，仁壽人，初見紹興五年。

左奉議郎、新通判彭州虞允文改知梁州。允文，祺子，沈該所薦也。按孫道夫、唐文若、黄貢及允文，即沈該所呈蜀中人才也。

13 乙丑，吏部侍郎張綱言：「監司所以督責守令，而比年以來，所在姦貪不法，未嘗有按發者。此無他，蓋由資淺望輕，而不敢誰何，或以識暗才劣，而不能廉察也。欲望今後監司有闕，須擇七品以上清望官，或曾經朝廷擢用，或曾任郡守治狀顯著者爲之。所貴位望兼重，而可以付之權，材能已試，而足以舉其職。庶守令皆知奉法，不負陛下宵旰圖治之意。」從之。

左太中大夫、知婺州李椿年罷，以右正言凌哲論其所至刻剥，陰取係省錢，名爲平準務，盡籠一郡之貨，侵奪百姓之利。復以官錢賒貸與民，日收其利，謂之放課。及結甲納苗米、置圈市猪羊等凡十數事，故黜之。

忠翊郎閤門祗侯劉懃、秉義郎閤門祗侯劉愿並爲閤門宣贊舍人。

14 丙寅，皇伯左朝請大夫趙令衿爲明州觀察使、安定郡王。

直秘閣、新知紹興府周葵權尚書禮部侍郎。

左朝散郎、知筠州淩景夏守軍器監。景夏入對，言：「陛下臨御以來，留神刑獄，屢下明詔，戒飭治獄之吏，薄海内外，同心愛戴。然而有司拘於法令，如大辟前勘官吏收坐者，有一案推結之文，歷時既久，官吏或有事故，或在遠方，文移取會，動經歲月，坐獄之人，不免淹繫。臣待罪筠州，本州見禁婦人阿羅殺夫陳德公事，大情已定，獄案已上，正拘此條，未有決遣之期。臣契勘阿羅自紹興二十一年入獄，今已五年，欲望睿慈委刑部取案看詳。如阿羅情節别無未圓，先降指揮檢斷其前勘不實官吏，續次施行。仍乞立爲定制，庶不致久淹刑禁，仰副陛下哀矜庶獄之意。」從之。

左奉議郎、知泰州海陵縣馮舜韶爲監察御史。上監秦檜擅權之弊，遂增置言事官。時何溥、王珪、沈大廉與舜韶並爲察官，而湯鵬舉、周方崇、淩哲爲臺諫。察官具員，近世所未有。

左從事郎、監車輅院趙廱充敕令所删定官。廱，密子，初見紹興二十四年四月。

特勒停新州編管人曹泳移吉陽軍編管。

右通直郎知台州劉景、右朝請大夫知楚州盧適並罷。侍御史湯鵬舉論：泳懷姦挾勢，狗彘不食其餘。頃爲衢州酒税官，正以贓敗，監司按之，劉景輩三四人與之營救。及景倅廣州，而泳已權户部侍郎，遂竭廣州之土宜，以厭滿泳所欲。泳遂薦景於檜，而得台州。盧適父益之爲樞密也，泳爲之使臣。泳叨竊從官，遂除楚州。臣竊謂泳之過惡，其在兩浙爲漕、臨安爲守，將官錢、官物餽送檜之父子及壻，并婢僕等，於常例外輒更增添，如買花石，獻時新，搜求難得之貨，不可縷數。至爲户部侍郎，即以正入窠名錢物用充羨餘，將合收財用，擅申住罷，以釣時譽，是誠何心哉？論其公取竊取，又不可以數計。

臣又採公論，以謂李光苦無罪犯，遠竄海島；而泳罪惡貫盈，止貶新州。乞將景、適特賜罷黜，將泳竄之海上，以爲臣下朋比之戒。

故有是命。

15 丁卯，右朝請郎孟充知大宗正丞④。翌日，又以其弟右宣義郎嵩爲軍器監主簿。二人皆忠厚子也。

16 戊辰，執政進呈諸州除免黄河竹索錢，因及：「鄭作肅昨因乞蠲免竹索錢，宰臣見怒，致臺臣論列取勘。」上曰：「君相之職，本以爲民，民間利病，豈可不理？」又進呈户部供具到諸路拖欠紹興二十一年、二十二年錢物，欲行除放。上曰：「若只倚閣，州縣夤緣爲姦，又復催理擾人，即與除放甚善。」

樞密院編修官吳棣言：

頃因臣僚建議增置民事之科，應緣民事被罪者，並不得注知州軍、通判、知縣差遣。夫守、令、通判，親民之官，苟有所犯，未有不干涉於民者。使其人實由姦貪，而犯贓私之罪，則坐以重法，固不足恤。萬一素行廉勤，偶陷公過，而或傳致於民事，遂令終身不入親民之選，則人才必有廢棄者，豈不重可惜哉？又況刀筆之吏，因此執疑似之迹，故生沮難，或致交通賄賂，爲害不細。一時權臣，欲專予奪之柄，故不肯遽罷，但令申取朝廷指揮，殊不以紊亂祖宗法度爲意。欲望睿旨，將吏部民事一條，早賜蠲除。所有百官注擬，及公私贓罪格法，並依舊制施行，庶幾法令簡明，易於遵守。

從之。

左朝議大夫、直秘閣趙令詪陞秘閣修撰，知台州。令詪既封安定郡王，至是，以爵讓其從兄令衿，故有是命。

宜州觀察使、知金州姚仲爲清遠軍承宣使，以積閥遷也。

詔昭化軍承宣使、知閤門事錢愷所生母太碩人田氏特封永國太夫人。張遇之寇真州也，秦魯國大長公主家人頗爲所掠，故田氏亦失所在。其後愷於淮南求得之。至是，愷以任子恩四資，請益其母封號，遂有是命。

户部言：「今年分民户畸零租税，欲令依見行條法，折納價錢。如願與别户合鈔納本色者聽。」秦檜之未薨，晝者令州縣不得合零就整。元旨在去年十月。至是，兼權侍郎鍾世明以爲恐奉行牴牾，却致擾民，遂從之。

17 己巳，詔：「昨降指揮，已得差遣人，限五日出門，并已有差遣及在貶謫者，不得輒入國門。紹興五年五月二十四日、十二年十一月十一日、十四年十月二十七日敕。又文武官應得酬賞及選人依法改官，令吏部先次開具格法，申取朝旨。紹興二十二年八月九日。郡守年及七十之人，許自陳宮觀。紹興二十三年十月二日。逐項更不遵用。」從吏部請也。

詔：「江、浙、荆、湖諸路，自紹興二十二年已前未起諸色錢物租税等⑤，其形勢并第二等已上有物力之家，見欠數目並與除放。令州軍日下銷落簿籍，如巧作名目催理者，監司按劾取旨，重作施行。」

18 庚午，左朝散郎劉嶸爲大理正，左朝奉郎何涇、左奉議郎楊邦弼並爲大理寺丞。三人嘗爲禮官學官⑤。上覽除目曰：「理寺官俱無出身，正宜參用士人。」又進呈：「近來士風委靡，諂諛奔競，至有已得差遣而屢求換易，不量資序而超躐干請者。」上曰：「風俗人才，正當今急務，似此之人，可具名聞奏，當議黜責。」遂降詔如所請。

左朝奉郎、通判肇慶府黄公度引見。上曰：「卿官肇慶，嶺外有何弊事？」公度曰：「廣東西路有數小郡如貴新、南恩之類，有至十年不除守臣者，權官苟且，郡政弛廢。或不半年而去，監司又復差人。公私疲於迎送，民受其弊。」上曰：「何不除人？」公度曰：「蓋緣其闕在堂，欲者不與，與者不欲。」上曰：「若撥歸部，當無此弊。」遂以公度爲考功員外郎。

左中大夫、知常州沈調知揚州。

右朝請大夫、主管台州崇道觀榮薿知常州。

19 辛未，左承議郎、新知黎州唐秬入辭。秬言：「臣所治黎州，控制雲南極邊，在唐爲患尤甚。自太祖皇帝即位之初，指輿地圖，棄越嶲不毛之地，畫大渡河爲界。邊民不識兵革，垂二百年。昨蒙遣鍾世明裕民川蜀，蠲減虛額，人受其賜。更乞降詔撫諭，庶幾蜀民扶老携幼，共聞德音。」上曰：「卿嘗上書論列。」頷首者久之。秬，重子也。

秘書省正字兼權國子司業張震言：「仰惟朝廷行寬大之政，異時士大夫以疑似涉謗，皆已赦除，流落者得生還，除名者得仕宦。人神懽悦，天下翕然，此治世之事也。竊見昨降指揮，取索福建、四川等路私雕印文書赴監看詳，取之未已。恐妄以私意，將近世名公文集盡行毀板，不問是非，玉石俱焚，真僞兩失，不足以稱朝廷寬大本意。欲乞特降指揮，令福建、四川等路如有私雕印文字，委自所屬依法詳定，更不須發赴國子監及提舉秘書省，庶幾知聖朝無有所諱，天下幸甚。」從之。

1 二月癸酉朔，左朝請大夫、提舉江州太平興國宮劉才邵入對。才邵言：

近年以來，居監司郡守之任者，多迎合大臣私意鎮静之説，專務因循，無所舉劾。遂使郡縣之間，姦貪官吏，倚法營私，以困斯民。民間受弊，莫甚於受納、追催、差役三事。米則多加合數，絹則抑取輕錢，計其浮費，已過正數。追催官物，本屬户長，今則遂至於差土豪土軍，鄉民驚擾。民間田業，自經界之後，税産高低，灼然易見。差役自上及下，夫復何疑？滑吏意在求賂，每闕一名，必追十數户，請求脱免，所費不貲。觸類而長之，端緒實多，爲害不一。望委諸路監司，廣加詢訪。凡民間利病，官吏侵漁，無有巨細，咸得以聞。仍乞類聚委官看詳，條具本末，取決聖裁，詳爲法禁，實天下之幸。

上可其奏，曰：「此三者，皆民間大事，宜速行之。」

是日，金主亮大赦，改元正隆。制詞略曰：「顧赦宥之爲弊，在史籍以具陳。又嘗念無知之民，多誤入有司之法，慮或罹於冤枉，宜並賜於哀矜。庶導至和，肆因更始。自正隆元年二月朔以前，除正謀反大逆、殺祖父母、父母、父母外，咸赦除之。」此據耿編詔本。

2 甲戌，執政進呈太府少卿兼權吏部侍郎許興古看詳右奉議郎魯沖上書，論郡邑弊事云：

臣前任宜興縣，漕計合收窠名，有丁鹽錢、坊場課利錢、租地錢、租絲租紵錢，一歲所入不過一萬五千餘緡。其發納之數，有大軍錢、上供錢、糴本錢、打船錢、軍器物料錢、天申節銀絹錢之類，歲支不啻三萬四千餘緡。又有見任寄居官請受，過往官兵批券，與非泛州郡督索拖欠，略無虚日。

興古看詳：

州縣若造船隻，須經三二十年可用。又國家休兵既久，諸州不輟打造軍器，及發納料物數不少。又諸軍亦以糞土錢不住兼造，似亦不闕。欲望量與減免。

沖又論：

今之爲令者，苟以寬恤爲意，而拙於催科，旋踵以不職獲罪而去。頗能迎合上司，一以慘刻聚斂爲務，則以稱職聞。是使爲令者終日惴惴，惟財賦是念，祈脱上司之譴，朝不謀夕，亦何暇爲陛下奉行寬恤詔書，承流宣化者哉？

興古看詳：

沖所論誠中今日之弊。今銓曹有知縣、縣令共二百餘闕，無願就者，正緣財賦督迫，民事被罪，所以畏避如此。今若罷去獻羨餘，除放民間積欠，與夫以民事被罪之科，及慎擇守臣，戒飭監司，奉法循理，則吏稱其職，民安其業，仰稱明天子寬恤愛民之意。

上可其請，曰：「累年所造軍器，内庫已如山積，諸軍亦自製造，諸州每歲發納物料可與減免，所役工匠太多亦宜減放發還。」於是批旨行下。三月丁卯施行。

權尚書兵部侍郎兼權直學士院沈虛中罷，以侍御史湯鵬舉論其「爲省試參詳官，私取秦塤，且素無廉聲，巧貪富貴，不當留在侍從」故也。

左朝請大夫劉才邵權尚書工部侍郎。

3 乙亥，上曰：「近榮州守臣費庭論蜀中隔槽酒甚擾民。當是時，張浚、趙開以軍興窘於財用，濟一時之急耳。今休兵既久，内外無事，自合更也。」魏良臣曰：「已令鍾世明詳之矣。」上曰：「須下本路漕臣，方能盡其利害。」上又曰：「四川交子亦有弊，如沈該稱提之説，但官中常有百萬緡，遇交子減價自買之，即無弊矣。」先是，建炎中，趙開爲四川大漕，始變酒法，置隔釀，設官主之。其法，聽民就務，分槽醞賣，官計所入之米，而收其課。行之既久，酤賣虧欠，則責入米之家認定月額，不復覈其米，而第取其錢，民始以爲病。庭，安仁人。時以左朝奉大夫除知榮州，前四日入辭，因奏其事。上問之，庭曰：「酒户入易出難，必至傷殘而後已，從其便則無難矣。」上曰：「當付之漕臣。」於是命總領所與諸路轉運司措置。明年正月辛亥申到。何俌龜鑑：「總所征榷之增，茶場交子之造，條具錢穀，裁節浮費，趙霈言之。大禮錢帛，各令減半，沈該言之。至論折閱稱提之説，乃謂但得官中常有錢萬緡，遇減價則用錢自買，方得無弊，以此理財，而財無不豐矣。」

右司員外郎兼權户部侍郎鍾世明論四川諸縣預借賦税之弊，乞：「下四路轉運司覈實，如借及一年者，分作四料，及二年者分作八料理折，庶寬民力，州縣亦不闕乏歲計支用。自後輒敢預借及不與民户理折者，並令按劾，仍許越訴。他路或有預借去處，亦乞依此施行。」從之。

户部言：「江、浙、湖、廣、四川、福建諸路常平司，拘收到户絶没官田宅，除見佃人已添三分租課，並令依舊承佃外，餘依今來措置出賣。」從之。

宣政使、均州觀察使、内侍省押班康謂卒，贈保信軍節度使，賜謚忠定。

4 丙子，詔自今奉使所辟三節人，先具名申三省樞密院，次第審量，仍令國信所覺察。先是，淮陽軍流寓進士單鎡言：「古之遣使，揆度人才，能稱其任。比年以來，爲奉使者，不問賢否，惟金多者備員而往，多是市廛廛豪富巨商之子，果能不辱君命乎？」奏下後省，沈虚中時權給事中，看詳以聞，至是行下。

5 丁丑，右朝請大夫、新知濠州周紱言：「監司郡守聽歲舉部内官吏，欲其別白賢否，激勸士類。近年以來，或獨援於親黨，或先通於賄賂，或專奉於權勢，遂致貪污庸懦之人，常得與剡薦之列，而清白强明之吏，既不能阿媚以取知⑥，往往有終身困於選調而不復進者。欲望嚴戒監司郡守，各存公道，庶幾賢者知勸，不賢者知退。」魏良臣奏：「比年間有前執政合歲舉官亦或冒濫者。」上曰：「前執政尚如此，不若因此併與戒約行下。」

詔：「諸軍贍軍回易，令和雇百姓管幹，毋得役使官兵。其撲買酒坊、酒庫各許更立一界，俟界滿日別取旨。」時參知政事魏良臣建議盡罷諸將回易。未得旨，而江東轉運判官趙公智遽行之建康軍中，尋又行之池州。公智與良臣姻家，諸將皆以爲不便，上聞，遂寢其事。

6 戊寅，又詔元占官兵，願離軍者可罷名糧，不願者拘收歸軍，如依前隱占，重寘典憲。

7 己卯，詔諸路州軍以前舉解試流寓終場人數，紐計及土著，合取放一人之數，即與添解額一人，或零分及流寓人少，以土著所解人十分爲率，及三分，亦解一人，並通立爲額，已後人多，不得過今舉所取之數。用荆湖北路轉運判官程敦臨請也。

起復龍神衛四廂都指揮使、武當軍承宣使、池州駐劄御前諸軍都統制李耕卒。

昭慶軍承宣使、殿前司右軍統制岳超爲龍神衛四廂都指揮使，充池州駐劄御前諸軍都統制。池州都統銜內除去「太平州」三字未知在何年月，當考。

詔宣政使、保成軍承宣使宋唐卿特贈清遠軍節度使，賜謚恭靖。

8 庚辰，執政進呈權刑部尚書韓仲通看詳知雷州趙伯櫰所奏：「廣西州軍經制等窠名銀，皆是括率百姓，隨稅均敷，欲令今後只依市價收買，不得敷民。」上曰：「此豈可不禁？」上又曰：「朕聞蜀中銀價高比江、浙間過一倍，如劉晏掌邦計，懋遷有無，低昂適中，方是理財之術，可令有司措置，毋致枉費。」

右正言凌哲言：「國家自祖宗時置進奏院，若朝廷之號令政事、注擬賞罰之類，皆付之郵傳，播告天下。比年以來，用事之臣乃令本院監官先次具本，納於時相，謂之定本。動輒旬日，俟許報行，方敢傳録。而官吏迎合意旨，多是删去緊要事目，止傳常程文書。偏州下邑，往往有經歷時月，不聞朝廷詔令。切恐民聽妄生迷惑，有害治體。望將進奏院定本亟行罷去，以復祖宗之舊，以通上下之情。」從之。哲又論守令以修造爲名，頻破官物，虚没入己。監司屬官，廣占兵級，坐耗廪券。命官之任及解官，妄指遠僻之所，多請雇直，寄居官俸給，往他州重疊冒請等四事。乞嚴立法禁，違者計贓坐罪。皆從之。

9 癸未，保康軍承宣使、提舉佑神觀韓公裔爲華容軍節度使。江南東路轉運判官趙公智罷，以侍御史湯鵬舉論其貪饕也。自是魏良臣始不安於位矣。

左中大夫段拂薨，特輟視朝一日。

10 甲申，執政進呈權刑部尚書韓仲通看詳知鬱林州趙不易便民五事，内雷、化等州民間納苗多令折銀，擾民爲甚，欲令並納正色，上曰：「百姓足，君孰與不足？百姓之財，乃國家之外府，安可盡取？但藏之於民，緩急亦可以資國用。」

11 乙酉，詔右朝奉郎林一飛送吏部，與遠小監當差遣。一飛既罷去，乃使其族人進士東投匭上書，論進退大臣當以禮。侍御史湯鵬舉面奏：「禮爲忠賢設，使其姦詐如李林甫、盧杞之徒，自當明示典刑，爲天下後世之戒。又況檜薨之後，陛下禮意隆盡，不可復加。而一飛遣東鼓唱浮言，動摇國是，乞特賜懲戒。」上謂大臣曰：「朕每覽封章，若其言可行即行之，若其言非，雖涉狂妄，亦不欲罪其人，蓋所以來天下之言也。今東書用意如此，言路既有論列，豈可免行遣？」乃責一飛監高州鹽稅，東英州編管。

12 丙戌，封信安郡王孟忠厚故妻秦國夫人王氏爲秦魯國夫人。

13 丁亥，以監司多闕，命侍從、臺諫各舉嘗任知通、治狀顯著者二人，仍保任終身，犯贓及不職者與同罪。

太常博士葉義問直秘閣，爲江南東路轉運判官。

14 己丑，新除秘書丞樊光遠特引對。光遠言：「頃年大臣挾權修怨，不平其心。陛下聖明，固已灼見其弊矣。至於臺諫之所排擊，法寺之所鍛鍊，告訐之所中傷，其間又有因責降而死未霑恤典者，夫已嘗與聞朝廷之政，親厠甘泉之班矣。及子而無一命之禄，以奉其親而撫其孤，誠宜聖心之所深憫也。欲望陛下明詔有司，應曾任執政、侍從因責降而死者，其家子孫尚未有官，許令自陳，依貶死例，與復官職，録其子孫，則陛下之德澤所及廣矣。」上曰：「甚善。當令有司看詳檢舉。」上又曰：「朕與卿不相見，今幾年？」光遠曰：「臣得外任，迨今十有六年。」上曰：「朕所以令卿上殿，欲除卿察官。」光遠曰：「臺察委任非輕，如臣愚陋，何足以當此選？」於是以光遠爲監察御史。六月甲午施行。

15 庚寅，執政奏廣東申三佛齊國入貢，依例到闕二十三人。上曰：「遠人鄉化，國家美事，到闕人數可增作四十人，蓋嘉其誠欵，而非利乎方物也。」

左朝散大夫、直秘閣、新知全州楊揆行大理正。揆入對，首言：「在法人户家産、物業，每三歲一行推排，陞降等第，立爲定籍。凡有差科，令佐躬親按籍均定。比年盡付吏手，豪右計囑，良民受弊。望明飭有司，凡遇差科，並須令佐躬親均定，不得令公吏干預。」從之。揆奏以是月甲午行下。

皇叔建州觀察使、知南外宗正事士[illegible]爲保康軍承宣使，再任。

16 辛卯，參知政事魏良臣罷爲資政殿學士，知紹興府。先是，侍御史湯鵬舉言：「良臣人品凡下，天姿兇險，率意任情，浮躁淺露。通判已下差遣，已得旨令，吏部差注，必留堂除，以市私恩。臺諫之論列人才，良臣引用私親趙公智，必欲庇之，是恨臺諫不與之爲支黨也。廷尉之禁勘公事，良臣改正富人胡邁奏補，必欲從之，是使獄官與之容私也。每議事於同寅之間，則愚而好自用。以至奏對於君父之前，則賤而好自專。迹其所爲，稍若假以歲月，授之權柄，殆有甚於秦檜。」殿中侍御史周方崇言：「良臣狠愎自用，不恤公議。分朋植黨，背公營私。如奏補親屬，文武自有定制。胡邁已授武職，良臣乃昵於親黨，叱責部吏改授文資。趙公智所至貪鄙，良臣特以爲姻婭，遂擢爲漕臣。日者，陛下盡收竄逐沉抑之臣而召用之，良臣乃誦言於時，以謂皆由己出。」右正言凌哲言：「良臣昵比匪人，甘心媢竈。剛愎不悛，輕躁自用。驟易中外冠帶之制，不知其倉猝之難辦。拘收軍中回易之類，不究其本柄之所自。臣僚之貶死復官，身後恩數多不檢舉，而洪興祖獨得依條指揮，其不公不忠，跡狀顯著。」鵬舉又言：「軍中之回易等事，行之日久，所以寬恤統兵官，欲其修器械，務整肅，以壯軍容也。而良臣奏請住罷，未得聖旨，先次行下建康總領司，便行拘收，是命令專輒而動搖人情也。軍人有陞帶，所以優將士也。而良臣專持繆見，沮格不行，至今晝黃猶在省部，是使慶賞全廢，而陛下之恩德不能及於將士也。自遠方召來特起之士，臨軒賜對，欲爲中都官者，輒以私釁出之，止令補外，如新差太平府教授陳天麟是也。此良臣之方命而擅作威也。富家巨室通財營私酬以美官，不畏公議，如新除國子正倪偁是也。此良臣之罔上而擅作福也。其餘不可悉數。使其歲月滋久，其爲害豈止一秦檜而已？伏望早賜罷黜，以慰中外之望。」於是良臣亦抗章求去，章五上，乃有是命。鵬舉又言：「良臣政事罷行不審，紊亂政機。且如法令因革，不候敕旨，或先關報以施行。已薦張松自知縣造朝，輒差郡守。所爲如此，復典大郡，叨竊職名，其可乎？乞將良臣落職罷郡，將臣之論列播告中外。」鵬舉又言：「良臣乞罷諸軍回易等事，未得聖旨，於正月二十五日江東轉運判官趙公智已施行於建康軍中，一軍驚擾。近又聞施行於池州軍中，亦復驚擾。至二月五日，方奉聖旨别無改罷，諸軍將士莫不感荷聖恩。良臣與公智婚姻之家，身參大政，未得聖旨預報，公智動搖軍情，此何理也？」詔：「公智今後不得與知州軍差遣。臣僚論列良臣章疏，令報行。」偁，德清人，少從張九成學，自臨江軍學教授召爲學官，未赴，以言罷。天麟，宣城人，以董德元薦對，德元罷去，良臣以外郡學官處之，故鵬舉以爲言。良臣執政纔九十八日。國學不見倪偁題名，蓋旋即罷也。張去年十二月戊寅差知瓊州，今年三月戊辰不行。胡邁同日改正，詳其本日。陳天麟同日除國子正。

17 癸巳，秘書省著作佐郎周麟之乞申命史館，續修神宗、哲宗兩朝寶訓，從之。

18 甲午，國子司業兼崇政殿説書王大寶言：

竊見江南諸州有月樁錢，而縣吏因仍爲姦。有折帛錢，而下户賠補爲患。月樁錢者，科撥不均，名目無定，胥吏緣此以科麴引、催積欠、抑賣官紙、私行賞罰四事爲名，刻剥良民，追呼旁午，其弊爲甚。折帛錢者，艱難之初，物價踴貴，令下户折納，務以優之也。今市價每匹不過四貫，乃令下户增納六貫。望委諸路監司覈實月樁名色，立爲定額。如有不足者，審度均定，不得假名目以恣率斂，及折帛錢量與裁減，以恤下户。庶幾和氣旁浹，至治格於神明矣。

上覽奏，謂執政曰：「大寶所論，可令户部看詳。」上因言：「大寶近又請放度牒，殊未曉朕意。人多以鬻度牒爲利，亦以延人主壽爲言。朕謂人主但當事合天心，而仁及生民，自然享國長久。如高齊、蕭梁奉佛皆無益也。僧徒不耕而食，不蠶而衣，無父子君臣之禮。以死生禍福恐無知之民，竭民財以興建塔廟。蠹民傷教，莫此爲甚，豈宜廣也？」輔臣皆稱善。

左朝請大夫、直秘閣辛次膺知婺州。北使張通古之議和也，次膺提點荆湖南路刑獄，上疏言：「父之讎不與共天，兄弟之讎不反兵，豈有降萬乘之尊，屈己稱藩者乎？」書奏不報，即奉祠。及金人敗盟，次膺有故人將漕湖北者，擬寄居鄂渚而依焉。岳飛時爲宣撫使，待遇甚厚，既而延入小閣，盡出所被宸翰，具言上眷之渥，且執次膺手曰：「前日夢爲棘寺逮對獄。獄吏曰：『辛中丞被旨推勘。』飛方懼不敢告人，而公適至。公自諫官補外，他日必爲獨坐。飛或不幸下獄，願公救之。」次膺悚然，不知所對。既歸，語兄弟曰：「飛握重兵，昧保身之策，禍將作矣。」飛厚賵其行，次膺不受，遂入鄱陽寓居。宫祠歲滿，不復再請。閲十一年，忍窮如鐵石。上始親政，即除知紹興府。未上，會魏良臣出鎮，於是改命。次膺奉祠及過鄂州，當在紹興十年、九年之間，不得其本月日，且附此，當求他書參考。

左承議郎、通判泰州朱冠卿提舉淮南東路常平茶鹽公事。冠卿，華亭人也。

19 乙未，左朝請大夫、新知漢州陳康伯試尚書吏部侍郎。

左朝散郎、主管台州崇道觀吴秉信守起居郎。

20 丙申，侍御史湯鵬舉言：「右朝奉郎、新添差通判秀州王韅寄居撫州，恃勢作威，郡守監司聽其使令，如役僕隸，毒流一州。至崇仁縣人糾率鄉黨，來投時相，所訟三十餘事，止送江西帥司體究。公吏迎合，捕獲狀首三人，勒招虛妄，悉坐編配。乞將韅罷黜，委本路有風力監司，追還撫州居民産業，然後重寘典刑。」詔專委本路提刑劉長源拘留王韅，追證給還居民産業，具已還數目及情犯，申尚書省取旨，不得滅裂。其後長源究實如章。上曰：「此不可不痛治，在祖宗朝，革去五代苛法，專以仁恕爲本，未嘗真決一士大夫，惟犯贓者不貸。可令刑部約法，重作行遣。」上語在五月乙丑，今併書之。日曆稱韅受贓已滿，不知如何行遣也。

21 丁酉，左朝散郎、新知信州嚴抑復集英殿修撰，提舉江州太平興國宮。上始召抑，既至，而抑以足疾不能朝，乃有是命。

大理寺丞楊邦弼爲荆湖南路轉運判官。

權禮部侍郎兼權國子祭酒周葵言：「科舉所以取士，近年主司迎合大臣之意，多取經傳之言可爲諛佞者以爲問目，學者因之專務苟合時好，如論伊尹、周公，則競爲歸美宰相之言，春秋譏貶失禮，則指爲褒稱之事。

其悖戾聖人之意，大率類此。至於前古治亂興亡之變，以時忌絶口不道。後生晚輩，往往不讀史，歷代先後有不知者。望詔國學及將來秋試考試官，精選通經博古之士，置之上游。其穿鑿迎合，議論乖僻，不合體式者，皆行黜落。若矯枉過正，不顧所問，務爲詆訐者，亦復勿取。」從之。

22 戊戌，左通直郎周操行國子録。操，歸安人也。

23 己亥，太尉、保康軍節度使、提舉萬壽觀吴益開府儀同三司。

24 庚子，左朝散大夫王曮送建昌軍居住，直徽猷閣、主管台州崇道觀吕愿中責授果州團練副使，封州安置。殿中侍御史周方崇論：「曮以宰輔親黨妄作，而愿中知復州日，强買部民玩好古器，納於大臣，遂得進擢。其帥静江，肆行貪虐，軍兵幾至生變。言者論其跋扈之狀，愿中乃以寶貨納於大臣及曹泳，致刑罰不加。」故併謫之。

校勘記

① 殿中侍御史湯鵬舉行侍御史　「湯」，原作「張」，據叢書本改。

② 委是難以住罷　「住」，原作「任」，據叢書本改。

③ 左承議郎新通判嘉州黄貢改知綿州　「左」，原作「右」，逕改。按：據本書卷一二〇，貢乃紹興八年四川類試榜首，其官階之前應以「左」字爲準。

④ 右朝請郎孟充知大宗正丞　「充」，叢書本作「克」，誤。按：據本書卷一七六，孟忠厚三子充、嵩、雍，其名皆以點横爲序，故知以「充」爲是。

⑤ 自紹興二十二年已前未起諸色錢物租税等　「自」，原闕，據叢書本補。

⑥ 三人嘗爲禮官學官　「禮官」，原作「禮宫」，據叢書本改。

⑦ 既不能阿媚以取知　「知」，原作「和」，據叢書本改。

建炎以來繫年要録卷一百七十二

1 紹興二十有六年三月壬寅朔，司農寺丞王炎罷。初，炎自乞往浙東發泄鹽事，既又乞以奉使爲名，賈人疑其改法。侍御史湯鵬舉因奏其多貲干進之罪，故炎遂罷。

降授左朝散大夫、知常州無錫縣王傅通判臨安府。初，兩浙轉運副使張匯、判官閻彦昭舉傅政績，及劾湖州長興縣監税陳峒不法事。上曰：「監司刺舉，久不聞振職。今所舉按必得實。」於是召見，傅言：「自古屯田於邊塞，未嘗於畿甸。兼浙西營田，既納租穀，又令納税。每至召佃催納，詞訴紛然。失多得少，誠未爲便。乞將浙西見行營田盡罷，並撥其田復歸省司，立定租米，以給佃人。令依省限送納，並充上供。田内二税，權行倚閣。」上曰：「監司薦卿五任縣令，是以召卿，所奏可令户部看詳。」後二日，遂有是命。張匯薦傅在二月庚辰，傅入對在庚子，今聯書之。

2 癸卯，侍御史湯鵬舉言：「兩浙漕司於諸州縣寄造酒，不支本錢，專用耗米，始於李椿年，甚於曹泳。諸路倣傚，至今未罷。淮、浙提舉茶鹽司減尅亭户煎鹽本錢，公然不支，韓沃唱之於其先，王晌繼之於其後，至今未盡禁戢。乞將逐路漕司寄造酒住罷，將逐路茶鹽司亭户鹽本錢盡數支給，稍復違戾，許御史臺按劾施行。」從之。

詔敷文閣直學士俞俟落致仕，赴行在。言者奏其本秦檜黨，乃罷之。

荆湖南路轉運判官周堃罷，以右正言凌哲論堃「以家藏寶器奇玩，傾倒歸於宰相秦檜之室，遂玷將漕之除，略無善狀」故也。

3 丁未，尚書工部侍郎劉才邵權直學士院。

4 壬子，三省言：「太學生係二千人爲額，聞在學不及三百人，欲令禮部措置。」上曰：「學校人才所自出，元祐中名臣最多，實由仁宗養育之有素也。近來學校雖設，教育有所不至，每患人才難得，可如所奏。」

5 甲寅，詔：「比緣軍興，令宰相兼樞密使，典掌機務。今邊事已定，可依祖宗故事，宰相更不兼領。」

右武大夫、帶御器械劉允升領成州團練使。

6 乙卯，資政殿學士、提舉萬壽觀兼侍讀万俟卨入對。卨首奏五事，大略以爲：「權臣執國命，威福之柄下移，人不知有上，故相舊弼，擯斥殆盡。讒佞欺詐之徒，造爲險語，中傷善類，人不自保，道路側目。貪夫慕利，掊取無藝，公私掃地赤立，而大臣姻族之家，粟窖金穴，至不可較。軍政一壞，士不知勞，將帥豢養於富貴之樂，一旦有緩急，皆不足恃。士風不競，避讒畏譏，襲常蹈故，隨波浮沉，無致身許國之忠。」上嘉納之。

侍御史湯鵬舉論：「右通直郎江東安撫司參議官王曆，檜之妻弟也，寄居臨川，役使守令，聚斂貨賂，公私被害。江西安撫司參議官王墨卿，熺之先生也，摇唇鼓舌，誑惑衆聽，招恩市權。」詔並罷之。

7 丙辰，詔諸路轉運司所差發解試官，務在盡公，精加選擇，如所差狗私，及庸謬不當，令提刑司按劾，御史臺、禮部覺察聞奏。

寧國軍節度使、兩浙東路馬步軍副都總管李顯忠爲殿前司右軍統制①，楊存中薦之也。

右宣教郎新通判湖州余佐、右通直郎主管台州崇道觀龔釜並罷，殿中侍御史周方崇論二人因交結王會，與秦檜管莊，苟賤無恥，故皆出之。

侍衛親軍步軍都虞候、安遠軍承宣使、福建路馬步軍副都總管王進卒，後謚襄愍。

8 丁巳，詔淮南邊州有未可起税處，令漕臣保明，與放十年。時諸州民户全未歸業，每歲旋乞展免起税，朝廷慮其農種不時，故特蠲之。

9 戊午，尚書省言：「責降未叙之人，檢舉未盡。」詔元因臣僚論列之人委御史臺，元係按發鞫勘之人委刑部，各看詳聞奏，務在至公，以洽恩宥。

權刑部尚書韓仲通守户部尚書，仍兼權知臨安府。

敷文閣待制、新知信州周三畏試刑部尚書。

殿中侍御史周方崇論：「兩浙轉運判官閻彦昭諂事曹泳、秦昌時、高百之，公然聚斂。廣東轉運判官鄭鬲，以奇玩珍香取媚權貴，妄稱本路闕乏，輒有陳乞，而時相過爲之應副。」詔並罷。

10 己未，資政殿學士、提舉萬壽觀兼侍讀万俟卨參知政事。

權尚書禮部侍郎兼國子祭酒周葵知信州，尚書禮部員外郎吕廣問罷。侍御史湯鵬舉言：「葵初無直聲，以魏良臣薦，躐處侍從。廣問乃葵死黨，諂奉良臣，遂得召用，姦贓凶悍。」遂併罷之。外州編管。

太學生黄作、詹淵率諸生詣都堂投牒，舉留葵。翌日，博士何偁等言於朝，乞懲戒。詔作、淵皆送五百里

詔：「諸郡守臣，許以休務日用妓樂於公筵，餘並不許擅自借用。仍委兼司守臣具奏，臺諫覺察。」侍御史湯鵬舉言：「自開樂以來，州縣官遂有達旦之會，廢事擾人。」故禁之。

11 庚申，執政奏銓試院獲到懷挾者三人。上曰：「銓試乃出仕之始，將來官顯皆自此擢，豈容冒濫？」沈該曰：「此自有法。」上曰：「當依法行，以戒後來。」上又曰：「自來士人許帶韻略，多緣此雜以他書。」乃詔今後韻略及刑統律文等並從官給。時試院吏卒於交卷啓關，公然作弊。後三日，執政復以奏。上曰：「此豈可不治？近聞試院整肅，士人極喜。自此實學者進，而寒畯之士伸，僞濫者革，而僥倖之風息矣。」上又曰：「祖宗貢舉之法周備，顧有司奉行之何如耳。」熊克小曆載吏卒作弊事在辛酉，蓋誤。

樞密院編修官吴棣、江賓王並罷。右正言凌哲論：「棣由恩科入仕，朋附魏良臣，復得進用。乃敢招權納賂，爲人求官。賓王諂事良臣，躐寘要地。」故皆黜之。賓王，溧水人也。

12 壬戌，詔訪聞和州有人僞撰詔書，提刑司見行根究，令疾速根勘，具案聞奏。此當是言召用張浚者。

13 癸亥，太尉、奉國軍節度使、御前諸軍都統制、知興州吴璘開府儀同三司。璘典興州軍凡十五年。先是，有詔：「昨吴璘、楊政、田師中並除太尉，緣璘元係檢校少師，官在政、師中之上，今來已及六年，理宜優别，可

與轉一官。」至是降制。先旨在是月壬寅。

侍御史湯鵬舉言：「尚書右司郎中兼權户部侍郎鍾世明便僻側媚，見李椿年爲經界，遂投名爲幹官。見徐宗説與秦檜管莊，遂諂奉宗説，得尚書郎。見丁禩往太平州修圩，遂結丁禩，與之同往。既歸，乃奉使四川。及還，除職名，爲浙漕。又事曹泳，泳敗，附魏良臣，復除都司，兼權侍郎。良臣既罷，世明慢罵萋菲，略無操守。祠部員外郎兼權中書門下省檢正諸房公事陳巖肖嘗在秀州學舍爲秦檜父立祠堂，作記獻頌，叨求進取。」於是二人皆罷。

14 甲子，三省奏内外闕官。上曰：「既闕官，卿等可各舉所知。自來多以親故爲嫌，正不當如是。若非親故，何由悉知其所爲？但無私心可也。」因顧万俟卨曰：「卿未嘗有所薦引。」卨曰：「臣來自湖外，亦詢訪得數人，方欲具奏。」沈該曰：「陛下急於得人如此，臣等敢不遵承！」遂詔續除侍從、兩省各舉所知。

15 乙丑，詔：「近年士風寖薄，冒户挾書，代筆傳義，靡所不爲。負國家選舉之意，豈所望哉？自今委監司覺察，重寘於法，務在必行。」

右通直郎、江南東路轉運司主管文字龔鋈罷②，以轉運判官葉義問劾其凶險貪污也。

東平府進士梁勛特送千里外州軍編管。勛伏闕上書，論北事甚詳。且言：「金人必舉兵，宜爲之備。」尚書省勘會：「朝廷置登聞檢鼓院，以來天下之言，應有陳獻，自合詣院投進。前後累降指揮禁止，不許伏闕。今勛不遵約束，故有違犯。其所獻書，既無可採，輒妄議邊事，理當懲戒。」故有是命。趙甡之遺史：「紹興三十一年五月辛卯，初，河北進士梁勛夜行書伏歸朝廷，上書言河北事極詳，且言金人必舉兵。秦檜怒，真決之，押赴惠州編管。檜死，朝廷取勛，勛已死矣。」按：甡之所云，與日曆不同，蓋小誤。又朝廷取勛，未知在何年月，當考。

16 丙寅，詔曰：

朕惟偃兵息民，帝王之盛德；講信修睦，古今之大利。是以斷自朕志，決講和之策。故相秦檜，但能贊朕而已，豈以其存亡而有渝定議耶？近者無知之輩，遂以爲盡出於檜，不知悉由朕衷，乃鼓唱浮言，以惑衆聽。至有僞造詔命，召用舊臣。獻章公車，妄議邊事，朕實駭之。仰惟章聖皇帝，子育黎元，兼愛南北，肇修鄰好二百餘年。戴白之老，不識兵革。朕奉祖宗之明謨，守信睦之長策。自講好以來，聘使往來，邊陲綏靜。嘉與宇内，共底和寧。内外小大之臣，其咸體朕意，恪遵成績，以永治安。如敢妄議，當重寘典刑。

自秦檜死，金國頗疑前盟不堅。會荆鄂間有妄傳召張浚者，敵情益疑。於是，參知政事沈該言：「嚮者講和息民，悉出宸斷，遠方未必究知，謂本大臣之議，懼復用兵。宜特降詔書，具宣此意。遠人聞之，當自安矣。」時參知政事万俟卨、簽書樞密院事湯思退皆與該同，乃下是詔。　吕中大事記：「秦檜以十八年在位之久③，呼儔引類，盤據中外。一檜雖死，百檜尚存。安石雖退居鍾山，而所任王珪、蔡確即安石之黨。章惇雖去位，而所任曾布、李清臣之徒即惇之黨也。上雖親政，而所任沈該、万俟卨、湯思退、魏良臣即檜之黨也。沈該、万俟卨本檜之鷹犬也。思退本檜之客，以文衡私取檜之子孫者也。良臣即檜往來於金定和議者也。檜之身雖死，而檜之心未嘗不存。張、趙所引之君子日少，而檜之所教之小人日多。故自檜死後，金頗疑前盟之不堅，爲之禁妄議和好以信金，爲之重竄張浚以悅金，無以異於檜之爲也。」

直徽猷閣、兩浙轉運副使張匯言：「州郡歲額諸色上供錢物，皆所以供朝廷經常之用。而近年以來，各狥私意，將合發窠名，侵移名色，以充羨餘。因致積累拖欠，暗損賦入。臣伏覩近制，灼見前者獻助之弊，已行禁止，切慮循習之久，未能頓革。望委守貳將諸色上供錢物，並遵窠名，不得仍前侵移。或有違戾，令逐路漕臣按劾。」從之。

17 丁卯，工部言：「浙江、福建路歲起物料，欲以三分爲率，減免一分。軍器所工匠除見役八百六十四人依舊外，諸州發到一千五百四人亦以三分爲率，減放一分。」執政進呈，上曰：「工匠可減二分，仍給路費。」

右朝請大夫董苹爲尚書金部郎中。苹知汀州代還，入對，論：「生財、節財、移用、除弊四者，理財之先務。諸州貢賦有殊，項目不一，利病之實，難以盡知。欲望訓諭監司郡守及在職之臣，各以本職財計之利病來獻，委官看詳，擇其可行者，委本路不干礙官措置以聞。積之歲月，天下之財計盡歸掌握，無失陷之弊、侵蠹妄用之私矣。」詔如所奏，遂有是命。苹又言：「汀、贛二州相去五百里，民輕生喜盜，多於農隙聚衆私販。乞於兩州之間，以會昌縣爲軍，別割二縣以隸。」上曰：「朕知贛之利害詳矣。緣置郡兩江之間，城勢頗下，城外皆高山。每愚民作過，即登高而視，州中兵出，多即走避，少則來敵。今莫若於高處屯軍，以占地利。緣軍在城外不見市井，亦自省費。其添置軍，令兩路監司相度。」後亦不果行。

18 戊辰，詔：「淮南漕臣樓璹創立罪賞，令人告首侵耕冒占田，多收租課，致農民重困。可下轉運司相度，條其利害，申尚書省取旨。」既而轉運副使蔣璨言④：「璹初被除命，受權臣指意，根括人户，侵耕田土，重立罪賞，許人陳告，急若星火。兼出納租課，皆不的實。今每歲侵耕之田，所輸米豆二萬餘數，在於有司，實同毫末，而數州之民，擾費不少。欲放免三年，俟三五年内，人户開墾數多，從本司審實申奏，聽候寬恤處分。如此，則歸業衆多，稼穡增廣，誠爲淮甸久遠大利。」從之。孫覿撰蔣璨墓誌：「公在淮南，言朝廷募人治淮上廢田，設有侵冒，變斥鹵爲桑田，奚不可，而無賴告訐官吏，追呼無寧居者。令丞職任勸耕，實擾之也。以故良田上腴，蕪没爲汙萊，爲可惜矣。今欲令占田者免租税三年，使肆耕其中，人人歆豔，相慕相生，無曠土矣。而後按所占田，簡徭薄賦，積穀實邊，爲公私百世之利，不亦善乎？」按：日曆所書乃是得旨令璨相度利害，非其建請也。今併附此，更須詳考。奏下在今年四月甲午。

左從政郎、新太平州州學教授陳天麟行國子正。此爲魏良臣不公事，已見今年二月。

詔右朝奉大夫張松已差知瓊州指揮更不施行。松始用魏良臣薦補郡。及是，尚書省乃言「松係知縣資序，有礙格法」故也。

右承務郎胡邁依舊忠訓郎。邁初用嘉德帝姬女夫恩例補右職，魏良臣以其嘗請舉，爲之易文資。及是，吏部言邁請解在過禮之後，合行改正，故有是命。

侍御史湯鵬舉言：「右承議郎、通判温州王著挾持權貴，賄賂公行，今且任滿，而其弟曉又爲本州通判。曉貪財好色，衆所指名。若著去而曉來，温州之害未有休息之時也。瑞安知縣慎知柔，曹泳、王會鷹犬也。陛下親降御筆，不得科買黄柑貢獻，而知柔到任之初，遂買萬餘顆獻於王會作生日，其不遵詔令，乃至於此。古人云：『苛政猛於虎。』一州之間，聚此三虎，豈不負陛下愛養元元之意哉？伏望亟賜罷黜，以除民害。」詔並罷。

19 己巳，户部侍郎韓仲通等言：「蜀地狹人稠，而京西、淮南係官膏腴之田尚衆，乞許人承佃，官貸牛種，八年乃償，並邊悉免十年租課，次邊半之。滿三年與充己業，許行典賣。令四川制置司榜諭，願往之人，給據津發。」上曰：「如此甚善，但貧民乍請荒田，安能便得牛種⑤？若不從官貸，未免爲虚文。可令相度於合支錢内支破。」

起居郎兼權給事中吴秉信言：「仰惟陛下總攬權綱，日親機政，中外之事，皆出宸斷，合於古而便於今。臣職在記注，竊見本省修注，舊本方進至紹興八年六月，新本至十三年四月，其後久闕正官，遂至積年時事，闕然不書。欲乞自紹興二十五年十月爲始，先次修纂，庶得聖神謨訓，不致少有散逸，可詔天下萬世。」從之。

少傅、寧遠軍節度使、領殿前都指揮使職事恭國公楊存中言：「望許臣立家廟，仍賜祭器。」詔依所乞。

20 辛未，閤門宣贊舍人成彦忠特除右武郎。彦忠，閔子，已見。

1 夏四月按是月壬申朔。癸酉，侍御史湯鵬舉言：「和買絹一事，官户、民户逐歲入納，遵守既久，不以爲害。近年遂有不均之弊，且富貴之家，連阡跨陌，兼并貧民之産，其可容貴者獨納？伏望申嚴有司，依舊法均買。」從之。

2 戊寅，詔：「北使到來緣路，告覓物色，隨行引接指使，具稟接伴使副，於所至州軍供應，並呈使副訖，方許送與。餘人私自干預，及與人使語話，各杖一百，送五百里編管。情重及命官奏裁，著爲令。」從敕令所請也。

左朝奉郎、主管台州崇道觀趙涣爲兩浙西路提點刑獄公事。

3 己卯，執政進呈次，上曰：「昨詣景靈宫朝獻，見武學頹弊，亦全無士人。向諭宰臣，雖略修葺舍宇，至於養士，元未嘗措置，已二年餘矣。文武一道，今太學養士，已見就緒，而武學幾廢，恐有遺材。祖宗以來，武學養士，自有成法，可令禮、兵部速條具以聞。」

端明殿學士、提舉臨安府洞霄宫程克俊知湖州。

侍御史湯鵬舉言：「近年獄官偷惰，故獄以賄成，又多觀望，恤刑之詔，徒爲虚文。爲守令者略聽斷而避怨責，爲廷尉者用觀望而爲重輕。獄訟稽留，而刑罰不清，誠可恤也。伏望申嚴有司，遵守見行詔令，如違元限者，臣乞聽展。大事元限四十日，聽展不得過三十日⑥。中事元限二十日，聽展不得過十日。小事元限十日，聽展不得過五日。罪人至有翻異送別獄者，元勘官待罪，未得離任。元行人吏監禁，未得別行他案，則後勘便得一案結絶，不復更有淹延之獄。至或尚有愆期者，在外委監司按發，在内委臺諫具奏，庶幾不負陛下欽恤之意。」從之。

左朝請郎兩浙西路提點刑獄公事謝邦彦、大理寺丞石邦哲、右通直郎提舉兩浙西路常平茶鹽公事司馬倬並罷。先是，平江土居右朝散郎曹雲，召邦彦、倬於其家，與之蔬食。侍御史湯鵬舉論：「雲，平江大儈，以賣卜爲業，交結士大夫，遂得一官。邦彦、邦哲頃與妖人交遊，論列放罷，因鍾世明薦於魏良臣，復得起發，猶尚不知自新。倬與王會、曹雲爲死黨，今又赴雲喫菜之會，聞坐間設出山佛相，邦彦爲師，雲爲弟子。事實怪誕，臣安得不論？」乃並罷之，仍移雲郴州居住。

4 甲申，刑部言：「依已降指揮，開具到自去歲郊祀後，監司、郡守嘗被臺劾之人：直龍圖閣趙士粲、前知紹興府，專與秦檜作媒。直徽猷閣龔鋈、前淮南運判，其弟與秦檜管莊。直秘閣鄭僑年、前知廬州。鄭震、前知嚴州。鄭鬲、前四川提舉茶馬。高百之、前知温州。張永年、前知無爲軍。王晌、前知太平州。已上六人並檜親黨。孫汝翼、前知荆南府。直敷文閣方滋，前知明州。已上二人並交結檜。共十人。」詔並奪職。先是，殿中侍御史周方崇言：「延閣寓直，所以待英俊而寵勞能，望將去歲郊祀後臣寮論列放罷監司、郡守等人並鐫落職名，非徒姦惡有所警懼，而委任責成見帶貼職之人，得爲榮耀。」故有是命。

5 丙戌，詔秘書少監楊椿、著作佐郎趙逵、周麟之同共編修神宗皇帝一朝寶訓。按二月癸巳，周麟之元申請係修神宗、哲宗兩朝，今又改命，當考。

大理評事馮巽之言：「州縣獄官不躬親鞫獄，纍紲之囚，有不識獄官面者。望委監司、郡守將見行鞫獄條法晝一刊榜，揭於司理院當直司並諸縣廳事之上，使晨夕觀覽，惕息奉承。」從之。

6 戊子，詔增温州解五人，台、婺州各三人，静江府、明、處、湖、衢、嚴、福、徽、秀、汀、賓、融州各二人。以三郡終場二百人已上始解一人，而静江及諸州百人始解一人也。其四川諸州令漕司取會，視此數而增之。先是，尚書省言：「諸郡解額多寡不均。」詔禮部參酌均定，申省取旨，及是進呈。上曰：「解額窄處，自當量與增添，寬處却不可減，皆欲優之也。」乃命行下。

秘書少監楊椿入對，言：「湖北一路經寇盜最多之處，陛下特降詔，令蠲科徭，省力役，而累年以來，田疇不加闢，户口不加多，視他路最爲凋弊。所以然者，本路諸縣，才見有請佃之人，未得食新，例皆抑令輸税。既而差夫配馬，無名之征，取之紛然，民不聊生，流移轉徙，臣竊痛之。欲乞詔湖北一路，凡字民之官，以招誘户口、開墾田疇立爲課最。」上曰：「已令勸誘四川農民至湖外耕鑿，官給牛具，賞罰自不可廢。」椿又言：「近兩降赦文，籍没田産之人，並令所屬具情犯條法，申提刑司審覆，得報方許拘籍。而所至猶有不遵赦令者，蓋緣未曾立法斷罪故也。望詔有司申嚴行下，如是違法籍没罪人財産，及不先申提刑司審覆得報便行拘籍者，科以某罪，監司不覺察者，降一等。」上曰：「此須立法斷罪，但刑名不必太重，貴在必行耳。」五月丁巳立法。

左中大夫董弅知婺州。

左中奉大夫蓋諒知池州。

7 庚寅，翰林學士兼侍讀陳誠之假資政殿大學士、醴泉觀使兼侍讀，充賀大金上尊號使。吉州刺史、知閤門事蘇曄假崇信軍節度使、領閤門事副之。以盱眙軍言得泗州牒，金主號聖神文武皇帝故也。誠之三至北庭，頗見信。後有往聘者，必問其安否云。

詔京西、淮南販買耕牛，與免税三年。用三省請也。上曰：「關市之征，本以抑商賈，如米麪民間日用之物，豈可收税？今耕牛亦猶是也。然恐專欄輩巧爲名取之，可令監司、守臣察其違戾者，當寘於法。」

大理寺言獄空。詔免上表賀，仍賜少卿章燾等詔書獎諭。

朝散大夫万俟止主管台州崇道觀，依舊帶行「右」字。止弟參知政事卨言：「臣賦性愚直，不能諂奉秦檜。既罷政，檜乃將臣兄誣以贓罪，除名編管。原檜之意，非爲臣兄止，欲中傷臣爾。欲望睿慈憐察，除落過名，與一在外宮觀，庶使保全晚節。」故有是命。

8 癸巳，詔：「武學生以八十人爲額，上舍十五人，内舍二十五人，外舍四十人。置博士、學諭各一員。」未幾，詔學生以百員爲額。七月癸亥。

9 甲午，詔諸路州軍自今不得奏祥瑞。前一日，執政奏事，上曰：「前大理寺獄空，不許上表稱賀，甚爲得體。比年四方奏祥瑞，皆飾空文，取悦一時。如信州林機奏秦檜父祠堂生芝草，其佞尤甚。蓮之雙頭，處處有之，亦何足爲瑞？麟鳳瑞之大者，然非上有明君，下有賢臣，麟鳳之生，亦何所取？朕以謂，唯年穀豐登可以爲瑞，得真賢實能可以爲寶。若漢武作芝房寶鼎之歌奏之郊廟，非爲不美，然何益於事？可降指揮，今後不得奏祥瑞。」

10 乙未，右通直郎王炎、右朝請郎鍾世明各特降二官。初，炎在司農，嘗請令諸路以見管常平錢盡數糴米赴行在。世明時以右司郎中權户部侍郎，因請諸路歲發常平次陳米十五萬斛赴省倉贍軍。侍御史湯鵬舉言二人陰壞前世積財之根源。時炎、世明已用鵬舉奏免官，於是貶秩。

11 丁酉，上謂執政曰：「卿等接賓客，有利害可行及人才可用者，一一奏聞。庶盡知民間利病，因可得人才。」沈該等曰：「陛下勵精如此，敢不恭禀聖訓。」

12 戊戌，置六科以舉士。一曰文章典雅，可備制誥；二曰節操公正，可備臺諫；三曰法理該通，可備刑讞；四曰節用愛民，可備理財；五曰剛方豈弟，勞績著聞，可備監司郡守；六曰知機識變，智勇絶倫，可備將帥。命侍從歲舉之，如元祐中司馬光所請。先是，侍御史湯鵬舉言：「今明詔侍從各舉所知，倘或薦之不慎，而臺諫當議論者，必曰禁從方薦賢，而言者遽及之，是有心於責備，不容朝廷用一士也，如是則臺諫虚設矣。今輒條具六科，以備采擇，乞俾薦者隨其才而舉之，後有改節，願坐繆舉之罪。」詔吏禮部討論，至是行下。

慶遠軍承宣使、提舉佑神觀吴蓋爲寧武軍節度使。

右正言淩哲言：

臣聞昔漢高祖入關，悉除秦法，與民約法三章耳，所謂殺人者死，實居其首焉。司馬光有言：『殺人者不死，雖堯舜不能致治。』斯言可謂至當矣。臣竊見諸路州軍勘到大辟，雖刑法相當者，類以爲可憫奏裁，遂獲貸配。前此臣僚累曾論列，而比年尤甚。無他，居官者無失入坐累之虞，爲吏者有放意鬻獄之幸。上下相蒙，莫之悛革。貸死愈衆，殺人愈多，殆非辟以止辟之道也。

臣嘗取會到自去歲郊祀後距今大辟奏裁，無慮五十有餘人，姑摭其略而言之。汀州雷七、處州徐環兒、常州郭公彦、夔州冉臯，此四人者，情理兇惡，實犯故殺、鬬殺之條，蓋常赦所不原者。於法既無疑慮，於情又無可憫。今各州勘結，刑寺看詳，並皆奏裁貸減。彼殺人者，可謂幸矣，顧被殺者，含恨九原，不知何時而已也。臣恐强暴之風，日以滋長，善良之人，莫能自保，其於政刑，爲害非細。欲望特降睿旨，應今後諸州軍大辟，若情犯委實疑慮，方得具奏。其情法相當，實無可憫者，自合依法申本路憲司，詳覆施行，不得一例奏裁。當職官吏及刑寺，日後將别無疑慮，情非可矜奏案，輒引例貸減，以破正條，並許臺諫彈劾，嚴寘典憲。庶使用刑咸得平允，惡人重於犯法。臣又契勘大辟所犯，未有不因財氣鬬詈而致死者。今有司但以先曾詈人一句，打人一拳，便以爲可憫奏裁，如此，則故殺、鬬殺條令，皆可廢矣。惠姦長惡，莫大於此。伏望聖慈，詳酌施行。」

從之。

敷文閣待制陳桷落職。右正言凌哲論：「桷始以從軍冒賞，躐居華近。頃緣大臣之妻及子好方士之説，桷因以奉道爲名，至書符主醮，邀取厚賂，交結豪富，多受寄産，苟賤不廉。」故有是命。

户部尚書韓仲通言：「今斗米爲錢不滿二百，正宜積穀之時。如輦轂之下，諸軍雲屯，仰哺太倉，終歲之用，亦有餘數。若歲取所餘之數，别置倉廩貯積，以一百萬石爲額，常以新易陳，闕即補之。遇有水旱，助給軍食，減價出糶，以資民用，實爲經久之利。」從之。仍以豐濟爲名。

左承議郎、新通判撫州張洙行國子監丞。洙召對，乞：「士人雖不預鄉飲酒者，皆許赴試。」事下禮部。其後禮部言：「今後科舉，欲並依舊法，其鄉飲酒禮願行於里社者，聽從其便，仍不許官司干預。」從之。

左奉議郎、新通判安豐軍王時升行司農寺丞。時升召對，論：「淮南州縣地皆膏腴，今邊鄙寧息日久，然地未盡闢，而民不加多者，蓋緣有有其地而無其力者，有有其力而無其地者。且如豪彊土著之人，虛占良田有及百頃者，其實力不足以徧耕也。貧窮流寓之民，襁負而至，而近郊之田，盡爲豪强虛占，唯有僻遠去處，人跡希少，雖欲開墾，勢不可得。欲望不問官私田畝，但係荒閑者，並許人指請開耕，雖曾經開墾，而見今復致荒閑者，亦許剗佃。」詔户部看詳申省。其後本部請：「未耕種官田，限二年盡行開墾耕種，如限滿有未種田畝，即依臣僚所請，許諸色剗佃。其京西路亦乞於此施行。」從之。時升，綱子也。

1 五月辛丑朔，侍御史湯鵬舉言：「太府寺丞總領淮東軍馬錢糧蘇振奴事曹泳，遂除總領，職業不修。左奉議郎通判紹興府陳之茂爲秋試考官，違法容私，取秦塤於高等。」殿中侍御史周方崇言：「太府寺丞歐陽逢世，頃棄其妻趙氏及其二子，而再娶龔釜之女。釜係秦家管莊人，久不敢訴。」詔並罷。逢世，懋子也。

敷文閣直學士、提舉台州崇道觀蘇符知邛州。

2 壬寅，參知政事沈該爲尚書左僕射，万俟卨爲右僕射，並同中書門下平章事。

直秘閣、知婺州辛次膺陞秘閣修撰。先是，執政薦次膺，有詔赴行在。上意深欲用之，而病足不能拜，復請外。上躊躇久之，曰：「可與進職。」仍復還舊任。上因曰：「用人當盡公道，若以私喜怒取人，則真材實能何由得進邪？」

3 甲辰，端明殿學士、簽書樞密院湯思退知樞密院事。

4 丙午，太常少卿賀允中權尚書禮部侍郎。

起居郎吴秉信、起居舍人兼崇政殿説書王綸並試中書舍人。自王鎡後，紹興十七年十二月。中書不除舍人者近十年，至是，二人始有此授。

軍器監凌景夏守起居舍人兼權給事中。

詔今後御前諸軍統領官候及三年取旨，召還行在，本任供職。

5 丁未，侍御史湯鵬舉試御史中丞。

詔今後諸州軍教授不許差兼他職，令提舉學事司常切遵守。以右朝請大夫、知郢州路採代還有請也。

工部侍郎兼權直學士院劉才邵言：「江西諸州自紹興初間，緣盜賊未息，有置土軍去處，就縣屯駐，以縣令主之，往往强掠薪米，又令追呼公事，監守罪人，其弊至此。望將上件土軍，分填諸處巡檢司及諸軍闕額，更不復置。如此，則兵皆有用，而民不被害，一舉而兩得之矣。」事下兵部，其後本部乞如所請，如分填不盡，即充填見闕禁軍。從之。

右朝散大夫、直秘閣吴援行尚書工部員外郎。

6 戊申，宰執進呈：「御史臺看詳到責降及事故前宰執并侍從官十五人情犯，或與叙復職名，或給還致仕恩澤，輕重分爲五等，欲更取聖裁。」上曰：「甚當，可依此行下。」遂詔故追復觀文殿大學士趙鼎特與致仕恩澤四名；故追復資政殿學士孫近與致仕恩澤三名；故追復顯謨閣學士汪藻與致仕恩澤二名；故左中大夫劉大中、李若谷、段拂並追復資政殿學士，與恩澤二名；故左朝散大夫程昌寓追復徽猷閣待制，與致仕恩澤二名；故左太中大夫范沖追復龍圖閣直學士⑦，故左中奉大夫王居正、右文殿修撰趙開並追復徽猷閣待制，與恩澤一名；故左朝散大夫黃龜年與致仕恩澤一名；故左朝請郎李朝正、左朝散郎致仕高閌、左朝奉郎游操、左朝奉郎李本中並特與恩澤一名。凡恩澤上有「致仕」二字，則是有續得遺表恩澤之理，故不可削去，以見輕重。熊克小曆於此始書淩哲奏請。按哲元奏在去年十二月，而今年二月己丑樊光遠又乞之。三月戊午尚書省乃乞行下御史臺看詳，至是條上，克不詳考耳。又哲所奏，止是乞追復官職，未及恩澤也。

詔李顯忠昨緣歸朝，全家被害，理宜優恤，除已給恩澤外，更特與五資。

7 己酉，詔殿前馬步三司官軍闕額數多，可令召募百姓之願充軍者，毋得强行招刺。

將作監丞楊倓言：「伏覩法令舊章，因羣臣一時申明，前後衝改，歲月積久，致相牴牾，老胥宿吏，遂夤緣爲姦。欲望申敕六曹寺監諸司，將逐處見行條法累降衝改指揮，并一般放行體例，參以日月先後，分明編類。稍有遺逸，重寘典憲。限旬月成書，委官審實，復下元來官司，先使之奉行，仍録送敕令所修定頒降，以爲永制。每有訟理，令所司畫一備坐看詳裁決，則曲直曉然，胥吏無所容姦，實天下之幸。」詔六曹長貳看詳，申省取旨。

8 辛亥，言者論：「近年以來，朝廷節次放免米、麥、菽、豆、柴薪、耕牛、力勝等税錢，而不曾與減退税務課額，仍更立賞，督責州縣。税額既重，則他物必致重征，取給敷額，故商賈不通。欲將税務年額，量與減免，却重行裁減收税則例。」上曰：「此説極有理，如米麥之屬，民所日用者，既與放免，若不量減年額，則必巧作名目，重斂以求敷數，反爲民害。可依所乞，令户部措置立法。」

9 壬子，上謂大臣曰：「近諫官淩哲言大辟不應奏讞事，此説固當。但恐諸路見此指揮，觀望滅裂，將實有疑慮、情理可矜之人一例不奏，有失欽恤之意，致傷和氣。可令刑部坐條及前後指揮行下照應。」哲建請在四月戊戌。

10 癸丑，殿中侍御史周方崇言：「宗正少卿張修，本曹泳所薦，及泳已竄斥，欲擺脱蹤跡，乃欲論列泳之侄緯。章疏明言『蒙聖恩，擇實諫垣』，意欲人知其非泳黨。日者陛下拔擢卿監，而修不得與，怏怏見於顔色。」詔放罷。

11 甲寅，右朝請大夫李邦獻爲荆湖南路轉運判官。邦獻知撫州還，入對，言：「近年用事之臣，險愎狠忌，凡登對臣僚奏陳稍久，或聖語有所詢訪，陰即中傷。是致臣下所陳，類皆不切之務，畏禍甚者，至托疾在告。望申飭臣僚，凡有所聞，盡言無隱。」從之。邦獻奏下在是月丁未。遂有是命。上覽除目，因謂大臣曰：「近緣遴選監司，諸路稍稍有按發官吏不職者。罰不患乎不行，但賞典亦不可無。今後郡守有治狀顯著者，令諸司共奏，當議褒奬，如增秩賜金之類，或與陞擢。有賞有罰，則善惡知所勸沮矣。」

12 乙卯，左朝請大夫、主管台州崇道觀黄達如知徽州。

13 丙辰，尚書左僕射沈該監修國史，右僕射万俟卨兼提舉實録院。先是，秦檜以監修兼提舉。自該、卨並相，始分監修及提舉爲二，至今因之。該謂檜專政以來所書聖語有非玉音者，恐不足以垂大訓，乃奏删之，而取上即位至今，通三十年，纂爲中興聖語六十卷上之。

詔靖康間責降見存未叙復人，令刑部依大禮赦，檢舉開具元犯，申尚書省取旨。

初，錢塘縣民楊康進狀，乞：「每歲獻納賣羊抽分牙利錢二萬三千緡，應辦太廟、景靈宮大小酌獻支用，并買獻内膳、御膳羊七百二十口，計錢一萬緡。自今猪羊圈交易，並不許餘人干預。」事下臨安府。至是，御史中丞湯鵬舉、起居舍人權給事中凌景夏、中書舍人吴秉信言：「康輕量朝廷，欲擅一府屠宰之利，望送大理寺治罪。」從之。

14 丁巳，尚書左僕射沈該提領編類玉牒所。該初兼提舉，避曾祖名改焉。

延福宮使、寧國軍承宣使、入内内侍省副都知陳永錫爲入内内侍省都知延福宮使。德慶軍承宣使、提舉萬壽觀衛茂實爲入内内侍省副都知延福宮使。崇慶軍承宣使、帶御器械王晉錫爲入内内侍省押班。

湖南轉運司言潭州南嶽廟災。詔本司計合用錢數申省取撥，毋得斂民。

詔：「財産不應籍没而籍没者，徒二年。即應籍没而不申提刑司審覆，及雖申而不待報者，杖一百。監司不覺察者，減一等。著爲令。」用秘書少監楊椿議也。

敷文閣待制符行中提舉江州太平興國宮，從所請也。或曰行中爲政貪刻，及代去，蜀民邀於路，將辱之，爲幕官所蔽得免。

15 戊午，進士鄧椿年言：「故父左奉議郎名世，以忤時相廢弛，不該日曆賞典，乞褒贈。」詔御史臺看詳。名世嘗爲秘書省著作佐郎，秦檜以其本劉大中所薦，惡之。會名世擅録副本以歸，檜因令言者論列，下吏停官，遇赦牽復而死。其後御史中丞湯鵬舉等言名世亦合預賞，乃特贈左承議郎。

16 己未，金主使宣奉大夫左宣徽使敬嗣暉、定遠大將軍尚書兵部郎中蕭中立來賀天申節。暉，易州人也。此據范成大攬轡録。

17 庚申，户部尚書韓仲通言：「諸路州軍上供米，漕司催發違限，且以去年之數稽考，未起發者迨今三分之二，而江東西尤多。計以支降三總領歲終所用軍食，及今秋苗米數外，實管上供苗米二百四十萬石，皆有人户所納縻費水脚錢。若失時般撥，則新陳相因，致有隱没之弊。望令户部於歲計之餘，支撥付建康、鎮江兩總領各一百萬石，催督漕司般發，限以半年足辦。居常以新易陳，或值水旱，則補助軍食，取撥賑濟。遇有闕數，則復行補撥。」兩從之。

18 甲子，御史中丞湯鵬舉乞：「申嚴福建、廣東沿海銅錢出界之禁。犯者盡數充賞，檢税官除名，守倅巡尉抵罪。」從之。

19 己巳，中書舍人兼崇政殿説書王綸陞侍講。

前特進張浚度金人必敗盟，是月，上疏曰：「今日事勢極矣。陛下將拱手而聽其自然乎？抑將外存其名，而博謀密計，求所以爲久長歟？臣誠過慮，以爲自此數年之後，民力益竭，財用益乏，士卒益老，人心益離。忠臣烈士，淪亡殆盡，内憂外患相仍而起，陛下將何以爲策？今天下譬如中人之家，盜據其堂，安眠飽食其間，而陰伺其隙，一日之間，其捨我乎？」書奏，執政不省。

校勘記

①寧國軍節度使兩浙東路馬步軍副都總管李顯忠爲殿前司右軍統制　「寧國軍」，原闕「軍」字，據叢書本補。

②右通直郎江南東路轉運司主管文字龔鋈罷　「司」原闕，據文意補。

③秦檜以十八年在位之久　「在位」原闕，據皇朝中興大事記講義補。

④既而轉運副使蔣璨言　「使」，原作「司」，據文意改。

⑤安能使　得牛種　「牛」，原作「半」，據叢書本改。

⑥聽展不得過三十日　「聽」原闕，據叢書本及下文補。

⑦故左太中大夫范沖追復龍圖閣直學士　「沖」，原作「仲」，據本書卷一四三「左太中大夫提舉江州太平觀范沖卒於婺州」記事改。

建炎以來繫年要録卷一百七十三

1 紹興二十有六年六月辛未朔，户部言：「江、浙、湖南、福建諸路没官田産昨許人佃租，近因鍾世明請出賣而未有買者，見佃人因此失業，今乞仍舊給佃。」三月乙亥，鍾世明建請出賣。上曰：「建議者不過利於得錢耳，若許民租佃，量立租課，民必利之。百姓足，君孰與不足乎？」沈該曰：「陛下恤民務本如此，天下幸甚。」

御史中丞湯鵬舉言：「昨議役法者，欲以批朱白脚輪差，遂致下等人户被害。謂如一保内，上等家業錢一萬緡，中等五千緡，各已充役，謂之批朱。下等家業錢百緡，末等五十緡已下，未曾充役，謂之白脚。然下户無力可充，遂有差役不行之患。乞將批朱歇役滿六年者，便與白脚比並物力再差。」從之。二十八年六月己丑不行。

右承務郎何惟清上疏訟其父鑄「頃嘗被命，與曹勛出疆，與金人辯其逆順，勤懇之時，哀切至慟，是以未幾得濟其事。而爲秦檜所忌，事實不傳」。詔付史館。

2 壬申，咸寧郡夫人郭氏薨。郭氏歸普安郡王，生四子，愉、愷、惇，幼未及名。薨，年三十一。權攢於南山之修吉寺①。

3 癸酉，御史中丞湯鵬舉言：「陛下總攬權綱，慎擇郡守。臣愚擬令郡守久任，責以治效，正當今之先務。

議者必曰：『方今員多闕少，不可行也。』又曰：『郡守之賢否未可知，若或委之臺諫、監司薦其賢能，又恐臺諫、監司未可信也。』臣乞聖斷，逐路擇郡守三兩員，課其勞績，俾之再任。委有異政者，不次陞擢，以激勸之。」輔臣進呈，上曰：「此在慎擇監司，監司得人，舉刺公，則郡守之職自振矣。由漢以來，郡守有善政者，多增秩賜金，正不欲數易，然久任亦不可爲定例。」沈該等曰：「欲令監司帥臣同共考察課績，列銜保舉再任，仍令尚書省置籍。」上曰：「如此甚善。」

中書舍人吴秉信兼實録院修撰。

御前諸軍都統制、知興州吴璘言：「紹興十一年得旨，令宕昌寨歲所市西馬十分之二給本軍，而茶馬司積五年不與。今軍中有馬七千，皆已老大，恐無以備緩急。望令茶馬司今歲如額支撥，其餘逐旋補還。」從之。

4 甲戌，宰執進呈秘書省校書郎黄中面對劄子，言：「自頃大臣用事，屏棄忠良，私昵憸人，布在郡縣，不復以民爲意。自陛下一新百度，而半年之間，監司郡守出於親擢，及近臣舉薦者不過數十人，他皆如故。謂宜取法祖宗，精選公忠明敏之臣，每道分遣一人，假以歲月，令徧歷郡縣，凡百姓之疾苦，獄犴之冤濫，財用之蠹耗，官吏之貪污苟且，與夫利之未興，害之未除者，皆得條具以聞。其監司守臣善惡之尤著者，每路各黜陟一二人，以新天下之耳目。」上納之，乃詔諸路監郡躬歷所部，詢訪廉察，條具以聞，當議黜陟。

御史臺言：「去年十月以後，因言章及告訐編置居住人曹泳、吉陽軍。莫伋、化州。王湇、南恩州。王肇、高州。

汪召錫，容州。陸升之，雷州。張常先，循州。康與之，欽州。徐樗，高州。王會，循州。雍端行，賓州。林東，英州。鄭煒，雷州。已上並編管。呂愿中，封州安置。王曮，建昌軍。曹雲，柳州。已上並居住。未見申到貶所，乞令所在州押發，稽留者抵罪。」從之。

敷文閣直學士致仕俞俟卒。

右承議郎蘇師德通判建康府。

5 乙亥，秘書省正字張震言：「四川茶場，每貨茶百斤以上，必有所增予，謂之加饒，所以優商，官自捐之，民則無與。自韓球行刻剥之政，希增羡之課，始取償於民，盡舉所捐，增爲正額，或一場增至三二十萬。茶既不足，則併採新芽，來年轉荒，舊産愈負。自此額未嘗足，民日破貧。且民者，茶之所自出。商者，茶之所自行。優商而困民，是浚其流而竭其源也。民知輸官，不補所得，於是强悍之民起爲私販，以爲苟保於朝暮，孰與坐待於死亡？其弊若斯，將損國計。願將韓球以前茶額，比今所取，裁酌施行。庶幾民力稍可復舊，以爲四川根本之計。」從之。

6 丁丑，端明殿學士、新知湖州程克俊參知政事。上既命二相，乃詔克俊過闕對之。翌日，遂有是命。

右正言凌哲乞：「下諸路州縣，將去年十月以後所降寬恤指揮，并臣僚論列得旨章疏，如約束、受納、催科、推排、差役之類，榜之通衢，揭之粉壁，使民通知。」從之。

新湖南路安撫司參議官王昺罷。昺，會從弟也。右正言凌哲劾昺「兇狡刻薄，嘗諂事李椿年，辟充江東經界官，所至肆爲殘酷。吏民有犯贓百錢者，不問法之輕重，一切籍産徒配，且言畫旨如此，每州破壞無慮數百家」，故有是命。

7 戊寅，沈該等奏：「今次科舉，臣等子弟親戚並令歸本貫就試，國子監轉運司並無牒試之人。」因進呈檢會到祖宗典故：乾德六年，陶邴中第②。邴乃翰林學士承旨穀之子，遽命中書覆試。上曰：「往時秦熺登科，尚是公選。後在翰苑，文亦可觀。其後秦塤中甲科，所對策叙事，皆檜、熺語，灼然可見。朕抑之，置在第三，不使與寒士争先。祖宗故事，今可舉行。」遂詔貢院遵依咸平三年三月詔旨，所試合格舉人内有權要親族者，具名以聞。中興聖政史臣曰：「建炎初策士，以委有司，不以一人好惡爲之升黜，天下之至公也。紹興中權臣罔上，假國家科目，以私其子弟親戚。則聖斷赫然，拔寒畯，抑權貴，亦天下之至公也。」

8 己卯，端明殿學士、提舉江州太平興國宫汪勃知湖州。

9 辛巳，左朝散郎、敷文閣待制錢周材落職，以御史中丞湯鵬舉論其「不孝不法，而權臣以鄉里之私置在侍從」故也。

10 壬午，詔：「故追復資政殿學士鄭剛中特與致仕恩澤二名。故左宣教郎石公揆追復直龍圖閣。」皆以刑部看詳元犯來上，故有是命。

左奉議郎孫覿復左朝奉郎。覿既叙官，當秦檜秉政，畏禍深居者二十餘年。及是，始上書自訴，乃復舊秩。

起復武翼大夫兼閤門宣贊舍人、充思州都巡檢、通管州事田汝端知思州，從本路安撫司請也。

御史中丞湯鵬舉言：「左朝散大夫、添差浙東安撫司參議官方雲翼前任通州通判，姦贓狼籍，彊市民田三十餘頃，驅歸業之民與之耕種，權臣亦畏其利吻，禄廪不絶。伏望重賜竄逐，庶幾有以懲戒。」詔：「雲翼先次放罷，其通州在任日所置，及奪取民户田産，令本路轉運司盡數拘籍，開具申省取旨。」閏十月壬寅行遣。

11 甲申，刑部尚書周三畏引疾，罷爲敷文閣學士，提舉江州太平興國宮。

秘書省校書郎黄中、正字葉謙亨並兼實録院檢討官。

樞密院言：「御前諸軍，見行招填闕額人數，竊慮亦有强刺不情願人，理宜措置。」詔：「諸軍都統制嚴行約束，不得强招。其招到願充軍人，主帥躬親審問，委的情願，方許刺填，仍出榜曉諭。後有陳訴，其所委招軍統制官已下取旨，重作施行，各具知禀聞奏。」

12 乙酉，秘書省正字兼實録院檢討官葉謙亨面對，言：「陛下留意場屋之制，規矩一新。然臣猶有慮者。學術粹駁，繫於主司去取之間。向者朝論專尚程頤之學，有立説稍異者，皆不在選。前日大臣則陰佑王安石而取其説，稍涉程學者，一切擯棄。夫理之所在，惟其是而已。取其合於孔、孟者，去其不合於孔、孟者，可以爲學矣，又何拘乎？願詔有司，精擇而博取，不拘一家之説，使學者無偏曲之弊，則學術正而人才出矣。」上曰：「趙鼎主程頤，秦檜尚安石，誠爲偏曲，卿所言極當。」於是降旨行下。

右奉直大夫張祁試大理卿③。

成忠郎柯熙爲武學諭，始除也。

詔：「左從政郎新楚州州學教授劉度、左迪功郎林之奇並召試館職。」初復故事也。之奇，福州人。度，歸安人，已見。既而御史中丞湯鵬舉言：「度素無行義，親喪未除，兄弟析居。頃爲漕司試官，受韓世忠使臣之囑，欲取世忠之子得解，使之召試，公論謂何？」乃罷之。度罷召試在丙申。

13 丙戌，左宣教郎、新洪州州學教授王剛中入對，論：「修徽宗實録事大體重，望特詔史局採訪舊聞，參考詳記。」擢剛中秘書省校書郎，以其奏付實録院。剛中，吴秉信所薦也。剛中初見紹興十五年三月。

武功大夫、新知全州劉光時乞鑄夾錫錢，執政以爲難行。上因論：「錢法，隋末唐初其弊極矣。至開元工始精緻，國家如太平、祥符、崇寧錢亦甚精。」沈該等曰：「是時銅料豐饒，故能如此。」上曰：「當令盡如舊制，工費所不較也。」上又曰：「近日雨澤甚霑足，暑中此雨絶難得，殊可喜。」

14 丁亥，作皇帝本命殿於萬壽觀，依在京以純福爲名。

是日，流星晝隕。

15 戊子，左朝奉郎、新通判泉州黄祖舜言：「取士先行實而後文藝。今有抱道懷德之士，不就科目，乃老於布衣，無以自達，而羣試有司，其間輕儇之流，躐取膴仕，往往而有。以此較彼，輕重大不相侔。臣愚以謂，鄉舉里選，不可遽行，文藝行實，難以驟改，參酌而用之，或有補於治道。欲望布告中外，自科舉取士之外，有能學行修明、孝悌純篤，爲鄉曲素所推重者，縣薦之州，延之庠序，以表率多士。其卓行尤異者，州以名聞，縻以好爵。以此激勵天下，庶幾士風歸於淳厚，亦鄉舉里選之意。」上曰：「文學、德行自是兩科。若果有德行純篤不求聞達之士，所當搜揚。」乃以其奏下禮部，遂以祖舜守尚書倉部郎中。

右朝請大夫、新荆湖南路轉運判官李邦獻入辭，言：「州縣有經總制合取錢，自來據所收多寡合得之數申解。近因曹泳之請，止以紹興十九年立爲定額。是年係經界年分，人户將白契及隱匿田段一併投印税契，是致所收最多。若以當年爲額，則是與郡縣開掊斂之門，遂致逐州知通，立賞督責，必要及格，以希賞典。欲望特降處分，除夏秋二税、經總制錢有定額外，其餘合收窠名錢物，只得據實收起發，即不得隱漏侵欺。所有前項立額指揮，欲乞更不施行。」詔户部看詳取旨。邦獻又言：「監司以互察爲名，取索他司職事，因而騷擾，乞戒飭。」上可其奏。因曰：「遠方正要卿發摘姦贓，選舉循吏，凡有便民事，可直奏來。」

敷文閣待制、提舉江州太平興國宫符行中落職罷宫觀，以殿中侍御史周方崇言其「在蜀中恣爲不法，掠斂四川珠貝錦綺，以媚時相。又督朝廷所放五年舊欠，蜀人怨入骨髓」故也。

16 辛卯，秘書省正字張孝祥面對，乞：「將去年郊祀以前，官吏犯贓私罪，除州縣監臨之官，因民間論訴，監司按發，即依條看詳審實外，如係取怒故相，並緣文致，有司觀望，煅煉成罪之人，乞免審實，便與改正。」上曰：「近來如此雪正者甚多，已令刑部施行。」孝祥又言：「昔王安石作日録，一時政事，美則歸己。故相信任之專，非特如安石，臣懼其作時政記，亦如安石專用己意，掠美自歸。望取去歲以前修過日曆，詳加是正，審訂事實，務在貶黜私説，庶幾垂之無窮。」從之。

入内武翼郎、永祐陵攢宮都監鄧友，杖脊刺配瓊州牢城收管，坐盜伐陵木以葺私舍故也。

禮部言：「欲自今年七月朔爲始，太學生請長假滿百日之人，並依條檢舉塡闕。」從之。

秘書省正字胡沂兼實録院檢討官。

17 甲午，詔前侍從論罷未復職人，寄禄官至朝奉郎以上，身亡在去年大禮十年内者，許以致仕恩任子。用吏部侍郎權尚書張綱請也。監察御史樊光遠建議而吏部舉行之。

18 乙未，右朝請郎蔡樗送吏部，與監當差遣，以御史中丞湯鵬舉論樗「投李椿年爲經界官，所至暴虐」故也。

19 丙午，詔黎、雅州博易場官市珠犀、水銀、麝香等並罷，令民間仍舊交易。

左迪功郎、充皇后宅教授林同言：「太學養士千餘人，而月試人數，或不及五之一，良由知以科舉爲優，不知以舍選爲重，如此則與方州取士何異？恐非國家立學校之本意也。今科舉密邇，欲望特降指揮，諸州教官，惟許上舍登科人注擬，庶幾士子有所歆慕，以舍選爲榮，則將重去學校，而人材成就。」詔吏部看詳申省。

20 丁酉，敷文閣待制、提舉江州太平興國宮張邵卒。邵起守池州，踰時復請祠去，道由廣德軍，值其生日前一夕，沐浴就寢，詰旦家人起爲壽，視之死矣。邵以丙子歲六月二十七日生，復以其年月日死，人皆異之。

1 秋七月辛丑④，樞密院言：「武臣知州軍見闕數多，及有過滿處，詔三衙主帥保舉内外武臣知書諳練民事、堪任知州軍人，殿前司三人，馬步軍司各二人。如後犯入己贓及不職，與同罪，各具狀奏聞。」

保寧軍承宣使、知西外宗正事士衎言：「西南兩外宗正司，相去不遠，凡所申請及鈐束訓導宗子，事體一同。欲望許兩宗司官，每年一次往來，商議職事。」從之。

2 壬寅，御筆：「蠲放民間一年丁絹之數，計二十四萬匹。內十二萬匹，令與户部措置商量，收買合用錢，於內庫支還；餘十二萬匹，令內庫支給本色，以惠細民。」沈該等言：「昨降指揮，止爲免丁錢。今陛下欲併與丁絹及綿全行蠲放，聖恩寬大，百姓被蒙實德。今歲絲蠶登熟，置場收買，便可足數。」上曰：「不唯寬民力，且不失信於民。」上又曰：「近得一雨，甚可喜。」該曰：「即如今日蠲放民間丁絹，便可召和氣，致甘澤。」

右正言凌哲言：

陛下深念比年臣僚有緣誣告不測之罪，投竄遐裔，無路自明，乃因郊賜赦，曠然與之昭洗。於是中外之士，交章公車，陳詞臺省，以自祈辨，雪者殆無虛日。聖恩寬大，悉命有司，量其情實，或除罪籍，或復元官，冤憤既伸，萬物吐氣，甚盛德也。

臣竊見比來檢鼓院上封者滋多，頗涉冒濫。如其所犯，元因語言疑似之類，或可矜憫。至於姦贓狼籍，已經按治，蹟狀顯著，人所共知者，亦復巧飾詞理，公肆誕謾。或稱向曾違誤權臣所致，例圖解免。今陛下方開公正之路，而小人乃欲啓僥倖之門，此尤清議之所不容也。又況此曹嗜利之人，與生俱生，未易悛革。儻復齒夷途，再臨民社，必且益務掊尅，以殘虐吾民，無所忌憚，其害將有甚於前日矣。伏望特詔有司，應自今陳雪過名之人，並須檢會元犯事因。如係贓罪已經勘劾者，乞止依元斷條法施行。庶使貪汙知畏，官曹寖清，實天下幸甚。

詔刑部看詳取旨。其後本部言：「命官犯罪，若元因論訴按發鞫勘，贓證結録，別無翻異，已行斷遣者，並欲具元斷因依，分明告示。其餘特被罪，或因緣連累斷遣之人，後來有司看詳，委有冤抑，即行開具因依，申取朝廷指揮。」從之。

左朝奉郎沈介爲尚書吏部員外郎。

左朝散大夫、江南西路提點刑獄公事劉長源罷。右正言凌哲言：「長源嘗冒臺察之列，首創異議，乞任崇寧以後大臣子孫，陛下亟加貶斥。後因與王會連親起廢，專務營私，每歲舉官陞改，不問賢否，凡一薦章，必得錢五百緡，乃始剡奏。乃者被旨追證王⿰革縣不法事，凡⿰革縣强取民田，多不給還，見訴臺部，其用心如此。望賜罷黜，以爲朋姦慢令之戒。」故有是命。

詔四川宣撫制置使鄭剛中、李璆書押過便宜付身，與除程展限一年换給，若出違令限，更不施行。

3 癸卯，尚書工部員外郎吴援乞補外，除秘閣修撰、知綿州。

4 甲辰，詔三佛齊國遣使入貢，可差睿思殿祗候黄大求充押伴宫。

御史臺檢法官褚籍言：「近來州縣守令類多貪墨，每有豪户及僧道富贍者罪犯，必令獻助錢物，或作贍軍支用，或作修葺亭館，多者數千緡，少亦數百緡，更不原其所犯輕重，例作緣故釋放。此風寖長，不可不革。望俾有司嚴立法禁，並以贓論。」從之。

5 乙巳，右正言凌哲乞：「下諸州縣，應積年掛欠苗税官物等，並權住催。候至秋冬之交，收成了畢，再行追理。」詔户部看詳，其後積欠殘零如所請。

6 丙午，右奉議郎薛仲邕特勒停，送連州編管。時仲邕進狀乞宫觀，而殿中侍御史周方崇謂：「省吏曹潙實教之。潙，泳之族兄弟，二十餘年，凡執政左右司，多萋斐於故相，因以廢罷，中朝爲之切齒。洎魏良臣秉政，漏泄省中事，皆潙爲之。望屏之遠方，以爲治世蠹賊之戒。」詔潙特勒停，惠州編管。

7 丁未，殿中侍御史周方崇言：「知撫州張子華目不識字，初以玩好結託時相，遂遷福建、廣南兩路市舶。貪污之聲，傳於化外。知武岡軍李若樸交通王會，其丞大理也，岳飛之獄既具，若樸獨以爲非，務於從輕。今復令守湖外，其異議如是，得不爲之慮乎？若樸貪污刻剥，通判方疇欲裁正之，若樸求疇之過，言於監司，疇遂坐深文貶責。」詔並罷。

左武大夫伏深言：「四川州郡駐泊東軍，皆係宣和間發來戍守，緣兵火，各無所歸。今邊事寧息，諸州軍盡將年老或殘疾之人並行揀放，無所仰食，往往至於乞丐，甚可憐憫。欲望免行揀汰，支破半分衣糧，至身故日止。仍將已揀放人拘收存恤。」詔制置司行下諸州，如所請。四川東軍之籍，凡萬二千四百九十人。萬二千一十人禁軍，四百八十人廂軍。夔州四千四百四十七，成都府三千三百六十，瀘州二千九百八十九，劍門關三百六十，文州三百二十，利州二百二十五，内二百人廂軍。蓬州二百三十六，恭州二百，閬州百五十，廂軍。巴州百三十，廂軍。龍州四十三。休兵以來，竄死相繼。瀘南帥臣聞於朝，有旨招河東北、陝西等處流寓人及本軍子弟補額，然流寓不復有矣。至今循之。此以四川制置司事類附入。得旨招補，乃江陽志所云，不知何年月指揮也。

皇叔福州觀察使士穮卒，贈開府儀同三司，追贈惠國公。

夜，彗出井宿間。

8 戊申，宰執進呈次，上曰：「夜來太史奏彗出井宿間，朕當避殿損膳，以答天戒。深慮朝政尚多闕失，或民情疾苦，無由上達，可降詔述此意，許士庶實封陳言，務盡應天之實。」遂下詔曰：「太史言彗出東方，朕甚懼之。已避殿減膳，側身省愆。尚慮朝政有闕失，民間有疾苦，刑獄有冤濫，官吏有貪殘，致傷和氣，上干垂象。可許令士庶實封陳言，詣登聞檢院投進，仍令諸路監司郡守，條具便民寬恤合行事件聞奏。提點刑獄官躬詣所屬州縣詳慮決遣，將枝蔓干連之人日下疎放。務施實惠，以盡應天之實。」

詔：「今後選人初改官，令吏部依法注知縣、縣丞差遣。奏補承務郎已上人，並須實歷親民知縣、縣丞一任，方許關陞通判。」言者論「貴遊子弟，干求堂除，便用屬官差遣，理當親民」故也。

9 庚戌，尚書左僕射沈該等以星變引咎，且言：「兩夜微雲，星不見，所以未敢遽勤聖聽。」上曰：「天象亦有常數，卿等不須如此，待罪亦無益。但思所以應天實德，以消天變可也。」該曰：「臣等當協心講求闕失。民間利害，聖慮所及，亦乞宣諭臣等奉行。」上又曰：「據所臨分野，當在秦、晉間。然朕以天下爲憂，豈問遠近耶？」

御史中丞湯鵬舉言：「近因臣僚奏請，乞根括銅匠，招入鑄錢監充役，户部看詳，下提刑司，委諸通判括責，籍定鑄造銅器人姓名，聽候指揮。臣契勘諸州縣銅匠無慮千百家，家有十數口，若盡行拘籍，即是一旦驅數千人轉徙異鄉，復當重役，似非國家忠厚之意。況向來臣下奏請，止欲禁人銷錢爲器，只合申嚴條制，戒飭州縣，常切禁戢，俟其違犯，決配鑄錢監可也。今來見有祖宗成法，又未有犯法者，遽然押付鑄錢司，有如工役之重，固所不論，而養贍不足，失所者多矣。竊恐於法，未爲允當。伏乞申嚴禁戢銷鎔錢貨條令，嚴切施行。若已成坯而未鑄者，已鑄而未出賣者，臣擬欲並許諸色人告首，盡以家業充償，然後斷配錢監，庶幾行法用刑，有以慰安民心。」從之。

御史臺主簿李庚言：「國家立薦舉之法，將以搜羅人才，激勸士類。嘗聞謝泌居官，每發薦牘，必焚香望闕再拜曰：『今日老臣又爲陛下得一士矣。』其不負君上如此。比年以來，士大夫非唯不知出此，抑亦有甚者焉。彼其經年不剡一奏，以待權臣不時之須。闔郡不舉一人，以爲子孫换易之地。是雖出私意，猶之可也。甚至闕陞改秩，各有定價，交相貿易，如市賈然。是以廉隅之吏，絶意於榮塗。而姦贓不逞之輩，侵漁公上，掊斂百姓，日營苞苴之計，其弊有不可勝言者。欲望明立法禁，應買賣舉狀之人，取者、與者各坐論贓。庶乎祖宗之法不爲虚文，而賢不肖之徒有以旌别，實天下幸甚。」詔令有司立法。其後刑部乞依薦舉受財法施行。從之。九月丙午立法。

10 辛亥，詔：「諸州知通取索逐縣丁簿，依年格收附銷落。如將未成丁之人先次拘催丁錢及老丁不即銷落，並許赴臺省陳訴。」又詔豐濟倉俟農隙興工，及内外别有修造去處，並行權住。」又詔昨來經界打量，定驗輕重，失實去處，許經看詳官陳訴，可更展限半年，委守令申漕司審覆，依公改正訖申省。皆以星變，故用尚書省請也。

户部尚書兼權知臨安府韓仲通言：「安撫司回易庫昨將官錢責借油鋪，并置米鋪以收利息。又居民日用蔬菜果實之類，近因牙儈陳獻，置團拘賣，尅除牙錢太多，致細民難於買賣。又本府買撲稅錢，并新添河渡所納錢物不多，因此邀阻往來之人，欲乞並行住罷。」從之。三事皆曹泳所創，及是，因星變而罷。

11 壬子，詔諸軍因罪勒令自效之人，不得一例揀汰離軍。

御史中丞湯鵬舉言：「諸州私置稅場，廣收醋息，而州縣官切切然必加意於其間。蓋欲倍有所入，盡歸於公庫，有餘則分受以及己。伏乞申嚴行下，令守倅遵依紹興敕令，按月支見任官供給。或過數以請，并過數以支者，並以自盜論。令臺諫監司依條按劾，使州縣官稍知禮義廉耻之風，則刻意擾民者，潛消於州縣矣。」從之。

12 癸丑，詔臣民封事及監司守臣條具便民事件，言刑獄財計者，各委本部看詳，餘並委中書舍人吴秉信、王綸、權給事中凌景夏、仍添差權禮部侍郎賀允中分輪看詳，務要詳盡。又詔諸路州縣前後添置河渡去處並罷，聽從民便。又詔：「州縣和買紬絹及和糴草料等，將官户及權勢之家，並與平民一等科納，如輒敢減免，官司及減免之家，並計贓科罪，令監司覺察。」皆以尚書省有請也。

13 乙卯，沈該等言：「夜來星象全然退減，陛下尚未御正殿，臣子之心實自不遑，今日欲率百官拜表奏請。」上曰：「雖漸次消弭，朕方憂懼，恐未須如此。」該又奏：「前日臣等以輔政無狀，欲待罪乞行罷免，蒙宣諭再三，所以不敢上勤聖聽。」上曰：「待罪何益？朕當與卿等交修不逮，上答天戒耳。」上又曰：「往時士子或因上書忤秦檜意，押往本貫或他處聽讀，不曾檢舉施行。」該曰：「聖慮及此，寒士之幸也。」上又曰：「訪聞淮上米價甚平，民間實難得錢，可令會問米價。官中若與收糴，民間得錢，亦兩便也。」該曰：「便當奉行。」

詔故贈右諫議大夫陳瓘特賜謚忠肅。先是，上謂輔臣曰：「近覽瓘所著尊堯集，無非明君臣之大分，深有足嘉。易首乾坤，孔子作繫辭亦首言：『天尊地卑。』春秋之法，無非尊王。王安石號通經術，而其言乃謂『道隆德駿者，天子當北面而問焉』，其背經悖理甚矣。瓘宜賜謚以表之。」事下太常，至是，用博士劉嶸擬定行下。上語在六月癸巳，今併書之。

14 丙辰，詔：「進士因事送諸州軍聽讀，可特放逐便，仍許取應。」又詔：「臨安府猪羊圈并安撫使回易麻布、連竹紙增息出賣，及責借官錢付炭牙人放炭收息，可並住罷。」又詔：「諸州民間地土占充官司營寨房廊，其隨地產税和買並與除放。明、婺、嚴、衢州所買發納牛羊司羊口，令椿支合用官錢，依市價和買，不得依前抑配民户。應州縣受税賦，即時銷注，並只以縣鈔照用，不得取索户鈔。」皆以尚書省有請也。

御史中丞湯鵬舉言：

臣竊以易曰：「涣汗其大號。」書曰：「慎乃出令，令出惟行，弗惟反。」蓋號令者，大君所以鼓舞萬民者也。故一號令之出，謀之不可不臧，發之不可不慎，行之不可不久。臣竊觀臣下之奏請，有所謂應詔者，有所謂輪對者，有得見闕而朝辭者，有當替罷而朝見者，是皆合對而奏請也。或曰且以藉手，且以塞白，且以隨例。責其端慤以陳利害，十無一二也。因而爲之變易法度，可乎？因而施之號令，可乎？臣謂革其所可革，不必以一言而爲之改易。因其所可因，不必以一言而爲之仍舊。實以上關社稷軍民之安危，下繫君子小人之消長，不可不察也。臣伏望睿慈，率由祖宗之典章，深監帝王之因革。有如號令之施設，必使有司，公心平氣，孰思詳擇。推原措畫之從違，討論奏陳之意嚮，利則行之，害則除之。不輕信而立法，無曲從而反汗。使獻言者不能窺伺間隙而容其姦，則號令素定，吏民信服，天下幸甚。

從之。

權禮部侍郎賀允中言：

臣聞爲君者在恤民，應天者必以實。臣敢以刑罰、財用致傷和氣二事，試爲陛下陳之。夫刑獄之官，人之司命。方今州縣獄官，凡拷訊罪人，未嘗監臨，盡付公吏之手。每一鞭笞，極其慘酷。號痛冤呼，聲聞道路。捶楚之下，何求而不得？其致傷和氣者一也。國家財用，窠名立額，率用一歲中制，其由來久矣。比年以來，經總制錢立額，以紹興二十六年中最高者一年十九年之數爲之。其當職官，既有厚賞以誘其前，又有嚴責以驅其後。額一不登，每至横斂。民間受弊，不可勝言。其致傷和氣者二也。望詔天下刑獄勘官，每遇考訊，須自監臨。經總制錢，改立歲額，以爲中制。庶使刑罰清而民自不冤，財用節而孰與不足？於陛下恤民之心，應天之實，或有涓埃之助。

詔户、刑部看詳申省。

夜，彗星没。

15 丁巳，宰相沈該率百官拜表請御正殿，復常膳，詔不允。表三上，許之。

吏部侍郎兼侍講兼權吏部尚書張綱言：

伏睹詔書，以星文示變，上軫聖慮，許士庶實封陳言。又令諸路監司郡守，條具便民寬恤事件聞奏。仰見陛下嚴恭寅畏，克謹天戒，亟欲消變，復臻和平，天下幸甚。然臣竊謂求言爲易，聽察爲難。臣區區所見，尚慮疎遠之人，鋭於納忠，設意過當。有强出新意，而致衝改祖宗舊制者；有取便一時，而行之既久不能無害者；有貪蠲復之名，而不以用度較之，致州縣不免暗取於民者。若此之類，自非深思熟慮，實難遽見。欲望明詔有司，凡看詳羣臣所上章奏，必須審慎，究極事情，不得一切苟簡。更乞萬幾之暇，躬垂省覽，唯不悖戾祖宗舊法，可以經久而實惠及物，乃聽施行。庶幾事體稍重，動合人心，而和氣可召，災異非所憂也。

詔劄送看詳官。

起居舍人兼權給事中凌景夏言：

切見臨安府自累經兵火之後，户口所存裁十二三。而西北人以駐蹕之地，輻凑駢集，數倍土著，今之富室大賈，往往而是。紹興二十一年，有詔臨安府見推排等第，依在京例與免。命下之日，萬口歡呼。有司乃以和買役錢，難以減放，止與西北人蠲除，其土著人户，反成偏重。臣竊謂土著流寓，皆陛下赤子。德澤之施，實先京師。今陛下施德澤以幸斯民，而有司不能奉承，失信於下。契勘兩縣在城營運浮財物力，所敷和買絹匹數，止二千六百有餘耳。此在國計，如秋毫之輕，而民户蒙被恩賜，有丘山之重。伏望依已降指揮，並與蠲免。庶幾德澤無偏，詔令有信，足以稱陛下發政施仁之意。

詔户部看詳，如所請。

武德郎、殿前司游奕軍訓練官顏深知珍州，右武大夫石世達知敘州，敦武郎、殿前司準備將光盛知宜州⑤，武節郎、添差漳泉州同都巡檢使王格知龍州，修武郎、侍衛馬軍司點檢醫藥飲食李宗周知賓州，皆用管軍楊存中、成閔應詔所舉也。宗周，新秦人。父翼，宣和末守邊死事。既而宗周入辭，上錫以金帶，且索翼忠義事迹以進，遂改知永康軍。宗周入辭在九月丁巳，改除在辛酉。

右武大夫、和州防禦使、殿前司水軍統制王交特轉遙郡一官。時浙東海賊林軍入等作亂，交率兵捕獲之，故有是命。

16 戊午，詔：「近令諸路監司守臣條具便民合行寬恤事件，提點刑獄官親行決獄。緣四川去朝廷遠，尚慮奉行滅裂，致實德不能及民，可令制置使蕭振總領財賦，湯允恭催督。如奉行不虔，按劾以聞，當重寘典憲。」

左朝奉大夫、主管台州崇道觀吳景偲行宗正丞。景偲入對，上曰：「卿遠來，所經歷處，民間有何利病？」景偲言：「雨暘順適，百姓安居樂業。」上曰：「百姓樂業，莫亦增長和氣否？」景偲曰：「自去冬以來，陛下進賢退不肖，政事一新，和氣充塞，歲必豐登。」上諾之。

詔民間私欠逋負，依欠官物指揮，限紹興二十二年以前並行除放。以户部尚書兼權知臨安府韓仲通應詔有請也。

17 辛酉，夜，天雨水銀。

18 癸亥，御史中丞湯鵬舉言：

方今於祁寒隆暑，暫罷講筵，許近臣進故事。是欲令禁從少竭愚忠，裨補國論。近來講筵所胥吏，輒違舊制，取索副本，稱講筵要用，自紹興十三年爲始。臣竊疑之，是必懷姦之人，自爲朋黨，惟恐臣下獻忠，背違其意，故令吏胥取索。伏乞特降睿旨，今後不許取索副本，只乞令就通進司進入，庶幾臣下得以輸密勿之忠。

從之。

降授左奉議郎、知瀘州李文會復左朝奉郎。

武功大夫、侍衛步軍司正將魯安仁知文州，敦武郎、侍衛步軍司準備將張希道知融州。安仁，珏子，與希道皆管軍趙密應詔所舉也。

故右朝散郎韓參、故右承議郎万俟允中、故左奉議郎吴元美皆追復舊官。

19 甲子，御史中丞湯鵬舉言：

臣近聞福建路州縣，以鹽綱擾民，每歲增添，不知紀極。福建民户素貧，因科敷鹽貨，家家堆積，而錢穀空虛，日甚一日。臣究其所由來，不特縣令容其姦，實由太守、漕臣藉此以應付權貴，恣爲妄用。上下督責，更相黨庇，故有以致然也。乞令本路憲臣巡歷一路州縣，並不許過紹興元年般運鹽綱之數，立爲定制。仍仰監司按劾，臺諫彈奏，人户越訴。在州當職官，在縣令佐，並以自盜論，庶幾杜絕一路之害。

先是，福建鹽貨，漕司悉貯於海倉，令劍、建、汀、邵上四州取而鬻之，以供歲用。其後漕司、提舉司及州縣皆自賣鹽，名數既不一，而州縣又高其直，以收其利。吏緣爲姦，鹽惡不可售，即按籍而敷，號口食鹽。下里貧民，無一免者，人甚苦之。鵬舉以爲言，詔付户部。其後本部乞委提點刑獄吴逵躬親巡按覈實，限一季畢。從之。

20 丙寅，上諭宰執曰：「昨卿等奏，近年有司申明續降指揮，多有與祖宗成法違戾，已令看詳改正，至今不曾具到。」沈該曰：「六部以謂，若一頓更改，恐致紛紛。欲每因一事，便與改正一項。」上曰：「此固善，然恐吏輩臨時得以舞文。不若督責，與一番改正。」該等奉命而退。

罷臨安府歲貢御服綾。

詔展限陳訴經界不當指揮，更不施行。以殿中侍御史周方崇言「恐權勢豪强之家，將已定賦稅，反均及於下户」故也。

21 丁卯，直龍圖閣、知衢州錢端禮罷。以端禮在任，違法害民，本路漕臣張匯體究得實，故有是命。

詔：「令舉行在職事釐務官所隨親，如依得服屬，不以已未有官，並令赴國子監請解。其有官人不得依前循例陳乞赴兩浙運司試。」從禮部請也。

御史中丞湯鵬舉言：

陛下邇者以彗出東方，許士庶實封陳言，可謂應天以實。然臣下之奏請，類皆更改法令。或爲一己之私，或爲一鄉之利。今欲鏤板，遍行天下，皆歸過朝政有闕而已。如此，則止容姦人紊亂治體，使小人之欠逋不償者，頑猾人户之不納苗税者，姦雄胥吏之有詞訟者，至愚不肖之唱爲浮言者，時時候星文之變，則得以售其姦矣。然此彗星之出井宿，躔度晉地之分野，臣不敢臆度，自取欺罔之罪。臣聞，惟守常然後可以應變，能應變然後可以禦亂，古今之通論也。臣伏乞睿慈，奮乾綱之斷，廓離明之照。使浮言不作，以慰四海之心。所有鏤板播告，改易德政之請，姑少遲之。然後下酌民言，上承天意，爲之討論，因事修入紹興敕令，以爲一代之仁政，萬世之良法，臣不勝至願。

從之。人主求言誠切如此，而中丞乃爲此論，不知何説也。

是月，編管人前右通直郎張常先卒於循州。常先素凶愎，部送使臣，嘗爲所杖，乃苦辱之。常先在江西，又嘗不禮於右翼軍統制官賈和仲。和仲以書抵推鋒軍統制兼知循州張寧曰：「彼視我曹如糞土，不可不報。」寧幽之土窨中，少日而死云。

校勘記

①權攢於南山之修吉寺　「南」，原作「北」，據宋史全文卷二一九上改。咸淳臨安志卷一四攢宫：「成穆郭皇后、成恭夏皇后、

慈懿李皇后、恭淑韓皇后，右並在錢湖門外三里南山之修吉寺。」按：郭氏於孝宗即位後追封成穆皇后。宋史卷二七寧宗紀、建炎以來朝野雜記甲集卷二成恭成穆慈懿恭淑四攢宮條亦均作南山修吉寺。

② 陶邴中第 「邴」，原作「炳」，據宋史全文卷二二下改。下同。宋史卷二六九陶穀傳亦作「邴」。

③ 右奉直大夫張礿試大理卿 「礿」，原作「杓」，據叢書本及本書卷一七五紹興二十六年十二月戊申條改。

④ 秋七月辛丑 「七」，原誤作「九」，據叢書本改。

⑤ 敦武郎殿前司準備將光盛知宜州 「光盛」後原有四庫館臣按語：「光盛上疑脱姓。」今删。按：雍正廣西通志卷五一備載宋知宜州守臣名表，其中即有「光盛以武翼大夫任」之記載，知館臣所疑誤。

建炎以來繫年要録卷一百七十四

1 紹興二十有六年八月庚午朔，樞密院檢詳諸房文字陳正同爲中書門下省檢正諸房公事。尚書吏部郎中葛立方守左司郎中。尚書吏部郎中汪應辰守右司郎中。

右朝奉郎齊旦特追兩官勒停。旦嘗提舉淮東常平茶鹽公事，既罷去，代者朱冠卿奏其在任一年半，失陷錢課共爲錢二百八十六萬餘緡，又不法十五事。朝廷委官究實，乃黜之。

2 辛未，尚書司封員外郎劉章爲樞密院檢詳諸房文字。

左朝奉郎、知太平州章厦提舉江州太平興國宫，從所請也。

右朝奉大夫、新知秀州向伯奮言：「臣嘗觀一州一路之間，無不以財用爲先。催科之急，民大受弊。望特委近臣，取諸路州軍每年用度出入之數，稽其失陷，革其妄用，有餘者取之，不足者稍蠲以予之，以入制出，皆使粗給。尚有敢非理擾民者，重置於法，則斯民受無窮之賜。」詔户部看詳申省。其後本部言：「欲委諸路轉運司行下所部州軍，遵依見行條法，常切鈐束，不得非法科擾。及取見行州軍財賦，每年支收出入實數稽考，有無侵欺失陷，輕費妄用，開具供申省部審實，參酌施行。」從之。

3 壬申，宰執進呈大理寺主簿郭淑轉對論差役事。上曰：「自有成法，不須更改。今祖宗法令，無不具備，但當遵守。比來輪對及之官，得替上殿官，多是無可奏陳，致有率意欲輕變成法，有司看詳尤宜詳審。朕觀漢史，曹參遵蕭何畫一之法，而漢大治。蓋何所定律令，既已大備，若徒爲紛更，豈所謂治道貴清浄耶？」

吏部狀：「紹興令諸奉制書權攝職任者，許舉官。他郡官在所部權攝，而非制書所差者，不得薦舉。紹興二十五年續降指揮，諸路應兼權監司，並許依正官例薦舉，内權職司之人許作職司收使。今來諸路監司往往差足，其前件指揮難以遵用，欲依舊法施行。」從之。

4 癸酉，右承議郎程昌時知桂陽軍代還，論：「州縣科配，被於細民而不及豪右。」上謂大臣曰：「科敷不均，最爲民害。出榜之説，朝廷累有指揮。唯是官吏爲姦，恐民間盡知數目，不得而欺隱，所以不肯出榜耳。」上又曰：「臨安民有納本户絹一匹被退，因詢之，云：『官中以不經攬户不肯交。』朕令人用錢五千五百買之，乃好衣絹，已令韓仲通根治。近在輦轂尚爾，外方想不勝其弊也。」

秘書省著作佐郎趙逵、周麟之並爲著作郎。

5 戊寅，右正言淩哲論：「改官之法，行之既久，不能無弊。憸巧之徒，不顧廉恥，多行賄賂，凡可以得利者，無所不爲。薦章一紙，陰求先容，有費及五六百千者。欲革而正之，以增考第，減舉員，爲救弊之術。」上謂大臣曰：「祖宗舊法，未易輕改。在祖宗朝，凡事悉本仁恕，未嘗真決一士大夫，惟於贓罪則不貸，蓋以贓罪害及衆，不可不治。故在法所舉之人犯贓，舉主當與同罪。然自來不曾舉行，故人不知所畏。但嚴舉官之令，有犯者必與施行，則人自知畏，前弊自可革，恐未須便改法。」沈該等曰：「陛下察見弊原如此，臣等謹當遵稟。」

詔：「敷文閣直學士秦塤、左承事郎鄭時中、秦焴、左承務郎秦焞、左迪功郎沈興傑，所帶階官並易右字。左宣義郎曹冠、左從事郎周寅、左迪功郎鄭縝並駁放。」先是，左承議郎、提舉淮南東路常平茶鹽公事朱冠卿應詔上書，論：「故相當權，不遵祖宗故事，科舉雖存，公道廢絶，施於子孫，皆寘優異之選。又私於族裔親戚，又私於門下憸人穢夫。前舉一榜，如曹冠、秦塤、周寅、鄭時中、秦焞、鄭縝、沈興傑、秦焴，凡有八人。其間乳臭小兒，至於素不知書全未識字者，濫竊儒科，復占省額。欲乞於曹冠等階官以右易左，俾正流品。却將向來侵取人數，復還今舉省額。」詔侍從臺諫同共看詳，申省取旨。於是户部尚書韓仲通等言：「冠卿所奏，物議甚當，委可施行。」右正言凌哲言：「稽之師言，誠爲允當。」御史中丞湯鵬舉言：「冠卿所請，於祖宗條制，別無更改，委得允當。但以有官人赴試者合帶右字，如無官人赴試者合行駁放。中興聖政云：「其後又駁放曹緯一名。」然後以前榜侵取之數，於後榜收使，庶協公論。」故有是旨。曹冠乾道五年第二甲第七人再及第。

6 庚辰，詔諸路常平官參照吏額，立定申尚書省。御史中丞湯鵬舉論：「州縣增置吏額，紛張生事，吏日益富，民日益貧。乞委常平官躬親出巡，視州縣繁簡，分爲上中下三等，立定合置吏額。内有嘗經編配放停之人，並不許收叙。」故有是命。時浙東一路吏額踰四千人。左朝奉郎提舉本路常平茶鹽公事趙公稱首奏損其半。上嘉之。十二月己酉，公稱言本路吏額四千二百六十一人，減二千一百九十三人。今併書之。

國子録周操爲太學博士兼武學博士。

右朝議大夫、知楚州陳機爲淮南路轉運判官兼淮南西路提點刑獄公事。左朝散大夫、主管台州崇道觀孟處義知楚州。

左宣教郎劉珙主管台州崇道觀。珙始以忤秦檜被斥，至是得祠。

龍神衛四廂都指揮使、建武軍承宣使、鄂州駐劄御前選鋒軍統制董先以病乞離軍，罷爲江南西路馬步軍副總管。

永慶軍承宣使、提舉佑神觀朱孝莊卒。

7 辛巳，詔滁州合起上供錢，權以六分爲額。先是，淮南轉運副使蔣璨奉詔保明楚州、盱眙軍並免起稅十年。報可。今年五月丙辰得旨。至是，璨又言：「滁州見今已起上供八分，委實無所從出，乞與蠲免十年。」而户部言：「本州每年合發錢並已起足，顯見財賦可以應辦，今來所乞難行。」及進呈，乃有是命。孫覿撰蔣璨墓誌云：「公在淮南，奏言二淮洊經兵火，公私掃地，滁小州尤爲窮陋，獨有上供錢尚著版籍中，户部移文督責無虚月，積二十年，終不得一錢，徒費紙劄，且有詔蠲之。」按：此所云與日曆全不同。按户部狀，則滁州自紹興二十三年方起上供，至此纔四年，乃云積二十一年不得一錢①，又其誤矣。

直徽猷閣兩浙轉運副使張匯②、直秘閣兩浙轉運副使陳璹並進職二等，與在外宫觀，以引疾有請也。

右朝請大夫新荆湖南路轉運判官李邦獻、直秘閣新知秀州張偁並爲兩浙路轉運判官。

8 壬午，上諭大臣曰：「新除二漕臣，卿等可召至堂中，面諭與近屢降寬恤事件，令遍詣所部，賦稅之足否，財用之多寡，民情之休戚，官吏之勤惰，悉加訪問。如有奉行不虔，職事不舉者，並按劾以聞。庶幾可以警動諸路，使皆知所視傚。」

9 癸未，宰執進呈淮南漕司具到米價最賤處每斗一百二三十文。上曰：「昨聞淮南米賤，朕恐傷農，故欲乘時收糴以惠民。今米價如是，則米須急候價減，每石亦不下一千。至時若户部無錢，朕當自支一百萬緡令收糴也。」

秘書省正字張震通判荆南府。

10 甲申，言者乞令侍從官考察縣令政績。上曰：「此不須行，侍從何緣遍知縣令能否？兼已委逐路監司考察聞奏矣。」上又曰：「大率賞罰須當並行，政治顯著者即與陞擢，無狀者即與降黜，則善惡知所勸沮。」

尚書省勘會：「右朝請郎、提舉廣南市舶邵及之係曹泳所薦，今來輒敢沮抑蕃國入貢，與帥臣不和。」詔放罷。時三佛齊國請入貢，廣東帥臣折彦質爲請，而及之多沮抑之，故罷。

是日，鎮江府發解舉人，而閩人有冒貫者。舉人周晉等持梃欲擊之，守臣直秘閣林大聲率府寮往視，爲飛石中其幘，吏士有被傷者。大聲即捕舉人十八人屬吏。事聞，詔停舉，令金部郎中、總領淮東財賦董苹審問。晉遁去，其徒顧作猷等皆坐編管，殿舉有差。其後，右正言淩哲奏舉人喧競，蓋大聲遣卒護送閩人冒貫，激使之然。於是大聲亦罷。舉人行遣，在九月丁卯，大聲罷在十月庚戌，今併書之。

11 乙酉，沈該等奏：「今歲科舉極整肅，有傳義挾書者皆扶出。」上曰：「朕於此事極留意。異日宰執侍從皆於此途出，豈容冒濫，所謂拔本塞源也。」

户部郎中、總領湖廣江西京西財賦軍馬錢糧逢汝霖入辭，論：「常賦欠少留滯，遂致總領所借用封樁，失緩急枝梧之策。望特降處分，今後諸路監司州縣合應付大軍錢物，如樁辦有欠少，起發有稽違，委總領所於逐歲比較，將最稽違最欠少一兩處，按劾奏聞，乞賜施行，庶爲慢吏之戒。」從之。汝霖又言：「州縣受納税米，取耗唯恐不多，乃將在倉米斛出糶，收其價直，以資妄用。望特降處分，應係省米斛，不得擅糶。如委因闕乏，事須出糶，即具因依申轉運司待報施行。仍令覈實，申户部照會。」詔本部申嚴行下。

敷文閣待制、知洪州閭丘昕卒。

12 丙戌，左朝請郎、知郢州李長民爲江南西路提點刑獄公事。左朝請郎、通判臨安府王傅爲廣南路提舉市舶。

13 丁亥，詔刑部將見責降未叙復武臣，檢舉申尚書省取旨。

延福宮使、寧遠軍承宣使、入内内侍省押班李珂令再任。

14 戊子，户部言：「苗税、和買絹、經總制錢等，皆是常賦，州縣爲見朝廷累降寬恤指揮，免放積年欠負，因此拘摧起發弛慢，意復指擬免放。竊慮有誤支遣，欲令諸路監司催督，依條限拘催起發。仍從本部將去年驅磨違慢多處，按劾取旨，重賜施行。」從之。

詔左迪功郎曹緯依曹冠等例駁放。御史中丞湯鵬舉言「緯係泳之侄，於持祖母服中就試，并與故相秦檜至親，試官觀望，濫中科第」故也。緯乾道八年再試，第五甲第一百四人，同進士出身。

15 己丑，詔蠲建康府紹興二年以後至二十年終積欠内庫折帛錢二百三十三萬餘緡，絹二十萬七千餘匹。以守臣寶文閣學士張燾建言：「累放以來，積年拖欠，歲久無所從出。」上特恩也。按：累降指揮，放欠至紹興二十二年，而今燾所請乃紹興二年至二十年所欠，不知何以獨不減也。

16 庚寅，南平王李天祚遣太平州刺史李國以、右武大夫李義、武翼郎郭應五來賀昇平，獻黄金器千一百三十六兩，明珠百，沈香千斤，翠羽五百隻，雜色綾絹五十匹，馬十，象九。詔尚書左司郎中汪應辰燕國以於玉津園。遷國以太平州團練使，義左武大夫，應五武經郎。加賜襲衣、金帶、器幣有差。國以之來也，資政殿學士施鉅守静江，自詣驛，與之爲禮，論者不以爲是。

17 辛卯，參知政事程克俊罷爲資政殿學士③，提舉臨安府洞霄宮，以疾自請也。克俊再執政才七十五日。

左朝散大夫景篪言：「四川絹直一匹不及五千，而官估取十千。他物之估，率皆稱是。去歲裕民所蠲減絹直，不過作九千而已。臣嘗計會四川總領司物帛估錢之數，無慮六百萬緡。今若蠲其虚估之數，亦不過爲緡錢三百許萬耳。況昨降聖旨，已禁止餘財奇貨，其數可以補之。若有司尚以歲計爲解，如前所蠲瑣碎條目，復其一二，亦無甚害。或但上等仍舊，盡蠲二等以下户，亦實惠也。」詔户部看詳來上。後二日，宰執進呈次，上曰：「景篪所論，須量與減損，若第令看詳，雖行下數十次何益？莫若便令總領所契勘合蠲減數目，具申朝廷，庶幾民受實惠。朕自即位以來，如土木玩好，邊事錫予，未嘗一有妄用，凡以爲民而已。」既而户部言：「難以遥度，乞令總領所量行裁減，於昨來所取歲剩錢内通融應付。」從之。明年三月己丑減放。

18 壬辰，端明殿學士、知廣州折彥質移知洪州。

19 癸巳，詔：「入内内侍省使臣李唐卿、王裕爲禁中作過，特降充祗候内品，雖大赦，不許收叙，仍不得收充入内省。」此以紹興三十二年金安節繳奏唐卿等叙官狀修入，未見事因。

20 甲午，尚書吏部侍郎兼侍講兼權吏部尚書張綱參知政事。

右朝奉大夫王趯知純州。

21 乙未，静海軍節度使、檢校太尉、南平王李天祚爲檢校太師，功號加「歸仁」二字，賜襲衣、金帶、鞍馬、器幣，以其來貢也。

中書舍人吴秉信試尚書吏部侍郎。

起居舍人兼權給事中凌景夏試中書舍人。

秘書少監楊椿權兵部侍郎兼國子祭酒。

秘書省著作郎趙逵試起居郎。

秘書省著作郎周麟之試起居舍人。

明州觀察使、安定郡王令衿以病不能朝，乞與在外宫觀，迎奉燕王影貌，任便居住。從之。

22 丙申，秘書省校書郎黄中爲著作佐郎。

左從事郎、沅州州學教授汪澈爲秘書省正字。澈，浮梁人。嘗爲衡州州學教授，不爲秦檜所知。及代還，復置之沅州。時万俟卨謫沅，澈從之遊，至是薦用。

23 丁酉，辛執進呈右正言淩哲論上饒知縣李維秬不法，上令放罷取勘。上又曰：「近監司殊不舉職，州縣官有犯，臺諫論列得實，監司亦不加罪。自今有犯，監司若不按發，並當行遣，或降官，或放罷，使之知畏。諸路行遣三兩人，則事無不舉矣。」

御史中丞湯鵬舉言：「新除尚書吏部侍郎吴秉信欲援赦文而放還親黨，私自好佛而唱賣祠部。」詔秉信充右文殿修撰，知常州。鵬舉又言：「新除中書舍人淩景夏自爲右史，每有面從，退必後言。」詔景夏直龍圖閣，知撫州。

秘書省校書郎王剛中爲著作佐郎。

1 九月庚子朔，奉國軍節度使、開府儀同三司、御前諸軍都統制、知興州吴璘④，領御前諸軍都統制職事，判興州。自建炎以來，未嘗有使相爲都統制者，故改命之。璘嘗自著書，號兵要⑤。大略謂：「金人有四長，我有四短，當反我之短，以制彼之長。蓋彼之所長曰騎兵，曰堅忍，曰甲重，曰弓矢。吾當集蕃漢所長而用之。故以分隊制其騎兵，以番休迭戰制其堅忍，制其甲重則勁弓强弩，制其弓矢則曰以遠克近，以强制弱。」其説甚備。至於陣法，有圖而無書焉。

詔自今州縣官贓私不法，監司失按察者，令刑部具名取旨。

2 辛丑，沈該等奏安南人欲買撚金綫緞，此服華侈，非所以示四方。上曰：「華侈之服，如銷金之類，不可不禁。近時金絶少，由小人貪利，銷而爲泥，甚可惜。天下産金處極難得，計其所出，不足以供銷毁之費。雖屢降指揮，而奢侈之風，終未能絶，須申嚴行之。」

詔增置太學正、録各一員。

左宣教郎劉天民爲太府寺丞。天民，哲夫子也。哲夫，正夫弟，故都水使者。爲湯鵬舉所愛，自平江職官入朝得掌故，而又有是命。此爲葉義問奏湯鵬舉交結事始。

3 癸卯，權尚書禮部侍郎賀允中兼實録院修撰。

4 乙巳，翰林學士陳誠之兼侍讀，同知樞密院事。

左朝散郎、新知惠州朱倬行國子監丞。倬入辭，乃有是命。

國子監主簿張堅主管台州崇道觀⑥，以其父參知政事綱引嫌有請。

詔内外文武大小臣僚告身，自今並依大觀格分十六等製造。既而將作監請：「自内命婦遷轉封贈，及外命婦郡夫人以上，並不用綱袋及銷金。」從之。

5 丁未，右朝請大夫、新江南西路轉運副使榮薿直秘閣，知臨安府。

左從政郎、温州州學教授史浩爲太學正，左迪功郎、新興國軍司户參軍陳良祐爲太學録。浩，才從子。良祐，金華人。皆以近臣薦其才而有是命。

6 戊申，左迪功郎新平江府司理參軍陳棨、左從事郎新泉州州學教授陳豐並改差充敕令所删定官，亦用近臣薦也。

7 己酉，秘書省正字汪澈兼實録院檢討官。

初，潼川府路轉運判官王之望，以制置司檄充類試所考試官，至成都府境，被朝命，措置銅山縣銅事。之望以朝廷專委辭考試，遂徑至銅山行視，得新舊銅窟二百餘，其可採者十七所而已。自政和中歲以三百八十六斤爲額，至是，之望欲增爲萬斤。鄉民哀訴久之，乃籍匠户置場烹煉，官爲主之，所得僅五百斤。之望乃請：「歲以六千斤爲額，計綱赴行在，遇閏增五百斤。」從之。此以之望申省劄子修入。劄子稱九月初十日，徑到銅山縣。己酉，初十日也。其申乞立額，當在明年二三月間，今聯書之。

8 庚戌，户部尚書韓仲通充敷文閣直學士，知廣州。

太學博士何俌言：「今監司郡守遞相送遺，公行博易，月至千緡，而閑慢小官，合得供給俸錢，有累月倚閣者。望嚴行禁止，如尚違戾，重寘典憲。」從之。然迄今不能革也。

9 壬子，内降詔曰：「四川軍儲供億，民力不易，深軫朕懷。昨遣鍾世明措置裕民事，雖已蠲放積欠，減免折估等錢，不住據州郡、監司繼有申請，及士民陳獻利害，而去朝廷遠，難以計度，已專委許尹、王之望同制置總領茶馬司公同相度措置，其各體至意，悉心條具以聞，庶實惠得以及民，調度可以經久。」尹、之望時爲潼川、成都府路漕臣，先二日有旨，令同三司條具，限一季申省，至是降詔。詔諸路監司守臣條具到裕民事，令給舍看詳以聞。

10 癸丑，御史中丞湯鵬舉兼侍讀。權尚書兵部侍郎兼國子祭酒楊椿兼侍講。

右朝奉郎鄒栩追毀出身以來告敕文字，除名勒停，送吉州編管。栩知處州，犯入己贓，爲右正言凌哲所按，法寺當流三千里⑦，宰執以獄上。上曰：「是入己贓否？」沈該曰：「據按是入己。」栩乃浩子。上曰：「浩元祐間有聲稱，其子乃爾。」遂蹙頞久之曰：「既犯贓法，不當赦，可特免真決，仍永不收叙。」上又曰：「朕觀祖宗時，贓吏多真決。邇來殊不知畏，卿等可令有司檢坐祖宗朝行遣贓吏條法，下諸路先行戒諭，使之曉然，皆知祖宗立法之嚴。自後有犯，當依此施行，必無少貸。」

11 甲寅，尚書省檢會天聖、紹興真決贓吏指揮，詔：「刑部鏤板行下，自今有犯，斷在必行，決無容貸。」

太學博士兼武學博士周操言：「前此武舉登科者，除第一人朝廷與巡檢差遣外，其餘例處以管庫寘闕，使一旦舍其平日所習，似非選練本意。自今乞下樞密院措置，高者籍記姓名，任滿有績，即加擢用。其次亦乞免充財穀之任，使各以才武自效。」從之。

左奉議郎何麒充四川安撫制置司參議官。

左朝奉郎程敦厚充夔州路安撫司參議官。

12 丙辰，左宣教郎、新無爲軍軍學教授任質言充諸王宮大小學教授，紹興府供職。質言，伯雨孫也。先有詔召試館職，而質言以疾辭，乃有是命。

13 戊午，詔：「自今用舉主改官闕陞人，令吏部置籍，被舉人犯贓，其舉官具名取旨施行。如已被人論訟及它司按發，臺諫論列，即不許旋行首舉。」上以吏徇私受賕，妄舉者衆，故條約之。

14 己未，右正言淩哲言：「諸路州縣將人户畸零税租，依舊過數科催。如納絹一寸，便令納一尺；穀米一勺，便令納一升。民輸十九之賦，而官無一毫之增。利專私室，怨歸公上，此何理也？望申嚴州縣，止據實數折納價錢，及聽合鈔送納本色，不得準前過有科取，以就整數。仍委監司覺察按劾，御史臺體訪論列，人户越訴施行。」從之。然沿襲已久，終不能革也。

15 庚申，直秘閣、知臨安府榮薿請對。上謂大臣曰：「朕嘗諭以東吏姦，即還商賈物貨，及木植價錢，勿留民訟。如見得曲直，即當面裁決。其他如御膳之屬，近來未嘗取辦，雖用片紙，亦不責其供應。」沈該曰：「今日天府之弊，莫大於此三者。陛下洞照曲折，又不以供應責之，愛民如此，天下幸甚。」

左迪功郎林之奇爲秘書省正字。

16 辛酉，國子監丞王晞亮請初出官人，不得用綱賞免詮試，從之。晞亮，莆田人也。

御史中丞湯鵬舉論：「大理少卿章燾猥陋無恥，交結魏良臣。近治臨安府，再置猪羊圈，恣爲出入。」詔放罷。

17 壬戌，尚書刑部郎中楊葵爲大理少卿。

武翼郎張掄特遷武翼大夫、貴州刺史，以昨差奉使，未曾推恩故也。

18 甲子，知樞密院事湯思退言：「祖宗舊制，樞密院有聖語，則副使録之。比歲不舉行，欲依舊制，聞語恭即書記，同時政記上進，降付史館。」從之。

御史中丞湯鵬舉言：「西清次對，超躐禁從，所以褒有德而顯有功也。謹按敷文閣直學士秦塤、敷文閣待制秦堪、敷文閣待制吴益，皆以庸瑣之才，恃親昵之勢，可謂無功無德者也，其可直西清而充次對乎？伏乞鐫褫職名，示天下以至公之道。」詔：「鵬舉所論甚協公議，然朕以秦檜輔佐之久，又臨奠之日，面諭檜妻，許以保全其家。今若遽奪諸孫與婿職名，不惟使朕食言，而於功臣傷恩甚矣。可令中外知朕此意，今後不得更有論列。」後二日，鵬舉復言：「臣暗於大體，不能仰體陛下始終禮遇大臣之意，豈堪尚居言責之地？乞除一在外宫觀差遣。」上復優諭之。

19 乙丑，右文殿修撰、新知常州吴秉信卒於蕭山縣，特贈六官，爲左中奉大夫。

20 丙寅，上謂沈該曰：「大理寺人命所繫，近聞吏多受賕，深爲不便。不知請給比京師如何？若禄薄須量增，然後可以責其守法。」該奏今吏禄比京師已添。上曰：「不然，此間物貴，雖已增，未必足用。」已而户部言：「欲據見請十分爲率，量增二分。」上可之。

21 丁卯，國子正陳天麟言：「比年以來，歲多豐稔。然間有水旱，細民就食他郡。其逃去之常賦，乃責之催科保長。臣親見宣城、廣德、建平三邑之患如此。宣城自經界時椿閣逃户，凡物帛九百餘匹，米三千餘石。廣德以近年水旱，逃户所逋物帛一千八百餘匹，米亦三千餘石。建平逃户，物帛一千四百餘匹，米二千二百餘石。皆額在而民去，取辦保長，以塞上司之責，至於監繫笞箠，破産敗家。臣所見三縣如此，其他亦可概見矣。欲望令户部行下監司州郡，檢視逃户，委實保明聞奏。乞與倚閣三年或五年，則人自歸業，却行起理，庶幾愛惜根本。」詔户部看詳申省。

22 戊辰，御史中丞湯鵬舉言：「法者，天下之所通用，例之所傳，乃老姦宿贓，秘而藏之，以舞文弄法，貪饕賄賂而已。不用法而用例，古未之聞也。若刑部之所以斷罪，吏部之所以馭吏，最爲劇曹，此正猾吏可以上下其手而輕重其心者。伏望明詔吏、刑部，條具合用之例，修入見行之法，以爲中興之成憲。」從之。後四年乃成。鵬舉又乞選差獄官，必依祖宗格法，試中二等以上者，次第注擬。時沈該當國，多引里黨諸少年爲大理評事，故鵬舉及之。

是月，故責授江州團練副使黄潛善特贈左中大夫。明年七月追復。

潼川府路轉運判官王之望應詔言：

臣前在東南，日聞蜀中經界，大爲民害，豪富爲姦，例獲輕減，貧弱受弊，多致逃移。上户利之，而下户皆不願。自入本路境，百姓多遮道投牒，乞行經界，與峽外所聞不同。詰其所以願行之意，則曰人户詭名，寄隱産業，有田者無户，有户者無田。差某等充户長，催驅税賦，率皆代納，以此破家者甚衆。若用經界，則户名有歸，此弊可絶。及入遂寧府境，係見行經界地分，百姓陳訴者益多。或以爲便而欲行，或以爲害而欲罷。因數十爲朋，自辯於庭下，各執偏説，互有得失。乃知蜀中經界，不論貧富，大抵税增者願罷，税減者願行，皆出一己之私。而形勢户之不願者爲多，蓋詭名挾户，非下户所爲。蜀人之至東南者，皆士大夫，不然則公吏與富民爾。其貧乏之徒，固不能遠適，雖至峽外亦無緣與士大夫接，故不願者之説獨聞，其願行者東南不得而知也。六年之間，士夫上書，百姓投狀，言其不便者，不知其幾人。上至朝廷省部，下至諸司郡邑，皆投狀煩紊。陛下憂憫黎元，至誠無已。始也以税賦之不均而行之，終也以論訴之不息而疑之，累詔監司看詳改正。然姦民觀望，詞訟滋繁，諸路監司累年講究，終無爲别白而言之者。誠以事體至重，衆口不同，利害可疑，不敢以偏辭斷也。

臣初到官，適有詔旨，坐知復州蜀人王駿乞罷經界劄子，委制置司與所屬監司相度。臣於部内詢訪甚詳，而守令所陳，所主相半。臣以謂此田里間事，見民情然後可決。雖有牒訴，皆一偏之論，不可憑用。遂令州縣取諸鄉税，名爲鼠尾帳，家至户到，問其願否，各使書其名下，鄉分編類，願用舊税户若干，願用經界户若干，於是究其兩黨之多少。本路管十五州，瀘、敘州、長寧軍以邊郡不行經界，渠、果州、廣安軍既行而復罷行經界者，九州爲税户三十三萬三千七百有奇，願行經界者十七萬七千五百餘户，此其大略也。州别計之⑧，則昌、榮、資州、懷安軍四州之民，願者爲多，潼川、遂寧府、普州、富順監之民願者爲少，而合州適得其中。縣别計之，則願行之多者十有六，願行之少者二十有一。蓋由當時奉行之人，有能否之不同故也。

臣聞治道去泰甚，雖堯、舜之法不能人人皆利，要當以多者爲正。今之經界，在視民願否之多寡而損益之。若州縣之願行者多，自不須復議；願行者少，爲之量行措置。人户之增減者輕，自不須復議；

增減者重⑨，爲之少加裁正。如此，則公私事省，不至甚擾。正使小有不均，亦可置而不問。何則？經界以釐正舊稅，固當有所增減。減者既以爲是，增者必以爲非。若欲每人而悦之，是朝行夕改而無定也。且蜀人之言其不便者曰：「法行之始，驗土色之高下，量頃畝之多少，姦弊百出，賄賂公行。」故稅之輕重不當，造帳畫圖，爲費甚廣。追呼須索，不勝其擾，是則然矣。事在既往，雖改無及。至於稅之輕重，則新舊各有其弊。就二者而較之，經界之弊，在於業多者稅或輕，業少者稅或重。而舊稅之弊，則在於有田者或無稅，有稅者或無田。要之以輕爲重，以重爲輕，尤庶幾於以有爲無，以無爲有也。而蜀人言其不便者，或過其實。若初行之，擾則有之。而今日之弊，不如是之甚也。臣置司遂寧，且以倚郭小溪一縣論之，官户凡五百八十有四，而願用經界者一百六十有七。公吏爲户二百二十有二，而願用者十有八。以此而觀，則或者謂豪富之家，皆獲輕減而利之，豈不過哉！至於下户逃移，亦絶無僅有。或以時經旱潦，或以家自貧窮，未必皆經界所致。傳曰：「利不百不變法。」使經界元初不行，或行之未久而罷，固善。今立爲成法，已經十二三年⑩。料舊説圖籍，悉皆散落，中間買賣分析，户眼改新。矧覈見隱寄之後，虚户盡去，創户盡多，承認供輸，已有定分。一旦舉而變之，則陞降紛然，僥倖復啓。實户之創出者，悉皆走失；虚户之詭立者，不可推尋。吏肆其姦，又將有前日之擾，且終亦不得其平。而催科愈艱，争訴益甚，軍須督責，何以應期？爲官吏者，不亦難乎？臣恐彫瘵之民，無復寧歲矣。

惟陛下少安聖慮，静以鎮之，姑去其泰甚者，則紛紛自息，天下幸甚。據本路見行經界，昌、資、榮州、懷安軍民願者多，乞且令仍舊。普、合州、富順監、遂寧、潼川府民願者少，乞量行減正。臣願委監司一員，與所屬守令，委曲計議，各以逐處事宜，從長措置。應經界縣分，有新税溢於舊額者，乞令逐縣收舊税，額外之數，將大段增重人户，通融均減人户，經界新税，比舊增減五七分以下者，更不在裁正之限。令所委監司選差見任官五員，分詣諸縣，逐鄉受狀。令佐内選可委官一員通簽，所差官若事畢日别無違戾，民訟稀少，乞許保明，申奏朝廷，量行推賞，仍候農隙月分措置。

左僕射沈該進呈，於是畫旨行下。之望所上議，不得其月日，而狀首稱「奉今年七月九日求言詔書」，故附九月末。之望又有二十八年三月申省劄子云「蒙取旨依申」，亦不知以何日降指揮，以其言經界利害甚悉，故詳載之。按日曆，今年七月二十七日，有令漕臣措置經界指揮，而之望二十八年申省劄子亦及此事，則知爲九月間所上無疑也。餘具二十八年三月。

校勘記

① 乃云積二十一年不得一錢　「二十一年」，諸本同。按上文作「二十年」，無「一」字，疑有誤。

② 直徽猷閣兩浙轉運副使張匯　「使」，原作「司」，據文意改。

③ 參知政事程克俊罷爲資政殿學士　「程」，原作「陳」，誤。按本書上卷紹興二十六年六月丁丑命「端明殿學士、新知湖州程克俊參知政事」，姓作「程」。又宋史卷三一高宗紀八：「紹興二十六年七月辛卯，程克俊罷。」故改。

④ 奉國軍節度使開府儀同三司御前諸軍都統制知興州吴璘　「府」，原作「封」，據叢書本改。

⑤ 號兵要　按，宋名臣言行録别集上卷九，璘自著兵法二篇，上篇兵要，下篇陣圖，全書名非「兵要」。

⑥國子監主簿張堅主管台州崇道觀　「堅」，原作「監」。按，本書卷一八〇載紹興二十八年十一月甲寅，左奉議郎張堅乞以大禮所得妻封號回授所生母李氏。有注：「堅，綱子，已見。」因據改。

⑦法寺當流三千里　「三」，皇朝中興繫年要録節要作「二」。

⑧州別計之　「州別」，原誤倒，據下文文例乙正。

⑨增減者重　原作「增重者」，據叢書本改補。

⑩已經十二三年　「年」原闕。按，漢濱集卷五載此奏議，此句作「已經歷有年」，則此脱「年」字可知，因補。

建炎以來繫年要録卷一百七十五

1 紹興二十有六年冬十月己巳朔，大理少卿楊揆言：「臣檢準大理寺一司，敕諸刑名疑慮及情法不稱，並奏裁。事若重密，仍許上殿。望自今後，遇本寺有重密公事，許依前件條制，乞上殿奏陳。」從之。

右朝議大夫、知明州王俁試尚書户部侍郎。

2 庚午，詔：「去年十月甲子以前斷罪之人，除大不恭不孝，及蠹國害民，枉法自盜贓抵死，因人告發，迹狀明白者，各論如法。其餘不以年限，並許自陳。事屬無辜，則與行改正。稍涉疑似，則除落過名。」用大理少卿楊揆請也。二十七年正月戊寅湯鵬舉奏可考。

罷浙東提舉常平司平準務，提舉官趙公稱請也，仍以其錢充糴本。

左朝散郎喻樗、右朝散郎陳掞、右朝請郎邢繹，並落致仕。樗始坐趙鼎門人，久廢，至是召還。繹，恕孫，嘗通判襄陽府，以私事決殺掌庫者，懼罪而去，寓居武陵。万俟卨謫沅州，與之親厚，乃併薦之。尋以樗知大宗正丞，掞守軍器監，繹知興國軍武經郎。

向世禧知賓州。世禧爲東南第十二副將，代還，湯思退擬除郡，上閱履歷狀，見其稱府學内舍生，問「得非武舉出身否」，思退言：「世禧本士人，後以獲賊補官。」上曰：「士人必知民事，如此差除甚當。」世禧，襄陽人也。

詔故敦武郎王正臣特與恩澤一資。正臣爲奉使大金禮物官，墜車死，故録之。

3 辛未，沈該等奏：「近以内教有司，依年例供進賞賚物帛，有旨退還者半，仰見陛下儉德。」上曰：「賞賚何必許數？如此撙節，歲中自可省數百萬緡。」該曰：「陛下每事省約，以寬財賦，天下幸甚。」

4 壬申，上謂大臣曰：「宗室中有才學者，可選兩三人充行在官。京師盛時，爲從官及建節者甚多，今不可以比舊，但如南班亦少，朕甚念之。」

5 癸酉，左朝奉大夫、知隨州田孝孫直秘閣，以京西諸司言其公廉儉素，流移安業也。

是日，中書門下省檢正諸房公事陳正同入對，言：「守令之職①，最爲近民。今懲戒既嚴，而不旌異循良，恐亦有所未至。望令諸路監司採訪，拔擢一二，不次用之，庶幾威惠兼行，人知勸沮。」上曰：「卿言正合朕意，早方有一郡守爲監司所薦，已令除職因任，仍俟終更陞擢之矣。」

左奉議郎陳俊卿爲秘書省校書郎，左迪功郎鄭聞充敕令所删定官。俊卿，莆田人也。

6 乙亥，詔：「以蜀去朝廷遠，郡守尤須得人，令監司帥臣，各舉知縣資序以上、堪充郡守者二人，制置、總領財賦、提舉茶馬各舉三人，犯贓及不職與同罪。令尚書省置籍。」

是日，輔臣奏事，因言皇太后儉德。上曰：「太后盛德，自古所無，雖一錢未嘗妄用。間或飲酒，用伶官三兩人，支予不過三數千。每歲衣服不過數襲，平時所進金銀錢帛，並積在庫，往往盈滿。」

敷文閣直學士、新知邛州蘇符卒。

7 丙子，詔命官田産所在州或寄居及七年，並不許注擬差遣。用右正言凌哲請也。

拱衛大夫、忠州防禦使、兩浙西路兵馬鈐轄邵宏淵爲殿前司前軍統制。

8 壬午，吏部郎中兼權秘書少監沈介乞以提舉秘書省印權納禮部，所搜訪書籍併歸本省，官吏兼權者並罷。從之。

9 甲申，詔右朝請大夫、知盱眙軍吴説累乞奉祠，可差主管台州崇道觀。

10 丙戌，尚書右僕射万俟卨上皇太后回鑾事實。左僕射沈該爲禮儀使，進讀畢，以授内侍，用樂導入内庭，安於小殿。上行捧觴上壽之禮。禮畢，宰相率百官拜表稱賀。杉溪居士内外制皇太后回鑾事實編修成書奏告祖宗諸帝神御并后祝文：「伏以頃屬慈闈，言還長樂。事無聞於古昔，美獨擅於國朝。允謂至難，是宜紀實。用顯無疆之慶，克成傳信之書。爰擇令辰，式伸虔告。」周必大稱賀表曰：「冬温夏清，久承長樂之顔；文贍事詳，令紀蘭臺之聳。母儀既著，聖治愈光。中賀。臣聞周美太任，詩人發詠；漢迎薄后，史氏特書。儻汗青不載於一時，則副墨孰傳於萬世？於皇盛舉，克掩前芳。恭惟皇帝陛下，仁冒華夷②，孝通天地。締盟北道，永清萬馬之屯；至養東朝，夙返六龍之馭。言念皇家之殊慶，豈容惇史之闕文？既詔諸儒纂事而書之策，復資上宰帥屬而獻於王。昭哉典籍之精詳，導以禮儀之繁縟。風傳六服，喜動羣工。臣身也滯南，心焉拱北。班香宋豔，莫窺三館之藏；舜日堯年，願祝兩宫之壽。」崔敦表曰③：「慈闈旋養，諧上聖之誠心；惇史奏篇，紀皇家之慶事。涓辰尊閣，率土忭歡。中賀。臣聞至孝實近乎王，大事則紀於册。晉謝蕭君之質，因左史而詳明；漢迎吕氏之歸，於班書而謹籍。矧乃策非凡見，事有至難。將侈厥洪休，放諸四海而皆準；必勒爲大訓，垂之萬世而無窮。陛下高行敷天，深仁冠古。始遣匈奴之使④，君子以爲必歸；迄修長樂之儀，聖德無以加孝。城潁之賦融融，清温無斁；虞氏之書渾渾，顛末不遺。臣遠守偏州，欣聆鉅典。

參陪嘉會，阻趨稱壽之班；宣怖惇風，恪謹承流之職。」

時安奉禮物，皇太后悉退出不受。他日該見上，贊太后儉德。上曰：「宮中無用許多禮物，皇太后今七十七歲，而康健如五六十歲人，自古帝后無有也。」中興聖政：臣留正等曰：「顯仁皇后，恭儉節用，出於天性。中外之人，莫不聞之。如有司進金唾壺，則曰：『宜易以塗金。』宮中宴飲，用伶官纔兩三人。所予緡錢無幾，歲進金帛，帑積已充牣，而一銖一縷不妄用。此自古母后所未有之盛德也。而我太上皇帝，且能曲意以順承之。雖以朝廷大慶，奉慈寧萬年觴，而有司禮物，皆却而弗受。噫！兩宮之間，慈孝相承，而加之以恭儉，宜乎天人叶相而享天下之盛福也歟？」

11 甲午，敷文閣直學士、左朝散大夫、提舉江州太平興國宮秦塤改授右朝散郎。吏部奏：「乞追還塤元及第日所轉三官。」故有是命。

皇叔均州觀察使士洪、宣州觀察使士嵰、宣州觀察使士譜並特遷承宣使。士洪華容軍，士嵰靜江軍，士譜清遠軍。皇叔和州防禦使、知濮安懿王園令士輵爲建州觀察使。上以南班宗室近屬，所存無幾，故有是命。餘睦親宅十六人，各還一官。士洪等四人皆濮安懿王曾孫也。時太祖後宗子，於屬益疏，故無在南班者。

太尉、建寧軍節度使、提舉萬壽觀韋謙薨，命睿思殿祗候王晉行護葬事。

12 乙未，右宣奉大夫宋貺責授果州團練副使，梅州安置。右太中大夫徐琛責授成州團練副使，道州安置。循州編管人王會移瓊州編管。御史中丞湯鵬舉奏：「會姦贓狼籍，罪大責輕。貺、琛黨附權臣，民之蟊賊，今又長惡不悛，每多怨謗。」故謫之。

潼川府路轉運判官王之望言⑤：

四川自軍興以來，供億至重，民不堪命，公私困竭，陛下知之詳矣，臣不敢復陳。前歲朝廷遣使裁減，而畏首畏尾，未足以副聖主寬恤之意。茲者彗出東井，寅畏有加，詔臣與許尹同制置總領茶馬，再修便民之政。輒有愚見，冒昧上聞。蓋治病之標，不若療其本；導水之末，不若疏其源。四川贍軍之費，前後累蒙蠲放，而利澤未深，上貽聖慮者，蓋其本原實在軍中也。軍中之費仍舊，則歲計所減必妨。臣願陛下親灑宸翰，以賜軍前二大將。若曰：『朕永念蜀人，久困邊饋，如軍中有冗食可省，浮費可除，冀以上聞，得從末減。若乃士卒衣糧之實，甲兵繕治之須，務協經常，勿輕裁損。』二人者皆功臣宿將，久荷國恩，聞陛下至誠惻怛之言，必將有以應詔，隨其多寡，以補助裕民，庶幾積蓄可豐，調度可節。竊慮聖慈，謹重事體，不欲自親其文，則願以臣劄子示之，但云臣僚所論如此，卿等可契勘，有可減省，量爲措置。二人忠義體國，必自樂從。之望所上劄子不得其月日。按：之望又有乞減上供劄子云：「臣去月二十七日具劄子，乞詔二大將。」而減上供劄子，以明年正月二十五日辛卯進呈，則是十一月末所上也。又按：今年有閏十月⑥，則所謂去月者，蓋舉前十月言之，故附此日。

13 丙申，詔自今三衙官兵差出外州者，並取旨，方得起發。

宰執進呈秀州守臣鄧根按崇德知縣林善問不法科借折帛錢事。詔罷善問，仍取勘。上曰：「科借錢若一一在官猶可，恐因而入己。大抵贓吏最爲民害，今後須盡追贓物，不然自謂雖得罪，猶不失爲富人，無所憚也。」

右朝請大夫、知盱眙軍楊抗直秘閣。以抗帥府舊僚，且和議之初，上書可採，故有是命。

崇慶軍節度使、嗣濮王士儴薨，追封思王，謚温靖。

端明殿學士富直柔薨於建州。

左中大夫、直秘閣王圭卒。

14 丁酉，詔前特進張浚依舊令永州居住，竢服闋取旨。先是，浚奉母喪歸葬於蜀，行至江陵，會以星變，詔求直言。浚慮虜數年間勢決求釁用兵⑦，而吾方溺於宴安，謂金可信，蕩然莫之爲備。沈該、万俟卨居相位，尤不厭天下望，朝廷益輕。雖在苫塊，不得不爲上終言之。乃復奏曰：

天地之大德曰生，而天地生物之功，本於秋冬。蓋非嚴凝之於秋冬，則無以敷榮之於春夏。然則秋冬之嚴凝，生物之基也。若夫一時之和，亦聖賢生利天下之權爾。商湯事葛矣，而終滅葛。周太王避狄矣，而未幾謀以却狄。文王事昆夷矣，而卒伐之。勾踐事吴矣，坐薪嘗膽，竟以破吴。漢高祖與項羽和，羽歸太公、吕后，割鴻溝以西爲漢，東爲楚。良、平以楚兵罷食盡，釋而弗擊，是養虎而遺患，漢王從之，卒成大業。唐太宗初定天下，有渭上之盟，未幾，李靖之徒，深入沙漠之地，犁其庭，繫其酋，海内始安。茲非以和爲權而得之哉？若夫石晉則不然。桑維翰始終主和，其言曰：「願訓農習戰，養兵息民，俟國無内憂，民有餘力，觀釁而動，動無不成。」若有深謀者。考其君臣所爲，名實不孚，專務姑息，賞罰失章，施設謬戾。權移於下，政施於上，無名之獻，莫之紀極。維翰所陳，殆爲空言。姑欲信其當時必和之説，以偷安竊位而已。契丹窺見其心，謂晉無人，頻來凌侮，日甚一日。後嗣不勝其忿，始用景延廣之議，僥倖以戰，不知其荒淫怠傲，失德非一日，天下之心已離，勢已去，財已匱。延廣不學，不知行聖賢之權，亟思所以復其心，立其勢，强其國，急於兵戰之争，事窮勢極，數萬之師，無一夫之發矢北向者，至今天下嗤笑。

嚮者講和之事，陛下以太母爲重爾。幸而徽宗梓宫亟還，此和之權也。不幸用事之臣，肆意利欲，乃欲翦除忠良，以聽命於敵，而陰蓄其邪心。故身死之日，天下相慶，蓋惡之如此。方姦雄之人，豢於富貴，分列黨與，布在要郡。聚斂珍貨，獨厚私室。皆爲身謀，而不爲陛下謀也。坐失事機二十餘年，有識痛心。夫賢才不用，政事不修，形勢不立，而專欲受命於敵，適足啓輕侮之心，而正墮其計中也。臣願陛下鑒石晉之敗，而法商湯、周太王、文王之心，用越勾踐之謀，考漢、唐四君之事，以保圖社稷。深思大計，復人心，張國勢，立政事，以觀機會。未絶其和，而遣一介之使，與之分别曲直逆順之理，事必有成。

万俟卨、湯思退見之大恐，以爲虜未有釁⑧，而浚所奏，乃若禍在年歲間者，或笑以爲狂。御史中丞湯鵬舉即奏：

浚身在草土，名繫罪籍，要譽而論邊事，不恭而違詔書。取腐儒無用之常談，沮今日已行之信誓，豈復能爲國家長慮却顧？徒以閒居日久，惟幾復用耳。議者以爲前此權臣，嘗被其薦，故雖洊致人言，姑竄近地。況浚近得旨，歸葬於蜀，倘堅異議，以倡率遠方之人，慮或生患。望屏之遠方，以爲臣下不忠之戒。

殿中侍御史周方崇亦言：「浚倡爲異議，以動搖國是。欺愚惑衆，冀於再用。不顧國家之利害，罪不容誅。望破其姦謀，重加貶竄，以正妄言之罪。」右正言淩哲言：「浚憑愚護短，專務立異，求售前日之臆說。恐遠方遐徼，民聽易惑，別生事端。望賜黜責，以爲懷詐徇私欺世盜民之戒。」故有是命。趙甡之遺史云：「初，張浚責永州居住，秦檜既死，已放令任便居住矣。至是，浚進書，乞勿信沈該、万俟卨二相，宜修武備。或謂浚無此書，憸人僞撰而進之。或又以爲金人令姦細詐作浚書以進，雖不可明，然該、卨大怒，湯鵬舉迎合二相意，乃上言浚罪，有旨永州居住。」按：甡之所記得於傳聞，今不取。

1 閏十月己亥朔，知樞密院事湯思退奏：「昨日張浚行遣極當。」上曰：「浚用兵，不獨朕知，天下皆知之。如富平之戰，淮西之師，其效可見。今復論兵，極爲生事。且太祖以神武定天下，亦與契丹議和。」同知樞密院事陳誠之曰：「浚論事頗有不當，如石晉因契丹之力以自立，其勢不得不與之和，此桑維翰之功也。及景延廣用事，遽以翁孫之禮待之。契丹遣使問曲直，延廣對使者云：『晉有橫磨劍十萬口，翁欲戰則來。』石晉之禍自此始矣。浚不罪延廣，而謂維翰不當與契丹和好，甚無謂。」上曰：「耶律德光入汴，首以此言數延廣罪。」誠之曰：「浚永州之命甚塞衆議。」上曰：「不如此，議論不能得定。」按：誠之所云浚不罪景延廣，乃與浚奏疏之意全不同，不知何故。

左朝奉郎、新知漢陽軍張庭實行太常博士。庭實入對，論：「文昌政事之本。今諸部及寺監用例者多，乞一切條具修入見行之法。」詔可，遂有是命。時湯鵬舉先有此奏。

2 庚子，左正議大夫、守尚書左僕射、同中書門下平章事沈該爲左宣奉大夫，左宣奉大夫、守尚書右僕射、同中書門下平章事万俟卨爲左銀青光禄大夫，皆以進回鑾事實推恩也。實録院修撰官以下皆進官。

秘閣修撰、知婺州辛次膺權尚書禮部侍郎。次膺以事與通判張本互訴，宰執匿之，乃召次膺還。既至，乃有是命。張本互訴事，湯鵬舉劾疏中及之，不知如何行遣也。

3 辛丑，宗正少卿李琳爲賀大金正旦使，秉義郎、侍衛馬軍司幹辦公事宋均副之。尚書左司郎中葛立方爲賀生辰使，閤門宣贊舍人梁份副之。

尚書省言：「諸路常平義倉見管米數不多，乞以所樁糴本錢措置收糴。」從之。

4 壬寅，詔內外見任官，因生日受所屬慶賀之禮及與之者，各徒一年，贓重者依本法。自秦檜擅權，四方皆以其生日致饋。其後州郡監司率受此禮，極其僭侈。太學録范成象面對，以爲言，故立法。

御史中丞湯鵬舉奏：「右朝散郎王彥博、鄭柟贓污踰濫。」詔並勒停。彥博送靖州，柟辰州編管。彥博起趙令衿獄，柟請秦熺爲相。

左朝散大夫方雲翼追兩官特勒停，袁州編管。坐彊市民田事，有司按實故也。

5 癸卯，宰執進呈故右朝散大夫楊淵男椿進狀，爲父昨守吉州，因金人侵犯棄城，乞依王仲山、仲薿例，追復元官并恩澤。上曰：「祖宗時，棄城皆用軍法，今得不誅幸矣。仲山、仲薿皆秦檜親黨，録用以示私恩，豈可爲例？」沈該等因奏：「當時一般棄城之人，獨仲山、仲嶷兩人追復官職，他皆不與也。」按：日曆王仲嶷乃是生前累復左正議大夫、徽猷閣待制。淵明年六月丙辰復官。

秘閣修撰、知温州張九成以喪明求去，詔九成提舉江州太平興國宫。温州民間有柑實，每霜後，郡例科市於民，以遺權要，民或赭其所植以求免。長吏方且、張樂會寮寀，旨嘗孅惡，率以爲常。及九成爲州，遂罷柑宴。

6 丙午，詔：「廉州歲貢珠，雖祖宗舊制，聞取之頗艱，或傷人命。自今可罷貢，蜑丁縱其自便。」翌日，上謂宰執曰：「朕嘗讀太祖實録，見劉鋹進珠子馬鞍，太祖知鋹所採珠子甚多，日役蜑丁數千人，死者不少。朕以謂珠子非急用之物，既是難得，且傷人命，故特令罷貢，以爲一方無窮之利。」

龍神衛四廂都指揮使、建武軍承宣使、新江南西路馬步軍副都總管董先卒於鄂州。

夔州觀察使、提舉萬壽觀陳仲堅卒。

7 丁未，右朝散郎、通判鄂州任賢臣特降一官。先是，鄂州舉人王昌言訟：「考試官策題差誤，又冒貫合格者衆。」賢臣爲監試，故責及之。上諭宰執：「以昌言訟主司，有害士風。」乃送鄰州編管。

8 己酉，御史中丞湯鵬舉言：「離軍添差之人，養贍不足，無以自存。望於江、淮、湖南荒田内人給一頃，令所在州軍支請給一年，以爲牛種之費，仍免十年租税，二十年丁役。」從之。三十一年正月戊寅所書可參考。

右承議郎劉伯英特勒停送，連州編管，以右正言凌哲論其「諂附秦檜，在江西、湖南贓淫僭侈」也。伯英初見紹興十七年七月，又見二十三年六月。

9 庚戌，參知政事張綱言：「皇太后生日回賜臣銀絹過多。」上因曰：「太后前以飲食動臟腑，近已安健，粥藥皆朕親進，又得皇后侍奉甚謹。太后聖慈無比，然性亦嚴，惟皇后賢淑，能順其意。朕每日臨朝，所以得心安也。」

御史中丞湯鵬舉乞：「自今春降詔之後，有换易差遣之人，令吏部具名以聞，特賜降黜。」從之。其後吏部言，除改差職事官楊揆等一百三十六人並係特旨外，止有右朝奉郎張延之等六人乞改正。詔與元授差遣，仍令三省遵守。

10 辛亥，詔刑部郎官依元豐法，分左右廳治事。先是，右司郎中汪應辰言：

國家謹重用刑，是以參酌古誼，並建官師。在京之獄，曰開府，曰御史，又置糾察司，以譏其失。斷其刑者，曰大理，曰刑部，又置審刑院，以決其平。鞫之與讞，各司其局，初不相關。是非可否，有以相濟。及赦令之行，其有罪者許之叙復，無辜者爲之湔洗。內則命侍從館閣之臣置司詳定，而昔之鞫與讞者皆無預焉。外之川陝去朝廷遠，則委之轉運鈐轄司，而提點刑獄之官亦無預焉。及元豐更定官制，始以大理兼獄事，而刑部如故。然而大理少卿二人，一以治獄，一以斷刑。刑部郎官四人，分爲左右廳，或以詳覆，或以叙雪。同僚而異事，猶不失祖宗分職之意。本朝比之前世，刑獄號爲平者。蓋其並建官師，所以防閑考覆，有此具也。中興以來，務從簡省。大理少卿止於一員，而刑部郎中初無分異，則獄之不得其情，法之不當於理者，又將使誰平反而追改之乎？今雖未能盡復祖宗之舊，亦當遵用元豐舊制，庶幾官各有守，人各有見，反覆詳盡，以稱欽恤之意。故有是旨。

尚書省請：「以去年十月二十二日以後朝廷所行寬恤事件編類成册，鏤板頒降。」從之。

11 壬子，忠州防禦使、知閤門事、幹辦皇城司石清爲泉州觀察使。清援解帶及使北恩例，乞遷官，故有是命。

徽猷閣直學士致仕胡寅卒於衡州。寅既退居，乃著讀史管見三十卷，論周秦至五代得失。其論甚正，蓋於蔡京、秦檜之事數寄意焉。其書今行於世。

12 癸丑，詔：「見任官於所部私役工匠營造己物者，依律計庸，準盜論。若緣公興造，即申所屬輪差，優賞工直，著爲令。」先是，大理少卿陳章在司農有請，至是行下。章是月庚戌自少農遷大理。

13 甲寅，尚書右司郎中汪應辰直秘閣，知婺州，從所請也。

14 乙卯，初置臨安府左右廂官二員。時城外已置南北廂官，守臣榮薿乃請於城內增置二員，分掌訟牒，以京朝官爲之。未幾，言者以爲曲法徇情，廂官遂罷。明年六月五日，侍御史周方崇奏，今併書之。

集英殿修撰、提舉江州太平興國宫嚴抑卒。己未，復敷文閣待制致仕。

15 辛酉，右承議郎、崇義公柴叔夏言：「已關陞知州資序，乞換授一差遣。」詔以其子國器爲右承務郎，襲封崇義公，主奉祠事，而以叔夏爲荆湖南路安撫司參議官。

吏部郎中沈介面對，言：「間者柄臣好惡自己，因事變更祖宗法令。望詔大臣恪守成法，凡前日便文一切之制，俾有司條上，悉加夷考⑨。稍戾祖宗之法者，勿復施行。」從之。

16 壬戌，樞密院乞：「自今賚賜夏臘藥，依故事，遣内侍官一員徧往諸路。」從之。先是，樞密院遣使臣賚賜四川大帥等夏臘藥，所至騷擾。上聞之，詔以敦武郎劉世康等屬吏，故密院請之。尋停世康官，邵武軍編管。

十二月癸亥朔。

17 甲子，詔自今已注知縣、縣令人，不許諸處奏辟。用尚書省請也。

尚書吏部郎中孫道夫試太常少卿。道夫入對，論：

蜀中州縣税絹之外，有和買，有預俵，又有激賞，而蜀民尤以激賞絹爲苦。税米之外，有遠倉，有和糴，又有對糴，而蜀民尤以對糴米爲患。今邊鄙無虞，甲兵不用，總司但給諸屯衣糧耳。而諸州軍猶有激犒錢，各不下一二萬引，此非横斂乎！以至鹹錢退縮，鹽額頓虧，使井户虚納土産引錢，則破産者十室而九。酒徒零落，課息欠少，使槽户空納石頭錢，則失業者比比皆是。有司不恤園户，務增茶額以求羨餘。合同場計無所出，禁繫山氓，使輸虚息。蜀民被牢盆、酒茗之害，有年矣。今欲通其變以革其弊，雖救焚拯溺，不足以喻其急也。

上感其言，詔制置諸司相度奏聞，而道夫有是命。

18 乙丑，中書舍人王綸言：「近看詳守臣所具五事，其間有惟一二事的實，餘皆細務，姑以充數。亦有爲五條所拘，不得盡言。望自今不拘其數。」從之。

1 十有一月按是月己巳朔。癸酉，詔自今臣寮不得輒以子弟親戚，陳乞特赴殿試。

2 甲戌，權禮部侍郎辛次膺言：

竊考邦國之大計，今諸路歲入行朝之數，加以茶鹽所入，數目實多，使有以理財而其入無欠，有以節財而其出有節，則豈特財用充足？蓋將儲蓄沛然有餘矣。而近年以來，拖欠數多，内外支遣，歲歲增添。是其入未能無欠，而其出未能有節也。願詔左右司同户部，取朝廷一歲中出入之數，其入數拖欠失限者，嚴立譴罰。其出數則更加裁酌，立爲定數，不得增添。然後於所入中撥錢若干，以待其出。又取若干，專一收樁，以爲積蓄之數，無故不得支用。仍令諸路轉運司歲終具移用過錢物及見在數中尚書省，庶内外各知節約。

上曰：「此誠今日急務，然止有三説，生財，理財，節財是也。比年生財之道，講求略盡。唯理財多因官司失職，致有拖欠。使州縣得人，必不至此。若節財，則用莫大於給軍。既有定額，無從裁省。今但當撙節，不可妄費。」遂命吏部侍郎陳康伯、户部侍郎王俁、大理少卿陳章同措置。

3 乙亥，詔在京百司被受條制，依故事謄報樞密院，如違慢漏落，令本院取旨。

4 丙子，左從事郎、主管禮兵部架閣文字杜莘老充敕令所删定官。先是，詔以星變求言，莘老上書論：「彗盭氣所生，歷考史牒，多爲兵兆。國家爲息民，而將驕卒惰，軍政不肅。今因天戒，以修人事，思患預防，莫大於此。」因陳時弊十事。莘老，青神人，甫十三世孫，魏良臣所薦也。熊克小曆云：「時應詔者衆，上悉以付後省，令精擇第而上之，衆議以莘老爲首，未幾差敕局删定官。」此據查籥作莘老行狀所書也。其實莘老此月除删定，十二月庚申方有旨推擇，明年正月甲子推恩，今並附本日。

5 己卯，詔臣寮因事論罷之人，自今已經郊赦，方許除授差遣，犯贓者從本法。用御史中丞湯鵬舉請也。

6 庚辰，宰執進呈倉部郎中黄祖舜面對，論：「經總錢以紹興十九年數立爲定額，非是。」蓋是年經界初行，人投舊契，故所入倍多。乃詔户部以十九年以後二十五年以前取酌中一年立爲定額申省。

7 辛巳，左朝奉郎孫覿復右文殿修撰，提舉江州太平興國宫。覿上疏自訴不已，故復之。

左朝散大夫、知江州范漴罷，以右正言凌哲論其嘗諂事岳飛也。

8 壬午，上謂大臣曰：「近太學試補弟子員中程者，詩賦多而經義少，後生輩往往皆詩賦，數年後恐經義科廢矣，宜令兼習經義。」沈該等請俟省試畢，上可之。

9 癸未，吏部侍郎陳康伯等言：「被旨措置財用，今當節妄費以寬民力。所有州縣違法支使窠名，如支積俸差、權局饋遺、借請批券之類，並令日下住罷，仍委監司互察。」從之。如違，令臺諫彈劾。

10 乙酉，刑部郎中孫敏修言：「天下所奏獄案，下法寺擬節，除所勘刑名疑慮合行駁勘外，其間有情節不圓，行下取會，動經歲月。望自今取會三次，供報未盡徒罪以上，許令法寺貼說指定，或作兩斷行下。仍專委提刑前去審問情實，定斷歸一。如尚有不盡，及事涉疑似，即選官別勘，庶無冤滯。」詔刑寺長貳看詳，申尚書省。

11 丙戌，執政進呈知盱眙軍吴説奏，乞禁止採鹹。上曰：「暴殄天物，誠可禁。第貧民以此爲生，一旦禁止，恐致失業。古之聖人先仁民而後愛物，今但令官司不得買鹹，民間從其便也。」吴説十月甲申得旨與宫觀，去此已兩月餘，不知奏何以纔至也。

尚書省言：「被旨裁減吏額，法行當自近始。乞裁定三省、樞密院近來所添名額。」於是，六曹寺監百司各以舊額及新置人數來上，朝廷悉加裁損焉。

12 辛卯，國子司業兼崇政殿説書王大寶直敷文閣、知温州，從所請也。

左朝散大夫知嘉州朱昌裔、右朝奉大夫知萬州李莘民、左朝散大夫知大寧監費行之，各特轉一官。大寧地沃饒，前此多並緣取爲公廨錢，行之獨無所取，部使者舉其最，與昌裔、莘民皆籍記姓名。及行之任滿，宰執擬知邛州，上令更與轉官，於是三人並命。行之，廣都人也。

13 壬辰，光禄寺丞唐文若行秘書郎。

左朝散郎、江南西路轉運判官逢汝舟行光禄寺丞。汝舟入對，論：「湖北增起二分上供錢物，科取於民，及州縣預借之弊。」上皆行之，遂有是命。汝舟，汝霖兄也。

詔拱衛大夫、忠州防禦使、殿前司左軍統制邵宏淵累立戰功，所待借補官資未經收使，可特轉宣州觀察使。

殿中侍御史周方崇言[10]：「敷文閣待制、提舉江州太平興國宮張柄頃任棘卿，凡權臣滋長告訐以脅制羣臣者，柄必極力鍛鍊，且加貶竄。」詔落職。

14 癸巳，吏部員外郎王晞亮言：「國家取士，詞賦之科與經義並行。比學者去難就易，競習詞賦，罕有治經。至於周禮一經，乃絶無有。望自今經義文理優長合格人有餘，許將詩賦人材不足之數通融優取，仍以十分爲率，不得過三分。」從之。

詔右通直郎司馬倬送吏部，與遠小監當差遣。倬寓居會稽，而殿中侍御史周方崇論其「貪淫不檢，與王會、康與之爲狎交，又奴事魏良臣，干撓郡政」。故黜。

15 甲午，詔親賢宅蘄州防禦使居中遷宣州觀察使，餘七人皆進一官。

御史中丞湯鵬舉言：「湖南提舉常平茶鹽蔡撢嘗治方疇獄，恣爲鍛鍊，以奉權臣。」詔放罷。

16 丙申，監察御史沈大廉直秘閣，提點福建路刑獄公事。左朝請大夫、福建路提點刑獄公事吴逵直秘閣，知鼎州。逵所議鹽事，二十七年正月庚申、十月乙巳所書可參考。

御史中丞湯鵬舉論吏部近條具換易差遣人不當，因論史浩、陳良祐、陳棨、陳豐，四人見今年九月丁未及戊申。及改差主管吏部架閣文字王淮等十七人。詔除近臣被旨薦舉，及朝廷選差與到任已久人外，並令改正。淮，師心從子也。既而吏部郎中續觱、沈介見鵬舉言：「前日所具，實出上下相制，有不得已。」鵬舉即奏二人欺罔，且言：「鬻乃張浚親黨，使之窺測朝事，以浚被論，每懷不平。」詔罷鬻，出介知興化軍。鬻、介被論在十二月癸卯。

1 十有二月戊戌朔，臘饗太廟。是日也，罷朔祭，以禮官援淳化故事有請也。

2 庚子，資政殿學士、知紹興府魏良臣提舉臨安府洞霄宮，從所請也。

3 辛丑，少師、保寧軍節度使、判平江府、信安郡王孟忠厚復判紹興府。

知樞密院事湯思退、同知樞密院事陳誠之言[11]：「仁宗朝，詔臺諫言事皆録報樞密院。及大觀，令臺諫上言，本院取旨審量。比年以宰相兼領，久廢故事，有合報者，多不預知。乞依舊制。」詔臺諫言事，三省録報樞密院。

詔宰執宣借人各減三分之一。用左僕射沈該等請也。

4 壬寅，靖海軍承宣使、提舉佑神觀劉懋爲昭慶軍節度使。

5 丙午，三省樞密院裁定吏額上之。尚書省視建炎三年四月所定，損守闕二十人。密院副承旨、主事、令史、書令史共一百二十七人，守闕、貼房二百人爲額。

詔諸縣保正長並將上户斟酌定差，下户止輪充大保長。用資政殿學士知宣州樓炤請也。日曆不載，此以王師心看詳狀修入。二十八年六月己丑不行。

6 戊申，新除大理卿張杓自蜀中召還，入對，論：「字民之官，莫如縣令，而四川諸司奏辟，多徇人情。望悉收歸銓選。」

7 己酉，以礿權尚書刑部侍郎。

8 壬子，刑部員外郎邵大受言：「保州宗子實翼祖皇帝之後，曩者每遇大禮及誕節，各與推恩。自建炎至今三十年，寢而不行。今聞保州宗子有官及白身人，其數甚少。乞令尊長兩三人，省記合行事件，結罪以聞。」從之。

9 癸丑，尚書右僕射万俟卨上重修貢舉敕令格式五十卷，看詳法意四百八十七卷。

皇伯明州觀察使、提舉江州太平興國宮、安定郡王令衿爲慶遠軍承宣使。令衿自言：「老病丐出，不獲與南班普遷之寵，乞收使曆過磨勘減年。」故有是命。

10 甲寅，罷江淮等路提點坑冶鑄錢司。自韓球籍定歲買銅數，事見十三年閏月丁酉。然所鑄錢纔十萬緡。尚書省言，本司歲額全闕，而一司官吏所費不貲，故有是命。遂以其事付轉運司。明年七月庚午復鑄。

左朝散大夫、知嘉州朱昌裔言：「四川鹽酒場務，自建炎中總領財賦官變法，以盡一時之利，應副川陝軍食，蓋勢有不得已者。自後累政，惟務增添，逮今每歲共收鹽酒課息錢一千一百餘萬緡。比之舊額，幾四五倍，遂至趨辦不及，積欠數多。乃者朝廷遣使裕民，歲減七十萬，雖未能盡去重額，民亦少寬。惟舊欠未除，追催嚴峻。官吏貧民俱被其害，破産舉債，終難補足。望將未減額以前舊欠，如非侵欺盜用，並行除放。」詔蕭振等相度以聞。

11 乙卯，三衙乞免減吏額。許之。殿司吏六十，馬司四十有一，步司五十八人，其名有都吏、副都吏、典史、副典史、書吏、典書、副典書，凡八等⑫。殿司八案五，曰兵，曰磨勘，曰倉，曰胄，曰推。餘二司無磨勘，三司皆有開拆及法司。

殿中侍御史周方崇論：「知信州周葵終日談禪，不親郡政。」詔葵與宮觀差遣。

12 己未，宰執進呈殿中侍御史周方崇論：「左朝奉大夫、主管台州崇道觀陳惇，左朝請大夫趙迪之貪暴無恥，乞屏於遠方。」上曰：「所論未知實否，且下逐路監司體究。」沈該曰：「既是臺章，恐不須體究。」上曰：「朕見人才難得，未嘗不留意愛惜，每諭以臺諫風聞言事，不可容易，須再三詢訪。朕惟言者之聽，豈可不審？今二人者，合如何施行？」該曰：「乞送吏部與監當。」上曰：「且依此。」方崇又論户部郎中向伯奮素有脱空之名，專務刻剥。上曰：「朕方令伯奮理財，亦嘗使之治盜。」乃寢其奏，出伯奮知吉州。伯奮嘗言：「典買田宅，舊法六十日報契，今限百八十日，違限即將田宅没官。宰殺耕牛，舊法罪止徒，今皆配廣南。立法太重，乞依舊法。」上曰：「祖宗舊制，輕重適中，皆當遵守。此二事，並從舊。」後二日降旨施行，而伯奮已出矣。

13 庚申，上謂大臣曰：「昨日詔求言，四方之士，陳獻甚多。朕一一披覽，所言利害，極有可取。宜擇其議論尤切當者，量與推恩，庶幾有以勸之。」時應詔者甚衆，而後省以左從事郎、敕令所删定官杜莘老，左從政郎、新黄州州學教授潘慈明爲首，乃各循一資。慈明，金華人也。二人循資在明年正月甲午。

秘書省著作佐郎兼普安恩平郡王府教授黄中言：「恩平郡王講禮記終篇。」詔令講易。時王府官龍謙已親幸⑬，他教授或與之過從觴詠，中獨未嘗與之坐，朝夕見則揖而退，其後他教授多蒙其力，而中獨不徙官。此據朱熹撰黃中行狀附入，未知指何人。

14 辛酉，左銀青光祿大夫、守尚書左僕射、同中書門下平章事、提舉詳定一司敕令万俟卨以進書恩，爲左金紫光祿大夫。

15 壬戌，三佛齊國進奉使蒲晉等入見，獻乳香八萬斤、胡椒萬斤、象牙四十斤，名香寶器甚衆⑭。又以明珠、琉璃、金酒器上宰相，而秦檜已死。詔以其物輸御前激賞庫，而以蜀錦答之。

6 癸亥，以三佛齊國首領悉利麻霞囉陀爲保順慕化大將軍、三佛齊國王，賜襲衣、金帶、鞍馬、器幣二百。以蒲晉爲歸德郎將，副使蒲遐爲懷德郎將，判官蒲押陀囉爲安化司候。蒲晉等留彌月乃行。

17 甲子，金國賀正旦使、中奉大夫、秘書監兼右諫議大夫梁球，副使定遠大將軍、充侍衛親軍馬軍副都指揮使耶律諶入見。球，廣寧人也⑮。此據范成大攬轡録。

是歲，宗室子賜名授官者二十有六人。

諸路斷大辟三十人。

金主亮以李成知中山府，孔彥舟知河南府，且經營汴京，將謀徙居。乃以內侍梁漢臣爲修大內使，彥舟副之。於是暴役橫斂，以務速成，而中原之民，重罹其毒矣。漢臣，師成養子也。熊克小曆稱：「金主以左相張浩領行臺省，修汴京，且用本朝內侍嚮陷金梁其姓者爲提舉官，號大使。」注云：「此據殺亮録參修。」以煬王江上録考之，內侍則漢臣也。張棣正隆事迹，張浩營汴京在正隆四年三月，時當紹興二十九年，今移附本年月。

校勘記

①守令之職　「守」，原作「縣」，據皇朝中興繫年要録節要卷一四改。

②仁冒華夷　「華夷」，原作「垓埏」，據叢書本及周必大益國文忠公集卷八二賀重修皇太后回鑾事實表（紹興二十六年代外舅廣德軍作）改。按：周必大，紹興二十一年進士，其外舅，據文集卷首年譜，即王葆也。

③崔敦表曰　按，同時人無崔敦者，有崔敦詩，其人則於孝宗朝嘗兼翰林權直，制詞温雅。又按：敦詩宋史無傳，據至大金陵新志卷一三卷下之上所載，其字大雅，世居通州之静海，與兄敦禮同登紹興三十年進士第。此表其存世著作西垣類稿及其兄敦禮之宫教集中俱無載，且紹興二十六年其兄弟均未登第更無「遠守偏州」之事，是否爲其所作無考，姑誌此存疑。

④始遣匈奴之使　「匈奴」，原作「北廷」，據叢書本改。

⑤潼川府路轉運判官王之望言　「判」原闕，據本書卷一六八紹興二十五年四月甲午條補。

⑥今年有閏十月　「年」，原作「月」，據叢書本改。

⑦浚慮虜數年間勢決求釁用兵　「虜」，原作「金」，據皇朝中興繫年要録節要改。

⑧以爲虜未有釁　「虜」，原作「金」，據皇朝中興繫年要録節要改。

⑨悉加夷考　「夷」，原作「平」，據叢書本改。

⑩殿中侍御史周方崇言　「中」，原作「前」，叢書本同，據本書卷一七一紹興二十六年正月甲子條及本卷上下文改。

⑪知樞密院事湯思退同知樞密院事陳誠之言　此條記事，原本與叢書本俱斷於「陳誠之」之前，以「知樞密院事湯思退同知樞密院事」爲一句，蓋抄者誤解所致。

⑫ 按，此小字注云有都吏等凡八等，所列實只七等，「書吏」下當脱「副書吏」一等。

⑬ 時王府官龍龠已親幸　「龠」，原作「淵」，據本書卷一八八改。張端義貴耳集卷下載，孝宗朝倖臣擅文學者有「龍大淵，本名龠，孝宗寫開二字」。此應是孝宗即位之後事，當紹興間，或以其本名「龠」行。故不改爲大淵。

⑭ 名香寶器甚衆　此前原本誤衍「劍」字，四庫館臣且加按語，謂闕文。按：劉才邵檆溪居士集卷七賜三佛齊國敕書亦僅言「蒲晉等進真珠、犀角、象牙、珊瑚、香藥等物」，故據删。

⑮ 球廣寧人也　「寧」，原作「軍」，據本書卷一九四「球，廣寧人，已見紹興二十六年十二月」之小注改。

建炎以來繫年要録卷一百七十六

1 紹興二十七年歲次丁丑。金海陵煬王亮正隆二年。春正月按是月戊辰朔。丙子，尚書駕部員外郎楊偰試秘書少監。

右中奉大夫王晌卒。晌自太平州罷歸，會提舉江東常平茶鹽公事呂忱中發其在宣城盜常平米買銀事，置獄，廣德軍所按無狀，移徽州。晌行至梅家店而卒。

2 丁丑，右武大夫、和州防禦使、幹辦皇城司劉伉知閤門事。初，大理少卿楊揆建請：「秦檜當國日無辜被罪者，不以年限自陳，並與改正。」事既行，去年十月庚午。御史中丞湯鵬舉奏：「揆邀譽侵官，牴牾祖宗之成法，乞寢前奏。」戊寅，從之。

3 戊子，詔侍從各舉宗室京朝官材識行治者二人，特與召對。用權刑部侍郎張杓請也。

右通直郎、監登聞檢鼓院王述以食貧乞補外。上曰：「王倫頃年奉使金國，金欲留之，許以官爵，倫不從，乃冠帶南嚮，再拜訖就死，此事亦人所難，宜恤其後，可特添差通判平江府。」

4 己丑，召徽猷閣待制致仕鄭望之赴行在。望之以衰老疾力辭。上謂大臣曰：「望之不獨君臣，乃是故人。」於是陞徽猷閣直學士，復致仕。望之復致仕在三月辛巳。時望之年八十矣。

5 庚寅，忠訓郎岳建壽爲閤門祗候。建壽，超子，武舉及第。已見。

三佛齊國進奉使蒲晉等辭行。

6 辛卯，潼川府路轉運判官王之望言：「臣於去月兩具劄子奏聞，乞特詔蜀中二大將量減軍中冗食浮費，切計已徹宸聰。臣聞應天以實不以文，動人以行不以言。陛下若俯從臣請，願先撥四川上供歲額之半，以爲之倡。此錢宣撫處置司已嘗截留應副贍軍，邊事既息，始發赴行在。今復捐以裕民，真盛德事。蓋不如是，不足以示陛下應天動人、至誠惻怛之意。若今指揮與詔書相繼而下，則彼知丁寧之訓，非空言文具，必將心悦誠服，其敢不祗若休命？臣不量疎遠，薦以瞽言，上冒天威，罪當萬死，惟陛下赦其愚忠。」先是，上以蜀民久困供億，詔制置使蕭振、總領財賦湯允恭、都大主管茶馬公事李潤、成都府路轉運判官許尹，與之望同措置，務令實惠及民，可以經久，故之望有是言。輔臣進呈，上曰：「此須見得四川每年出入之數，常賦幾何，橫斂幾何，軍儲所需與無名之費多少。朕不惜減以裕民，第諸司未有定議。今遽如此，萬一闕乏，何以善後？之望有愛民之心，但臨事不審，率爾有請。」知樞密院事湯思退請趣振等條上，上可之。時起居郎趙逵亦奏：「四川在萬里外，其取民之塗有二：如激賞絹之類，官以民所當納者，揭之通衢，上下共知，此明白告示而取之也。如激賞錢之類，總領以若干數下之州縣，必陽戒之曰：『無損歲計，無傷民力。』若然，則須官吏自備而後可。官吏不能自備，其勢不得不增有額之賦，私應無名之索，此陰取而不告者也。臣願詔振等凡總司錢物，必分爲二，曰此上下通知者。其不通知，當根其所自出而放之，然後吏不能沮，而惠徧遠方矣。」

7 壬辰，直敷文閣張宗元爲尚書駕部員外郎。

8 初，朝廷歲於江、浙、湖南、福建諸州市軍器物料，而州縣以無本錢，率於人户物力錢上敷納，民甚苦之。上聞之。甲午，詔皆以縣官錢償其直。江東路用一分軍期錢，江西路用移用錢，福建路用增税錢，浙東路用應管錢，浙西、湖北路並用係省錢，湖南路用運司錢，泛抛物料，乾道三年九月辛巳所書可參考。

9 乙未，詔兩省臺諫侍從有服親省試合格者，令禮部具名以聞。自是遂爲故事。

1 二月丁酉朔，詔：「自今國學及科舉取士，並令兼習經義、詩賦，内第一場大小經各一道。永爲定制。」上以經學寖微，故有是旨。

2 庚子，右承直郎知分宜縣咼輔特遷右通直郎，以吉州守貳應詔言其政績也。

太尉、武當軍節度使、御前諸軍都統制、充利州東路安撫使兼知興元府楊政薨，年六十。政守漢中，凡十八年。訃聞，特贈開府儀同三司，賻銀帛千匹兩。封其妻永寧郡夫人南氏爲崇國夫人。後謚襄毅。

3 辛丑，將作監丞楊倓守尚書都官員外郎。

4 壬寅，廢江陰軍爲縣，隷常州。先是，直秘閣、知臨安府、主管浙西安撫司公事榮薿言：「自建縣爲軍，於朝廷初無所補，而以一縣之財，供一州之費，遂使繇役科率倍於他州，兼常州失此一縣之賦，兩皆受弊。」故有是命。仍詔存屯兵三百八十餘人，以知縣兼軍使。

直徽猷閣、江南東路提點刑獄公事徐天民劾信州守臣周葵不恤郡政①。時葵已爲御史，論罷。去年十二月乙卯。上謂宰執曰：「大抵先歷知縣，諳政事，然後付之一郡，必優爲之。朕頃在河北，見汪伯彦治郡，全不費力，以其經歷多，事皆通曉。向來俞俟知紹興亦然。今周葵止因昨在言路，好論事，遂得虛名，魏良臣力薦之，及治郡，乃不職，與宮觀宜矣。」沈該等曰：「汪伯彥河朔事至此蓋三十餘年，上記人之善，久而不忘如此。」

5 癸卯，直徽猷閣、提舉台州崇道觀張深卒。

6 甲辰，詔試中武學生依監學例給綾紙。

7 丁未，上謂大臣曰：「王會守平江日，有錢三十萬緡，以羨餘爲名，未曾起發，聞近已侵耗大半。今既罷羨餘，未知復何所用？若巧取於民，當便將窠名盡行除去，恐取之不已，百姓難堪，宜速理會。」

權尚書禮部侍郎辛次膺試給事中。自巫伋遷後，給事中不除者七年，至是始命次膺。

右朝散大夫張子華除名勒停，送萬安軍編管，仍籍没家財。子華嘗提舉廣南市舶，言者奏其贓污不法，遣大理寺丞莫濛即廣州鞫之，法當絞，故有是命。濛又言：「秦檜、秦熺、鄭時中、丁禩受子華所賂，計直皆數千緡。」詔並免追究。

禮部貢院奏應博學宏詞科左迪功郎周必大合格，詔堂除建康府府學教授。必大，管城人，寓居廬陵。普安郡王見其所試，以爲有掌誥才，大善之。

8 己酉，直龍圖閣、淮南轉運副使蔣璨權尚書禮部侍郎。未及拜，爲言者所論，後八日改集英殿修撰，知平江府。

左朝請郎、知嚴州金安節提點兩浙西路刑獄公事。

9 庚戌，宗正少卿李琳權尚書吏部侍郎。

秘書少監楊偰爲宗正少卿。

10 辛亥，樞密院檢詳諸房文字劉章試秘書少監。

11 壬子，宰臣沈該等言：「太廟仁宗、英宗兩室前柱生芝草，欲率百官拜表稱賀。」許之。

少師、保寧軍節度使、新判紹興府、信安郡王孟忠厚充萬壽觀使，提舉秘書省。忠厚過闕入見，遂以命之。後七日，詔忠厚月過局，如宰執例。熊克小曆誤載忠厚初除在己未，今不取。

12 癸丑，給事中辛次膺罷爲敷文閣待制、提舉江州太平興國宮，以御史中丞湯鵬舉論次膺曩歷臺諫，無彈擊之譽故也。

13 戊午，御史中丞兼侍讀湯鵬舉參知政事。鵬舉爲臺官凡一年有半，所論皆秦檜餘黨，他未嘗及之。

宗正寺主簿祝閔罷。

右宣教郎、通判臨安府吴伸責監郴州酒稅。先是，湯鵬舉論：「閔曩令海鹽，以權臣嘗游學是邑，乃創一堂，名曰將覺，因而乾没官錢入己。伸初實無官，因權臣與其父有鄉黨之親，委曲爲地，遂玷仕籍。」故有是命。

14 己未，敷文閣待制、知荆南府王師心試尚書户部侍郎。師心嘗言鄂渚戍兵市馬北境，宜禁止，以窒邊釁。

上然之。

殿中侍御史周方崇守侍御史。監察御史王珪守殿中侍御史。右正言淩哲爲右司諫。

秘書省正字葉謙亨、胡沂、張孝祥並爲校書郎。

15 庚申，尚書吏部侍郎陳康伯兼侍讀。權禮部侍郎賀允中兼侍講。

初，福建提點刑獄公事吳逵奉詔覈實鹽事，謂：「紹興元年，漕司第辦歲計，未認鈔錢，不可爲準。蓋慮有不足，必別致擾民。宜約州縣歲費總數，除二稅所入外，有闕即分鹽綱補之。凡上四郡及屬縣歲般千有六百萬斤，視舊直十損其三，毋得敷於民户。舊漕司取於州縣，號增鹽錢，及提舉司取吏祿錢，皆損三分之一。增鹽錢斤二十八文，今損其九。吏祿錢斤一文，今損三分。又帥漕二司毋得鬻鹽以侵州縣。」時逵已移鼎州，詔從之。自是閩之上四郡民力稍寬矣。

16 癸亥，武泰軍節度使、知潭州劉錡爲太尉、知荊南府。初，江陵縣之東有黃潭者，建炎間，邑官決水入江以禦盜，由是夏秋漲溢，荊、復間皆被水患。至是錡究知其弊，始命塞之，廣田數千畝，流民自占者幾千家，議者以爲便。此據明年八月壬辰都民望奏修入。當在此年，因附錡除帥之後。

17 甲子，上謂輔臣曰：「蜀中舉人，前此有赴廷試不及者，皆賜同進士出身，恐其間有俊秀能取高第之人，例皆置之下列，甚可惜也。今次若來者尚少，當展日以待之。」

左朝奉郎、知瀘州李文會復龍圖閣學士，知潭州。

是月，金國主亮坐武德殿，召吏部尚書李通、刑部尚書胡勵、翰林直學士蕭廉，語以：「朕夜夢，至上帝所，殿中人語如嬰兒。少頃，有青衣持宣，授朕天策上將，令征某國。朕受命，出而上馬，見鬼兵無數。朕發一矢射之，衆皆喏而應。既覺，聲猶在耳。即遣人至廐中，視所乘馬，其汗如水，取箭數之，亦亡其一，此異夢也。豈非天假手於朕，令取江南乎？」通等皆賀。亮戒無泄於外。廉，慶弟也，亶特賜及第。此以張棣正隆事迹及宋翌金亮本末參修，但翌繫之明年五月，而棣所記事與金他書多參同，故從棣事迹，附今年二月。蕭廉事跡，以范成大攬轡録修入。

1 三月按是月丙寅朔。丁卯，侍御史周方崇言：「敷文閣待制、知福州李如岡本曹泳黨與，媚事權臣，所至不治。」詔如岡提舉台州崇道觀，仍奪職。

2 己巳，侍御史周方崇請京局改官，並先注知縣。上以問宰執，沈該曰：「選人改官後，實歷親民，實爲良法。」上曰：「徽宗嘗言：『仁宗朝，每除執政大臣，必先問曾歷親民否。蓋親民則能通世務，置之廊廟，天下利病知過半矣。』此朕昔年恭侍，親聞玉音，誠可爲萬世法也。」遂從之。

左朝奉郎陳之淵提舉福建路市舶。

右奉議郎、直顯謨閣韓彦朴降官職各一等，仍勒停，坐毆部曲至死也。

3 壬申，上謂宰執曰：「去冬皇太后微有腰腿之疾，不曾出殿門。昨入侍慈寧，因言『近日清明，牡丹已開』，皇太后忻然步至花所。朕喜甚，因留賞牡丹。皇后以下皆醉，至晚回殿。」上猶喜見天顔。張綱曰：「陛下孝德所感，誠可慶也。」

權刑部侍郎張杓言：「今四川州縣以錢計贓者，並以引抵貫，泉貨之用銅鐵，相準如此，是四川之法偏重。乞自今有犯，並依市價紐計錢數。」從之。

4 丙子，宰執進呈從官所舉人材。試尚書吏部侍郎陳康伯奏左朝奉大夫趙不溢可備郡守，四月壬寅，除軍器少監。右宣教郎趙師嚴學術文章可期遠大。三十二年三月庚戌，自六院除湖州通判。權禮部侍郎兼侍講賀允中奏左朝奉大夫、知吉州曾幾多識典故，宜在本朝；四月甲辰，辭召命，除直秘閣。左朝散郎、通判荆南府范如圭操修無玷，久處外官，未厭輿論；九月乙丑，除江西提舉常平茶鹽。左承議郎、新主管南外敦宗院葉顒端方靖退，可備選掄；七月丁卯，除將作主簿。右宣教郎、知天台縣韓元龍長於治縣。二十九年二月庚子，除司農寺主簿。權刑部侍郎張杓奏右通直郎、知巴陵縣劉廓剛正詳明；未見除目，當是杓得罪，遂不至。右宣教郎、主管官告院鮑贇博學有文，優於吏事；四月癸卯召對，不稱旨。左宣教郎蒲瑮端方有守，學問該通。四月壬子，用御史王珪言，罷召命。户部侍郎王俁奏左朝請大夫、提點兩浙東路刑獄公事宋棐忠厚詳明②；四月丁酉，除直秘閣，知揚州。右承議郎、鄞縣丞向子偉孝友公方，長於治劇；三十八年二月壬子③，除軍器監主簿。左朝散郎、監潭州南嶽廟任古邃於經術，明練端方。十一月甲申，除監察御史。詔並赴行在。顒，永福人。元龍，宗道孫。宗道，綜子，仕至户部侍郎。贇，朐山人。瑮，眉山人。古，定陶人也。三月庚寅，楊椿薦，四月甲寅李琳薦，六月辛亥王師心薦，通兩史官所舉凡二十六人，惟張杓所薦三人不用。

詔兩省官依侍從薦所知。三月丁酉左史薦，辛巳右史薦。

左朝奉郎馮時行知蓬州。時行以不附和議，爲秦檜所惡，坐廢者十八年。至是復起，既而殿中侍御史王珪論其萬州招軍事，又罷之。時行至官才五日也。

5 戊寅，左宣議郎趙廱主管官告院。

6 己卯，監察御史樊光遠爲尚書工部員外郎。

從義郎趙不悳乞以登第所遷二官回授其母曹氏，詔特封咸寧郡夫人。不悳，沂王仲損孫也。父士圃，時爲右監門衛大將軍。

7 庚辰，直秘閣、新知鼎州吴逵卒。

8 壬午，詔江西提刑司依舊還贛州，節制贛吉官兵，措置汀漳盜賊。

癸未，左朝奉郎、新江南西路轉運判官趙公稱知贛州。

9 甲申，敷文閣學士、提舉江州太平興國宫周三畏卒。

捧日天武四廂都指揮使、房州觀察使④、江南西路兵馬鈴轄馬立卒。

10 丙戌，上御射殿，引正奏名進士唱名。先是，湯鵬舉以御史中丞知貢舉，上合格進士博羅張宋卿等，上親策試，既而御筆宣示考試官曰：「對策中有鯁亮切直者，並寘上列，以稱朕取士之意。」時樂清王十朋首以法天攬權爲對，其略曰：「豈今日朝廷，猶有僭賞濫罰如春秋時乎？豈國家用度之際，有所未節，奢侈之風，有所未革乎？」又曰：「臣勸陛下攬權者，非欲陛下衡石量書，如秦皇帝而謂之攬權也。又非欲陛下傳飧聽政，如隋文帝而謂之攬權也。又非欲其以强明自任，親治細事，不任宰相，如唐德宗而謂之攬權也。又非欲其精於吏事，以察爲明，無復仁恩，如唐宣宗而謂之攬權也。蓋欲陛下懲其所既往，戒其所未然。操持把握，使威福之柄，一出於上，不至於下移而已。」又曰：「朝廷往嘗屢有禁鋪翠之令矣，而婦人以翠羽爲首飾者，今猶自若也，是豈法令之不可禁乎？豈宫中服澣濯之化，衣不曳地之風，未形於外乎？夫法之至公者，莫如取士。名器之至重者，莫如科第。往歲權臣子孫門客，省闈殿試，類皆竊巍科，而有司以國家名器，爲媚權臣之具，而欲得人，可乎？」又曰：「臣願陛下，以正身爲攬權之本，而又任賢以爲攬權之助。廣收兼聽，以盡攬權之美。權在陛下之手，則所求無不得，所欲皆如意。雖社稷之大計，天下之大事，皆可以不動聲色而爲之矣。」晉原閻安中策言：「太子天下本，自昔人君嗣政之後，必建立元子，授之匕鬯，所以繫隆社稷，基固邦本，示奕世無窮之休。臣觀漢唐史，東海王彊之於顯宗，宋王憲之於明皇帝，既皆爲太子矣。暨天命定於後，莫不優加職秩，大封殊禮。退就宫邸，當時無間言，後世無異議。孝成帝即位二十五年，立弟之子定陶王爲子。今陛下之心，祖宗之心也。聖慮經遠，神幾先物。嘗修祖宗故事，累年於兹矣。日就月將，緝熙光明之學，其歷試周知，不爲不久也。而儲位未正，嫡長未辨。臣愚深恐左右近習之臣，寖生窺伺，漸起黨與。間隙一開，有誤宗社大計，此進退安危之機也。臣願陛下斷自宸衷，蚤正儲位，以係中外之望。」詳定官定十朋爲第九，編排官孫道夫奏其辭語鯁切。上覽之，前三日，謂大臣曰：「今次舉人程文議論純正，仍多切直，似此人才，極有可用。」翌日，又謂大臣曰：「昨覽進士試卷，其間極有切直者，如論理財則欲省修造，朕雖無崇臺榭之事，然喜其言直。至論銷金鋪翠，朕累年禁止，尚未盡革，自此當立法，必禁之。去年交趾獻翠毛五百尾，朕未嘗用，當焚於通衢。」湯思退進曰：「陛下旌直言以冠多士，焚翠羽以革侈靡，皆盛德事。昔公孫弘射策，太常奏弘第居下，武帝親擢爲第一。今此九名試卷，若不經御覽，安得獨先多士？」上曰：「其中亦有不實處，但取其直耳。」思退曰：「太宗時有雍丘尉武程上疏，願減後宮嬪嬙，太宗謂宰相曰：『程疎遠，未悉朕意。縱欲敗度，朕所不爲，內廷執掌，有不可去者。』李昉欲黜程以戒妄言。太宗曰：『朕曷嘗以言罪人？但念程不知耳。』士人論事，不究虛實，陛下能容之，實千載之遇。」上曰：「正不消與辨。」陳誠之曰：「天下自有公論，陛下此舉，大足以感動天下。願陛下自此益崇儉約，以節浮費。」上曰：「卿等在朕左右，見朕曷嘗一日不以此爲念？」誠之曰：「願加不息之誠，則天下幸甚。」時上臨御久，主器未定，大臣無敢啓其端者。安中對策，獨以儲貳爲請，上感其言，擢安中第二。遂賜十朋等四百二十六人及第出身。或曰：「安中與舉人黄成孫同縣，相友善。成孫父源嘗爲書言儲貳事，安中得其説以對，上大賞之。」始蜀人之未集也，上數有展日之命。沈該奏天時向暄，恐陛下臨軒不無少勞，乞一面引試，後有至者，臣等策之中書，定其高下。上不許，曰：「三年取士，朕豈憚一日之勞耶？」及唱名，至安中。又至第三人雙流梁介。上連舉首，謂該曰：「如何？」該大慚悚。上親策在癸酉，諭大臣在癸未、甲申，今牽聯書之。

11 丁亥，特奏名進士李三英等三百九十二人，武舉進士趙應熊等十五人，特奏名一人，授官有差。應熊武藝絶倫，且試南省爲第一人。上謂大臣曰：「徽宗時如馬擴、馬識遠俱以武舉擢用，或銜命出疆。今次魁選，文武皆得人。應熊弓馬甚精，文字亦可采。朕樂於得士，雖終日臨軒，不覺倦也。」遂以應熊爲閤門祗侯、江東安撫司準備將。三英，福州人也。

詔自今宮人以銷金鋪翠爲服飾者，令會通門譏察，犯人追賞錢千緡，經手轉入皇院子等，並從徒二年科罪。用王十朋之言也。

12 己丑，詔減三川對糴米十六萬九千餘石，夔路激賞絹五萬匹，兩川絹估錢二十八萬緡有奇。用蕭振、湯允恭、李潤、許尹、王之望請也。內對糴正色米四萬六千餘石，舊應副御前軍之在綿、渠州、潼川府者，至是，令漕司糴買，而總領所以其直償之。舊潼川路畸零折帛每匹爲錢九千，成都路爲九千有半，今皆減一千。振、潤又減韓球所增茶額四百六十二萬餘斤，罷榷渠、合、廣安軍茶，減成都府、利州路茶引錢，每引三千。凡茶司引息虛額，歲減錢九十五萬餘緡。上覽奏，謂宰執曰：「前日下有司詳其事，正欲知向後兵食無闕，使民被實惠。若無以善後，恐又別有改更，非所以裕民。初講利害，想四川之民日望蠲免，今此足以慰其心矣。」

13 庚寅，權兵部侍郎兼國子祭酒楊椿奉詔舉左承議郎馬騏才學醇明，見識高遠；二十九年正月丁巳，除軍器監主簿。左朝散郎、簽書雅州判官廳公事文之奇學業老成，恬於進取；二十九年二月戊子，除通判階州。右宣義郎、前知涪城縣趙不倚性資孝友，吏事可觀。詔並赴行在。內騏、之奇仍俟秩滿。騏，廣都人。之奇，眉山人也。

14 辛卯，詔從官所薦新改官人，並與堂除知縣，俟任滿日，取旨陞擢。

右奉直大夫、荊湖北路提點刑獄公事趙子游直秘閣。初，命從官各舉宗室二人。戶部侍郎王俣薦子游忠厚儒雅，左朝奉郎、知蕪湖縣趙不吝公廉靖退。既召還，而本路闕官，除職還任。子游，令廌子也。二人被召在甲申，今併書之。

是日，左宣奉大夫、守尚書右僕射、同中書門下平章事万俟卨薨。壬辰，拜特進、觀文殿大學士致仕，贈少師。命入内内侍省都知衛茂實護喪。拜其子右承奉郎夷中、右迪功郎致中並直秘閣，他子侄九人，各進一官。後謚忠靖。

左朝散大夫符行中再責成州團練副使，南雄州安置，右朝散大夫鄭靄令吏部與遠小監當差遣。以殿中侍御史王珪論二人在蜀中專恣暴横，多以庫金互送也。

右承議郎黄敏行免決刺配貴州牢城。敏行嘗守江陰、常、和三郡，盗庫金入己，法當死，特貸之。

1 夏四月丙申朔，手詔除民間買賣耕牛之税。

清遠軍承宣使、知金州、節制屯駐御前軍馬姚仲爲龍神衛四廂都指揮使、御前諸軍都統制、利州東路安撫使兼知興元府。保寧軍承宣使、御前前部統制、知階州王彦爲金房開達州安撫使，節制屯駐御前軍馬兼知金州。

2 丁酉，侍御史周方崇乞：「裁定選人充敕局删定官，賞典序位。」吏部請：「位太學博士下，在任滿一年，進士出身通及四考，餘人五考，許磨勘。該進書者比類循資。」從之。

左朝請大夫、兩浙東路提點刑獄公事宋棐直秘閣，知揚州，用王俣薦也。

左文林郎、達州州學教授劉望之行國子正。望之，成都人。宰臣沈該薦其才，乃有是命。

起居郎趙逵奉詔舉左迪功郎李石學識高明，志節高果；二十八年正月乙酉，除太學録。左迪功郎劉儀鳳富有詞華，恬於進取，二十八年四月甲寅，除諸王宮教授。左從政郎郟次雲稟資端良；五月己卯，除國子録。左文林郎馮方才識兼茂。二十八年正月乙酉，除國子正。石，磐石人。儀鳳，樂至人。方，安岳人也。

3 辛丑，尚書工部侍郎兼權直學士院劉才邵以老疾求去，罷爲顯謨閣直學士，提舉江州太平興國宮。

起居舍人周麟之奉詔舉左朝散郎、新通判邵武軍鄭知剛老成端練；七月丁卯，除宗正寺主簿。左從政郎李薦學術純明，莅官不苟；六月戊申，除太學正。左迪功郎惠迪才識過人，所養深厚。五月庚辰召見，二十二年三月丙辰除大理司直。知剛，侯官人也。

4 壬寅，左朝奉大夫、主管台州崇道觀趙不謚爲軍器少監，用陳康伯薦也。

5 甲辰，端明殿學士、左朝奉郎、知湖州汪勃特遷左朝奉大夫。勃乞奉祠，乃有是命。

御史臺檢法官褚籍、主簿李庚並爲監察御史。籍、庚皆湯鵬舉所薦也。

左朝奉大夫、知台州曾幾直秘閣。幾始用賀允中薦，召赴行在，至則以老疾乞辭，遂有是命。

6 庚戌，宰執進呈趙逵所薦士。上曰：「三吴才行之士，往往知其姓名。惟蜀人道遠，其間文學行義有可用者，不由論薦，無由得知。前此數年，蜀中仕官者，例多隔絶，不得一至朝廷，甚可惜也。」自秦檜專權，深抑蜀士，故上語及之。沈該曰：「近日蜀中士大夫多被薦舉，已得旨隨材召用。」上曰：「甚善。」

7 辛亥，少師、保寧軍節度使、萬壽觀使、提舉秘書省、信安郡王孟忠厚薨，贈太保。擢其子右朝請郎充、右宣義郎嵩、右承事郎雍皆直秘閣，他子孫六人皆進一官，封其妾趙氏爲恭人，符氏爲安人。命睿思殿掌簿書梁紹祖主葬事。詔以提舉秘書省印納禮部，自是不復除。

8 壬子，權尚書刑部侍郎張衲降一官，放罷。先是，衲奉詔薦主管官告院鮑贇召對，而人才凡下。上諭大臣曰：「朕不能盡識天下多士，故令侍從臺諫各舉所知。若不精審，非朕求才之意。」乃罷之。殿中侍御史王珪即奏贇出於效用，諛佞權臣，請求得官。又奏衲所舉蒲瑮素無行檢，故有是命。後二日，知樞密院事湯思退奏衲薦人不當，昨罷之，甚合公論。上曰：「朕居深宫中，何由盡識天下人才？侍從既不足信，朕何所取信？初見贇上殿，已覺不如所舉，況又臺諫論列，較其罪，自合遠竄，只降一官罷，已是寬典。」

左宣教郎、新婺州州學教授任盡言爲太常寺主簿。盡言，伯雨孫，上召對而有是命。

9 甲寅，秘書省校書郎王剛中兼普安恩平郡王府教授。

權尚書吏部侍郎李琳薦右朝請大夫施垓端慤公廉，左文林郎沈夏文行兼美。夏五月丁丑召對，垓六月丁未除廣東提舉。夏，歸安人也。時上命從官後除者皆得續薦士，故琳以二人應詔。

虚恨部王歷堦告老⑤，乞傳其子蒲底。詔以蒲底爲承信郎。

10 丁巳，左中大夫、知福州沈調充秘閣修撰。調自揚州改除，過闕入見，遂有是命。調改除在三月丙子。

11 己未，玉牒所進呈太祖、太宗、魏悼王三祖下僊源類譜，用黄麾細仗、教坊樂、僧道威儀前導。上御垂拱殿觀書，宰執皆陞殿侍立。於是，本所官吏及中使進秩者二百一十人。本所官推恩在六月甲午。

12 辛酉，尚書吏部侍郎兼侍讀陳康伯遷吏部尚書。

13 壬戌，尚書户部侍郎王俁權工部尚書，太府少卿林覺權户部侍郎。侍御史周方崇奏：「俁在户部，所爲乖方，及徙他曹，怏怏不樂。」後八日，罷俁爲敷文閣待制，提舉江州太平興國宮。覺，麗水人也。

是月，加封徐偃王曰靈惠仁慈王。廟在衢州。

校勘記

① 直徽猷閣江南東路提點刑獄公事徐天民劾信州守臣周葵不恤郡政　「徐」，原闕，四庫館臣按語謂「天民上疑脱姓」。叢書本作「劉天民」。今删館臣按語，且據宋史全文卷二二下補「徐」字。按：據本書卷一七四，劉天民於紹興二十六年九月除太府寺丞，本卷本年五月除吏部員外郎，則言周葵者必非劉天民也。

② 户部侍郎王俁奏左朝大夫提點兩浙東路刑獄公事宋棐忠厚詳明　「奏」，原作「奉」，據叢書本改。

③ 三十八年二月壬子　按紹興只三十二年，此顯誤，疑當作「二十八年二月壬子」。

④ 房州觀察使　「使」，原闕，補。

⑤ 虛恨部王歷堦告老　「部」，原作「階」，據本書卷一九四改。

建炎以來繫年要録卷一百七十七

1 紹興二十有七年五月乙丑朔，太府寺丞劉天民守尚書吏部員外郎。左朝請大夫、知韶州傅雱罷，以殿中侍御史王珪奏其悖慢貪黷也。

2 丙寅，敷文閣直學士、左承議郎、四川安撫制置使兼知成都府蕭振特轉左朝奉大夫，落「直」字。上以振治蜀有聲，執政請進一職，遷四官。上曰：「四川善政，前有胡世將，今有蕭振。振蠲減重賦，蜀人安之。近薦武帥，又皆得人。可除真學士①。」

吏部尚書陳康伯請罷兼措置户部財賦，許之。

3 戊辰，上謂輔臣曰：「今四方無事，當以民事爲意，監司郡守不可不得其人。」輔臣進呈湖南轉運司奏：「右通直郎知長沙縣常禋，名臣之後，修潔自持，束吏愛民，衆所稱譽。」詔進禋一官，俟任滿與陞擢。禋，同子也。

4 己巳，建武軍承宣使、殿前司選鋒軍統制許世安添差兩浙西路馬步軍副總管，罷從軍，仍給真俸。寧國軍節度使、殿前司右軍統制李顯忠爲選鋒軍統制。右武大夫、忠州防禦使輔逵充殿前司右軍統制。

詔兩省官並禁出謁，遇休沐及賜告許見客。用兩省請也。

5 庚午，秘閣修撰、新知福州沈調言：「福建諸縣舊有忠義社，各隨鄉村多寡團結，推擇豪右衆所畏服者，以爲正副，量置槍杖器甲之屬，以故盜賊屏息，民以爲便。今爲官司科率騷擾，甚失本意。乞令守臣覺察，帥憲司舉按。」調又言：「福建路産鐵至多，客販徧於諸郡，而官監坑冶，絶然稀少。今若盡令中賣入官，則無所用。縱之，則利不歸上，深爲可惜。乞令轉運司措置申省。」從之。

6 壬申，上謂沈該曰：「頃蜀中歲貢錦繡帟幕，雖民之幼女，亦追以供役作，其擾如此。朕令止之，蜀人極喜。近又減四川民輸至一百二十餘萬，民力必稍寬矣。」

7 癸酉，左朝散郎趙不茹知化州還，論：「廣西部馬使臣，每歲五六十員，例選閑居之人，率以前任俸給爲準，各人支七月，歲費錢四萬餘緡，自今乞以見任使臣部送。」又言：「化州係産鹽地分，自紹興九年，漕司立額，令本州官賣二分鹽，計七十二萬餘斤，民以爲苦。望從其便。」奏皆可，遂以不茹行將作監丞。鹽事以六月乙巳行下。

右奉議郎、福建路安撫司幹辦公事留觀德爲太府寺主簿。

興化軍免解進士彭與進所著周易解義及神授圖、太極歌。詔特補下州文學。

8 乙亥，左宣奉大夫、尚書左僕射、同中書門下平章事兼提領編修玉牒所沈該爲左銀青光禄大夫，以進書推恩也。

初，朝廷以蜀道遠，命舉人即宣撫制置司類省試。行之既久，議者或以爲不能無弊，欲罷之，悉令赴南省。事下國子監，權尚書兵部侍郎兼祭酒楊椿曰：「蜀士多貧，而使之經三峽，冒重湖，狼狽萬里，可乎？欲去此弊，一監試得人足矣。」遂請選差清彊有才行郎曹以上一人，往莅其事。仍令監司守倅賓客子弟，力可行者赴省，餘不在遣中。是日，宰執進呈，詔付禮部。其後本部乞士人願赴南省者，給驛券，選官不行，餘從之。

二十九年七月乙酉，孫道夫再建請。

太府寺丞鄧深面對，論：「近歲士風卑弱，習於浮僞，寖以成風。稱呼太過，書問太重，請謁太數。乞嚴爲法禁。」從之。

9 丙子，左奉議郎杜師旦特勒停，送道州編管。右正言凌哲論師旦事曹泳，爲入幙之賓，貪污狂怪，故有是命。

10 丁丑，詔：「孟庾追復端明殿學士、左宣奉大夫。路允迪追復龍圖閣學士、左通議大夫。」庾既得歸，廢爲民而死。或言：「允迪在汴京不食卒。」故皆復之。

11 己卯，左從政郎、新明州州學教授郟次雲入見，奏請：「守令闕則擇清望官，臺閣闕則擇郡邑循吏爲之。」上謂大臣曰：「朕用人正欲内外適平，如監司守令治狀顯著，不必一一召來，當增秩賜金，且令久任。」遂以次雲行國子録。

12 辛巳，左朝奉大夫胡棣行太府寺丞。棣自四川茶馬司幹辦公事召還，論：「四川選人已放散舉主，伺候告命之人，多冒干諸司奏辟，妨才肆姦。」詔禁止，遂有是命。

13 癸未，金國賀生辰使正議大夫守禮部尚書耶律守素、中靖大夫太常少卿許竑見於紫宸殿。

14 乙酉，詔民户已充保正副，後來析户而再當充役者，其户頭許歇役，餘户物力高者，即爲白脚，依舊輪差。

日曆無此，今以王師心等看詳狀修入。二十八年六月己丑不行。

15 己丑，尚書工部員外郎樊光遠知興化軍，從所請也。

16 庚寅，詔錢塘、仁和知縣依兩赤例並堂除，京朝官任滿無遺闕與陞擢差遣。

17 辛卯，禮部、太常寺言：「每歲大祀三十六，除天地、宗廟、社稷、感生帝、九宫、貴神、高禖、文宣王等已行外，其餘並乞寓祠齋宫，立春日祀。青帝、朝日、出火、東蜡權於東門外長生院，赤帝、黄帝權於南門外淨明寺，白帝、夕月、納火、西蜡，權於西門外惠照院，黑帝權於北門外精進寺，皆用少牢，備樂舞。而神州、地祇，以精進地狹，祀熒惑以與赤帝同日，皆權於惠照院行之。神州當用犢，而亦用少牢，蓋權禮也。」自紹興以來大祀，所行二十有三而已。至是，侍御史周方崇以爲言，乃悉復之。

左從政郎、主管吏部架閣文字王滍充樞密院編修官。

1 六月丁酉，户部侍郎林覺言：「民間納税錢丁鹽紬絹，乞以第五等所輸，自一文以上，令折見錢，仍共鈔，庶以便民。」上謂宰執曰：「朕嘗思之，合零就整，此固甚善。十户共鈔，官司先給由子與鈔頭。若即時鈔入，則十户無擾。不然，恐鈔頭收藏由子，不肯齎出，比至官催緊急，衆户不免再納，此貧民所以重困。卿等可措置，令經久便民，然後行之。」

左朝奉郎、潼川府路轉運判官王之望改提點本路刑獄公事。

2 戊戌，罷臨安府左右廂主管公事官，以侍御史周方崇言其徇情曲法，人多嗟怨故也。

敷文閣學士、四川安撫制置使兼知成都府蕭振卒。振再守蜀凡二年。時利州舊宣撫司有積緡二百萬，守者密獻之朝，下制置司取撥。振曰：「此所以備水旱軍旅也，一旦有急，是又將取於民。」請於朝，留其半。此據成都記。撥錢在二十六年，今因振卒附見。比卒，蜀人思之②。

3 甲辰，宰執進呈秘書省著作佐郎黃中轉對，言：

仰惟神宗皇帝即位之初，勵精求治，嘗慮萬事之幾，不能徧燭，首舉舊章，每遇起居日，俾百僚轉對。
陛下勵精庶政，無異於神宗之用心，故百僚轉對，至今行之，未嘗廢也。然而二十年間，大臣專恣，好佞惡直，一時習尚，往往以言爲諱。凡所建明，不過毛舉細故以塞責而已。如神宗皇帝，所以詔告丁寧者，蓋未之有也。伏觀陛下，邇者詳延多士，咸造在廷。親灑宸翰，以求忠讜。侈靡之飾，朝聞而夕棄之，蓋已著躬行之效矣。

陛下之所以責望於布衣者猶若此，則其所以責備於縉紳士大夫者，固不論而可知也。臣謂陛下宜追述神祖之意，特降詔書，申飭在位，自今以往，應轉對之官，有所開陳，要在竭誠盡忠，切於治道，毋得蹈常襲舊，攟摭細微，以應故事。然後陛下觀其人，擇其言，而爲之虛心訪問，俾得以盡其情實。積日累月，庶幾有補於萬一，則舊章不爲虛設矣。

上覽疏曰：「中所論極當。朕方欲與卿等相度，特降指揮。大抵轉對之法，恐朝政闕失，民間利病，有不得上聞者，皆當論奏。自秦檜當國，轉對之名雖不廢，而所輪者不過大理寺官數人，攟摭細微，姑應故事而已，初無鯁切有及於時事者。如此，則繆悠之談，何補於國？今中所言，頗合朕意，可令士大夫知之。」

4 乙巳，有錢及之者上書乞差遣。上疑其心疾，以問輔臣，沈該言：「其意涉侮慢，乞送汀州居住。」上不許，曰：「外間不知，謂以切直之言得罪，非所以廣言路也。姑與一閑慢差遣，如何？」該持不可，乃止。

5 丁未，右朝請大夫、通判鎮江府施垓提舉廣南東路常平茶事，用李琳薦也。

6 戊申，知樞密院事湯思退守尚書右僕射、同中書門下平章事。

左從政郎、南康軍都昌縣丞李薦入對，論：「諸郡遣官偏行屬縣，常賦之外，誅求寬剩錢，動以萬計，乞行禁止。」從之。以薦行太學正。薦，周麟之所舉也。

江南東路轉運判官葉義問乞：「以僧道絕產得旨贍學之田，召人請佃。」從之。紹興二十一年十月六日降旨贍學。

7 己酉，詔西北流寓及東南人寄居滿七年，或產業及第三等已上者，並不得注授舉辟本處差遣。以國子監丞朱倬言：「士大夫多用開封戶貫，守官鄉里，逞私者衆。」故也。

徽猷閣待制、提舉江州太平興國宮黃唐傳卒。

8 庚戌，詔：「故責授中大夫余深復特進、觀文殿大學士，故追復中大夫黃潛善再復觀文殿大學士、左光祿大夫，官子孫各三人。故責授中奉大夫薛昂復特進、資政殿大學士，官子孫二人。」既而左司諫凌哲言：「深、昂朋附蔡京，濳善爲相誤國。今盡復三人恩數，恐政刑失平，忠義解體。」詔以濳善嘗任副元帥，特復元官，官一子。權中書舍人趙逵草制略曰：「雖秉政無可書之績，而事君有不移之忠。原情以觀，於法當叙。」濳善既復官，深、昂之命遂寢。後詔在七月戊辰，今併書之。

9 辛亥，户部侍郎王師心奉詔舉左朝奉郎、新知嚴州羅孝芬氣節剛正，學術深醇；十月甲申，除秘書丞。左承議郎、新秀州州學教授唐堯封蚤以文行，著於鄉評，四任教官，恬靜有守。六月戊子，除軍器監主簿。堯封，金華人也。

保寧軍承宣使、節制御前軍馬、知金州王彦丁母憂，詔起復。

10 壬子，户部侍郎王師心言：「荆南爲上流重地，而兵力寡弱。舊例，鄂州歲遣御前軍千人戍其地，欲增戍二千，以示形勢。」上以荆南乏財，不許。熊克小曆云：「王師心爲荆南帥，嘗奏乞分鄂渚重兵留屯，以示形勢。從之。」其所云與日曆不同，今不取。

11 甲寅，尚書户部侍郎王師心試給事中。中書舍人兼侍講、權直學士院王綸試尚書工部侍郎。起居郎趙逵、起居舍人周麟之並試中書舍人。逵入謝，上諭曰：「朕所以用卿，卿既知之，朝有闕政，無鉅細，宜助朕也。」又謂近臣曰：「趙逵純正可用。」逵登第踰六年而典外制，自中興後所未有。

太府少卿徐林權尚書刑部侍郎。

秘書郎唐文若爲起居郎。著作佐郎王剛中試起居舍人。

12 乙卯，尚書左司員外郎葛立方權吏部侍郎。

尚書兵部殿前侍衛馬步軍司言：「離軍將士，類得添差。州郡無以給，欲自今大郡毋過百人，次郡半之，小郡三十人爲額。」從之。

13 丙辰，秘書省著作佐郎黄中爲尚書司封員外郎。

故右朝散大夫楊淵追復右中奉大夫，其家援例乞恩不已，故復之。事初在去年閏十月癸卯③。

14 戊午，初命太廟冬饗祭功臣、臘饗祭七祀，祫饗兼之。用太常博士張庭實請也。

詔太學月試，並依貢舉條制鎖院，考校仍毋過十日。議者以國子博士何俌多私親舊，故有是旨。俌踰年卒罷。俌明年六月辛卯罷。

15 己未，少保、瀘川軍節度使、太一宫使、榮國公錢忱遷少傅。忱告老，乃有是命。

詔命官捕獲私茶鹽，依賞給各遞增一等。於是全火七千斤，累及萬斤，皆改京秩，議者以爲濫。二十八年正月壬申不行。

16 辛酉，故責授昭化軍節度副使周望追復龍圖閣學士、左中大夫，官其家二人。自秦檜死，左司諫凌哲請追復大臣死於貶所者，朝論初指趙鼎、王庶等數人。沈該、湯思退爲相，遂併取先得罪於國者而追復之，哲復争以爲不可，乃止。

17 壬戌，秘書丞楊邦弼、校書郎陳俊卿並兼普安、恩平郡王府教授。俊卿爲學官，多所裨益。一日，普安郡王習毬鞠，俊卿微誦韓愈諫張建封書以諷，王即誦全文，不遺一字。俊卿退而喜曰：「王聰明而樂從諫，社稷之福也。」

鼎州觀察使、隴右郡王趙懷恩添差成都府兵馬鈐轄。

1 秋七月乙丑，秘書省校書郎陳俊卿言：

人之才性，各有所長。稷、契、皋陶、垂、益、伯夷在唐、虞之際，各守一官，至終身不易。此數君子者，苟使之更來迭去，易地而居，未必能盡善，況其餘乎？今也監司帥臣，鮮有終其任者。遠者一年，近者數月，輒已遷徙。州縣百姓，送往迎來之不暇，其爲勞費，不可殫舉。以至内而朝廷百職事之官，亦無肯安其職業爲三數年計者，往往數日待遷，視所居之官，有如傳舍。雖有勤恪之人，宣力公家，於人情稍通，綱條稍舉，已捨而他去，後來者或未能盡識吏人之面，知職業之所主，則又遷矣。因循歲月，積弊既久，是以胥吏得以囊橐爲姦，賄賂公行而莫之誰何。如此而望職業之舉，難矣哉！

夫爵禄名器，人所奔趨。必待積勞而後遷，以明持久而難得，則人各安分，不敢躁求。若開驟進之門，使有僥倖之望，則人人懷苟且之心，無首公之節，其自爲謀則得矣，朝廷何賴焉？臣嘗讀國史，見太祖朝任魏丕掌作坊十年，劉温叟爲臺丞十有二年。太宗朝劉蒙正掌内藏二十餘年，陳恕在三司亦十餘年。此祖宗用人之法也。望與執政大臣參酌，立爲定論。其監司帥守，有政術優異者，或增秩賜金，必待終秩而後遷擢。至於朝廷百執事之官，亦當少須歲月，俾久於其職，然後察其勤惰而陞黜之。庶幾人安其分，盡瘁於國，無有過望，而萬事舉矣。」詔三省行下，遂以俊卿爲著作佐郎。

2 丙寅，左朝請郎、新通判邵武軍鄭知剛入對，乞：「天下繁劇知縣，並令從官保舉，監司守臣別薦，都堂籍記，以次差除。」上以諸縣至衆，恐不可行。丁卯，以知剛行宗正寺主簿。知剛，周麟之所薦也。

左承議郎、新主管南外敦宗院葉顒行將作監主簿。顒，賀允中所薦也。

3 戊辰，詔減諸路監司屬官員。

左司諫凌哲請：「諸郡無通判處，守臣有闕，而次官係選人者，令監司選鄰郡倅，或見任京朝官暫權。」從之。

4 己巳，詔諸添差官，非格法及元降旨許差者並罷。

5 庚午，給事中王師心言：「鼎、澧、歸、峽産茶，民私販入北境，利數倍。自知戾法不顧，因去爲盜。由引錢太重，貧不能輸，故抵此。望別創憑由，輕立引價，既開其衣食之門，民必悔過改業，而盜自消矣。」上覽疏，謂宰執曰：「茶鹽禁榷，本爲國用所需，若財賦有餘，則摘山煮海之利，朕當與百姓共之，姑遵舊制可也。」熊克小曆載師心建請於今年六月末，又云上然之，乃與日曆所書全不同。至於此日所書上語，則又去其首尾。蓋克本故相王淮門下士，而書成之時，淮尚爲左相，故於師心事多所緣飾也。今並正之。

户部侍郎林覺言：「國朝慶曆以來，歲鑄錢一百八十餘萬緡，其後亦不下百萬。如前年猶得十四萬緡，去年猶得二十二萬緡，而提點司官吏，徒糜禄廩，朝廷罷之，殊快人意。但付之漕司，日久亦未有涯。議者以爲，諸路物料，有無不等，運司不相統轄，無以通融鼓鑄，欲出户部錢八萬緡，爲饒、贛、韶三州鑄本，委各州通判主管，漕臣往來措置。今歲權以二十三萬緡爲額，即不得復以舊錢代發。」從之。熊克小曆稱所鑄權以五十萬緡爲約，誤也。據王珪所論，乃是用本錢八萬緡，而約鑄新錢二十三萬緡。除本外，止得十五萬緡。克不細考耳。

右朝請大夫、江南西路轉運判官黄仁榮知衢州。右朝奉大夫、荆湖北路轉運判官楊沂移江西路。上覽除目，曰：「監司守臣，席未及煖，已輒更易。不惟迎送勞費，而官吏軍民，於政教獄訟，亦莫知所適從。自今悉令久任。」

6 辛未，下詔戒敕污吏。

左宣教郎王佐爲秘書郎。

7 癸酉，下詔：「戒飭監司郡守，舉劾守令，毋得觀望當路，挾情徇私，有賞有罰，朕當信而別之。」

8 甲戌，直秘閣、知臨安府榮薿權尚書户部侍郎。直秘閣、兩浙轉運判官張偁知臨安府。

詔兩學自今歲春季試補弟子員，遇省試年即以孟夏，立爲永制。

9 乙亥，龍圖閣學士、新知潭州李文會爲四川安撫制置使兼知成都府。朝廷聞蕭振卒故也。時文會在瀘南未去，乃就用之。仍詔例外賜振家銀帛五百匹兩。

10 丙子，中書舍人周麟之言：「國朝以東西二省，爲維持政本之地，政令之罷行失當，人才之進退非宜，在中書則舍人得以封繳，在門下則給事中得以論駁，皆於命令未行之前而救正之。爰自近歲，事與舊違。當軍興時，則以事干機速，不可少緩。及休兵之後，用事者又任私意，廢棄成法。故有所謂報者，有所謂中入報者，有所謂尚先行者，有所謂入己者，皆成定例。詔旨一頒，敕劄隨降。所謂給舍，但書押已行之事而已，甚非祖宗分省設官之意。望申明舊制，凡命令之出，並經兩省，或無封繳，即皆晝時行下，以復祖宗之成憲。」從之。

11 丁丑，右中奉大夫、權尚書户部侍郎榮薿特降二官。時新城縣令馮世亨以贓罪，爲漕臣所按，世亨自刎。仁和縣令楊績亦以贓聞。侍御史周方崇言：「薿前爲守臣，挾情狥私，皆不按發。」故貶秩。

12 壬午，詔：「成都府每歲合起川馬，更不發來行在，分隸江上諸軍，歲凡六千匹。内鄂州、建康、鎮江府各三分，池州一分，令逐軍差官兵取押。」

13 丙戌，御藥院言：「永祐、昭慈等攢宮，帝后生辰，酌獻所用鋪翠縷金花，乞以藥玉葉漆金紙代充。」從之。時上禁銷金鋪翠甚嚴，自禁中始。

侍御史周方崇言：「自陛下更化以來，招選異能，不間遠邇。既令侍從各舉所知，朝奏暮召，賢才坌至，獨旌聘之禮，闕然未講。尚慮其間有仕不遂志、懷才高卧者，有累上不第、焚棄筆硯自逸者，有道足以尊君、智足以庇民而甘心於山巔水濱、漁樵耕築之下者。望倣先朝故事，命諸郡守臣，考士民之譽，訂鄉里之評，以名上聞。命監司帥臣，審核真僞，備禮延聘，從容詢訪，隨才録用。」詔禮部檢照典故，申尚書省。

右承議郎張祁知楚州。

14丁亥，左承議郎、新秀州州學教授唐堯封入對，論：「帝王之德，莫大於生萬民。陛下偃兵睦鄰，與民休息，好生之德，莫大於此。竊慮將帥之臣，封疆之吏，妄生事端，寖虧大信，望賜申飭。」上曰：「卿，王師心所薦也，俟與卿別改差遣。」可其奏。翌日，以堯封行軍器監主簿。

金部員外郎、總領淮西江東軍馬錢糧方師尹言：「諸郡應副大軍錢糧，多違期限，有悮支遣。自今有違，其監司守臣，乞擇其尤者按劾以聞，重賜黜責。」從之。

15辛卯，進呈成都府奏雙流知縣馮邦光罪案。上曰：「近年監司郡守，按劾官吏，跡狀明白，方坐以罪，恐一二年後，人人又乞改正。自謂一時觀望，以求僥免，此不可不慎也。」

1八月甲午朔，上諭宰執曰：「昨日卿等繳到宋喚所上徽宗賜喚手詔，朕已恭覽。蓋徽宗内禪之美，遠過堯、舜，而一時小人，外庭如唐恪、聶昌、耿南仲，内侍如邵成章、張藻、王孝竭輩，輒爲妄言，以惑淵聖之聽，父子之間，幾於疑貳。至宋喚、李綱奉迎徽宗還京，綱先歸，具傳徽宗之意，而後淵聖感悟，兩宮釋然。今觀手詔，并得綱題識，皆朕昔所親見者。朕朝徽宗於龍德宮，嘗聞親諭云：『朕平生慕道，天下知之。今倦於萬幾，以神器授嗣聖，方築甬道於兩宮間，以便朝夕相見。且欲高居養道，抱子弄孫，優游自樂，不復以事物攖懷。而小人希進，妄生猜間，不知朕心如此。嗣聖在春宮二十年，朕未嘗有纖芥之嫌，今豈復有所疑耶？』此皆當時玉音，外庭往往不知。」沈該等曰：「昨日，臣等既得竊觀徽宗詔墨，今又親聞陛下宣諭，此實堯、舜盛德之事，因以知李綱題識，蓋實録也。」翌日，該等又乞宣付實録院。上曰：「朕爲人子，何可不暴白其事，使天下後世知之？」既而又親筆書於詔後，宣示宰執。

三省擬直徽猷閣、京西轉運副使霍蠡陞直寶文閣，知潭州。同知樞密院事陳誠之言：「蠡有風力，必能爲陛下辦事，但京西難得其人，聞左朝議大夫、知鄂州熊彦詩久諳軍中事，可以除代。」上曰：「蠡歷官多年，在京西尤鎮静，彦詩累任郡守，此二人皆可用。朕思今天下無事，惟在留意監司郡守。卿等皆持公心，商榷人才。朕謂雖未盡得人，將見十得七八矣。」誠之曰：「臣獲與廟堂末議，雖迂愚無取，至於進擬人才，實不敢萌私意。」上曰：「朕用卿爲執政，已及一年。卿見朕聽斷之際，曾有一毫私意否？」誠之曰：「陛下無私如天地，臣夙夜奉承，實千載之遇也。」

2 乙未，參知政事湯鵬舉知樞密院事。

3 丙申，權禮部侍郎楊椿面對，言：「成都府舊有太祖皇帝御容在新繁縣重光寺，蓋太祖平蜀，蜀人感不殺之仁，肖天日之表而謹事之。紹興改元，太宗、真宗、仁宗、英宗神御來自終南山，遂權宜奉安，同爲一殿。然郡縣卑陋，情文簡略。望特下禮官，講求典故，檢會福州及本府見行儀制而折衷之。」詔可。後遂詔本府別加營繕，歲時遣府通判侍祠。

右朝議大夫宋晩復徽猷閣待制，提舉江州太平興國宮。制曰：「朕懷先皇帝，坐見於牆，食見於羹，矧今親奉其雲漢之章哉？晩實以手詔來上，載覽泫然，嗟歎無窮。嗚呼！思先帝而不復見，得見汝輩，嘗所歎異者，蓋庶幾焉。手詔謂爾爲孝子，爲忠臣，此士大夫之至行也。復汝故職，汝其知所以自勉哉！」喚，蔡攸妻弟也。自靖康中斥去，至是三十年。

4 丁酉，詔重修宗學，用宗正丞吴景偲請也。

5 壬寅，龍神衛四廂都指揮使、清遠軍承宣使、御前諸軍都統制兼知興元府姚仲爲保寧軍節度使。

右正言凌哲乞：「諸路總領所舉改官人，依憲漕等司例磨勘，更不逐旋，申明取旨。」從之。熊克小曆載此事於今年十一月末，又謂哲爲吏部侍郎時所請，實甚誤也，今從日曆。

6 甲辰，皇侄和州防禦使居閎爲利州觀察使，以積閥遷也。

右朝請郎、知郢州錢受之罷。先是，霍蠡在京西劾受之：「諂事王庶，嘗爲樞屬，力贊其謀，沮壞和議。今領邊郡，不知悔過。久處邊境，必致生事。」故受之遂罷。

從義郎、閤門祇侯王彦昇貶秩二等，坐不毁銷金服飾，爲女奴所告故也。

7 丁未，左朝散郎張闡提舉兩浙路市舶。

是日，以御跋徽宗皇帝手詔宣示百官於尚書省，宰執宿衛。戊申，朝退，使相、侍從、兩省臺諫、知閤禮官、南班宗室騎導宰執騎從至敷文閣奉安。

8 庚戌，資政殿學士、提舉臨安府洞霄宮程克俊薨，後謚章靖。

9 辛亥，詔諸路換給不盡僧道度牒，並納禮部。用三省請也。上曰：「昨權禮部侍郎賀允中上殿，朕問即今僧道之數，允中言有僧二十萬，道士纔萬人。朕見士大夫奉佛，其間議論多有及度牒者。朕謂目今田業多荒，不耕而食者，猶有二十萬人。若更給度牒，是驅農爲僧。且一夫受田百畝，一夫爲僧，即百畝之田不耕矣。佛法自東漢明帝時流入中國，終不可廢。朕亦非有意絶之，正恐僧徒多，則不耕者衆矣。」

10 壬子，左朝散郎、知巴州蘇欽令再任，以利路諸司言其治行也。

11 丙辰，詔荆南、襄陽府，光、隨州，安豐軍合起内庫錢帛，自紹興十四年至今年皆蠲之。

12 丁巳，尚書司封員外郎黄中兼權國子司業。

13 戊午，右朝奉郎、知光化軍任寶臣特勒停，以在任不職故也。右承議郎、通判蘄州方扔知光化軍。任寶臣不職事，當考。

14 己未，詔左承事郎王十朋係親擢進士第一人，尚待遠次，可特添差簽書鎮東軍節度判官廳公事。

右奉議郎宋汝爲卒。汝爲棄妻子亡去，至是十年，卒於青城縣開先觀，年六十。汝爲未病，以後事託其友人監永康茶税王槐孫，後月餘乃死，槐孫爲葬之青城山中。槐孫，序子也。乾道元年四月丁未推恩。

15 庚申，詔置提領諸路鑄錢官於行在，其户部申請指揮，更不施行。先是，殿中侍御史王珪再上疏論：「鑄錢司不可廢。」因陳六事，大略以爲：「提點司本錢見存者，歲爲三十餘萬緡，何必給户部錢爲本？韶州錢監久廢，興復甚艱，兼物料不足。又漕司每歲上供錢物，尚不能如期，今以鼓鑄委之，力必不給。議者以爲鑄錢司費多得寡，每用十七錢而得一錢。殊不思先王制無用之貨，以通有用之財，乃國家利權所在，豈可計其費而爲之？又今錢多闌出於外夷④，不知嚴禁。況自罷泉司以來，於國計未有加損，兼本錢各有科目，與户部財計殊不相關。望專置一司，責以舊額。」詔工部侍郎王綸、權户部侍郎榮薿看詳。七月甲申。時知樞密院事湯鵬舉以珪言爲不然，且言：「恐坑冶司省罷官在此倡爲異論。願陛下專委之轉運司，必能就緒。」上令與三省議，尚書左僕射沈該等請命侍從或卿監一員領其事，許置官屬二員。從之。遂命薿提領。二十八年八月辛丑改命。

16 壬戌，大理少卿陳章卒，特賜其家銀帛百匹兩。

是月，金主亮試進士於廣樂園，命書畫局直長鄭子聃雜試舉人中。子聃，利州阜俗人，後徙大定。中天德三年進士第，實第三甲第一人。亮嘗令賦詩，大見稱賞，故有是命。及啓封，子聃中第一，於是躐階三等，授翰林修撰同知制誥。范成大攬轡録云：「鄭子聃字景純，大定人，楊建中榜第三人。是年，試天錫智勇正萬邦賦，授翼城丞，除書畫局直長。貞元四年，亮令再試，復狀元及第。是年，試不貴異物民乃足賦，亮特命爲翰林修撰。」以金國翰林直學士趙可所撰子聃墓誌考之，名字、鄉里、事迹、官位並同，但誤以第三甲爲第三人，及以正隆二年爲貞元四年爾。成大出疆不久，而金之公卿、侍從、館閣，一一得其履歷之詳如此，故具載之。

1 九月戊辰，左朝散郎、兩浙西路提點刑獄公事金安節守大理少卿。

左朝散郎、知大宗正丞喻樗爲尚書工部員外郎。

國子監丞朱倬提舉兩浙西路常平茶鹽公事。

2 己巳，詔自今内除監司，辭日並引對。

故房州觀察使王瓊追復建武軍承宣使。制曰：「朕追復故臣之官，非必有功也。無有小大，咸洗濯之。王燮昔者不善總師，屢致奔潰。有司言狀，法當削官。既歷多年，丹書猶在。其復元秩，慰汝九原。」

太學博士陳天麟罷。侍御史周方崇言：「天麟陞堂説書，至禹貢篇，輒及今日焚翠羽罷銷金，語言淺俚，諸生不覺閧堂失笑。至於私試，所考中詩賦多落韻者。」故黜之。

3 庚午，詔自今太學私試學官考校失當者，令禮部按劾以聞。

詔選人陳乞致仕，雖亡殁在出敕前，並聽改官。用吏部請也。

左宣教郎張戒主管台州崇道觀。戒坐趙鼎累斥去，凡十九年，至是得祠⑤。

4 辛未，故右迪功郎張懋特贈右承務郎，與一子下州文學。懋爲欽州靈山尉，捕兇賊死。

5 癸酉，參知政事張綱罷爲資政殿學士，知婺州，以綱引疾有請也。

監登聞檢院范冏言：「國朝著令，貧無葬地者，許以係官之地安葬。今火葬之慘日熾，事關風化，理宜禁止。望申嚴法禁，仍飭守臣，措置荒閑之地，使貧民得以收葬。」從之。

6 乙亥，尚書省言：「諸軍重役人數漸多。」詔諸路州軍强盜應配廣南及遠惡州者，並依舊法，更不配填諸軍。其逐軍已配到人，令户部量行增添請受，開具申省。

7 丙子，敷文閣待制致仕林乂落職，以左司諫凌哲言乂「附會故相⑥，遂得進用。今告老而歸，凌駕州縣，無所不至」故也。

殿中侍御史王珪言：

常平賑糴，所以抑兼并，濟貧弱。每歲禾稼未登，或小有水旱，民方艱食，富人閉糴以規厚利。若官糴少損其直，則閉糴之家，不能乘人之急而價自平，其利爲不小也。臣竊見諸州郡，每歲輸納秋租，自裝發綱運之後，倉廩一空，所存止有常平義倉斛斗、軍糧吏俸，及揍發上供不足之數⑦，皆取給於此，所在成例。是名爲常平，而專以備州郡急闕，至饑民艱食，則坐視而無以賑之，殊非立法之意。前日州軍委官盤量，所欠動以數萬計。其間如借兑耗折，雖責之分限補填，終不可得。亦恐見存之數，未必皆得其實也。近聞福建有貴糴之處，父老訴之州郡，冀欲賑濟，而郡官占吝不發，米價頓增，人多困斃，此其意以欲留爲州郡急闕之備而已。願委諸路提舉官，偏巡諸州，躬親閲眎，以知其實。有遇合賑濟而州郡占吝不發者，許人户越訴，監司互察，臺諫按劾以聞。如中下之州，所積不多，賑贍不足，則令提舉司以一路有餘之處，通融取撥，以應其乏，免致流離轉徙，此亦古者移粟就民之意。

從之。

8 戊寅，吏部尚書兼侍讀陳康伯參知政事。

詔淮南、京西、湖北路州軍，自紹興十四年至二十七年合起内藏庫紬絹錢帛，可並與蠲免，日後合起發數目，令逐路提刑轉運司官親巡所部，度量事力，開具的實合發納分數以聞，自來年始。先是，諸路久逋内藏庫，紹興甲子以後，合發上供錢帛，上欲悉與蠲之，以諭宰執。沈該等言：「昨蒙聖諭，仰見陛下恭儉愛人。

苟有以寬民力，雖内帑數百萬不惜，天下幸甚。」上曰：「昔唐玄宗有云：『朕雖瘠，天下肥矣。』大哉王言！此所以致開元之治也，朕有取焉。朕約於奉己，内帑未嘗妄費一金。邊郡所欠固多，然户口未復，責輸實難，可悉與蠲免。」

9 己卯，給事中王師心兼侍讀。

户部言：「諸路州縣人户買撲場務，停閉去處甚多，今相度欲除見欠官錢物，及見充吏人、貼司、巡檢司、土兵、軍員之家外，其餘不以有無拘礙，並許實封投狀承買。候界滿無欠少，聽依條接續。」上曰：「坊場名課，朝廷所仰補助歲計。若不以有無拘礙，庶幾接續不致敗闕，宜從之。」

中書門下省言：「兩浙諸州，紹興二十三年至二十五年揍額錢拖欠數多⑧。其錢係轉運司將日生酒税錢樁發，緣逐年所入不常，是致拖欠。」詔與減放一年。揍額錢事初當考。

10 庚辰，右朝奉大夫、主管台州崇道觀趙善繼直秘閣。善繼前守贛州，始修城，至是城成，故有此命。

11 辛巳，給事中兼侍讀王師心權吏部尚書。

權禮部侍郎兼實録院修撰兼侍讀賀允中守給事中。

12 癸未，顯謨閣直學士康執權落致仕，知泉州。尋詔執權年老，閔勞以事，可除龍圖閣直學士，提舉江州太平興國宮。執權進職在十月辛亥。

敷文閣待制王俣卒。

夜雷。

13 甲申，起居郎唐文若知邵州。侍御史周方崇論文若爲人狂誕，故罷。

左朝散郎、新知嚴州羅孝芬爲秘書丞，用王師心薦也。

14 乙酉，秘書少監劉章爲起居郎。

右朝散大夫、新知漢州于霆入辭，上曰：「蜀中地遠，卿至官，有民間疾苦利病，一一奏來，仍須速行，不宜緩也。」

15 丙戌，侍御史周方崇試尚書禮部侍郎。

16 丁亥，尚書倉部郎中黄祖舜守右司郎中。吏部員外郎王晞亮守左司員外郎。考功郎中潘莘爲樞密院檢詳諸房文字。

秘書省校書郎葉謙亨言：「祀典散佚⑨，天子大蜡八，而今爲四。風雨農蠶，皆不用牲祭。夏后氏乃曰大禹，而斥其名。若此類，未易殫述。望酌景德故事，命禮官及秘書省取祭祀之式，考訂潤色，勒成一書，目曰紹興正祠録，以爲彝制。」從之。

詔宜州不係團結土丁，每年見納身丁米，並與免納。以廣西諸司言，與團結土丁一例輪流差在沿邊戍守，合依體例免納故也。

17 己丑，中書門下省檢正諸房公事兼權樞密都承旨陳正同權刑部侍郎，兼職如故。

左朝散郎范如圭提舉江南西路常平茶鹽公事，用賀允中薦也。如圭入對，乞推原徽考禁不舉子孫之意，行漢胎養法。上曰：「徽宗皇帝天性至仁，昆蟲草木，皆被德澤，當如卿所奏。」遂有是命。

18 庚寅，户部言：「贍軍酒庫併歸本部，所有長貳推賞指揮，乞不施行。」從之。

左朝奉大夫、直秘閣致仕鄭南陞秘閣修撰。南，鬲兄。政和初嘗爲國子司業，至是，年九十有三。三請加獎，故有是命。

19 辛卯，宰執進呈均州守臣吕游問言：「本州城下邊接漢水放生去處，公庫歲收魚利錢，補助天申節進銀。自金州以來，密布魚枋，上下數百里，竭澤而漁，無一脱者，乞禁止。」上曰：「均州貢銀不多，而經營至此，必是別無窠名可辦，且放生池雖有法禁，亦細民衣食所資，姑大爲之防，豈能盡絶？今自官中竭澤採捕，以供誕節，其亦不仁甚矣，可如所奏。」

左朝請郎、新提舉兩浙西路常平茶鹽公事朱倬朝辭入對，即日除右正言。

校勘記

① 可除真學士　「真」，原作「直」，叢書本同，據皇朝中興繫年要録節要卷一五改。

② 比卒蜀人思之　此六字原爲小注，今據皇朝中興繫年要録節要改爲正文。

③ 事初在去年閏十月癸卯　「初」，原作「祖」，據叢書本改。

④又今錢多闌出於外夷　「夷」，原作「國」，據叢書本改。

⑤左宣教郎張戒主管台州崇道觀戒坐趙鼎累斥去凡十九年至是得祠　按：張戒得祠，本書卷一八五之紹興三十年記事重出爲誤。查張戒於紹興八年十一月因趙鼎被斥而罷殿中侍御史，與知泉州。見本書卷一二三。自此年斥去，至本年爲十九年，則其得祠自應在本年。而本書卷一四七又載：「紹興十二年十月戊申，左承事郎張戒時勒停。右諫議大夫羅汝檝論異議之人尚有偶逃憲網者，張戒是也。」此乃張戒勒停之年，非其被斥逐之年。自此年至紹興三十年雖可以首尾計爲十九年，然既非張戒得祠之年，因知當以右記事爲準確也。

⑥以左司諫凌哲言又附會故相　「左」，原作「右」，據前後所書改。

⑦及掕發上供不足之數　「掕」，叢書本作「捧」。

⑧紹興二十三年至二十五年掕額錢拖欠數多　「二十三」，原作「三十三」，據叢書本改。

⑨祀典散佚　「佚」，原作「秩」，據叢書本改。

建炎以來繫年要録卷一百七十八

1 紹興二十有七年冬十月乙未，直秘閣、主管台州崇道觀林大聲落職，罷宮觀，以殿中侍御史王珪論大聲「向自永嘉縣丞，深結秦氏父子，以致超遷。家居侵官，干擾州縣」故也。

2 丙申，權刑部侍郎徐林、陳正同言：「近來不住有官員雪訴被罪冤抑，其間多係大理寺勘斷。其本寺官，因臣僚論列，觀望挾情，已行罷黜。唯是舊吏尚存，顯有妨礙。欲將右治獄當出職人，日下與注授差遣，往外州縣待闕。已出職而在行在其他官司充役者，準此。」上曰：「朕在京師時，惟開封府頗類外方官司。如大理寺、御史臺法令嚴密，官吏謹畏，無敢干以私者。自渡江以來，大理寺治獄官吏極有姦弊，至於容情請托，賄賂公行，玩習既久，理宜懲革。」沈該等曰：「前此寺官觀望失職，已嘗汰去。惟是胥吏，尚用舊人，不可不略行措置，欲依林正同所奏施行。」上曰：「甚善。六部出職人亦遣離部，勿復存留，庶幾官曹稍清，姦弊頓革。」

3 己亥，右奉議郎郭淑令吏部與監當差遣。淑嘗爲治獄丞，罷去。刑部侍郎徐林等言：「其數到行在，恐與舊吏交通。」六年五月六日又除，九月遷治獄丞，今年八月放罷。前後在寺近十年故也。

詔自今臺部吏應出職者並罷，毋得存留。

左承議郎知温州平陽縣方廣、左宣教郎知處州麗水縣薛良朋並進秩一等，以直秘閣、兩浙轉運副使李邦獻奏其治狀也。

4 辛丑，罷兩浙漕司科糴馬料，令本司降錢於沿流順便州置場收糴。

左朝議大夫、江南東路轉運副使周綰爲國子祭酒。

右通直郎、知黄州范伯奮降一官，放罷，今後不得與堂除差遣。左司諫凌哲論：「伯奮所至貪饕，有舊契劉楫，死於光山酒官，其家投之，以圖歸計。伯奮初議以長孫娶其女，及見女美豔，遽納爲妾。」故有是命。其女令提刑司日下理還。

5 癸卯，詔自今差往川中賜夏臘藥内侍，經由去處，輒收受例外饋送，及非理取索，買賣騷擾，仰守臣具申尚書省樞密院。先是，上諭宰執，以比密院所遣使臣，多妄作受賕，今改差内侍，尚慮不切畏慎，故有是旨。

6 甲辰，詔：「學士院人吏應奉修寫機密國書及十次者，與減一年磨勘。六十次以上，轉一官。」從直學士院王綸請也。

7 乙巳，以講筵讀三朝寶訓徹章燕儒臣，始用化成殿樂。侍讀王師心因講畢，奏曰：「祖宗創業垂統，所以長慮却顧，爲萬世子孫之計甚備。熙寧大臣私意改作，流毒至今，不可不監。」又言：「帝王之於史，其要在於觀得失，究治亂。今進讀漢書，願摘切於治體者讀之。」

詔月以錢米廪給昭憲皇后外家子孫之孤遺者，仍依宗室袒免外兩世紹興格計口給之。

右通直郎、新福建提舉市舶司幹辦公事、權知衢州江山縣陳鼎特轉一官，堂除繁劇知縣，俟任滿與陞擢差遣。江山闕令久，鼎攝事不數月，士民列狀詣部使者舉留之，故有是命。

8 丙午，直秘閣、江南東路轉運判官葉義問爲殿中侍御史。義問入對，首論：「監司號爲外臺，與御史相表裏。望立爲約束，凡監司遇巡按歸任，皆具平反冤訟與搜訪利害各幾事，薦舉循吏與按發姦贓各幾人，陛下與大臣考之，因可以知監司之能否而行賞罰。」上納其言，十一月丁亥，立法行下。遂有是命。後九日，義問入見，又論：「吉凶悔吝主乎動①，吉居其一，而凶悔吝居其三，願陛下與羣臣協心鑒戒，庶無輕動之失。」

9 戊申，直秘閣、知台州曾幾守秘書少監。幾入對，言：「士氣久不振，陛下欲起之於一朝，矯枉者必過直。雖有折檻、斷鞍、牽裾、還笏，若賣直沽名者，宜皆優容獎激之。」上大悦，遂有是命。幾承平時已爲館職，去三十八年而再用，鬢鬢皓白，衣冠甚偉。每與同舍會，多言前輩言行、臺閣典故，薦紳皆推重焉。

10 癸丑，權户部侍郎林覺等言：「冬月養濟，務在均給貧乏。今措置臨安府兩縣在城兵官下公人及甲頭，如抄劄貧民姓名不實，及詭名冒請錢米，許人告，每名賞錢十千至三百千止。諸路令坊正耆保抄劄，依此施行，犯人並計贓斷罪。」先是，右正言朱倬以浙西提舉官入對，論其弊，以爲「狡獪者舉家皆預支請，而貧窶者反見棄遺」。上諭大臣曰：「聞官司不留意，多爲胥吏冒請，可措置革弊，務令實惠及民。」至是行下。朱倬奏請在九月辛卯，上語在此月庚戌，今併書之。

11 己未，上謂宰執曰：「近臣僚獻利害，往往各述己見，未必知有無見在之法。自今宜令有司，講究詳審，無輕改祖宗成憲。」湯思退等曰：「臣僚奏請，不惟未詳條令，固有便於一方而不可行於天下，豈容輕議改法？當依聖訓行之。」先是，右正言朱倬論：「祖宗立政創制，焕乎大備。然邇日陳利害者，或不深知朝廷之典常，或不洞究民間之利病，得之口耳，即以上聞。陛下務開納②，而舞文之吏若從甲，則曰舊法如是；欲從乙，則曰續降如是。出入玩弄，官莫知從，爲害實大。乞自今獻言者，必送有司精詳，參照既定，然後大臣審究至當，剖析利害，上取宸斷，付下有司，然後施行。」上從其言，至是復有此諭。倬章疏以此月己酉行下。

殿中侍御史王珪言：「權吏部侍郎葛立方，違法爲其子營求薦章。」詔罷之。

右武大夫、幹辦皇城司劉伉領榮州刺史，請給等全支本色，今後準此。

詔保信軍承宣使、知閤門事曹勛與依鄭藻例，給真俸。

12 庚申，左司諫凌哲權尚書吏部侍郎。先是，臺諫官皆湯鵬舉所薦，至是，哲與方崇皆内徙，而以朱倬、葉義問代之，自是鵬舉始不安矣。

13 辛酉，詔：「四川制置司、總領所、轉運常平司，各具所部州縣有無旱傷聞奏。如有旱傷，即行減放，仍以舊宣撫司樁積錢米賑濟之。」既而潼川府路提點刑獄公事王之望言：「被受御寶封省劄指揮，已在陳訴限外，但令州縣賑給旱傷去處孤老、殘疾、闕食饑民而已。」據之望所申十一月十三日被受。

殿中侍御史葉義問言：「工部員外郎喻樗託儒爲姦。曩者詐爲伊川之學，以迎合時相，薦用非人，黜爲邑宰，因糴米爲姦，百姓訴之，乃託疾休致。逮其晚節，黷貨尤甚。吏部員外郎劉天民素無操履，自平江職官滿秩，倚託聲勢，要索當路，未及數月，三遷爲郎。太學博士范成象阿附權勢，甘爲僕隸，偏走臺諫之門，士類所鄙。」詔並罷。義問首劾成象、天民，蓋以摇湯鵬舉也。

中書舍人趙逵卒。逵始病，上因御經筵，諭兵部侍郎楊椿，令傳旨存問。及卒，上念之，命沿江漕臣致其柩。

1 十有一月癸亥朔，詔減福建路鈔鹽錢每年八萬緡。初，吴逵既覈福建鹽數，雖民力稍寬，而郡邑無以供百費，且尤非轉運司之便，故衆論摇之。逵既移鼎州，憤而死。殿中侍御史王珪乃請令諸司相度更定。至是，諸司請運鹽如逵數而增其直。官肆鹽直止減一分，漕臣鹽本錢每斤爲二十五錢。上命輔臣計之。會提舉常平鹽事張汝楫别奏，乞行鈔法。上問同知樞密院事陳誠之如何，誠之曰：「閩中山溪之嶮，細民冒法私販，雖官賣鹽猶不能絶。若百姓賣鹽，豈無私販之弊？第恐不盡請鈔，則有虧額。」上曰：「中間福建曾用鈔法，未幾復罷，若可行，祖宗已行之，不待今日。正如萬户酒，前日欲榷者甚多，然竟不可行。大抵法貴從俗，不然不可經久。」珪以六月乙巳奏乞相度，誠之以十月庚申奏此事。時福建歲認鈔錢三十萬緡，乃詔減八萬，自此漕司及州縣稍舒，不復抑售於民矣。乾道四年二月壬辰再減。

2 乙丑，太常少卿充賀金國正旦使孫道夫、閤門宣贊舍人充副使鄭朋辭行。道夫既至北廷，金主亮詰以關輔買馬非約，始欲敗盟。時左從政郎左蹕爲書狀官，死於涿州驛舍，不暇爲棺具，但坎地瘞之。道夫還，乃焚其骨以歸。詔特官一子。蹕，臨海人也。

禮部侍郎周方崇言：「國朝之制，一歲四祭天，一祭地，皆以執政官充初獻。頃權臣怙威，憚於齋戒，凡此五祀，但遣從官。循習既久，遂爲故事。今冬至日與高禖之祠，既已分命宰臣，獨上辛夏秋四祀，未還舊制。望申詔有司，自來歲始。」詔依祖宗典故施行。

3 丙寅，大理少卿金安節入對。安節首言：「治民之道，先德教後刑法。今守宰之慮，類不及遠，簿書期會之程，賦斂輸入之限，窮日力辦之，即謂職無餘事矣。而刺部觀風者，幸其不乏乎此，亦媮一切以苟目前，無有卓然以教化爲務而期於無刑者。迨民陷於罪，乃按以三尺，以行誅擊，而曰：『非我也，民自爲也。』欲望陛下發德音，下明詔，申飭監司守令率職之際，不特專用律令從事，苟有可以贊助教化者，無小大必行。庶幾先民未犯而格之，或有恥而不爲，足以仰副陛下先德後刑之意。」凡再章言之。

4 丁卯，工部侍郎兼侍講王綸等言：「興化軍進士鄭樵耽嗜墳籍，杜門著書。頃年嘗以所著書獻之朝廷，降付東觀。比聞撰述益多，恐必有補治道。終老韋布，可謂遺才。望賜召對，驗其所學。果有可取，即乞依王蘋、鄧名世例施行，庶學者有所激勸。」乃命樵赴行在。

5 戊辰，監察御史何溥爲左正言。監察御史李庚守尚書兵部員外郎。自此，湯鵬舉之客稍稍被逐矣。

資政殿學士、知婺州張綱言：「本州紹興元年以後，合納内庫綾羅，及折帛錢積欠數目，皆人户殘欠之數，經涉歲月，實難追催。望許依已得指揮，將二十二年以前見欠數目並與除放，庶使七邑之民少寬追擾。」從之。

殿中侍御史葉義問入對，論知樞密院事湯鵬舉，以爲：

人臣不忠之罪，莫大於掠美以欺君，植黨以擅權。有一於此，法當竄殛，況兼而有之。鵬舉初罷平江，適逢陛下欲去權臣黨與之弊，起廢匿瑕，付以風憲。凡所彈擊，發蹤指示，皆出陛下之英斷，初非鵬舉可得而擅也。況鵬舉本非正直敢言之士，嘗除廣帥，憚於遠行。因秦檜之嬖人丁禩獻佞於檜，遂移平江。及秦熺還建康焚黄，鵬舉棄去郡事，連日奔走吴江，望塵雅拜。比他郡守，最爲諛佞。自非陛下拉拭而用，則鵬舉實秦檜黨中之姦猾耳。至處言路，乃妄自尊大，竊弄威權，使陛下去邪之英斷，反爲鵬舉賣直之虚名，此臣所謂掠美以欺君者也。

鵬舉自居要塗，引用非類。凡平日之所忌者，雖賢德忠良，必極力而擠之。平日之所喜者，雖輕猥邪佞，必極力而援之。坐是劉天民、范成象、留觀德之徒，争爲鷹犬，同惡相濟，牢不可解。逮居樞府，猜忌尤甚。凡己所惡，必遣天民輩先諭臺諫。有議論不同者，即怫然作色曰：「此人我所薦拔，何負我如是！」夫臺諫者，陛下之臺諫，非鵬舉之私人也。而鵬舉自違詔旨，敗壞成法，略無忌憚之心，復蹈前車之轍，此臣所謂植黨以擅權者也。況鵬舉位居宥密，執權甚重，若不急去，其害有甚於秦檜。伏望聖明，將鵬舉明正典刑，竄之遠方，以爲不忠罔上之戒。

6 己巳，右朝奉郎、知處州謝伋提舉兩浙西路常平茶鹽公事。

將作監張晟直秘閣，主管台州崇道觀。晟引年乞老，乃有是命。

7 戊寅，樞密院檢詳諸房文字潘莘知徽州。莘，宰相沈該甥婿也。言者疏其罪，故以郡守處之。

太府寺主簿留觀德通判静江府。殿中侍御史葉義問言：

仰惟陛下，聰明神聖，灼見前此大臣植黨擅權，私結臺諫，以害治道，於是擢湯鵬舉而用之，手詔丁寧，非不深切。而鵬舉則過自矜伐，以蓋人主之英斷。分朋植黨，專狥私情，首犯締交之罪。陰爲朋附，竊弄威權。去之不決，馴致大患，此臣之所以深憂，而陛下所宜深察也。臣不敢揺舌以瀆聖聽，且以秦檜言之。檜之先結臺諫，相爲表裏，因而假竊名器而爲私用。故一時羣小，希寵競進，知有秦檜而不知有朝廷也。自非陛下乾剛夬決，一洗而新之，則漢唐朋黨之禍，如臣前章所陳者，豈不復見於今日乎？今鵬舉不遵陛下訓戒，而復效檜之所爲。内則倚用劉天民、范成象、留觀德之徒，以交通臺諫。外則倚用李良民、趙士鵬，以賊害良善。何異一秦檜死，一秦檜生？所幸鵬舉未至宰輔耳。借使居檜之位，縱其兇暴，濟以朋比，其爲患有甚於檜者。欲望陛下回天地之監，震雷霆之威，將鵬舉早行竄殛，以叶輿議。

故觀德先罷。天民、成象今年十月已先罷。

殿中侍御史王珪言：「荆湖南路提點刑獄公事趙士鵬、夔州路轉運通判官王珏③，皆秦檜親黨，居官貪虐，常以官錢市珍異玩好之物，以奉秦熺。」詔並罷。先是，夔之州縣行經界，大爲姦利不均，珏至，爲均之，戒其部曰：「吾土瘠而貧，不與他等，民歲輸者，損之又損可也。」每按部，持什器與偕。盡以隨行胥吏，閉之一室，臨當啓途，須衆吏上馬已，然後去。薪水芻粟，皆計直給錢償之，州縣無一毫之費。初，左朝奉大夫張紘通判夔州，珏薄其爲人。紘，宰相沈該同年進士，及是入爲吏部員外郎，言珏苛斂，由是罷去。紘，伊陽人也。紘今年四月丙申除郎。

8 己卯，刑部奏百姓張璘等用藥殺人劫取官綱公事。上曰：「此罪當死，古者用刑貴情法相當。祖宗以來好生之德，間有用例貸死刑者，然不可爲常。苟當死而不死，無以禁暴戢姦，恐殺人愈多，非愛民之道也。」湯思退曰：「士制百姓於刑之中，若殺人不死，非所謂以殺止殺。」上曰：「然。」

右朝奉郎、知黎州唐秬罷。初，邛部川蠻客崖遇與其徒持馬赴州互市。北還，過大渡河，邊民數十人共殺之，奪其錦帛，計直六千餘緡。秬聞，令邊民償其骨價。都大主管茶馬公事李潤以其不當用蠻禮，奏劾之，於是秬與右奉議郎、通判州事陳伯强俱罷，仍令提刑司將爲首者一人杖脊，送千里外州軍編管。今後並依見行條法施行。伯强，巴西人也。秬已見。

9 庚辰，監察御史褚籍爲尚書工部員外郎。籍與李庚皆湯鵬舉所薦，故次第徙官。

10 辛巳，左正言何溥請特詔大臣，毋庸數易郡守。上謂宰執曰：「此論切中時病，近亦有因事移易者，今非甚不得已，且令成資。」湯思退曰：「豈惟郡守，監司亦然。昨因近臣薦除監司，至春間往往當替，欲於卿監郎官中擇資淺者，令中外更代，皆至成資而罷。」上曰：「如此不惟免迎送之擾，亦可革內重外輕之弊矣。」

起居郎賀允中爲金國生辰使，劉章、閤門宣贊舍人充副使李邦傑辭行。

江南西路提點刑獄李長民罷，以殿中侍御史葉義問論其阿媚權臣，所至騷擾也。

11 癸未，太學正史浩爲太學博士。

12 甲申，右朝散郎、監潭州南嶽廟任古爲監察御史。古初用王俣薦召，至是特除之。

權刑部侍郎充接伴使徐林、武翼大夫貴州刺史充接伴副使張掄等乞：「將人使往回宿食頓，其有不擾而辦，或過爲擾民，皆許保明按劾，以行賞罰。」上謂宰執曰：「朕再三思之，止是增重接伴事權，恐州縣觀望，却成騷擾。接伴迓客耳，何用如此？前後指揮已備，只令兩路漕臣檢察足矣。」

13 丙戌，宰執進呈給事中賀允中論：「吴國長公主奏請女夫右奉議郎、直秘閣鄭珙乞特與轉行兩官，添差兩浙東路安撫司參議官。切詳所奏，即非用本家合得恩例陳乞，却創自擬官職，仍乞作特與行下，顯是過有僥求，不合公議，望追還已降指揮。」上曰：「珙被命逾兩旬，乃始封駁詞頭，恐非故事，可諭令書讀。」宰執退，召允中至都堂諭旨。允中執所見不易，翌日奏其事。上曰：「雖稍後時，所論極有理，蓋慮後來援例者衆，當曲從之，可寢轉官指揮。」沈該曰：「諫行言聽，使言者得以自安，此盛德也。」

殿中侍御史葉義問言：

臣伏見知樞密院事湯鵬舉狼戾姦詐，出於天資。平昔莅官，略無善狀，所至貪殘，人皆以鬼車、乳虎目之。頃知當塗縣，以苛酷而附權勢，以爲私計。其罷淮南漕，以貪惏而占官船，以爲己物。倚托官勢，强買地基，則見於居金壇之時。營造私第，驅索州縣，則見於爲浙漕之日。其知紹興也，則恐脅將官劉之儀而致之死地。其知平江府也，則竊取公帑而唯己所欲。是皆前日彈章之所備載，暴惡之所著聞者也。陛下略其往愆，責其來效。自臺憲要途，洊躋右府，則陛下所以擢用委任之恩，可謂厚矣。爲鵬舉者，不思勉勵激昂以圖報稱，而乃掠美以欺君，植黨以擅權，長惡不悛，故違詔旨。揣其後患，實有甚於秦檜。有識之士，爲之寒心。其可冒近列乎？伏望聖慈，察臣愚直，將鵬舉早正典刑，以警有位。

鵬舉聞之，乃留身求去。詔不許。義問又言：

臣累具劄子，論列湯鵬舉罪惡，乞賜竄殛。外庭之臣，側耳聽命，以謂必行兩觀之誅，以慰天下之望。茲者伏聞宣押赴朝及都堂治事，此乃祖宗體貌人臣常禮。在鵬舉罪惡貫盈，自當藉藁負荆，請罪於朝，而猶占留樞密院印簿，偃蹇不遜，傲睨自如。至如前日，敢具劄子，留身奏事，蓋其要君冒寵，失大臣難進易退之禮，一至於此。又況鵬舉所爲，雖閭閻鄙夫、臺省老吏，見其包藏禍心，舉措兇狠，猶爲國家憂慮，孰謂身任言責者而可默默乎？伏望睿斷，將鵬舉早正顯戮，以慰公言。

丁亥，知樞密院事湯鵬舉罷爲資政殿學士，提舉在外宮觀，免謝辭。

14 戊子，殿中侍御史葉義問言：

臣連日論列湯鵬舉罪惡，已蒙陛下灼見其姦邪而去之不疑。臣伏見鵬舉懷殘忍之心，縱猛暴之志。頃知婺州，欲買花羅嫁女，而東陽知縣留觀德迎合應副，鵬舉近薦爲太府寺簿，未幾兼丞，又擇優厚去處，使之兼局。又有汪懷敏者，婺州富僧也，因坐姦還俗。鵬舉在婺州時，以賄賂交通。既遷執政，遂補爲將仕郎。又有婁廣者，本名詳，漕司罷役之猾吏也。鵬舉爲漕日，倚爲腹心，今補爲副尉，令幹辦本府，凡有關節，輒入臥内評議，鵬舉無不聽從。鵬舉爲中丞時，周方崇爲殿院，李庚爲臺簿，皆其薦用也。一日詣方崇而罵辱之，因顧李庚，且請作證，二人唯唯而退，臺吏無不驚駭。鵬舉恃其威勢，至於恥辱風憲如此，而乃使之領秘殿之隆名，享真祠之厚禄，其如天下公論何？望將鵬舉職名、宮祠並行褫奪，明正贓凶之罪，以慰天下公論。

詔鵬舉落職。

15 己丑，宰執進呈次，雪大作。沈該等稱賀，上曰：「前次久雨，深以爲慮，幸而穀價不至騰踴。今得此雪，來年二麥必大豐稔也。」

中書舍人周麟之兼實録院同修撰。始除同修撰也。

16 庚寅，秘書省正字林之奇兼權國史日曆所檢討官。

自韓球權夔茶，至是且十年，民頗以爲害。右朝請大夫、知達州董時敏言於朝，事下茶馬司。其後主管茶馬公事許尹不肯蠲，乃止。三十年二月所書可參考。

1 十有二月癸巳朔，殿中侍御史葉義問言：

禮部侍郎周方崇俗惡無能，衆所共鄙。頃因湯鵬舉之薦，而爲殿中侍御史。鵬舉已遷政府，方崇猶伺其風旨，爲之彈擊。或以爲未然，則厲色曰：「我只報湯樞密，何恤其他。」兵部郎官李庚輕儇無狀，衆所共惡。頃因湯鵬舉之薦，而爲監察御史，日與劉天民、范成象、留觀德之徒相爲表裏。故鵬舉在政府，每欲排擊異己，則必遣天民等達意於庚，善類爲之重足。工部郎官褚籍昏謬無恥，衆所共笑。頃因鵬舉之薦，而爲監察御史，諂事鵬舉，甚於奴隸，假借風憲，規圖貨財。望將方崇、庚、籍等三人明正典刑，以爲臺諫來者之戒。所有天民、成象、觀德乞重行竄責，以爲交通臺諫之戒。如此則紀綱一振，而姦回之心潛消於未萌矣。

2 乙未，宰執進呈。上曰：「朕深不欲朝廷分朋植黨。今方崇等交結，所幸覺之於早，當戒其漸，姑從輕典可也。」時天民、成象爲左宣教郎，天民，前吏部員外郎，今年十月罷。成象，前太學博士，今年十月罷。觀德爲右奉議郎，新通判靜江府。於是方崇、庚、籍、觀德四人皆罷。仍詔天民、成象、觀德自今毋得與堂除。權吏部侍郎凌哲以鵬舉所薦，不自安，乞守小郡。上曰：「哲亦善人，非方崇比。朕嘗與臺諫論大臣出處，或以罪去，但及其身足矣。至所薦引，當觀其人，若不問賢否，一切斥逐，是使之爲朋黨，非公正之道也。」凌哲乞郡在是月戊戌。中興聖政：臣留正等曰：「元祐相司馬光盡取熙豐之政，與其人而更新之，天下至爲相賀，而程頤獨有憂色。蔡確新州之竄，一時大臣有名望如文彥博、呂大防，臺諫知大體如劉安世、范祖禹，皆以爲當然，而范純仁獨爲之慨然，曰：『搢紳之禍，自此始矣。』夫成敗興廢，天也。君子能爲其可爲者，至其不可爲則安之以俟命而已，固奚暇他顧？然獨不觀諸水乎，順而導之則行，激而怒之則搏。今以其泛濫無畔際也，隄而障之，曰吾以止水也。激而不已，奔怒四出，臣見決隄破岸，傷物轉甚耳。惡乎止水哉！太上皇帝之言也，其殆知消息盈虛者乎？夫漸而察之，則不遽。擇其已甚而去之，則不苛。薄其法以待其改，則不怨。使元祐大臣家存斯言，則士君子之紛紛竄逐，奚至如紹聖之甚哉？縱使有之，必不至空天下君子黨而籍之，更歷再世，以至於危亂而不悟也。雖然，天下之更相是非，豈有既哉？太上皇帝之言，臣願聖子神孫萬世寶之。」

左從事郎沈樞特改左宣教郎，以薦對也。

3 乙未，詔：「諸路帥臣監司於本路武臣大使臣已上，及見任寄居歷任有勞效之人，每歲各舉二員，明具所長，堪作如何任使，保明聞奏。樞密院籍記姓名，以備量才任使。」

直秘閣、兩浙轉運副使趙子𤃩言：「被旨措置鎮江府沙田，欲選官打量，隨田地肥瘠，輕立租課，就令見佃人耕種，委知縣拘管。如形勢之家尚敢占吝，不即交割，許本司具奏，所有以前收過租利不少，依條合盡行追納入官。」詔人户冒佃積年收過租課，特免追納，其田疾速拘收措置。二十八年正月癸未遣官。

4 丙申，重建尚書六部成④。直秘閣、知臨安府張偁陞直敷文閣，奉議郎、守尚書都官員外郎楊倓轉一官，以董役有勞也。朝野雜記：「紹興四年高宗在平江，將還臨安，始命有司建太廟。十二年和議成，乃作太社、太稷⑤、皇后廟、都亭驛、太學。十三年築圜丘、景靈宮、高禖壇、秘書省，十五年作内中神御殿，十六年廣太廟、建武學，十七年作玉津園、太一宮、萬壽觀，十八年築九宮貴神壇，十九年建太廟齋殿，二十年作玉牒所，二十二年作左藏庫南省倉，二十五年建執政府，二十六年築兩相第、太醫局，二十七年建尚書六部。大凡定都二十年，而郊廟宫省始備焉。」

處州遂昌縣丞黄楷乞籍定民户物力高强，比他户大段遼絶者，並應役兩次，比其他役户一次。從之。二十八年六月己丑不行。

5 辛丑，左朝奉大夫、知眉州王揚英爲成都府路轉運判官。右中散大夫、知果州王弗知嘉州。左朝散郎、主管台州崇道觀陳夔知眉州。

6 癸卯，詔右承直郎沈作乂、作霖並令三省擬進差遣，仍改合入官。二人皆左僕射該之子。該爲乞行在無職事妨嫌筦庫，及外路屬官差遣，故有是命。給事中賀允中言：「寒士改官，視爲再第。內則筦庫，外則屬官，俾宰相子任之，則主司孰敢號令？昔司馬康以光之子扶掖改服色，光猶力辭。今陛下既新萬務，大臣當忘其私，臣甚爲該惜也。檜、熺覆轍，可不防其漸哉！」上覽而稱歎，該聞亦上疏，辭免改官，從之。

左朝請郎呂廣問提舉江南東路常平茶鹽公事⑥。

7 甲辰，上謂宰執曰：「監司郡守固當久任，然其間老病之人，難以使之在職。蓋移易不過有迎送之擾，而廢弛則貽患於一路一州，利害孰爲輕重？今後有如此等，可與宮觀，理作自陳。」

詔故敦武郎、知麟州建寧寨楊震謚恭毅。震靖康初死事，至是，用其子存中請而謚之。同日，楊宗閔謚忠介，已附見建炎二年正月宗閔死事時。

8 乙巳，刑部言：「汀州奏讞大辟不當，乞免收。」上曰：「祖宗聖意，務從寬厚，若一有失，當便行收坐，則天下獄情雖甚可閔，無復來上矣。」遂從之。

權尚書户部侍郎林覺引疾，罷爲敷文閣待制、提舉江州太平興國宮。

9 丙午，秘書丞羅孝芬爲直秘閣、荆湖北路轉運判官。右朝奉大夫、荆湖北路轉運判官徐康爲兩浙西路提點刑獄公事。

詔太常丞任文薦、博士張庭實、鮑彪各罰銅十斤。先是，臨安府椿辦大祀禮料，沿襲既久，率多繆誤。如蜃醢用蛤蜊肉，蠯醢用石決明，則大小差訛。鹿臡雁醢，皆以肉與骨雜爲之，則臡醢不辨。鮑當用乾，而今以生鯽，麷當用熟，而今以生麥，以至蚳醢用鼊魚，豚拍訛爲豚白，如此非一。文薦等皆按經傳釐正，而御史臺劾其擅行移易。詔令分析，文薦等援據甚白，乃有是命。仍令禮部審辨改正，然卒不能易。

10 戊申，殿中侍御史王珪言：「潼川府路轉運判官晁公武傾險出其天性，初爲井度屬官，專事掊剋聚斂，以濟其私。及度之罷，求爲鄭剛中幕客，不從，遂以剛中之事告於趙不棄，至興大獄，攝逮紛然，連及平人，死非其罪。不棄倚爲心腹，薦之故相秦檜，自屬官更歷數郡，所至貪暴，人不聊生。左朝散郎新知蓬州馮時行頃在萬州之日，積羨餘之錢以萬數計，並無赤曆，不可稽考。又以州之良百姓皆刺爲虎兒軍，人情惶駭，幾欲生變。此兩人者，蜀人嘗被其害，今豈可令遺患於一方？」乃並罷之。

11 己酉，權尚書刑部侍郎徐林爲刑部侍郎。

12 癸丑，敕令所删定官杜莘老面對，乞：「徧下内外有司，重行取索自建中靖國至於宣和應干徽宗皇帝寬恤赦詔條令，專委長吏逐時推行。」詔付實録院。

13 甲寅，右朝請大夫續觱爲潼川府路轉運判官。

14 丙辰，詔刑部長貳日輪一員赴大理寺録囚徒，諸路州縣應入禁公事，並具情犯及入禁月日申提刑司，提刑司申本部檢察⑦。蓋徐林在刑曹建議⑧，至是始行之。

15 丁巳，給事中賀允中言：「小黄門任嘉輔免試補官不當。」政和舊制，内侍進子年十二，試以墨義，其中程者，候三年引見供職。自建炎後，以宮庭小黄門少，遂聽不候年及命之。至是，允中以爲非法。上曰：「允中此論極當，但外庭未悉宮禁曲折，先朝立法，非特此曹不得濫進，且使識字。近來小黃門人數稍足，豈可一向循例免試？前旨可勿行，自今並如舊制。」

端明殿學士、知洪州折彥質提舉江州太平興國宮，從所請也。

16 戊午，金主遣驃騎上將軍侍衛親軍馬步軍副都指揮使高思廉、昭毅大將軍行尚書兵部郎中阿勒根彥忠來賀明年正旦⑨。

資政殿學士、知静江府施鉅移知洪州。

是歲宗子賜名授官者二十三人。

諸路斷大辟十九人。

校勘記

① 又論吉凶悔吝主乎動　「主」，原作「生」，據叢書本改。

② 陛下務開納　「務」，原作「無」，叢書本同，據文津閣本改。

③ 夔州路轉運判官王珏　「判官」之前原衍「通」字，據宋會要輯稿職官七〇之四七刪。

④ 重建尚書六部成　「尚書六部」，原作「六部尚書」，據叢書本乙正。

⑤ 乃作太社太稷　二「太」，原均作「大」，據叢書本改。

⑥ 左朝請郎呂廣問提舉江南東路常平茶鹽公事 「左」，原作「右」，叢書本同。據本書卷一三三改。

⑦ 提刑司申本部檢察 「提刑司」，原闕，據叢書本補。

⑧ 蓋徐林在刑曹建議 「議」，原闕，據叢書本補。

⑨ 昭毅大將軍行尚書兵部郎中阿勒根彦忠來賀明年正旦 「阿」，原作「珠」，據金人地名考證改。

建炎以來繫年要録卷一百七十九

1 紹興二十有八年歲次戊寅。金海陵亮正隆三年。春正月按是月壬戌朔。己巳，殿中侍御史王珪言：「殿前馬步軍三衙，彊刺平民爲軍。」詔禁止。先是，殿前司闕額數千人，詔三衙分月招補，而所遣軍士，利其例物，往往驅掠市人以充數。民以樵採魚鰕爲業者，皆不敢入行在，至有招刺輦官者。自行在至衢、婺數州，道路之間，商旅不行，遠近大擾。珪爲上言：「外郡寄招之兵，人材亦略可使，皆民間之無家可歸者，出於所願。但州縣吝費，所招不多。今若以三衙招兵之資付之，寬爲期限，何患不集？」上謂大臣曰：「招軍一事，士大夫往往以爲不切事宜。殊不知聖人思患預防，若暗失軍額，何以爲先事之備？但當措置約束，毋令擾人足矣。」於是詔三司毋得遣人於外路招刺，違者，統制以下官皆抵罪。是月壬申。既而殿中侍御史葉義問亦奏其事，且言不當彊提輦官。是月乙亥。詔殿前司究治，乃吐渾押官潘勝所招也。權刑部侍郎陳正同等請決杖降資。是月己酉。義問言：「輦官最爲親近，比於足蹙路馬之芻，萬萬不侔。今刑部官吏以輕刑處之，附下不恭，孰大於此？」詔正同罰銅十斤。二月癸巳行遣。

詔皇后從母張氏特封平樂郡夫人，録其夫周師古爲忠翊郎。

2 庚午，龍圖閣學士、四川安撫制置使兼知成都府李文會復端明殿學士。

集英殿修撰、知平江府蔣璨陞敷文閣待制。時諸將掠人爲兵，補軍籍，率用大舟往來漕河無人處，道遇彊壯少年，束縛鉗梏之。惡少利其資，通爲囊橐，因閉柵中，無脱者。璨盡得其姓名，窮治株究，捕置諸法，遂絶。至是璨又言：「收簇到錢七萬餘緡。」乃有是命。

3 壬申，詔以御前激賞庫錢七萬緡賜殿前司，造平江府牧馬瓦屋。諸軍舊有厩屋數千區，茨以茅竹，歲一更葺，而財與力皆出於民。至是，命本府以係省錢改造，纔及二千五百間而已。守臣蔣璨請出内帑錢佐其費。上諭大臣：「今據間架支錢，付逐軍自蓋，庶可即集。如户部闕錢，從内庫支。」既又以五萬二千緡益之。屋成，可支數世。州人歡呼，相率詣北禪寺作佛事，以報上恩。

右司諫朱倬言：「近制，命官捕鹽，累及萬斤改京官。蓋全火者，類非貧弱，捕盗者既畏其威衆，或得其賂，故多縱而不言。圖升斗者，類皆沿海單弱之民，其勢易制，其貧無賄，捕盗者利其累及之數，而必取之，故百發而百敗。獄訟滋彰，犯法者衆，誠可憐憫。又既獲改秩，二十年後，皆得任子，尤爲僥倖。望復祖法①。」户部乞累及萬斤者減磨勘年，從之。事初見二十七年六月己未②。

直龍圖閣、知撫州凌景夏知襄陽府。

4 乙亥，左承議郎、知興化軍樊光遠爲福建路提點刑獄公事。

5 己卯，上詣景靈宫朝獻畢，遂幸延祥觀、玉津園。

6 壬午，詔州縣折納二稅，並依時價，不得輒有增加。時將作監主簿葉顒面對，論：「閩中豆麥皆土産所有，而州縣遞年折納之數，比之時價，不啻一倍。」故有是旨。

罷廣南十州歲科黄河紅藤錢二千九百餘緡。

是日雷。

7 癸未，右内率府副率愭爲右監門衛大將軍、榮州刺史。

詔池州都統司遣御前軍千人，赴江西帥臣分布駐劄，歲一替。用本路安撫使折彦質請也。彦質去年十二月得祠，此奏乃其所上。

太學博士周操守尚書吏部員外郎。

秘書省校書郎張孝祥守禮部員外郎。

詔户部員外郎莫濛同浙江、江東、淮南漕臣趙子潚、鄧根、孫藎檢視逐路沙田蘆場。先是，言者謂江淮間沙田蘆場爲人冒占，歲失官課至多，故命濛等按視。既而殿中侍御史葉義問言：「近有獻沙田蘆場，陛下遣使，及委三路漕臣同視，用爲經久之利，且免歲糴馬料，誠爲利國便民。但奉行之人，不恤百姓，名爲打量，多逼縣官，逐急按圖約紐，唯務增數，以希進用。且如三路遼遠，不能一一著實，於有力之家，初無加損，而貧民下户，已受其苦。若因小利如此擾之，必致逃移，坐失税額。」因極論之，不報。子潚，秦康惠王後洋孝靖公令奥子也。

左朝請郎、知滁州徐度爲江南東路提點刑獄公事。

殿中侍御史王珪言：「成都府路轉運判官王揚英貪冒苟得，嘗薦秦熺爲宰相，謀國不忠。左朝散郎、新知眉州陳夔性資權譎，乍賢乍佞。方其求知趙鼎，則飾詐以自高；及其諂附秦檜，則詭道以求合。至乃執其私幹，同於厮役，後爲檜厭鄙，遂決意逐之。望賜罷斥，以厭士論。」詔並罷。

8 甲申，上諭大臣曰：「比既詔監司刺舉守令，而監司賢否勤惰，將使誰察之？宜爲立法。」乃詔監司貪惰不法，臺諫自當彈奏，其治狀顯著之人，令臺諫侍從三人以上，公共推薦，三省考察取旨。

9 乙酉，權尚書兵部侍郎兼侍講楊椿試給事中。

秘書省正字兼實録院檢討汪澈行校書郎。國子正劉望之行秘書省正字。左儒林郎馮方行國子正。左迪功郎李石爲太學録。方言：「蜀中累次裕民，有減額，有放欠。昨蕭振等所奏惟及減額而已，未及放欠也。蓋蜀中州縣，以前多有虚額，積年那兑，借實補虚，以至今日，遂成漏底。乞自今年爲首，據實理贍軍錢物，充當年分窠名起發。」事下户部，不果行。其後王之望始行之。

殿中侍御史葉義問言：「淮東提舉常平茶鹽公事朱冠卿貪賄凶戾。」詔放罷，自今永不得與監司差遣。

右中散大夫、新知嘉州王弗爲成都府路轉運判官。

左朝請郎、知夔州周執羔復秘閣修撰。

10 丙戌，直秘閣、主管台州崇道觀何大圭落職。右正言朱倬言：「大圭凶暴狠傲，專事挾持。寄食李綱，綱死而毆其弟。其在削籍也，張浚爲之保叙。浚失勢，則以短卷譖之於秦檜，由是躐直蓬山，時目爲秦府緝事。」故有是命。

司農寺丞朱夏卿總領淮東軍馬錢糧。夏卿，勝非子也。

太府寺丞鄭知剛提舉兩浙東路常平茶鹽公事。既而知剛入辭，上以其老病增劇，諭大臣曰：「監司非養痾之地，可改授一差遣。」遂以爲江南東路安撫司參議官。知剛改命在四月戊戌。

忠訓郎、興州駐劄御前中軍第一正將吴挺爲右武郎、兩浙東路兵馬都監兼御前祗應。挺，璘愛子，故召之。

初，殿前司奏乞：「令平江府標撥收買民田，爲牧馬寨地。」既許之矣，給事中賀允中言：「此田皆極上腴，民間豈肯輒賣？乞以係官荒閑白地與之。」詔所占如非稻田，令府司優償其直。

11 丁亥，將作監主簿葉顒行司農寺丞。

12 戊子，殿中侍御史葉義問言：「州縣每歲出郊勸農，置酒宴會，其實擾人。乞罷置酒之禮。」户部請：「自今止許守令出郊，仍以仲春望日，不得因而飲酒。」從之。

13 己丑，詔建康府駐劄御前諸軍都統制王權給真俸。

左朝散大夫、知楚州孟處義爲淮南路轉運判官。

直秘閣、湖北轉運判官羅孝芬言：「湖北州縣，比歲殘破，亡失版籍，乃有以丁增税者，每一丁受種七斗。或丁多田少，或有丁無田，概責其入，甚爲民患。況姦猾之民，以隱匿而獲輕免，貧懦之家，以無貲而受實害，乃有增賦至二十餘倍者。人有亡歿，稅無蠲除，安有措置若是，而民不流徙？望許人自陳，令監司覈實改正。」從之。

庚寅，上謂輔臣曰：「聞閩中民户輸納苗米，每斛爲錢八千，有諸？」同知樞密院事陳誠之曰：「近歲有之。」上曰：「閩中米斛幾何？」誠之曰：「三千。」上曰：「使此錢悉以助國，猶恐有傷於民，況資州縣妄費乎？其令以實直取之。」

詔給舍分書制敕，並依自來條例。

左正言何溥言：「右朝請大夫龔鑒淫侈貪婪，其罪略與曹泳相似，望正典刑。」詔停官，桂陽監居住。秦檜之當國也，鑒弟右通直郎釜、鎣專爲檜營産業，殘虐擾人。湯鵬舉與之連姻，置不問。至是，殿中侍御史葉義問論之，皆停官。釜郴州，鎣南安軍居住。釜、鎣二月甲辰行遣。

14 辛卯，諸王宮大小學教授祝公達知大宗正丞，湯思退薦之也。

1 二月按是月壬辰朔。癸巳，給事中兼實録院修撰賀允中等請重修徽宗大觀以前實録，以秦檜領史院等所修疎略故也。從之。

寶文閣學士、知建康府張燾陞端明殿學士。

2 丙申，同知樞密院事陳誠之爲知樞密院事。先是，誠之因奏事，上曰：「卿文人讀書，乃知兵務如此之熟。」遂進用之。

詔端明殿學士折彦質特賜荆湖田十頃。彦質世家陝西，屢經竄謫，上知其生事素薄，故有是賜。

資政殿學士、知宣州樓炤提舉臨安府洞霄宫，從所請也。

3 乙巳，尚書工部侍郎兼侍講兼直學士院王綸同知樞密院事。

資政殿學士、提舉臨安府洞霄宫魏良臣知宣州。

資政殿學士、左中大夫、知婺州張綱告老，遷左太中大夫，復致仕。

興化軍布衣鄭樵特補右迪功郎。先是，王綸在經筵，與侍讀官同薦其學行，上召對，遂以命之。其所著史書，令有司給札繕寫投進。

4 丙午，給事中楊椿、中書舍人周麟之並兼權直學士院。

太常少卿孫道夫權尚書禮部侍郎。道夫使北還，奏金主詔關輔買馬等語，上顧問甚悉，翌日遂有是命。後殿曲謝，上諭曰：「卿自小官已爲朕知，第趙鼎與張浚相失，後凡蜀士仕於朝者，皆爲鼎沮抑。不然，卿二十年前登從班矣。去冬周方崇罷去，禮侍闕，而卿使未還，朕特留以待卿。有己見，可數求對。」

5 己酉，權尚書吏部侍郎凌哲兼侍講。

6 壬子，左朝奉郎、提舉江州太平興國宫章厦知婺州。

中書省言：「右承議郎王著、王曉皆王會兄弟，憑恃權勢，恣爲不法，昨從罷黜，公議未平。今乃輒敢造朝，干求差遣。」詔並令吏部與遠小監當，日下押出門。

7 癸丑，少傅、寧遠軍節度使、領殿前都指揮使職事恭國公楊存中遷少師，以積閥十年也。

左太中大夫、提舉江州太平興國宮湯鵬舉罷宮觀，右太中大夫徐宗説降授右中散大夫，南康軍居住。殿中侍御史葉義問言：「宗説乃秦檜管莊之上客，鵬舉以其子廷直嘗用宗説薦狀，特不再論，時遣廷直往湖州見宗説，探問事端。又以赴部改官爲名，窺察時政。」故有是命。廷直仍押出國門。

直秘閣計有功知眉州。

顯謨閣直學士、提舉江州太平興國宮劉才邵卒。

1 三月辛酉朔，日有食之，陰雲不見。宰相欲率百僚稱賀，御筆：「日月薄蝕，乃上穹垂戒，而有司以陰雲不見，欲集班拜表稱賀，殊非朕寅畏天威之意，令毋得稱賀。」翌日，宰執共贊所降詔語。上曰：「朕德薄不足以格天，陰雲蔽日蓋偶然耳，至於時雨霶霈，此乃可喜也。」

2 壬戌，起居郎劉章權尚書工部侍郎。起居舍人王剛中試起居郎。左朝奉郎洪遵試起居舍人。遵免父喪，與弟邁皆召，於是遂進用之。

3 甲子，殿中侍御史王珪試太常少卿。

福州童子莊大成七歲能誦經史書，上諭輔臣曰：「朕即位以來，童子以誦書推恩者多矣，未聞有登科名顯者，何也？」詔免解罷之。

4 丙寅，左朝奉郎史才言：「家貧仰禄，乞在外宮觀差遣。」詔才提舉江州太平興國宮。既而殿中侍御史葉義問言：「才貪饕嗜利，富冠一州。今乃以欺君之請，探伺從違，以希復用。」命遂寢。

是日雷。

5 丁卯，玉牒所上三祖下僊源積慶圖。秘書少監曾幾等上神宗寶訓一百卷。

6 辛未，殿中侍御史葉義問言：

堂吏因事被賞，循轉官資，要必立爲限制，使之積勞而後序陞，則爵賞不濫。曩者權臣當軸，專徇私恩，超遷躐進，有失祖宗立法之意。臣竊見宰相提領修書，而堂吏號供檢者以十數，修書局凡四，曰日曆，曰玉牒，曰實録，曰敕令。所謂供檢者，或一身而兼數局。今所進二書，是一身而轉二官。將來進書，又復遷官。歲歲如此，何有限極？夫修書定令，國家榮典，是特儒臣編摩之力。爲供檢者，足未嘗一到局，手未嘗筆一字，而每月過局錢與非次犒勞已極優厚，且又循轉重併，何其濫耶？蓋被賞既濫，則官資必崇。官資既崇，則奏補必廣。又況茶鹽場務，每歲增羨，皆被賞恩。公論籍籍，以謂名器輕與，莫甚於此。知而不言，臣則有罪。欲望特降睿旨，下三省參酌祖宗成法，抑其太濫，立爲定制。端自近始，則僥倖之門息矣。

詔：「三省樞密院人，因進書並減半推賞，仍不得兼兩局。如轉至朝請大夫，即依限員法，不得轉行寄資。」

7 丙子，宰執進呈殿中侍御史葉義問言：「宰執侍從薦引人才，須先赴都堂審察，乃令上殿。」上曰：「天下人才若非宰執侍從薦引，朕亦何緣盡識？俟召到，並令引對，不須審察，但臨時除授足矣。近來士大夫以內任爲榮，以朕觀之，正當以民事爲重。或監司郡守有闕，可擇行在官更迭補外，其外官有奉法循理，實惠及民者，亦須召擢。庶幾内重外輕之弊，可以漸革。」乃詔今後侍從以上薦引人才，並須文行相副，治績昭著，務得實才，以副詳延之意。

8 丁丑，太尉、定江軍節度使、鄂州駐劄御前諸軍都統制兼提領營田田師中開府儀同三司，以三省言師中除太尉已及八年，及有捕猺賊功當遷也。上疑其未當，因曰：「統兵官遷轉，非其他比，設有未當，則人不服。朕每於此等恩數，苟非所當得，雖減一年磨勘，亦必不與。卿等更熟議之。」

9 戊寅，詔曰：「設官分職，民事爲先。古者二千石，位次九卿，公卿闕，則選所表而用之。祖宗以來，郡守闕多選諸臺省，至分遣朝行，以治劇邑，非曾歷親民，不得爲清望官，重民事也。朕式稽古訓，爲官擇人，均治内外。可今後侍從有闕，通選帥臣及第二任提刑資序曾任郎官以上者，卿監郎官闕，選監司郡守之有政績者。並須治狀昭著，及有譽望之人。卿監郎官，未歷監司郡守者，令更迭補外。在内官除詞臣臺諫，係朕親擢，餘並須在職二年，方許遷除。庶内外適均，無輕重之偏，職業修舉，有久任之效，以副朕重民事之意。三省同共遵守。」

10 己卯，左銀青光禄大夫、守尚書左僕射、同中書門下平章事兼監修國史、提領編修玉牒所沈該以進書恩遷特進，該辭不拜。

左宣教郎洪邁爲秘書省校書郎。

欽州編管人康與之坐與士人交爭，移雷州編管。

11 壬午，尚書右僕射湯思退辭免充進書禮儀使遷官，許之。自是以爲例。

左朝請郎范彥輝知安豐軍。

12 癸未，浙東提舉常平茶鹽公事邵大受、浙西提舉常平茶鹽公事謝伋請復諸州支鹽倉，從之。近歲皆就場支鹽，至是始復舊制。浙西得旨在丁亥，今聯書之。

13 甲申，內藏庫言：「湖、婺州所起綾羅，率紕薄不堪，三省擬欲退換。」上曰：「此皆民所輸納，若却回其物，未必及民，必致重擾。朕不欲如此，第令薄懲兩州受納官可矣。」熊克小曆載此事在正月庚午，今從日曆。

左文林郎陳孺爲秘書省正字。殿中侍御史葉義問言孺本曹泳所薦，乃罷之。孺罷正字在四月丙午③。

14 乙酉，詔自今諸州知通拘收無額上供錢，並俟任滿日，方許陳乞推賞。先是，常州起無額錢萬餘緡，而有未起折帛錢九萬五千餘緡，江、婺州亦如其數。權戶部侍郎徐林論其移易官錢以希賞，故條約之。

15 丙戌，左武大夫、和州防禦使、兩浙東路馬步軍副總管劉綱知鼎州。

16 丁亥，司農卿湯允恭總領四川財賦還，入對，言：「全蜀之地，初置宣撫，則許便宜行事，就立總領，則有措畫指揮。二者出於軍興，多與條法不相照應。望令逐司條具下敕局看詳頒降。」從之，然不果行。

左朝散郎林安宅爲廣南東路轉運判官。

左朝請大夫張泰定知藤州還，言：「廣西諸州，每遇農隙，點集土丁，教習武藝，誠得三代寓兵於農之意。

但民散居山谷，去州城遠者數百里，又且教習一月，道塗勞費，望只就本縣委令丞按閲。」詔帥司看詳，申樞密院。

17 戊子，左朝奉郎提舉江州太平興國宮宋樸、左朝請大夫提舉江州太平興國宮沈虚中並罷宮觀。樸令於徽州、虚中筠州居住。時二人皆奉祠里居，殿中侍御史葉義問併奏二人阿附秦檜之罪，且言：「樸肆爲怪誕，布衣芒屨，與擔夫同羣，俚唱街談，有識駭異。虚中不量過惡，僥求宮祠，復希進用。望竄之遠方。」乃有是命。虚中今年二月壬午得祠。

故追復敷文閣直學士洪皓再復徽猷閣直學士，以其子起居舍人遵言復職未盡也。尋賜謚曰忠宣。五月庚申賜謚。

潼川府路提點刑獄公事王之望言：

前備員轉運判官，奉詔看詳措置經界利害，乞將本路不均甚處，選見任官五員，農隙月分，分詣諸縣，逐鄉受接人户詞狀。其所訴元初打量步畝，定驗土色，不當增減税數至五七分以上者，會集衆户，如推排法，互相指決，以衆證爲定，不伏者再爲界量。若是，未經界買賣田業，不曾推收，及隱寄詭名之家，自當歸併。而非經界不均致輕重者，更不受理。逐縣經界所立税，有溢於舊額者，以額外之數，與增重人户通融均減。伏蒙取旨依申，如有人户論訴去處，照應前後指揮施行。自紹興二十七年後，選差清强官，分詣經界不均縣分裁正。其詞訟不多去處，只就本縣委官。緣本司所立狀式，關防周密，杜絶弊倖，無所容姦，以致詞訟不煩。

據所委官申，皆只就縣受狀，不曾下鄉，亦不曾追集百姓，多是以逐處溢額税數，與偏重人户對減，民間亦少相指決。雖間有被決增税之家，亦情願承受，别無争執。以此田畝並不曾復行界量。未結絶間，之望蒙恩，就除提點刑獄公事，遂申尚書省，乞就憲司結絶，於今年三月以前，並已了畢。溢額税色紐計錢四千八百五十餘貫，莊租麥四石有奇，對減税重人户五千六百八十五户，用人户科決狀推排減偏重税八十九户，增偏輕税一百六十六户。已出榜曉示百姓，認定供輸。其普州安岳縣不均最甚。初行經界日，縣令張寧大爲姦弊，走移税額，比及三年，虧官二十五萬七千餘貫，依聖旨除放。自紹興二十四年至今，又虧一十二萬四千餘貫。紹興二十三年，縣官以闕乏之故，分詣諸鄉，巡門驅斂，村民不堪其擾，結集山谷間，抗敵官吏，幾致生事。遂令將新舊税簿，互相參校，於所增減，取其酌中分數，通融裁正。凡新税之增於舊税者，以所增十分爲率，減其七分。新税之減於舊税者，以所減十分爲率，復其六分。其增減不及二分者，仍以舊税爲正，却收漏户二千七百餘户，補足舊税外，於租額尚有羸餘。又張寧經界之初，既失税額，恐歲入不敷，則擅增折變以補之，今一切蠲除，悉依古例。伏望特賜詳酌，仍廣行采訪，如别無違戾，乞行下州縣遵守施行。若今後官吏士民，尚敢扇摇，欲復行舊税，以疑誤百姓者，乞從所屬具事因申奏，重寘於法，庶幾遠民得以安業。

從之。

1 夏四月乙未，權尚書刑部侍郎陳正同爲敷文閣待制、樞密都承旨。

大理少卿楊揆權刑部侍郎。

右朝奉郎、直顯謨閣韓彥質行光禄寺丞。

2 丙申，詔：「文臣中大夫至朝奉郎，武臣武功大夫至武翼大夫，正侍至武翼郎，見無身自蔭補人者同。陳乞致仕，亡殁在出敕前，而不曾犯入己贓及私罪徒者，許蔭補。即亡殁在致仕後，或已致仕而未亡殁之人，但不犯入己贓，即許蔭補。」用權吏部尚書王師心請也。舊法，惟贓罪不許任子。紹興新法，併及私罪徒。師心以爲拘礙者多，故有此請。自是犯私罪徒之人，皆得以遺恩任子矣。

司農卿湯允恭權尚書兵部侍郎。

敕令所删定官杜莘老爲太常寺主簿。

3 甲辰，福建轉運判官趙不溢奏南劍州禁軍作鬧。上曰：「治軍與治民不同，又事有雖大而可闊略，雖小而不可貸者，顧其情如何耳④。此豈可姑息？自今有犯，但當行法，更須精擇守臣，使任其責。」

4 乙巳，殿中侍御史葉義問言：「端明殿學士、知湖州汪勃貪縱不治，所愛吏盜庫中錢帛以萬計，勃悉使他人代償之。」詔勃提舉江州太平興國宮。既而提刑司究治吏盜庫金有實，又得勃在州買婢不償直，及到官以來，市銀至三百七十餘鋌。義問力論其貪鄙，遂奪職。六月庚寅落職。

權工部侍郎劉章言：「賀金國正旦生辰使下三節人從，每先推賞，多懷慢易，望依使副例，俟回日推恩。」

從之。

左朝奉郎、潼川府路提點刑獄公事王之望直秘閣，爲成都府路轉運副使。

降授左朝散郎邵博卒於犍爲縣。

5 戊申，領殿前都指揮使職事楊存中言：「四川茶馬司買馬官，所買馬率多駑下，乞令本司所差取馬統領官往宕昌寨監視買馬。」詔止就興元府取押。日曆無此，今以七月二十八日户、工部勘當狀修入。

左朝請郎、新通判吉州鄧柞爲廣南西路轉運判官。柞召對，乃有是命。

左奉議郎洪适知荆門軍。适至官，首奏便民四事，大抵以：「均敷茶額錢所出甚於常賦，茶商執害民之柄，而託吏爲姦，民力重困；官田以附種爲名，而不稼納租；麴引失立法之意，而重疊出鏹；大禮代他州之貢，而多方取辦，乞罷行之。」又荆門自兵火後，學校廢弛，遇大比，則附試江陵，解額五才得一。适力請於朝，由是軍得自解發，額亦稍增其舊。

左朝請大夫、主管台州崇道觀魏安行知閬州，未上改吉州。七月庚申改命。

6 辛亥，左朝請郎、通判荆南府都民望爲監察御史，左宣教郎、主管台州崇道觀劉珙知大宗正丞。民望以德化人，與珙皆召對，乃有是命。

7 甲寅，左宣教郎劉儀鳳爲諸王宫大小學教授，用趙逵薦也。

詔吉陽軍編管人曹泳，令本軍常切拘管譏察，不得令出城，及賓客書問往來，仍月具存在申尚書省。

8乙卯，左正言何溥奏直秘閣、知秀州韓膺胄郡事不理，乞罷之。詔膺胄名臣之後，宜稍優異，可與在外宫觀，理作自陳。

9丙辰，詔諸路盛暑慮囚，並依政和指揮，四月下旬檢舉。以三省言川廣道遠，每俟行下，已過六月故也。

雷州編管人康與之移送新州牢城。

1五月庚申朔，三省請以堂除諸司屬官闕三十五處，送部對換通判教官闕歸堂。從之。時侍從監司所薦京官，例陞通判，有出身人除教授，故三省重其選而有是請也。

2癸亥，權兵部侍郎湯允恭言：「蜀帥任重，每遇替移，簽廳攝事，而官屬或係選人，州縣觀望，亦多滅裂。乞自今制置闕，令提舉茶馬官權，又闕，以總領財賦官權。」從之。

初，成都府錢引務三歲一兑界，而新舊之際有損失不至者，號爲水火不到錢，率數十萬緡。總領所、轉運司屢争之，權禮部侍郎孫道夫因請以爲稱提本錢，詔茶馬司點檢。既而總領所言：「此錢係科撥入帳應副贍軍之數，若椿充本錢，慮於大軍歲計有虧。」詔仍舊。後旨在明年正月己巳，今併書之。

後苑子景仙越牆入禁中爲盜，事覺，領殿前指揮使職事楊存中以宿衛不嚴，乞貶斥，詔放罷。

嚴州遂安民江大明等作亂，犯衢州，官軍獲之，是日以聞。上曰：「既已獲賊，賞宜速行，若稍緩，即失信於人，無以示勸。」既又奏賞事，上曰：「土豪賞太輕，宜加一等。朕於賞典，必務從厚，不然無以勸功。又不可濫，若厚賞而復濫，尤非勸功之道也。」

3 甲子，詔將作軍器監胥長，自入役通及三十年，出職補將仕郎。

4 乙丑，尚書駕部郎中張宗元試將作監。監察御史馮舜韶爲尚書駕部員外郎。

5 丙寅，言者請：「罷州縣酒官，止賣萬户酒。」上曰：「此事難行，若可改作，豈至今日？」

6 丁卯，左從事郎、南安軍軍學教授林栗行太學正。爲近臣所薦，上召對，而命之。栗，福清人。初見紹興十三年六月。

7 戊辰，户部員外郎莫濛檢踏措置浙西、江東、淮南沙田蘆場還，入對。正月癸未所書葉義問論沙田事，或可移附此，更須詳之。

8 庚午，權户部侍郎徐林奏版曹調度闕乏。上謂大臣曰：「祖宗以來，所用亦廣，未聞不足。今朝廷無他浮費，於經費中又務從約，而有司每告乏，何也？孔子曰：『百姓足，君孰與不足？』藏之於民，猶外府也。爲今之計，但更當裁節，不可取之於民。」沈該曰：「近來調度雖非有餘，然未至太乏，蓋有司私憂過計耳。」遂詔内外臣僚請給，不得陳乞，免行借減，雖已奉旨，聽户部執奏不行。時武臣援例給真俸者衆，故條約之。

詔軍器所江、浙、福建諸州所發民匠皆遣還，仍令諸州以歲額上供軍器，輸内軍器庫，自來年始。日曆無此指揮，今以七月五日工部申明狀修入。

9 辛未，改光州爲蔣州，光化軍爲通化軍，光山縣爲期思縣。

金太子光瑛年十二，善騎射，嘗射獐獲之，金主亮以薦太廟。日曆改州軍名，不載其故，以紹興三十一年十一月汪公奏劄考之，乃是避敵人之名耳。

10 甲戌，宗正少卿楊偰乞將取應宗子，比府監進士理年免舉。上曰：「此自有成法，遵守可也。祖宗以來若可行，不至今日矣。」

禮部請：「陞朝官已上經恩合陳乞服色，雖犯私罪徒，而用官或蔭減及會赦降，理爲私罪杖笞之人，情理稍重者，並與放行服色。」從之。

11 丁丑，起居舍人洪遵乞以經筵官除罷及封章進對、燕會錫予、講讀問答等事，悉行編録，以邇英記注爲名。從之，自是年秋講始。乾道二年十一月壬子又有祥曦殿記注。

罷淮東沙田蘆場覆實指揮，令依舊。

右武大夫、成州團練使武糾卒。

12 戊寅，金國賀生辰使驃騎上將軍殿前司副都點檢蕭恭、副使中大夫尚書工部侍郎魏子平見於紫宸殿。時泉州觀察使、知閤門事石清爲館伴副使，飲醉慢易，乃詔特與外任，日下出門。子平，宏州奉聖人。中進士第，累遷太府監。魏子平事，以金國翰林直學士趙可所撰墓誌誌修入。志云：「正隆元年，授太府監。三年三月，充國信副使，使於宋。四年，權右司郎中。」今日曆所書乃云工部侍郎，則是北人亦借官也。趙甡之遺史云：「石清在館，因酒與使客人從有語，特與外任，日下出門。」

13 壬午，大燕集英殿，雨作，改燕垂拱殿。

14 甲申，帶御器械張彥攸充送伴副使。時右武大夫、榮州刺史張説迓使客還，被旨送伴，辭不行，乃改命彥攸。

15 丙戌，北使蕭恭、魏子平入辭，置酒紫宸殿，以雨故，復就垂拱殿。時金主亮決意南攻，子平還，入謁，首問以南方事。且曰：「汝謂蘇州與大名孰優？」子平曰：「不可比。」亮曰：「何謂也？」子平曰：「宮室車馬，衣服飲食，人之所美也。江湖地卑濕，舟船以爲居，魚鰕以爲饟。夏服蕉葛，猶不堪其熱。以此言之，殆不侔矣。」亮不納。此亦據趙可所撰子平墓誌修入，書之以見金人南牧之意久定，非率然也。

直徽猷閣、主管台州崇道觀陳璹卒。

是月，金主亮坐薰風殿，召吏部尚書李通、翰林學士承旨翟永固、左宣徽使敬嗣暉、翰林直學士韓汝嘉四人謀，欲再修汴京，而徙居之，爲南侵之釁。通、嗣暉皆言：「此正合天時。」亮喜。永固、汝嘉曰：「燕京甫成，帑藏已乏，民力未蘇，豈可再營汴邑？江南通好，歲幣無闕⑤，遽興征伐，亦恐師出無名。」亮怒，曰：「非汝所知。」揮之使去，於是皇懼，以爲不免。既而召翰林應奉文字綦戩講漢書，亮怒稍解。翌日，擢通尚書右丞，嗣暉參知政事。永固因請老，亮許之。戩，膠東人。少被掠，亮特賜及第。此以宋翌金亮本末、張棣正隆事迹參修，但翌繫之八月耳。綦戩事迹以范成大攬轡録修入。

1 六月己丑朔，權吏部尚書王師心言：「被旨，同六部長貳將差役舊法，并臣僚前後申請指揮看詳來上，今看詳到合用見行條法并續降指揮三十八件，乞鏤板頒降。外餘湯鵬舉、二十六年六月辛未。樓炤、二十六年十二月丙午。黄楷二十七年十二月丙申。建請，及舊降析户後惟許户頭歇役指揮二十七年二月乙酉。四件，與法意相妨，並勿行。如鄉村地狹，上户稀少，不及十大保處，即以比近地里併爲一都選差，或有不均，令常平司按劾。」從之。

先是，大理少卿金安節言：

差役之法，行之已久，前後删修申明，亦既審備。惟近歲臣僚有請將歇役六年者，便與未曾充役之家，比並物力再差，雖意在恤下，使之適平，而講求未盡，尚有可議。蓋民間物力，其相遠者或不啻千萬，而相邇者或止於一二。議者乃獨取其相去百倍者而言之，是舉其相遠，而遺其相邇者也，焉得爲通論乎？臣今取其相近者言之。且如十家物力，甲户萬緡，自乙而降，以百緡爲率，差而下之，至第十家，猶爲九千餘緡也。若歇役六年，便與未差之家比並物力再差，則是役常周環於八户以上，而九千餘緡者永不及也，其不均孰甚焉？

今之當授者，以都保正副爲重。詳其本法，係通選保内物力最高者充，若依法選差，自不及下户。如都保内可選者尚多，理當差盡而止，豈可置而不差，便將歇役六年比並物力，使之再充乎？夫物情不齊，事理非一。臣愚不敢任一己之見，持一概之説而議之。欲望聖慈，申命有司，博詢詳議，以求至當。使行而宜之，衆志咸愜，仰副陛下天覆海宇，一視同仁之意。

遂命師心等看詳，至是行下。

左從事郎、楚州州學教授劉度爲太學博士。

2 辛卯，權尚書户部侍郎榮薿與權兵部侍郎湯允恭兩易，薿仍兼提領諸路鑄錢。

詔殿前馬步軍司江上諸軍，自今每三年一次，選軍兵年四十以下少壯有武藝人，申樞密院取旨陞揀。初命歲一揀，至是革之。

右武大夫、成州團練使、帶御器械劉允升落階官，知閤門事。榮州團練使、階成西和鳳州兵馬都鈐轄、御前中軍統制、知成州吳拱加龍神衛四廂都指揮使。右武郎、兩浙西路兵馬都監、御前祗候吳挺帶御器械。

3 壬辰，入内修武郎蔣堯輔除名，不刺面，配新州牢城。堯輔爲永祐陵都監，以不法屬吏，當死。上因謂輔臣曰：「朕待内侍加嚴，故比前犯法者少。以此知人主之於臣下，以嚴御之者，乃所以愛而全之也。」

直龍圖閣錢端禮知撫州。

4 癸巳，禮部言：「自今諸州保明到童子乞試者，欲依祖宗典故，並送國子監試驗訖，如合格者，送中書，宰執聚廳，舍人挑試，又合格者，取旨推恩。」從之。近歲童子請試者，但試於郡司而已，上既以爲言，於是立法。

名眉州青神縣中巖山龍潭慈姥神祠曰慈濟。

是日流星晝隕。

5 丙申，詔以盛暑，遣翰林醫官四員，遍詣臨安府城内外，診視居民，合用藥於和劑局應副，俟秋涼日罷。

言者奏：「荆湖沿邊知縣，間有差武臣去處，每民間詞訴，率令人吏代判。一縣之政，假手刻木，欲乞並差文臣。」吏部言：「逐處接近蠻猺，若行改置文臣，慮恐無人彈壓，兼邊遠民事絶少，欲自今更注保義郎已上經任識字人，川廣定辟差依此。」從之。

是日，嘉陵江水溢入興州城，壞棧道。利州、大安軍皆被水。

6 己亥，尚書吏部員外郎李紘改户部員外郎，總領湖廣江西財賦、湖北京西軍馬錢糧。時紘兼權檢正，不樂補外。殿中侍御史葉義問劾其交結堂吏，後七日，遂罷之。

7 辛丑，詔户部科降兩浙轉運司收糴馬料錢，令以的實窠名支破。時行在及鎮江府歲用大軍馬料八十餘萬。行在六十五萬，鎮江府十六萬二千。其四十三萬石，以營田夏税兑糴，及轉運司管認，餘三十八萬石，本司置場收買，而户部降本錢四十四萬緡予之。轉運副使李邦獻等言，所降本錢，内有未可指擬錢十二萬緡，故有是旨。

昭慶軍承宣使、池州駐劄御前諸軍都統制岳超丁母憂，詔起復。

8 甲辰，樞密院都承旨陳正同言：「諸路奏讞死囚，例多降配，非是。」上曰：「刑罰非務刻深，欲當其罪。若專事姑息，廢法用例，則人不知畏，非所以禁暴戢姦。卿等可諭刑部官，常令遵守成憲。」宋史全文：史臣曰：「言刑以不殺爲仁，言法以撫摩苟安爲得策。世言俗士，信哉！南劍言兵變，上曰：『此但可行法。』福州請寬海盜死，上曰：『此姑息耳。』不惟是也，以招安爲非弭盜之法，以姑息爲非御軍之法，淵乎哉聖人之慮也。」

9 丁未，淮南路轉運判官孫藎罷，坐奉行措置沙田滅裂也。

10 壬子，皇叔保寧軍承宣使、知西外宗正事士街爲崇慶軍節度使。

11 癸丑，武功大夫、福建都巡檢張佐特遷右武大夫。先是，海寇劉臣興作亂，帥臣沈調遣佐率諸將捕獲之，戮其魁三人，故有是命。餘進秩有差。

龍圖閣學士羅汝楫以憂去，未免喪而卒，特贈右通議大夫。

初，有詔：「用刑殘酷責降之人，並毋得堂除，止令吏部與遠小監當差遣。」元旨十二年正月壬子行下。行之十餘歲，議者以爲無一定之格。事下刑部，刑部請：「今後命官挾私，將無罪人收禁，非理致死者⑥，自以杖捶人及違法決罰罪人，或獄具非理施行，各致殘疾，已上並謂自犯，曾經有司勘斷之人，皆爲殘酷。」從之，於是得免者衆矣。

12 甲寅，詔：「浙西、江東沙田蘆場，官户十頃、民户二十頃以上，並增納租課，其餘依舊。仍置提領官田所掌之，不隸户部。」

13 乙卯，秘閣修撰、知福州沈調陞敷文閣待制，直秘閣、知廣州蘇簡陞直徽猷閣，以措置海寇靖盡也。

校勘記

① 望復祖法　「祖」，叢書本作「舊」。

② 事初見二十七年六月己未　「初」，原作「祖」，據叢書本改。

③ 孺罷正字在四月丙午　「孺」，原作「孫」，據叢書本改。

④ 顧其情如何耳　「何」，原作「此」，據叢書本改。

⑤ 歲幣無闕　「闕」，原誤作「門」，據叢書本改。

⑥ 非理致死者　「者」，原作「若」，據叢書本改。

建炎以來繫年要録卷一百八十

1 紹興二十有八年秋七月按是月戊午朔。己未，詔：「築皇城東南之外城，命領殿前都指揮使職事楊存中莅其事。」增展出故城十有三丈，計用三十餘萬工，凡民居所占，以隙地償之，每楹賜錢十千爲改築之費。

2 庚申，初，定江西諸州部載上供米綱賞格，用直敷文閣、新江西轉運副使李邦獻請也。先是，江西上供米自二十一年至今，未起者七十萬餘石，已起未至者一百六萬餘石。會邦獻辭行奏事，上命併綱促行，期以半歲。邦獻言：「江西米運其弊有五，若不別行措置，實恐有誤朝廷指擬之數。一則部綱不得其人，及支錢米，作弊百端；二則官綱舟船滅裂，不堪乘載；三則水脚糜費等錢不足；四則不曾措置摺運，遠邇輕重不均；五則卸綱處乞取太重，斗面太高，不除擲颺折耗，所以失陷數多，甚則篙梢侵盜，因而逃竄，舟船久繫岸下，至於沉溺損壞。乞募土豪及子本客人裝載，許將一分力勝搭帶私物，所過捐其稅。如不願請船脚錢者，二萬石無欠少，補進義校尉。三萬石加一資，依軍功補官法。如土豪客船不足，許選差見任京官、選人、大小使臣，一萬石一千里以上無欠失，減四年磨勘。二萬石減六年，三萬石轉兩官止。庶幾米運通快，盡革久弊。」户部奏如邦獻請，仍募有家業及得所押物數，不曾充役及犯徒刑之人，其自備人船，每石三千里，水脚錢三百文，命官仍許募寄居待闕官，二千里以上推賞，如邦獻所乞之數。土豪客人少欠三釐以下，與依格推賞。如三釐以上補足，乃聽命官。欠三釐展三季磨勘，欠五分衝替，副尉以下勒停。從之。

詔太尉劉錡今年遇大禮，許奏補文資。

3 壬戌，閤門祗候劉汜爲江南東路兵馬副都監，從其叔父錡之請也。

4 甲子，右正言朱倬言：「四川郡守之官，其舟輿器用之直，多至五六千緡，少亦三四千緡，罷亦不損。望詔有司立法，自今並以贓論。」從之。

5 丙寅，詔諸州申到上供綱解，並令太府寺籍定，每半歲，擇其稽違之甚者，申户部所屬曹分根治。以户部員外郎莫濛言：「起綱官司，虛申綱解，致有稽違程限十數倍者。」故條約之。

6 戊辰，詔：「自今監司按發公事應推鞫者，依法不得送置司州軍。如所犯稍重，即申朝廷，委鄰路監司，選官就本處推究。州軍按發官吏，即申監司，委鄰州官。」時左正言何溥言：「監司郡守以私忿按吏，理亦有之。省部間或移送他司，往往妄意窺測，盡行闊略，而實有罪者，因以幸免，乞爲之條禁。」故有是旨。

7 己巳，殿中侍御史葉義問言：「權户部侍郎徐林營私黨吏①，不顧財用大計。」詔放罷。

8 庚午，詔美人馮氏、才人吴氏可令歸本家逐便。

9 辛未，左正言何溥言：「近朝廷擇取教授、通判之闕於部，以爲堂除。臣獨惜夫士大夫之才有長於爲邑者，而置之無用之地，使百里之民，不見由、求、卓、魯之政，甚可歎也。望用建隆、天聖故事，擇大縣闕爲堂除，仍借五品服，優其廩給，俟終更甄擢之。」上謂沈該曰：「此事須熟商量。朕謂天下事，治其末者不若治其本。縣令末也，監司、郡守本也。若監司、郡守盡得人，則縣何患不得人？卿等爲朕擇監司、郡守足矣。」既而吏部請依故事，遇堂除知縣，下本部取闕供給，視諸州簽判，餘如溥所請。從之。

10 戊寅，秘書郎王佐、秘書省校書郎兼實録院檢討官葉謙亨、胡沂並爲尚書吏部員外郎。

秘書省著作佐郎兼普安恩平郡王府教授楊邦傑、陳俊卿並爲著作郎。

起居舍人洪遵面對，論鑄錢利害。大略謂：「今錢少，多爲銷毀作器用，而南過海，北渡淮，所失至多。自罷提點官，復置屬官二員，無異監司，而鑄錢殊未及額，亦宜多方措置。」上諭大臣曰：「遵論頗有可採，前後銅禁，行之不嚴，殆成虚文。銅器雖民間所常用，然亦可以他物代之。今若自公卿貴戚之家，以身率之，一切不用，然後申嚴法禁，宜無不戢者。」

11 己卯，上出御府銅器千五百事，送鑄錢司。遂大斂民間銅器，其道佛像及寺觀鐘磬之屬並置籍，每斤收其算二十文，民間所用照子、帶鑻之類則官鬻之。凡民間銅器，限一月輸官，限滿不納，十斤已上徒二年，賞錢三百千，許人告。自後犯者，私匠配錢監重役。其後得銅二百萬斤。

右通直郎、知臨安府鹽官縣劉士開幹辦行在諸司糧料院。士開，阜民子也。上疏自訴父祖被遇先帝，特録之。

12 庚辰，上出御製郊祀天地宗廟樂章十三首，示輔臣。

13 辛巳，權尚書吏部侍郎兼侍講凌哲引疾求補外，除敷文閣待制，知台州。

14 壬午，國子祭酒周綰權尚書吏部侍郎。秘書少監曾幾權禮部侍郎。

直秘閣楊庭陞直顯謨閣，以其母崇國夫人南氏有請也。於是，庭弟成忠郎廉等十人並進官。

15 癸未，詔進奏官每郊四人出職。諸道進奏官凡八十有一人，每郊從上出職三人，帶補有過已雪者一人，祖宗舊典也。紹興十四年減半，及是復之。此據會要。

16 甲申，權吏部尚書兼侍讀王師心充顯謨閣直學士，知紹興府，從所請也。

給事中兼實録院修撰兼侍講賀允中權吏部尚書。允中在黄門，多所駁正。先是，三衙刺兵，改易軍分，及牧馬營地，占奪民田，大將有回授其子而轉閤職，及中貴人遷秩不應法，或免試補官特差之類，允中繳論不一。嘗因對，論君子小人之異。允中言：「君子志在尊君，則不能無忤，小人志在悦君，故第爲詭隨，此不可不辨也。」上稱美。久之，允中又言：「聞陛下欲闢御苑，以近某人園，果乎？」上曰：「誰爲此言？」允中曰：「臣既有聞，不得不奏也。」上曰：「卿言甚忠，繼有所聞，宜悉以奏。」

左朝散郎沈介試秘書少監。

尚書司封員外郎黄中守國子司業。

17 乙酉，詔諸路没官田並令出賣。時所在州縣閒田頗多，舊許民請佃，歲利厚而租輕，間有增租以攘之者，謂之剗佃，故詞訟繁興。右奉直大夫、知温州黄仁榮請鬻之，則訟自息。户部言：「昨寺觀常住絶産，已椿充養士，亦望如仁榮所乞。」從之。

右奉議郎、知復州何棐言：「湖北路所賣茶引，歲有常額。其間户口繁庶去處，年額不多，是致小商私販以規利。兼有人煙户口未及前時，而引數頗多，科及保正，甚者不問貧富，以丁口一例科抑。」詔提舉司參酌人户多寡，通融措置，毋得科敷。棐，㮚弟也。

1 八月戊子朔，詔置國史院，修神宗、哲宗、徽宗三朝正史。

端明殿學士、四川安撫制置使兼知成都府李文會薨。

2 己丑，詔諸路風水災傷州縣，並令提舉官檢放苗税，而賑貸其不給者。用監察御史任古請也。

3 辛卯，權吏部尚書兼實録院修撰兼侍講賀允中進兼侍讀，權禮部侍郎孫道夫、權工部侍郎劉章並兼侍講。時上將祀南郊，道夫言：「神祖時，執政以國用不足，乞罷郊賜。司馬光贊之，而王安石執不行。臣謂將來郊禮，宜伸光之議，許兩制侍從皆辭錫賚。宗室、刺史以上減半節用。自貴近始，以風示天下。」上曰：「朕在宫中，衣服飲食皆從儉約。」道夫曰：「陛下可謂於禹無間然矣。」

4 壬辰，殿中侍御史葉義問守侍御史。

5 癸巳，起居郎王剛中試中書舍人。起居舍人洪遵守起居郎。尚書禮部員外郎張孝祥試起居舍人。

6 乙未，增瀘州解額三人。眉、漢、嘉、邛、簡、忠、涪、資、叙、昌、西和州、遂寧府、石泉、永康、長寧軍、仙井監解額各二人。以逐路轉運司言，皆以終場百人以上取放一人故也。

7 丙申，秘閣修撰、知紹興府趙令詪權尚書户部侍郎。

初，議者以淮東積鹽，命提舉官吴巘措置。至是，巘言：「本路催煎場一十九，共管竈四百五十二。今諸倉積鹽三百七十四萬石，欲省竈八十四，減歲額鹽五十二萬石有奇，度歲收尚三百三十萬石。如每年支及六十萬袋，則可將積鹽三十萬石帶支，期以十年支發盡絶。」從之。

8 戊戌，尚書右僕射、提舉實録院湯思退等上徽宗實録一百五十卷。以左僕射沈該爲禮儀使，進官賜銀帛，如提舉官例，該不受。實録自八年秋開院，至是踰二十年乃成。官吏進秩者四十有八人，減磨勘年者一百四人，遷資者六十三人，犒賜銀帛共八千餘匹兩。舊秦檜所進，自元符三年至大觀四年，至是，再加增潤，然猶多疎略云。上御垂拱殿，進呈訖，奉安於天章閣，又以小本進入禁中。先是，輔臣以實録成書，請擇日稱賀。上顰蹙久之，曰：「莫可以不賀否？」輔臣再奏：「禮當拜表，第罔極之恩，深惻聖懷，若免稱賀，亦所以稱孝道。」上乃從之。

9 庚子，命尚書右僕射湯思退監修國史，權吏部尚書賀允中、中書舍人周麟之兼同修國史，吏部員外郎葉謙亨、楊沂、秘書省校書郎汪澈並兼國史院編修官。時左僕射沈該與思退並以監修國史爲名，而該監修日曆，思退監修正史。熊克小曆於七月丙子書置國史院及思退監修。又七月甲申書賀允中兼同修國史。並誤。

10 辛丑，延福宫使、清遠軍承宣使、入内内侍省押班張見道落階官，提舉萬壽觀，免奉朝請。

右武大夫、成州團練使廖虞弼爲樞密副都承旨。

權尚書户部侍郎湯允恭卒。

權尚書兵部侍郎兼提領鑄錢榮薿充敷文閣待制，提舉江州太平興國宮。薿嘗入見，上問以鑄錢事。薿曰：「已令兩屬官分行諸路，責以如額。」翌日，上謂大臣曰：「如此措置，殆成虛文，當先會每歲所出銅料，所用木炭，所役工匠皆幾何，然後可以責辦。」薿不自安，乃求去，故有是命。

11 壬寅，三省請選官二員往嚴、饒州措置鑄錢，仍命户部侍郎趙令詪提領，上可之。乾道二年二月庚子設饒、贛兩司。

尚書省勘會張浚已服闋。詔特進、觀文殿大學士和國公張浚落職，提舉江州太平興國宮，依舊永州居住。

直敷文閣劉堯仁爲秘閣修撰，主管佑神觀，以堯仁乞臨殿推恩也。

12 癸卯，左通奉大夫、守尚書右僕射、同中書門下平章事、監修國史湯思退以進書恩遷左正奉大夫。

13 乙巳，武信軍承宣使、荆湖北路馬步軍副都總管李横令再任，用安撫使劉錡請也。

14 丙午，中書舍人、權直學士院、同修國史周麟之入見，論：「徽宗實録所載之事，多涉國體，與今日政令相關，凡副本之在有司者，宜謹其藏，不許諸官司關借，及臣僚之家私自傳寫，庶可以嚴宗廟，尊朝廷。」即日拜麟之尚書兵部侍郎，兼直學士院。

太常少卿王珪既出臺，引疾求去，除直敷文閣，知舒州。

15 丁未，加封唐柳州刺史柳宗元爲文惠昭靈侯。

16 庚戌，起居郎洪遵兼權中書舍人。

樞密院編修官王淮、諸王宮大小學教授任質言並爲秘書省校書郎。

太常寺主簿杜莘老爲太常博士，仍兼籍田司。千畝皆上腴，而歲取甚薄，耕者行賕以争利，吏每於歲首步頃畝，視賕之薄厚爲予奪，疆畝所接，皆苦之。至是舉故事，請度田。莘老曰：「是無盈縮，安用度？」乃立表大書於四境，且籍耕者賦耕田有定數，吏縮手不得肆，旁近民感悦，至今賴之。

17 辛亥，中書舍人王剛中兼史館修撰，掌修哲宗徽宗實訓。秘書少監沈介兼編修官。

詔立愍節廟於順昌縣，以祠范旺。

18 癸丑，知大宗正丞陳棠乞：「依故事，擇祖宗諸王之後，各以年長者一人權奉祠事。」不行。時行在南班宗室才十一人，皆濮王與吴益王諸孫，而祖宗諸王之有後者，惟商恭靖王、周恭肅王二人而已。

19 甲寅，夜，地震。

1 九月按是月丁巳朔。戊午，左奉議郎、前通判静江府朱良弼言：「廣西自嘉祐間憲臣李師中、帥臣余靖奏團結訓練土丁以備邊，其後熙寧、紹聖、大觀以來，修爲成法。每歲農隙，分之州縣，更番教閲，一月而罷。百餘年間，壓盗鎮蠻，既免戍役之勞，又少供饋之費，庶幾三代寓兵於農之意。比年州縣視爲虚文，祖宗良法幾廢。望飭有司④，約束州縣，恪意奉行。」上謂宰執曰：「良弼善論事，可與廣中合入差遣，庶使士民知勸。」王綸曰：「如此雖陞等亦何害？」上曰：「然。」

延福宮使、德慶軍承宣使、入内内侍省副都知衛茂實專切提舉皇城所③。延福宮使、安德軍承宣使張去爲充入内内侍省押班。

2 辛酉，太學博士唐堯封罷。先是，國學私試，第七人詩賦失韵，諸生以爲言。侍御史葉義問奏其事，乃罷堯封。

3 甲子，國子正馮方改差主管户部架閣文字。仍下詔，誨諭諸生砥節厲行，其有不率者，長貳具名以聞。

尚書右僕射、監修國史湯思退言：「故追復顯謨閣學士汪藻嘗纂元符以來詔旨，比修實録，所取十蓋七八，深有力於斯文。」詔贈藻端明殿學士，諸子與堂除。熊克小曆於此段書：「未幾，徽宗實録成，思退上之。」按：實録已於八月戊戌進呈，在此前二十六日。克蓋差誤。

重修朝、射、垂拱三殿成。

4 乙丑，直敷文閣、知臨安府張偁特遷一官。

詔右宣教郎趙慶孫與改正過名。慶孫少孤，自西京將母南渡。秦檜當國，言者以慶孫嘗爲趙鼎所薦，奏慶孫不能事母，停官。至是，自訴於朝。刑部符慶孫母侄浙東安撫司參議官黃子游問狀，子游言：「慶孫孝養周至，嘗爲近臣列薦於朝。」故有是命。

5 丁卯，右奉議郎幹辦行在諸軍審計司朱商卿、右朝奉郎提轄行在文思院吕靖並兼提領鑄錢所措置官。商卿贛州，靖饒州措置。商卿，勝非子。靖，惠卿曾孫也。

6 己巳，資政殿學士、知宣州魏良臣移知潭州。

初，右奉議郎環周以大理寺丞面對，論太湖地低，杭、秀、蘇、湖四州民田多爲水浸，請復導諸浦，分注諸江。詔兩浙漕臣按視。至是，轉運副使趙子潚、敷文閣待制知平江府蔣璨等言：「太湖者，數州之巨浸，而獨泄以松江之一川，宜其勢有所不逮。是以昔人於常熟之北，開二十四浦，疏而導之楊子江。又於崑山之東開一十二浦，分而納之海。三十六浦後爲潮汐沙積，而開江之卒亦廢，於是民田有淹没之憂。天聖間，漕臣張綸嘗於常熟、崑山各開衆浦。景祐間，郡守范仲淹亦親至海浦，浚開五河。政和間，提舉官趙霖又開三十餘浦。此見於已行者也。今諸浦湮塞，又非前比。總計用工三百三十餘萬，錢三十三萬餘貫，米十萬餘石。緣平江積水已兩月未退，望速行之。」乃詔監察御史任古、本路提點刑獄公事徐康覆視。既而古至平江，又言：「常熟五浦通江，委是快便，若依子潚所請，以五千人爲率，來歲正月入役，月餘可畢。」又言：「平江四縣，舊有開江兵二千人，今乞止於常熟、崑山兩縣各招填百人。」從之。既遂出御前激賞庫錢、平江府上供米如其數，用正月庚申興工。環周建請在紹興二十四年九月乙丑。

詔責授建武軍節度副使、南安軍安置鄭億年奪所賜田二十頃④。以右正言朱倬論其嘗事僞庭，獻其謀議也。

7 庚午，寧江軍承宣使、提舉台州崇道觀潘長卿卒。

8 辛未，户部奏銅錢出界罪賞。諸以銅錢與蕃商博易者，徒二年，千里編管。二貫流二千里，二十貫配廣南，出中國界者，遞加一等。三十貫配遠惡州，許人捕。凡經由透漏巡捕州縣，知通、縣令、丞、鎮寨官、市舶司官吏、帥臣監司之在置司州者，並減犯人一等。故縱者與同罪，不以去官赦降原減。命官獲三十緡者進秩一等，餘人賞錢五百緡，其他以是爲差。

左正言何溥言：「直秘閣、利州路提點刑獄公事許大英起自法家，深文刺骨，久任理卿，專以大臣指意爲獄，擠陷無辜，不可勝數。奉使一道，專務營私。」詔大英主管台州崇道觀。

右朝請大夫、新知道州汪若海直秘閣，知江州。初，若海自圍城中首至帥府，後坐累沉廢累年。至是入對，以靖康末所與曹輔書獻於朝。詔若海係元帥府補官，特有是命。

9 甲戌，給事中楊椿等言：「在法，公使器用陳設有闕，以不係省頭子錢修置，係謂監司郡守。比來州縣官屬，例皆置造從物供帳，所費不貲，乞行禁止。」詔監司守臣不得華侈，餘妄費官錢及科率吏民者，坐贓論，令監司覺察。

初，吏部續降書成，事初見十年十二月乙未⑤。行之既久。至是，權尚書賀允中復言：「於成憲不無沿革，吏得以舞文，望以舊制及續降參訂異同，立爲定制，庶免用例破條。」從之。後二年乃成。三十年八月丙辰進呈。

10 乙亥，直秘閣、提舉江南西路常平茶鹽公事范如圭提點利州路刑獄公事。如圭辭，改主管台州崇道觀。十二月壬辰改命。

右朝請郎、知蘄州宋曉言：「在法按吏，郡守不得而專。乞自今所部官吏有實犯，牒通判同銜具奏。如所見不同，或守臣增加罪狀，及於法親嫌應避，限二日具事因回報，仍先申尚書省，庶姦贓之吏有所畏憚。」給事中楊椿等以爲可行，乞令有司立法。從之。

11 丁丑，御史臺主簿沈樞爲監察御史。

賜直秘閣、知盱眙軍楊抗三品服。

12 戊寅，領殿前都指揮使職事楊存中言：「本司見造戰船，乞置虎翼水軍一千人駕放。」從之。熊克小曆在壬午。

右迪功郎李耆言：「自經界之後，税重田輕，終歲所入，且不足以供兩税。今又配州縣買銅，民力愈困矣。況江西州縣多用私錢，舊錢百重十一兩，新錢百重五兩有奇，若毀舊錢千，以鉛錫雜之，則可鑄二千五百。是以贛、吉等州，比屋私鑄。一路且以萬户言之，户日銷千錢，是日毀萬緡也。民既銷錢而盜鑄，官又抑民毀錢而更鑄，得不償失，徒弊百姓，費邦財。願詔諸監錢，姑仍舊歲計坑冶所入銅錫興鑄，諸路委提刑兼主其事，户部歲終課其殿最，則事省而民安矣。」自户部提領鑄錢，而分州縣科買銅錫，民多毀錢爲銅以應命，故耆言如此。書奏，詔提領鑄錢司措置約束。耆，袁州人也。

左朝散大夫劉岑復秘閣修撰，提舉台州崇道觀。

左通直郎、主管户部架閣文字馮方爲御史臺主簿，葉義問薦之也。

左朝請郎孫仲鼇卒。

13 己卯，封宮正張真奴爲永嘉郡夫人。

户部奏，言者論：「監司守令害民事件，乞監司、知州月給例罷，非舊例册所有而輒受者，以贓論。諸縣宴集責辦吏人者，以受所監臨財物論。邑官借貸於民者，以非法擅賦斂論。」從之，然終不能革也。

直龍圖閣、知撫州錢端禮乞奉祠，詔端禮主管台州崇道觀。

14 庚辰，中書舍人兼史館修撰王剛中充龍圖閣待制、四川安撫制置使兼知成都府。先是，權禮部侍郎孫道夫言：「中外籍籍，皆謂金人有窺江淮意，不知達聖聽否？」上曰：「朕待之甚厚，彼以何名爲兵端？」道夫曰：「夷狄難測也，彼身殺其兄而奪其位⑥，興兵豈問有名？願陛下預爲之圖。」又言：「成都帥，陛下不可不擇，宜求才可以制置四川者二三人，常置之聖度。」上云：「當儲人以待緩急之用。」剛中亦言：「禦戎最今日先務之急⑦，夷狄之情，强則犯邊，弱則請盟。今勿計夷狄之强弱⑧，盍先自擇將帥，蒐士卒，實邊儲，備軍械，加我數年，國勢富强，彼請盟則爲漢文帝，犯邊則爲唐太宗。」上壯其言，會西蜀謀帥，宰執謂宜得文武威風識大體者。上曰：「無逾王剛中矣。」遂有是命。又令道夫以蜀中利害語之，仍詔都大主管茶馬公事許尹兼權制置司公事，竢剛中至日罷。時太常博士杜莘老因轉對，亦論金將敗盟，宜飭邊備，且曰：「勿恃其不來，恃吾有以待之。」上稱善再三，又諭曰：「卿意親朕，知卿忠赤。」

15 辛巳，皇叔建州觀察使、知濮安懿王園令士輵爲昭化軍節度使，嗣濮王。

起居舍人張孝祥兼權中書舍人。

權刑部侍郎兼詳定一司敕令楊揆言：「被旨修吏部條例，本所取會到續降指揮計五千件，而删定官止五員，恐難辨集。望於大理寺權暫差官五員，不妨本職，同共删修。」從之。

16 癸未，三省言：「平江、紹興府、湖、秀州被水，欲除下户積欠，恐侵歲計，乞令户部開具。」上曰：「止令具數，使於内庫撥還。朕平時無妄費，内庫所積，正欲備水旱耳。本是民間錢，却爲民間用，復何所惜耶？」

17 甲申，起居郎洪遵言：「臣幸得以記注陪侍經幄，每先朝書曆經筵官講讀畢，許留身奏事，而修注官未嘗有奏事者，皆云近例如此。且聯名一曆，不應别爲二體，許依講讀官奏事。」遵又言：「自紹興九年至今，起居注未修者殆十五年，乞令兩省除見修按月進入外，餘未畢者每月帶修兩月。」皆從之。

右文林郎鄧昂上書，論關外營田利害，大略謂：「營田創始之初，十分收五，歲約十八萬石有奇，所餘五分，今當盡取。其寬鄉之田，宜更添人力。又漢中多濕田，不宜禾麥。因其卑濕，修爲稻田，則所收無虛歲。又諸莊牛少，凡遇疫損，卒難補填，宜益牧牛以資蕃庶。」詔王剛中、李潤措置。然關外營田多爲諸大將所擅，後不果行。慶元六年十月王寧措置可參考。

18 乙酉，權户部侍郎趙令詪言：「州縣義倉米，積久陳腐，欲出糶，及水旱災傷檢放不及七分去處，亦許賑濟。」左僕射沈該等言：「義倉米在法不應出糶，糶之恐失預備。」上曰：「義倉歲以三之一出陳易新，何至侵損？上田自有高下，必俟通及七分，則當賑濟處絶少矣，饑民何由得食？卿等可别行措置。」

武翼大夫趙廓幹辦皇城司。廓，密子。已見。

1 冬十月丁亥朔，秘書少監沈介爲賀大金正旦使，閤門祗候宋直温副之。國子司業黄中爲賀生辰使，閤門祗候、幹辦御前忠佐軍頭引見司李景夏副之⑨。名新南門曰嘉會。

2 戊子，左承議郎虞允文爲秘書丞。允文知渠州，地磽民貧，而常賦之外又行加斂，流江一邑尤甚，允文奏罷之，凡六萬五千餘緡。此據楊萬里所撰允文墓碑增入。按日曆所載，渠州科敷事乃今年五月五日潼川提刑王之望申明得旨，下制置司措置。此月庚子再下。王剛中相度與碑所云不同，或者允文既聞於朝而又申提刑司也，且附此，更須詳考。沈該薦其才，召對。允文獻言，謂君道有三，曰畏天，曰安民，曰法祖宗。時論韙之。又論州縣科需，尋詔監司約束。監司約束科需事，以是月乙卯行下，今併書之。允文，仁壽人。已見紹興二十六年三月。

左朝散郎、提舉江州太平興國宮周葵直龍圖閣，知太平州。

右朝請大夫向子忞知道州。

3 初，上作損齋，屏去玩好⑩，置經史古書其中，以爲燕坐之所，且爲之記。權吏部尚書賀允中請以賜羣臣。庚寅，上謂宰執曰：「允中嘗於經筵，問朕好道之意，朕謂之曰：『朕之所好，非世俗之所謂道也。』若果能飛昇，則秦皇、漢武當得之。若果能長生，則二君至今不死。朕惟治道貴清淨，故恬淡寡慾，清心省事，所謂『爲道日損』，期與一世之民同躋仁壽，如斯而已。當降出碑本，以賜卿等。朕又惟比年侈靡成風，如婚祭之類，至有用金玉器者，此亦不可不戒。」於是降詔，諭中外如上旨。宋史全文：史臣曰：「在易之損，六五，君位也。其辭曰：『或益之十朋之龜，弗克違，元吉。』履尊以損，則益之者衆，所以元吉也。然則自損之道，祗其所以爲益歟。」

4 辛卯，左朝散大夫傅雱卒。

5 壬辰，户部言：「諸路出賣没官田，乞以價錢七分上供，三分充常平司糴本。」先是，兩浙轉運副使湯沂乞令諸路常平司乘時糴米，至糶賣⑪。左正言何溥言：「諸郡常平，侵耗無幾，請鬻官田以充本錢。」故户部有請焉。明年六月壬寅所書可參考。

大理正章岵言：「荆湖大稔，米升不過六七錢，望遣使就糴。」户部請：「出見錢、關子、乳香套，共二十萬緡，付轉運司收糴，應副鄂州戍軍歲用。其鄂州歲計米於建康府椿管。」從之。

起復右武大夫、忠州團練使、殿前司摧鋒軍統制兼知循州張寧爲廣南東路兵馬鈐轄。右武大夫、閤門宣贊舍人、殿前司左翼軍統制陳敏爲福建路兵馬鈐轄，他職皆如故，以在戍所日久，故優之也。

初，永州土豪張巨泗者，多聚溪峒人及亡命，椎埋爲姦，交結監司郡縣吏人，相爲表裏。敷文閣待制、樞密都承旨陳正同之守邵州也，有告巨泗遣其徒掠人於境上，正同窮治之。巨泗亡去，正同言於朝，詔憲帥兩司根捕，至是數歲，獄乃成。大理言：「當以赦免。」刑部以情重裁奏，朝議特旨編配。正同奏：「祖宗著令，持杖强盗及資給亡命者，皆不以赦原，請論如律。」詔可。始，正同怒巨泗，誣以殺人。衡州軍事判官李椿奉檄鞫其獄。有告巨泗行盜者，未嘗與告者辯對，未嘗逮同徒，亟追證，則告者無其人，同徒者旋斃於路矣。細閲其牘，竄易殆盡，偶得一證，所誣以爲同徒者。是夕在他州有佐驗，竟直之。椿，永州人也。此以椿行狀附見，但不知是何年月事，更當詳考之。

6 乙未，權尚書吏部侍郎張綱兼史館修撰。

7 丁酉，詔右奉議郎高百之已降與在外宮觀指揮更不施行。百之既奪職去位，其母楚國太夫人周氏以舊恩訴於朝，上許之奉祠。給事中楊椿封還録黄，言：「陛下總攬權綱，前日權臣子孫自知不容，屏息跧伏，乃今取秦塤婦翁而授以差遣，恐除目一傳，中外解體。」上爲寢其命。

8 戊戌，樞密副都承旨廖虞弼入見。詔虞弼不安分守，僥求無厭，可提舉台州崇道觀，日下出門。

9 己亥，權尚書禮部侍郎曾幾充集英殿修撰、提舉洪州玉隆觀。近歲，權侍郎補外，例得待制。侍御史葉義問言：「侍從補外，所除職名之大小，皆因敭歷之久近。比年遷擢不常，浸乖履歷，非遴選之意。望明詔大臣，參酌舊典。」此月丁未降出。會幾以老乞奉祠，乃除修撰，自是以爲例。

初，烏江縣尉王公袞之母葬山陰，其冢爲盜嵇泗德所發。在法，發冢開棺者死。而紹興府法官，當泗德按問，欲舉減等，又以其妄引平人加役流。公袞手殺盜。事聞，其兄吏部員外郎佐請納官以贖公袞之罪，事下給舍。至是，給事中楊椿等言：「公袞殺掘冢法應死之人爲無罪，納官贖弟，佐之請當不許，故縱失刑，有司之罪宜如律。」制曰：「給舍議是。」於是公袞降一資，佐仍舊職，紹興府官吏皆坐失出之罪。既而守臣顯謨閣直學士王師心上疏待罪，詔釋之。

尚書省檢會節次行下四川制置等司措置條具，減鹽酒課息錢，前制置蕭振等陳乞，二十八年五月十六日行下。渠州科敷，潼川提刑王之望申，今年五月初五日下。復西川錢監，前劍東節推麴靖、成都運判許尹奏，去年四月十二日月九日下。酒官酬賞，八月八日下。取會四川宣司便宜及總所措畫指揮，三月二十七日下。關外營田，鄧昂上書，已見九月二十七日。蠲減四川正稅役外科斂，夔路提刑楊朴奏，二十七年二月二十四日下。乞令錢引務差官賫新引就夔州與本路民户兑界，知遂寧府程敦臨奏，二十七年三月十八日下。捐蜀中鹽井虛額，去年四月十七日下，已見。拘四川銅器，七月二十八日下。令四川諸州人户買隔槽及清酒務麴分認官錢，承節郎程世威奏，十月四日下。論錢引兑界收貫頭錢數多，及西川布估錢太重，左宣教郎王國光奏，十月十三日下。皆未報。凡十四事。詔王剛中與諸司公共相度以聞，務令軍民兼濟。

10 庚子，四川安撫制置使王剛中辭行。

11 辛丑，詔監司帥守以下私役軍匠者，坐贓論。以右朝奉大夫晏崇古論其擾民費財也。

12 癸卯，左朝奉大夫兩浙西路提點刑獄公事徐康、右朝奉郎提舉兩浙西路常平茶鹽公事謝伋、右太中大夫、敷文閣待制知平江府蔣璨並特降一官。時德清令范直大、長洲令張靖皆有贓，爲侍御史葉義問所按。詔詰監司守臣之失察者。康、伋、璨皆繆爲案牘以聞，由是貶秩。既而，兩浙轉運副使趙子潚、湯沂、敷文閣待制知湖州李琳皆上章引罪，上特命釋之。義問又奏：「康等三人罪大罰輕，不足以戒欺罔。」詔璨提舉洪州玉隆觀，康、伋並罷。直大等行遣以庚寅，餘人放罪以乙巳，三人罷以戊申，今併書之，庶首尾易見。

初，有旨盡鬻諸司官田，而議者以爲恐見佃人失業，未賣者失租。至是，侍御史葉義問力言：「今盡鬻其田，而立爲正稅，田既歸民，稅又歸官，不獨絕欺隱之弊，又可均吏役之法，一舉而四得之矣。」時浙東提點刑獄公事邵大受亦申明三事，乞：「承買官産者免物力一年至三年，已給賣後，不許執鄰取贖。舊六十日輸錢不足者，錢没官，别召人投買，今倍其日。」皆從之。

甲辰，詔：「川陝四路轉運司⑫，每季差使臣一員，持定差文字赴吏部，限十日給降付身，有不當者，申尚書省。即非理沮難者，當抵罪。漕吏及使臣輒斂定差人縻費者，以贓論。」先是，每路皆以候卒持闕狀入都⑬，自軍監已下，俱有定直，小官有費錢數百千者。工部侍郎兼權吏部侍郎劉章言：「如此，何以責其廉節？」上以爲然，故有是旨，後不果行。

皇侄利州觀察使居閎降授郢州防禦使。時修太廟殿室，告遷祖宗神主，而居閎不赴，故有是命。

13 丁未，詔監司郡守補發舉官狀者，不得過前執政官一年合舉官之數。以司勳員外郎任文薦言補發重疊也。舊兩浙漕司歲舉京官四十員，至是亦減十員。

14 戊申，顯謨閣直學士、知紹興府王師心言：「本府崇奉昭慈、永祐兩攢宫，歲用錢萬三千餘緡，係省之入不足以給。」詔於上供經總制錢内支。

15 癸丑，故進士楊居中、執中並特贈右承事郎。二人，存中弟也，建寧之陷，死焉。至是，存中乞以大禮所得親屬門客二官爲恤典，上特命録之。

1 十有一月丁巳朔，出内庫錢三萬九千餘緡付户部，代平江府、常、湖州水災下户積欠租税。

2 戊午，直敷文閣、知臨安府張偁陞直顯謨閣，都官員外郎楊倓進秩一等，皆以修外城畢工故也。

召御前中軍統制、知成州吳拱赴行在。

左正言何溥言：「比歲奉使所辟官屬，多募人代行，市井狡獪之徒，冒法私販，有傷事體，望重立賞告。」從之，自來年始。

3 辛酉，詔大禮金銀錢帛，並減半供進。翌日，沈該等言：「近蒙聖恩，捐內庫錢代三郡積欠，以寬民力。今所進又減半，深恐錫賚之際，或不足用。」上曰：「大禮支費，朕半年前預立定格，無分毫濫，比之前郊，才及十之五。」該曰：「陛下恭儉出於天性，豈前代帝王所可跂及？」

4 壬戌，左正言何溥言：「臣恭聞祖宗朝，每遇大赦，則置看詳編置罪人一司，命官典領，以重其事。蓋置司看詳，則責任專，推類施行，則事體一。日者用事之臣，輒以私意禁錮士類，屢經恩宥，而不敢檢舉，天下扼腕。陛下躬攬之初，痛革其弊，盪瑕滌穢，與之更新。其表表在人耳目者，固已生復故官，而死加榮號矣。臣尚慮有身落幽遠而弗克上通，家坐窮空而無以自列，抱冤沉滯，籲天莫聞。願舉故事，選清切公明臣僚二人，取索諸色官員士人罪犯案卷，置司看詳。其應該赦移放者一面施行，內有可疑申三省取旨，仍責限了絕。」詔俟赦降取旨。

左朝奉大夫、成都府路提點刑獄公事錢堪知江州。右中散大夫、成都府路轉運判官王弗提點本路刑獄公事。右朝散大夫、知蜀州路允修爲成都府路轉運判官。允修嘗漕東蜀，以贓污爲李迨所按，一斥幾二十年。及守蜀州，無善狀，堪、弗皆其姻家，置不問，又交薦之，乃有是命。

5癸酉，定江軍承宣使、同知大宗正事士㒟請：「宗室京官，如選人例免銓試，武臣見監當者並蠲務。」吏部請補官三年、年及二十五者，免試注官。從之。

6己卯，冬日至，合祀天地於南郊，赦天下。故事，每遇大禮，則命近臣看詳編置罪人，所犯或放或徒。秦檜用事，士大夫貶責者，雖屢赦不移，至是，用何溥言，壬午，命權吏部尚書賀允中、刑部侍郎楊揆檢舉，自是遂爲永制。既而侍御史葉義問言：「頃歲傅會及告訐之人，歲月未深，理情難恕，不應一例移放。」從之。義問所奏在十二月庚寅，今併附此。

權禮部侍郎孫道夫因入對，面奏：「今合祭天地，奉祀宗廟，悉復承平舊典，加以闢道山，求遺書，修太學，育人材。文治既舉，自此願訓敕將相，增修武備，以爲不虞之戒。」又奏：「仁宗景祐初采古兵法及舊史成敗爲神武秘略，以賜邊臣，訓迪有方，故一時爪牙，有古良將風。願下文館，重加讎正，徧賜將帥，以繼仁祖故事，豈無曹瑋、王德用、狄青之徒，爲時出乎？」時金人叛盟有端，而中外疑信未決，道夫獨憂之，故因議論之際，數以武事爲言焉。

1十有二月丁亥朔，名江州太平興國宫新建本命殿曰申福。

敷文閣待制、樞密都承旨陳正同知平江府。起居郎兼權中書舍人洪遵兼權樞密都承旨。

初，命諸路招三衙闕額軍兵，而左中大夫、敷文閣待制、知福州沈調所招額溢，樞密院擬轉左太中大夫，該辭，上不許。給事中兼權直學士院楊椿當草答詔，奏曰：「招軍之勞薄，上宰之兄有嫌。此賞一行，當有强刺良民以希進者。」上以先降推賞指揮，不聽。該再辭，許之。熊克小曆載此事於今年正月，蓋誤。

2 己丑，權尚書刑部侍郎楊揆充敷文閣待制，知鎮江府。仍詔以鎮江重地，選用從官，故特除待制。

3 庚寅，尚書兵部侍郎、同修國史兼直學士院周麟之試給事中。

右司郎中黄祖舜權刑部侍郎。尋命祖舜代楊揆，看詳移放罪案。十二月乙未。

武德大夫、吉州刺史、内侍省押班李存約與宫觀差遣，從所請也。

慶遠軍承宣使、提舉江州太平興國宫、安定郡王令衿薨，贈開府儀同三司。

4 壬辰，右迪功郎劉芮守大理司直。芮，摯曾孫⑭。初見紹興六年五月。芮以近臣薦對，乃有是命。

左從事郎查籥主管户部架閣文字。籥，江陵人也。

5 甲午，秘閣修撰劉堯仁試軍器少監。

延福宫使、慶遠軍承宣使、入内内侍省押班李珂提舉萬壽觀，免奉朝請。

宣正大夫、安慶軍承宣使陳琠卒，特贈建寧軍節度使。

6 乙未，詔：「閤門宣贊舍人、特差兩浙西路兵馬鈐轄、御前祗應劉炎令再任。」炎筦禁中市易，因通北賈，大爲姦利焉。

7 己亥，恭謝太一宫。時敷文閣待制陳正同、楊揆補郡未辭，特命隨班對御茶酒。

8 辛丑，上謂大臣曰：「近州縣官吏，曾經臣僚論列，而監司郡守失於按發，雖已行遣一二，其餘待罪者皆放，恐公然容庇姦贓之吏，無所忌憚。」

9 壬寅，詔自今量其輕重，必行責罰，不許待罪。

詔出御前錢，修葺睦親宅，及重建宮學殿宇，凡一百七十一區。

延福宮使、崇慶軍承宣使、内侍省押班王晉錫爲入内内侍省押班。

10 丁未，太學録劉甄夫、武學諭葉懷忠等以皇太后新年八十，率兩學生上表稱賀。

詔才人劉氏進封婉儀。

責授寧遠軍節度副使、柳州安置李光復左朝奉大夫，任便居住，以赦叙也。

秘閣修撰、知綿州吴援陞右文殿修撰，充四川安撫制置使司參議官。

11 戊申，前國學生台州編管人黄作、池州編管人詹淵許自便，以賀允中等看詳取旨也。

12 庚戌，左宣教郎鄭丙行太學録。丙，長樂人也。

13 辛亥，詔大金使副依宰相上下馬，及於麗正門外西廊北，從第一至第三間爲待漏幕次。

左武大夫昭慶軍承宣使帶御器械董仲永、武功大夫吉州刺史帶御器械吴亢並爲内侍省押班。

初，盡括公私銅器，而端明殿學士、知建康府張燾請聽民凡以錢三斤易磬一斤。至是，權户部侍郎、兼提領鑄錢司趙令詪請以爲鑄錢本。許之。

14 壬子，金國賀正旦使正奉大夫工部尚書蘇保衡、副使定遠大將軍太子左衛率府率阿典等入見⑮。保衡，雲中人也。此據范成大攬轡録。

15 癸丑，右承事郎、守軍器監丞吴搗特遷右承議郎，仍賜三品服。搗，拱弟，已見。

16 甲寅，左奉議郎張堅乞以大禮所得妻封號，回授所生母李氏。故事，羣臣父在者，不得以恩封妾母，上特許之。堅，綱子。已見。

是歲，宗室訓名二十有一人。

刑部斷大辟四十七人。

賜道人黄元道號達真先生。元道，成都民家子，生得中風疾，遇異人而愈。自是言人休咎或中，能啖生肉。上召見，御製贊賜之。此據洪邁夷堅丙志。

御前諸軍都統制兼知興元府姚仲言：「興元府洋州諸縣，各有以前保丁内選到人材少壯堪出戰入差充義士，臣已於數内，摘揀到三千人，團結隊伍，教習武藝，及欲於附近大安軍、巴、蓬州差撥保丁，以備般運軍糧。」從之。自朝廷與金約和罷兵，議者乃奏罷利路諸州義士。至是，仲聞金有意敗盟，欲爲戰守備，乃奏復之。議者亦謂興洋舊有義士萬餘，皆驍勇可用，祇是免身丁差役之類，初不費有司錢糧，望下本路帥司，檢照舊來簿籍條例，依舊收充，以時教閲，無令州縣别致騷擾，以備緩急使喚，此正古人寓兵於農之意。奏可。始，王庶立法，義士每丁蠲家業錢二百千，部轄使臣，蠲六分科斂。及是，諸縣民間所餘家業不多，科買軍糧草料，苦於偏重。仲乃命視舊法，止蠲其半，部轄使臣三分之二。衣甲兜鍪，神臂弓箭，官給。其他應軍中所用，皆自爲之。軍行，日支糧二升有半。每六十五人爲隊，管隊二人，押擁隊二人，旗首三人。縣立三部，都副、部轄、管轄各一人。於是合五郡所籍，爲二萬一千七百餘人。惟興、洋、大安至今不廢。已上並據閻蒼舒興元記修入。未得其月日，故且附年末，但記并取張浚爲江淮宣撫使時奏乞募義士槍弩手劄子聯書之，則誤也。罷義士奏請在紹興二十二年五月辛亥。

初，皇太后苦目疾，國醫不能療，詔募草澤療治。臨安守臣張偁以蜀人皇甫坦名聞。坦，夾江人，善風鑒。上召對，問何以治身。坦曰：「心無爲，則身安。人主無爲，則天下治。」上引至慈寧殿，用其術，后疾良已。上大喜，厚賜，一無所受，因俾持香禱於青城山。既還，復召見，問以長生久視之術。坦曰：「先清諸欲，莫令放逸，丹經萬卷，不如守一。」上歎曰：「真人也。」爲書「清虚」二字以名其庵舍，繪其象於禁中焉。此據嘉定甲乙志修入。

校勘記

① 權户部侍郎徐林營私黨吏　「徐林」，原作「林徐」，據本書卷一七九乙正。

② 望飭有司　「有」，原作「攸」，據叢書本改。

③ 延福宫使德慶軍承宣使入内内侍省副都知衛茂實專切提舉皇城所　「延福宫使」「使」字原闕，據前後文意逕補。

④ 詔責授建武軍節度副使南安軍安置鄭億年奪所賜田二十頃　「億」，原作「德」，鄭億年南安軍安置，見本書卷一七〇，據改。

⑤ 事初見十年十二月乙未　「初」，原作「祖」，據叢書本改。

⑥ 夷狄難測也彼身殺其兄而奪其位　此原闕，據宋史全文卷二二下補。宋史卷三八二孫道夫傳有「彼金人弑其父兄而奪其

位」語，知爲四庫館臣所删節者。

⑦ 禦戎最今日先務之急　「戎」，原作「敵」，據皇朝中興繫年要録節要改。

⑧ 夷狄之情强則犯邊弱則請盟今勿計夷狄之强弱　以上二十字，原俱闕，據皇朝中興繫年要録節要補。

⑨ 閤門祗候幹辦御前忠佐軍頭引見司李景夏副之　「幹」，原闕，本書卷一五五有「左武大夫建州觀察使帶御器械王安道兼幹辦御前忠佐軍頭引見司」記事，因據補。

⑩ 屏去玩好　「屏」，原作「屛」，據皇朝中興繫年要録節要改。

⑪ 至糴賣　「至」後原有闕字。四庫館臣按語謂「原闕」，今既無可補，姑一仍舊文而删館臣按語。

⑫ 川陜四路轉運司　「陜」，原作「峽」，據叢書本改。按：峽州屬湖北路，與四川不相接壤。

⑬ 每路皆以候卒持闕狀入都　「闕」，叢書本作「關」。

⑭ 摯曾孫　「曾」原闕，續資治通鑑長編卷四九五載：「劉摯曾孫芮，紹興六年四月，繳進其祖父跋建中靖國元年二月訴理其父冤事狀。」因據補。

⑮ 副使定遠大將軍太子左衛率府率阿典等入見　「典」，原作「克展」，據金人地名考證改。

建炎以來繫年要録卷一百八十一

1 紹興二十有九年歲次己卯。金海陵煬王亮正隆四年。春正月丙辰朔，上以皇太后年八十，詣慈寧殿行慶壽之禮。宰執使相皆進上壽禮物。詔：「庶人年九十，宗子女若貢士以上父母年八十者，皆授官封。文臣致仕官大夫以上並賜三品服。僧尼道士八十已上者，賜紫衣及師號有差。」宰執沈該率百官詣文德殿稱賀，用建隆故事也。班退，上御垂拱殿，受北使禮。

大理寺言獄空。

2 丙寅，右武大夫、容州觀察使、荆湖南路馬步軍副總管傅選責靖州團練副使，惠州安置，以帥臣魏良臣劾其貪暴也。選初以證岳飛得進，及是始斥。

3 丁丑，左朝奉郎馬騏行軍器監主簿，用楊椿薦也。

直敷文閣、知盱眙軍楊抗陞直徽猷閣，再任。

4 己卯，詔故洪州觀察使王彦累立戰功，贈典未稱，特贈安遠軍節度使。

5 庚辰，右正言朱倬言：「陛下對越上穹，凡廂禁鋪兵之逃遁者，咸以赦免。然有非軍伍而流落山海間者，尚有四焉。一者海賈，頃因市道交争，互相殺戮。二者私商，闌出爲人所告，官司見行收捕。三者游手廢業之人，比因强奪財物，或致傷犯，勢不可還。四者篙工水手，曾從海寇，景跡昭著，物色根尋。此曹自閩、浙、二廣十數爲羣，無所得食，竄伏山海，亡路自新，日深月長，別恐生事。望詔諸路帥守多方招誘，給據免罪。或願充軍，或欲歸農，隨其所乞。」從之。

左正言何溥請禁諸州科賣倉鹽。上曰：「鹽雖民間常用之物，不可一日闕。至於科賣，則爲大害。朕頃在京東，目擊此事，州縣抑民均買，謂之計口食鹽，其後盗繇此起。今當嚴禁止之。」宋史全文：史臣曰①：「榷，弊法也，而又計口抑配，以虐取之，民將何堪？此後世一切之政，徒謂其食用所須，官有必鬻之令，莫我違者，敢爲不恤，以欺吾君也。民知其不吾恤，亦輕於爲盗，此固聖君之所動心也。其後福建鹽綱，有歲鬻名額以率價於民者，亟命革之，君之仁至矣。」

尚書駕部員外郎馮舜韶知黄州。

6 辛巳，宰執進呈起居舍人兼權中書舍人張孝祥劄子：「慶壽詔書，凡通籍於朝者，皆貤恩其父母。孝祥父祁見任右承議郎，母時氏以親父官方封孺人，欲望特許依孝祥官序，引用恩詔加封。」從之。此爲孝祥被章事始。

7 壬午，端明殿學士李文會遺表聞。初命進三官致仕，至是，贈左中奉大夫。既而中書舍人洪遵言：「文會奴事秦檜，排斥忠良，改秩三年而登政府。及守成都，貪毒弛繆，動爲民害。望罷其恤典，以慰蜀人。」詔贈官勿行，其致仕遺表恩澤，共與二人而已。

8 癸未，詔諸路新增沙田蘆場，爲風水所侵者，其租皆減半。

殿前司乞：「諸軍買撲酒坊，更立一界，以助軍用。」從之。魏良臣之執政也，建議盡收諸軍酒坊事，已行，復令立一界收結。紹興二十六年二月五日。良臣以是罷政。既而江上諸軍援殿前司例有請，皆從之。

9 甲申，大理評事潘景珪言：「諸州獄訟，有罪狀顯著而不能決者，皆姦猾玩法，而胥吏因之以爲利。望自今三經翻異，而不移前勘者，取旨送大理寺。去行在千里外者，委監司選官就劾，監司有妨，請移鄰路差官。」從之。景珪，處州人也。

權刑部侍郎兼詳定一司敕令黄祖舜言②：「見修吏部七司條法，欲將舊來條法與今事體不同者，立爲參附，參照施行。」上謂宰臣曰：「祖宗成憲不可廢也，存之以備照用，甚當，但今所修法，須與祖宗法意不相違背。」仍諭與詳定官。

左朝散郎致仕宋敦儒卒③。

是月，名永康導江縣金馬碧雞神祠曰昭應④。

金主亮詔：「自來沿邊州軍設置榷場，本務通商，便於民用。其間止因隨處榷場數多，致有夾帶違禁物貨，圖利交易，及不良之人私相往來，未爲便利。可將密、壽、潁、唐、蔡、鄧、秦、鞏、洮州，鳳翔府等處榷場並行廢罷，只留泗州榷場一處，每五日一次開場，仍指揮泗州照會，移文對境州軍，照驗施行。」

1 二月丙戌朔，宰執進呈盱眙軍申繳北界泗州牒，奉尚書户部符，付下聖旨：「廢罷密、壽等州榷場，只存留泗州一處。」詔盱眙軍榷場存留，餘並罷。安豐、棗陽軍、光州、花靨鎮。時事出其不意，南北商旅棄物貨而逃者甚衆。既而無所得食，漸致抄掠，議者請嚴責州縣捕之。上不聽，命給之裹糧，各使歸業，久之遂定。熊克小曆云：

「詔沿邊榷場數多，致夾帶禁物私相往來，可留泗州、盱眙軍兩處，餘悉罷之。」按此乃泗州牒中所坐金詔之語，克誤也。金人又於泗州增榷場屋二百間，於是盱眙亦如之，仍創給渡淮木牌，增守卒焉。三月丙寅指揮，今就附此。

奉國軍節度使、開府儀同三司、領御前諸軍都統制職事、判興州吳璘爲少保。

初，昭慶軍承宣使致仕王繼先欲得節鉞，使其徒張孝直等三人校本草獻之。詔秘書省修潤刊印，孝直等皆進三官。給事中楊椿言：「此但取古注圖經合而録之，其勞甚微而賞太重。況多訛錯，不可傳世。」詔前降指揮更不施行。

2 丁亥，權尚書吏部侍郎兼史館修撰周綰引年告老，除集英殿修撰，知温州。

右武大夫、知叙州石世逵再任，以瀘南沿邊安撫使李莫言其政績也。

初，諸州鑄錢監，自紹興以來，或省或并，其存者所鑄亦希，故兵匠有闕不補，視舊數省十之三。積其衣糧，號三分闕額錢。饒、池、江、建、嚴、韶、信、衡、南雄、南安諸郡皆有之。方提點坑冶司之未廢也，朝廷三次降銅本錢，凡三十六萬緡。至是，權户部侍郎提領鑄錢趙令詪言：「諸州三分闕額錢，已積下六載，今欲撥付諸監充銅本。」從之。是後不復降本，第收諸州所樁，以資鼓鑄之用。

3 戊子，左朝奉大夫趙不愚知利州。

左朝散郎文之奇通判階州。之奇初被薦召，未至都而有是命，之奇即告老而歸。二十年十月癸丑落致仕。

4 己丑，詔海商假托風潮，輒往北界者，依軍法。

御史葉義問試尚書吏部侍郎。

起居郎兼權樞密都承旨洪遵試中書舍人。吏部員外郎王佐守起居郎。

詔：「皇太后外家子孫親屬及本殿官，皆進官封一等。侄達州刺史訊、惠州刺史訢，爲忠、貴、成三州團練使。左中大夫、直秘閣、添差江南西路安撫司參議官楊持進秩一等。侄婦會稽郡夫人韓氏、政和郡夫人張氏並給内中俸。」皆以慶壽推恩也。

封吴璘妾劉氏爲淑人，袁氏、李氏爲碩人，子三人賜五品服。

5 庚寅，右正言朱倬守侍御史。監察御史任古爲殿中侍御史。古奏事，因請葉義問出臺之由。上曰：「義問在臺稱職，今委其料理銓曹。」

左正言何溥爲左司諫，監察御史都民望爲右正言。

右武大夫、和州防禦使、江南西路馬步軍副都總管賈和仲爲殿前司破敵軍統制，楊存中請之也。

6 辛卯，右朝請大夫、知邵州王趯爲荆湖北路轉運判官。

詔信州上清正一宫道士張守真特封正應先生。守真，道陵三十二世孫也。

7 壬辰，皇叔定江軍承宣使、同知大宗正事士籛爲安慶軍節度使。

直龍圖閣、提舉台州崇道觀錢端禮行太府少卿。時上爲右監門衛大將軍、榮州刺史愭納婦，選得端禮之女，故召還而有是命。

詔：「臨安府歲供修内司錢三萬六千緡，自今皆除之。」紹興六年始供。

忠翊郎、思州邊面同巡檢田汝弼通管州事。汝弼，知思州汝端之弟，以其兄自稱疾病有請也。

降授武翼大夫劉光遠既卒，上念其有使金之勞。丙申，復光遠拱衛大夫、利州觀察使⑤。

8 丁酉，詔蠲四川折估糴本積欠錢三百四十萬緡。

左武大夫、和州防禦使、知鼎州劉綱添差兩浙西路馬步軍副都總管，臨安府駐劄。

9 戊戌，禁以龜筒、鹿胎、玳瑁爲飾，用知樞密院事陳誠之請也。

詔：「淮北商旅渡淮未回之人，令臨安府及沿淮守臣根刷，限五日發遣。如違限不行，當牒送北界，敢停者，依故縱私渡法。仍立賞五百千，許人告。有官司職任之人，取旨重行竄責。」

是日，雪，又雨雹。

10 己亥，權尚書工部侍郎劉章兼權吏部侍郎，給事中兼侍講、權直學士院楊椿試兵部侍郎。

11 庚子，詔：「曾得解進士祖父母年八十已上，特與官封。京朝官年八十已上者與改章服。選人使臣年八十已上願致仕者加轉一官。」以慶壽詔書所未及也。

右通直郎韓元龍爲司農寺主簿。元龍知天台縣，用賀允中薦而召之。

12 壬寅，上諭大臣曰：「近户部會賣田錢數頗多，此須令椿管。近時士大夫持論，多説百姓足，君孰與不足？見公家稍寬，遽欲免民常賦。不知緩急闕用，取之甚難。非時而科，是謂横斂。苟徒知施惠之虚名，而不恤横斂之實害，豈愛民之道也？」先是，權户部侍郎趙令詪建議每縣賣官田十萬緡，州二十萬緡，守令各進秩一等。縣二萬緡，州五萬緡以上，減磨勘二年有差。至是，會其數以聞，故上有是諭。

宗正少卿楊偰權尚書工部侍郎。

13 癸卯，詔武泰軍承宣使添差兩浙西路馬步軍副都總管王安道、右朝奉郎直秘閣兩浙轉運司主管文字王守道並令再任。

兩浙轉運司言：「浚常熟縣諸浦畢工。」

14 甲辰，國信所言：「自來大金人使到驛，告覓物色，打造銀器，止是排辦御龍直，一面於本府呼索，及付鋪所造作。欲乞並令當管通事，置曆抄轉出豁，庶絶姦弊。」從之。

15 丁未，封嗣濮王士輵第七女爲永嘉縣主，第九女爲永春縣主，從所請也。

16 戊申，權尚書吏部侍郎葉義問兼史館修撰。義問嘗言：「有備無患，陛下當密行之。夫海道，四方通會，所宜預防，則明言曰：『近日商舶不行，盜多出没，所以籍定船隻，以示禁戢。』淮甸隍池不全，所宜預守，明言曰：『近有越界盜馬作過，所以團結保伍以防姦盜。』若遣沿邊戍卒，則曰：『近日諸軍勞逸不等，所以議更戍者，將以均之。』若譏察斥堠之滯，則曰：『近日諸處案牘墜失，所以革滯者，防墜失耳。』至若揀軍者，歲時所常行牧馬者，就水草之地，皆明言之，彼亦無辭而發也。凡此六者，今日急務，卒行則不及，預備則有餘矣。」

17 己酉，上謂大臣曰：「聞江西境内，有羣聚而掠人於道者。」王綸曰：「艱食之民，不得已而爲之，未必皆嘯聚也。」上曰：「凡災傷處，悉令賑濟，蠲欠已及二十七年，不知州縣奉行如何？輕徭薄賦，自無盜賊。故唐太宗用魏徵之言，行仁義既效，且曰：『惜不令封德彝見之。』然德彝與虞世基輩皆隋朝佞臣，誤煬帝者。太宗受命，自當斬之，以爲姦佞之戒。」

秘書省校書郎兼國史院編修官汪澈言：「立國惟文武二道，而人才尤不可偏，要當求於無事之時。陛下親政以來，除召四出，滯者奮，屈者伸。然武臣中未聞有薦者。且其抱才負氣，豈不願效尺寸，以幸一旦之遇？望詔帥臣監司，於本路大小使臣，舉智謀可充將帥，勇鷙可率士卒者。其侍從臺諫官如有所知，亦許論薦。」自孫道夫使還，言：「金主亮詰以關陝買馬非約，恐將求釁於我，士之有識者，默爲此慮，而未敢顯言爲備。」澈因轉對，首有是請，上從之。

18 庚戌，吏、兵部請：「自武舉承信郎以上人，通注沿邊親民巡檢、縣尉或監當窠闕。」始用何溥之言也。

初，諸路郵傳，每二十五里置一遞，役卒十有二人。軍興以來，凡通蜀道者，皆增斥堠遞，九里一置。其後黄敏行措置江、浙、荆、襄之間舊無斥堠者，一切創增，大率一縣遞卒多至三百人。既有月給，又增俸麥衣糧食錢。以禁軍三人之費，不能增一卒。又令諸州通判縣令，皆於銜内帶驅催遞鋪，增支月緡，歲廢縣官錢十餘萬緡。至是，秘書省校書郎兼權駕部郎官洪邁言：「其多廢無所益，乞將有斥堠去處，應干省遞，並行減罷，内鋪兵並撥入所闕州充廂軍。」從之。

19 壬子，新除直秘閣、知廬州黄仁榮入見，言：「前任温州點檢，違法田産，已根括到一萬九千餘畝，見行出賣。又拘收没官田土，歲收穀租五千五百餘石，折納價錢八千餘緡。欲同賣田錢併綱起發，可以少助經費。」上曰：「卿向論鬻田，已令户部會其數矣，何必往淮西也？」熊克小曆載上語云：「卿向鬻田，户部已得緡錢五百萬矣。」按今年七月己酉，彭合論賣官田之害，而户部奏，據江、浙諸路，月終賣錢一百一十萬餘緡，則二月間無緣及有五百萬緡。或者仁榮行述、墓誌夸言之，而克不詳考也。又按，仁榮自奏温州官田事，亦云見行出賣，則是元未得錢可知。今略修潤，令不失實。　癸丑，以仁榮行尚書度支員外郎。

右武大夫、和州防禦使、新兩浙西路兵馬鈐轄劉綱爲淮南西路馬步軍副總管，兼權知廬州。

20 甲寅，詔：「頃在謫籍文武臣僚，未經量移叙復，死於貶所者，令有司檢舉元犯，具名以聞。當議輕重，別加恩典。」

左從政郎黄文昌言：「近蒙浙西提刑邵大受辟充崇德縣令，契勘已差下范彤，三年於兹，行且赴上。若以監司辟官之故，遂令本人無故改替，決爲狼狽，兼未曾到官，安知其非廉吏？伏望改正前命，令范彤赴任。庶幾文昌獲安廉耻之分。」詔文昌別與差遣。文昌六月丙寅爲任古論罷，召命當考。

1 三月丙辰朔，詔：「今後四川類試，用九月十五日鎖院。朝廷於帥臣監司内，選差考試、監試官各一員，於鎖院二十日前，用金字牌遣降指揮。在院官吏，如有挾私違戾，令監試徑行劾奏。餘官制置司精加選差，務盡公明，不得苟簡。」先是，集英殿修撰周綰爲吏部侍郎，建言：「四川進士類省試，所奏差試官，乃取一路帥臣職司封部，既異在院官吏，勢難總一。欲望今後選差行在清强官一員，或假以御史之名，充監試。」詔禮部看詳申省。於是權禮部侍郎兼侍講孫道夫言：「臣僚所乞，委得允當。但四川去行在遥遠，難以差官前去。更合取自朝廷指揮。」故有是命。是日，道夫侍經筵，猶請罷類試，令赴禮部。上曰：「早方與執政議，今歲已無及，後舉當遣御史監之。」道夫曰：「御史監試，事體固重。然所關防，不過試闈中傳義、代名等弊。其有前期投舉業，問題目，以秘語爲契驗，則無跡可尋。必令赴禮部乃爲允也。」此以王之望所撰道夫墓誌及四川制置司事類參修。熊克小曆載道夫所言於今年六月末，又以陳良祐撰楊椿墓誌中所載監司子弟赴省事聯書之，亦誤矣。楊椿所言，乃在去年七月乙亥，此時椿不兼祭酒也。

秘書省校書郎兼國史院編修官汪澈爲監察御史。

新除度支郎官黄仁榮依舊直秘閣，提點兩浙東路刑獄公事，尋改知秀州。仁榮至郡數月，又得賣官田錢六萬餘緡，詔減二年磨勘。七月己亥指揮。

2 己未，權尚書工部侍郎楊偰充敷文閣待制，提舉佑神觀，從所請也。

3 辛酉，龍神衛四廂都指揮使、榮州團練使、階成西和鳳州路兵馬都鈐轄、御前中軍兼左軍統制、節制綿劍州屯駐軍馬、知成州吴拱爲樞密副都承旨，後五日，遷潭州觀察使，給真俸。

4 癸亥，上謂宰執曰：「祈雨略應，未至霶霈，且令斷屠三日，所免止是豬羊。民間緣此競食雞鵝魚蝦之屬，害物命多過百倍，可更斷三日，生命微物悉禁之。」

左朝散郎徐林知信州。

司農寺丞葉顒知處州。

夜，雷聲初作。

5戊辰，資政殿學士、知潭州魏良臣以皇太后上壽金器來獻。詔還之。

6辛未，詔以浙西去歲水災，臨安府養濟人令展至三月終止。

7壬申，右武大夫、閤門宣贊舍人、福建路兵馬鈐轄、殿前司左翼軍統制陳敏爲荆湖北路馬步軍副總管，兼知鼎州。

直寶文閣霍蠡卒。

8癸酉，權尚書工部侍郎兼權吏部侍郎兼侍講劉章罷。初，章在工部時，郊恩賞賚給絹，主胥欲以絹自入，而下其直以與衆。衆不服，請於章，章語胥曰：「如所直以市百縑可乎？」蓋謾爲詞，以折服之耳。胥遂誣章以實令市絹，有摘其語於言事者。侍御史朱倬乃劾章嘗令小吏市絹，多所倍費。疏始上，上愕然曰：「劉章必無此事。」倬執不已，章遂罷去。熊克小曆載此事於紹興三十年，蓋差一年。

9甲戌，右朝奉郎、新知蔣州張祁爲淮南轉運判官兼淮南西路提點刑獄公事。

新湖北副總管知鼎州陳敏入見，上車戰之法。上謂知樞密院事陳誠之曰：「車戰雖出古，然用各有宜。」誠之曰：「非澤國所宜用。」同知院事王綸曰：「房琯猶敗於中原，況澤國乎？」上曰：「姑令三帥議之，免令武臣有一得之歎。」然卒不行。

10丙子，詔諸路州縣紹興二十七年以前積欠官錢三百九十七萬餘緡，及四等以下户係官所欠，皆除之。宰執奏擬詔意，上曰：「輕徭薄賦，所以息盜。歲之水旱，所不能免。儻不寬恤，而惟務催科，有司又從而加以刑罰，豈使民不爲盜之意？故治天下，當以愛民爲本。」

權尚書吏部侍郎兼史館修撰葉義問兼侍講。

11丁丑，詔帥臣、監司、侍從、臺諫歲舉可任將帥者二員，具材略所長，及曾立功效聞奏。用汪澈請也。熊克小曆併書於二月己酉，今附本日。

秘書少監沈介權尚書吏部侍郎，尚書左司員外郎王晞亮權工部侍郎。

大理評事趙善養言：「王者制民之産，皆有定法，蓋所以抑兼并而惜民力也。比年以來，形勢之户，收置田畝，連亘阡陌，其爲害甚者，無如差役。今官户田多，差役並免，其所差役，無非物力低小貧下之民。州縣稍不加恤，求其安裕樂業，不可望也。望命有司立限田之制，以抑豪勢無厭之欲。」户部奏：「品官之家所置田産，依條格合得頃畝，已過限者，乞免追改，將格外之數，衮同編户，募民差役。」詔給舍同户部措置。其後給事中周麟之等請品官子孫名田，減祖父之半，其詭名寄産，皆併之，滿三月不陳，許人告，以其田之半歸官，餘給告者。其募人充役，並募本縣土著有行止人充。從之。善養，故簡獻王曾孫也。

12甲申，權禮部侍郎孫道夫言：「四川類省試，已降指揮，選差監試、考試官各一員。今看詳別試所收試避親進士，其利害關防，比之類省試，事體無異。欲望亦自朝廷選差監試并考試官各一員，所貴選舉盡公，仰副聖世取士之意。」從之。

是月，司農少卿、總領四川財賦許尹始視事。尹以備邊，故乞空名告身於朝，得八百六十道。其後累年間，抑售於民者，凡五百五十七道，計直二百五十萬緡，蜀中大擾。降告身不知在何月日。按王之望奏劄，稱「紹興二十九年朝廷降到告身若干，自是前官所乞」，故因尹交割附見，更須詳考。

金主亮再修汴京，命尚書左丞相張浩、參知政事敬嗣暉董其役。集諸路夫匠，大興宮室，極其侈靡，將從居焉。太府監魏子平權尚書右司郎中，從浩行。子平尋丁憂，未踰月起復。浩，遼陽人也。此以張棣正隆事跡、宋翌金亮本末及趙可撰魏子平墓誌參修。志稱從張太師修南京大内，張太師即浩也。子平已見二十八年五月。

1 夏四月按是月乙酉朔。庚寅，詔：「大理評事賈選、潘景珪等四人並與外任。自今試中刑法而未歷任者，勿除。」用侍御史朱倬請。選，安宅子也。

起居郎王佐罷。先是，侍御史朱倬論劉章市絹事，斥去之。事見三月癸酉。朝士皆知其冤，而無敢言者。佐獨於上前，極論其事。倬怒，劾佐植黨懷姦。詔與外任，乃以佐知永州。

秘書省校書郎洪邁兼國史院編修官。

召武信軍承宣使、鄂州駐劄御前軍統制李横赴行在。

詔：「殿前司破敵軍統制賈和仲與新湖北路馬步軍副總管兼知鼎州陳敏兩易。仍命敏以泉州左翼軍二千人，兼家屬器械，自海道赴行在。」左司諫何溥、右司諫都民望言：「和仲嘗知利州，非法殺人，不可勝數。

又嘗知歸州，招聚不逞，恣行殘酷。議者謂使充軍下差遣，尚慮兇横，豈可使典邊藩？」乃詔鼎州依舊差文臣，而復以和仲爲殿前司統制。和仲罷命在是月己亥。

右朝奉郎、新通判和州董長年降一官放罷，仍不得於湖州諸邑居住。長年居武康縣，私養亡命，擾民爲姦。事聞，故有是命。

2 壬辰，國子司業黄中賀金主生辰還。時金主亮再修汴京，以圖南牧。沈介爲賀正旦使先還，不敢言。中歸，爲上言：「彼國治汴京，役夫萬計，此必欲徙居以見逼，不可不早自爲計。」時約和久，中外解弛，無戰守備。上聞矍然曰：「但恐爲離宫也。」中曰：「臣見其所營悉備，此不止爲離宫。若南徙居汴，則壯士健馬，不數日可至淮上。惟陛下深圖之。」宰相沈該、湯思退聞之，詰中曰：「沈監之歸，屬耳不聞此言，公安得爲此也？」居數日，復往白，請以妄言即罪。思退怒，至以語侵中。時中書舍人洪遵亦請密爲邊備，該等不聽。

3 己亥，尚書右僕射湯思退言：「三省實總萬幾，各有本省法。自大觀間修中書門下敕令格式，歷年已久，而尚書省第有省記條册。望選從官兩三人，以典故法令參修三省成法來上。」從之。其後敕局罷，書不克成。罷局在三十一年，乾道六年七月丁酉修。

權吏部尚書賀允中言：「近有僞傳臣所上書言時政者，乞立賞格捕。」從之。

鎮江府火。詔商販竹木捐其税，被火之家以常平米濟之。

4 庚子，詔近令中外薦舉武臣，召到者無闕可處，可增置帶御器械四員。

5 辛丑，詔修臨安府至鎮江運河堰閘。時久旱河涸，綱運遲留，又使人且至，權户部侍郎趙令詪以爲言，故浚之。

詔以唐西平王李晟配食武成王，降李勣於堂下。用右正言都民望奏也。

6 壬寅，國子司業黄中守秘書少監。近例，使北還者率得從官，宰相以中言金有南牧意，惡之，故沈介遷吏部侍郎，而以中補其處。

先是，武成王廟生芝草，武學博士朱熙載密爲圖以獻。熙載，金壇人，湯思退所薦也。於是宰相召長貳至都堂，責之曰：「治世之瑞，抑而不奏，何耶？」祭酒周綰未及言，中指其圖謂曰：「治世何用此爲？」綰退而歎曰：「惜不使通老爲諫諍官也。」芝草事，據黄中墓誌所書修入。以李石詩考之，芝草生在紹興己卯，蓋今年事。又云：「石時官忝博士職。」按：石除博士在今年六月，而周綰二十八年七月已自祭酒遷吏部侍郎，黄中今年四月已自司業遷秘書少監，皆不同時。不知綰雖遷侍郎，仍兼祭酒，或芝草生時，石尚爲太學録也。石除學録，亦在今年二月。若以爲綰未遷時事，則是去年。今年連有芝草生，恐誌或詩必有小誤。李石事，詳具今年十一月石罷博士注⑥。

左朝散大夫張柄卒。

7 癸卯，大理少卿金安節守宗正少卿。

光禄寺丞韓彦直行尚書屯田員外郎，監察御史沈樞行尚書比部員外郎。

初，有詔盡鬻諸司官田，而兩浙轉運司營田九十二萬六千餘畝，歲收稻麥雜豆等十六萬七千餘斛。官莊田四萬二千餘畝，收稻麥等四萬八千餘斛。內稻麥充行在馬料，雜豆等糶錢納激賞庫。轉運副使提領營田趙子潚審於朝，詔令出賣。

8 丙午，上謂宰執曰：「內外諸軍，朝廷未嘗輒有役使，而爲主兵將佐運材營造，非理致怨。又回易物貨，本收其贏以助軍用，今乃虛飾增直，折與軍人，掊斂百端，所謂月給，十不得二三。又有納直賣工，坐妨教閱。姦弊如此，何以使其不竄而爲盜？卿等可面諭三衙禁止，仍嚴行約束。」乃詔：「內外諸帥，戒約將佐，日下住罷，如有違戾，重致典憲。三省樞密院覺察。」尋又於軍門榜諭。榜諭指揮在五月庚申。

中書言：「私渡淮人已立罪賞，尚恐透漏。」詔武經大夫、忠州刺史、淮南東路馬步軍副總管宋肇措置檢察。時肇方自言：「效職淮東已二十五年，遷副使亦二十年。嘗從劉光遠至泗州，及收捕淮賊，前後未曾磨勘。」後日，詔肇特轉武功大夫。

9 丁未，右奉直大夫、荊湖北路提點刑獄公事向伯奮直秘閣，知襄陽府。

直龍圖閣、知襄陽府凌景夏知鼎州。

詔自今金使到闕，伴射官權令綴馬步軍管軍班起居。

10 戊申，左司諫何溥言：「今吏員猥多，吏部闕用五年，而堂除隔兩政。內之寺監丞簿學官，外之提舉市舶皆預置代者。朝廷執事官，或出於宰相之推擇，或出於侍從之論薦，除目一下，士以爲榮，豈可冗授其人，溢用其闕，而下比於州縣之職哉？若居者未遷，而來者不已，臣恐兩政五年之闕，因循遂用，而所謂卿監郎官與大提轉常平之屬，安保其不爾？望深詔大臣，愛惜名器，毋輕假人。使朝廷用闕，常有餘地，冗員苟去，勿復遽補，庶以示士大夫敦勸之義。」從之。

11 己酉，右承議郎吕忱中知泰州⑦。既而殿中侍御史任古言：「忱中天資陰險，所至貪墨。前此特以父嘗薦秦檜，檜報私恩，連倅婺、信。後以告訐林機，得江東提監。逮檜之死，迹不自安，欲欺罔朝廷，以掩前過，遂按王晌常平米事，興起大獄，連逮甚衆。朝廷差官考實，並無事跡，緣此降罷。泰爲淮東望郡，任匪其人，且將害及一方。」疏入，命遂寢。

12 辛亥，宰執進呈秘書省正字王端朝請選縣令。上以縣令員多，皆由銓注，難以悉舉。先是，累詔監司帥守舉按縣令功罪，雖間有發擿，而未聞特薦一二人者。蓋專務行法，而無旌賞，使人歆豔，恐非勸功之道。乃詔縣令有政績者，委諸司同薦，不次陞擢，以風厲之。

左朝請郎、新知蔣州孫鎮移通州。右承議郎、通判濠州龔濤知蔣州。

右朝請大夫、知濠州鮑伃移知南劍州。

武功大夫劉光時知濠州。

侍御史朱倬言：

帝王立國彊本之術，在於節儉。臣去冬嘗乞内自省臺寺監，外洎監司郡守，凡可以撙節者，悉令條具。蒙賜俞允，今已半載，未聞内外官司，條具來上，豈官司以爲不急之務與？抑惡其害己而不欲言之也？臣謹綴其一二，上瀆天聽。契勘職事官，既賦以厚禄矣，而又身兼數職，所得乃反多於本俸⑧，或以進書，或以過局，又在外焉。此臺省寺監之可節者。州縣之官，其有俸給既優，而復圭租豐衍，高者歲至千斛，少者亦不下三二百斛。至有彊敷價錢，多量斛面，不恤旱潦，不認逃移。此監司郡守之可節者。欲望睿斷，悉從裁減。在内或去其三之二，或中分而節之。在外以監司守倅爲一等，屬官知縣爲一等，丞簿尉爲一等，降殺裁損，務得其平。仍乞將此撙節金錢，内則别作庫眼，外則憲司主之，一如祖宗封樁之法，專以待激賞將士之勳庸，拯救黎元之難苦。非奉特旨，不得巧作名目移用。

詔給舍臺諫逐一取索，同議裁減。

中書舍人兼權樞密都承旨洪遵言：「瑞昌、興國之間，茶商失業，聚爲盜賊。竊慮日復一日，馴致滋蔓。望令州郡，揭榜開諭，許其自新。其强壯可用願充軍籍者，即時填刺，發往諸軍。其不利爲兵，而願歸農者，給憑放還，復支路費，仍於上供經總制錢内除尅。庶幾失業之人，有以安業。」從之。

是月，歸朝官李宗閔上書言：

臣竊聞，近者金人岐、雍間伐木以造浮梁，東京、長安修治宫室，遷諸路兵，戍聚於關陜。遊騎千數，出近邊，覘視虚實。姦謀詭計，未可窺測。臣以疎賤冗散，思效犬馬，圖報萬分之一。區區管見，可以裨廟堂末議者，析爲三事：

其一曰嚴守禦。方今天下根本在吴、蜀，輔車相依，其勢若手足之相應，荆州據其中，心腹之地也。

今襄陽扼荆州之衝，又足以爲荆州重輕，而重兵皆駐武昌、荆、襄之間，所以自衛者未固。且襄陽在今爲極邊，去荆州四百五十里，無重山峻嶺、長江大河之險，敵人馳輕騎，不兩日可至城下。萬一荆州爲其所據，吴、蜀首尾不能救。朝廷雖以劉錡鎮荆州，其威名固自聳聞鄰國，然無兵以自固，雖太公、穰苴尚何能爲？至於襄陽之兵，不過千餘人，又皆疲懦，安能以備緩急？望俾劉錡將二萬人分屯荆州要害，更令不住召募，日夜訓習，張聲勢，嚴斥堠。仍擇久歷將陳者一人以副之，如田晟蓋其人也。晟雖老，而戰功之最，敵人素畏之，今居南昌，未足以究其施設，若使與劉錡協力，敵人不敢復事南牧。襄陽則遣一智勇兼全之將，分武昌之兵萬人，比歲更其戍守。荆、襄既已有備，吴、蜀可高枕而卧矣。

其二曰募新軍。臣往在行間⑨，常見三衙及諸處招軍，皆市井遊手。數年之後，雖習知騎射擊刺之事，而資性疲懦不改也。臣聞福、建、汀、贛、建昌四郡之民⑩，輕剽勇悍，經涉險阻，習以爲常。平居則投石超距，椎牛伐冢，聚爲小盜，而爲姦雄之資。有人焉駕馭役使，必能得其死力。臣竊見殿前司左翼軍統制陳敏生長贛上，天資忠勇，其民亦畏而愛之。所統之兵，近出田舍，且宜占籍，遂爲精兵，人人可用。若朝廷專委陳敏，俾招集四郡之人，使金人果叛盟，則攻守皆可爲用。若尚守和好，則可以填三衙闕額之數。臣觀今日敵人之舉，其志不小。如聞遷陝右兩河之民，悉以爲兵，與夫契丹、奚家、漢兒雜類，不下數十萬衆，聚之關陝。其在他路，又不知幾萬人。若欲攻蜀，則吴璘、姚仲、王彦之兵足以相抗。臣觀其兵，皆遠來烏合之衆，利在速戰。朝廷遣楊存中、成閔提兵總率沿江諸帥，各守江淮之險，堅壁持重，故老其師，將不戰而自潰。況金人比年以來，父子骨肉，自相屠滅。用事之臣，死亡殆盡。尚且遠離巢穴，大興土木，虐用中原之民，皆自取滅亡之道。且空國而與人戰，兵家所深忌。吾方與之相持於江淮之間，別以陳敏所招數萬人，與戰船取海道[11]，不旬日可至山東，徑入燕山，擣其巢穴，此所謂攻其所必救者。前湖北副總管李横雖出河朔賊盜，朝廷優以美官，横亦感激奮勵，思有以報。臣過荆州，觀其爲人，聽其議論，皆有可取，劉錡亦爲之加禮。山東、河朔，横習知形勢，若朝廷使與陳敏分兵北向，均其事權，必然協濟機事。仍委三衙，令諸軍統制各舉河朔、山東勇而有謀者一人，計得三十餘人，使從其行，分往郡縣，曉以逆順禍福之理。河朔、山東既爲内應，敵人進退失據，而陝右兩河之兵必思潰叛，吾能及其鋒而用之，適足以爲吾之資矣。若朝廷以趨海道爲迂，只乞以陳敏所招人屯之襄陽，亦可以捍禦一面。

其三曰通鄰國。宣和之末，臣陷燕雲者累年。敵人以先臣不屈就死，散於韓企先家充奴婢役使，企先與兀朮密議[12]，臣皆得密聽之。蓋聞金人之馬，皆達靼所入[13]。冀北雖號産馬之地，自興兵以來，所養至少。金人置榷場於白水，與達靼貿易。丁未歲，達靼之馬不入金國，而又通好於大石林牙[14]，金人即遣使問罪。達靼使其子來雲中問過，金人羈留不得還。戊申歲，餘都金吾出師攻大石林牙[15]，使達靼助兵，以爲鄉道，許歸太子。已而餘都敗師，欲結連謀叛事泄，亡入達靼，太子卒不遣還。自是太子鬱結成疾，並其母死於雲中。達靼之恨，深入骨髓。今若遣一介之使，開其禍福，曉以利害，使達靼之馬無與金人互市，金人利於騎戰，捨馬則無所施其能矣。至於西夏，亦與金人爲讎，而金人亦素畏之。金人嘗割天德、雲中、金肅、河清四軍及八館之地以賂夏人矣。丁未之歲，兀室郎君領數萬騎陽爲出獵⑯，而直犯天德，逼逐夏人，悉奪其地。夏人請和，金人執其使者。臣是時久留雲中，人情稔熟，因得出入雲中。副使李屈移謂臣曰：「昔年大金賂我四軍八館，俾我出軍牽制關中，合從以攻南宋。及其得志，首叛盟約。某昔年兩使南朝，其禮義文法，非他國之比。」自是觀之，則知西夏惡金人喜中國可知。壬子歲，黏罕聞蜀地富饒⑰，欲提兵親取。今雲中副留守劉思恭條陳書傳所載下蜀故事，及圖畫江山形勢，鋭然欲往。夏人聞雲中聚兵，以爲攻己，舉國屯境上，以備其來。黏罕亦不敢出兵，止遣薩里合折合孛堇以犯饒風⑱。今莫若遣辯士，諭以盟約，俾以重兵出境上，爲吾聲援。

臣尚有私憂過計者，金人强則稱兵，弱則請和。頃歲經合肥、順昌及川口數戰，敵人倉皇議和。朝廷姑務息兵，屈體從之。然則今日之舉，首叛盟約，自取滅亡，其勢不利，必將復要前日之計，慎勿許和。小勝則於荆楚之間，練兵秣馬，積粟務農，徐爲後圖；大勝則長驅席卷，以圖恢復。臨機制勝，猶有不可預言者。臣又聞自古用兵有聲有實，今者兵不出境，而張皇聲勢，惟恐吾之不知。乃於近塞積石爲郛，閉榷場，絶商賈，造戰船，自春徂夏，且非秋高馬肥之時。臣願分遣諜者，伺其虚實，若誠如臣言，則上兵伐謀之舉，亦不可後，惟陛下採擇。宗閔不知此時爲何官職，以書中所云考之，恐是李邈之子。其所上書，亦無年月，以言北事甚悉，故詳載之書中。言閉榷場，蓋今年二月事。又云自春徂夏，當是四月間。以日曆考之，今年四月庚寅，陳敏當除破敵軍統制。五月丙寅，王宣戍襄陽。六月丁亥，李横浙東總管。閏六月甲寅，荆南增兵。乙卯，劉汜除效用統領。與宗閔所言，往往相符。故且附四月末，俟考。

校勘記

①宋史全文史臣曰　「宋史全文」原闕，據叢書本補。

②權刑部侍郎兼詳定一司敕令黄祖舜言　「舜」，原作「辭」，據本書卷一八三改。

③左朝散郎致仕宋敦儒卒　「敦」，原作「郭」，據叢書本改。

④名永康導江縣金馬碧雞神祠曰昭應　「康」，原作「寧」。按，導江縣屬永康軍，因改。

⑤降授武翼大夫劉光遠既卒上念其有使金之勞丙申復光遠拱衛大夫利州觀察使　此數語，叢書本作：「丙申，復劉光遠拱衛大夫利州觀察使。先是，光遠降授武翼大夫，既卒，上念其有使金之勞，故復之。」

⑥詳具今年十一月石罷博士注　「注」，原闕，據叢書本補。

⑦右承議郎吕忱中知泰州　「右」，原作「左」，叢書本同，據本書卷一六八改。

⑧所得乃反多於本俸　「反」，原作「返」，據叢書本改。

⑨臣往在行間　「往」後原有「往」字，以意逕删。

⑩按，此句疑有誤，或「四郡」當作「五郡」。

⑪與戰船取海道　「與」，原作「興」，據叢書本改。

⑫企先與兀朮密議　「兀朮」，原作「烏珠」，據金人地名考證改。

⑬皆達靼所入　「達靼」，原作「塔坦」，據金人地名考證改。

⑭而又通好於大石林牙　「大石」，原作「達實」，據金人地名考證改。下同。

⑮ 餘都金吾出師攻大石林牙 「餘」，原作「伊」，據金人地名考證改。

⑯ 兀室郎君領數萬騎陽爲出獵 「兀室」，原作「烏舍」，據金人地名考證改。

⑰ 黏罕聞蜀地富饒 「黏罕」，原作「尼瑪哈」，據金人地名考證改。

⑱ 止遣薩里合折合孛堇以犯饒風 「薩里合折合孛堇」，原作「薩里罕珠赫貝勒」，據金人地名考證改。